北京乡村振兴研究报告

（2023）

张光连　杨　琦　主编

中国言实出版社

图书在版编目(CIP)数据

北京乡村振兴研究报告 . 2023 / 张光连 , 杨琦主编 .
北京 : 中国言实出版社 , 2024. 10. -- ISBN 978-7-5171-4959-0

Ⅰ . F327.1

中国国家版本馆 CIP 数据核字第 2024E0S432 号

北京乡村振兴研究报告（2023）

责任编辑：张　朕
责任校对：史会美

出版发行：中国言实出版社

　　　　地　　址：北京市朝阳区北苑路180号加利大厦5号楼105室

　　　　邮　　编：100101

　　　　编辑部：北京市海淀区花园北路35号院9号楼302室

　　　　邮　　编：100083

　　　　电　　话：010-64924853（总编室）　010-64924716（发行部）

　　　　网　　址：www.zgyscbs.cn　电子邮箱：zgyscbs@263.net

经　　销：新华书店
印　　刷：北京九州迅驰传媒文化有限公司
版　　次：2024年11月第1版　2024年11月第1次印刷
规　　格：710毫米×1000毫米　1/16　24印张
字　　数：539千字

定　　价：148.00元
书　　号：ISBN 978-7-5171-4959-0

编委会

前言 ◀

　　北京市农村经济研究中心自 1990 年 7 月正式成立以来，始终围绕北京郊区农村改革与发展的一系列重大问题开展调查研究，发挥农村研究智库作用。为提高农研智库的社会影响力，自 2010 年起，北京市农村经济研究中心开始公开出版年度研究报告，主要收录上一年度的重要研究成果。2010年出版的调研成果名为《北京城乡一体化发展的研究与思考 2009》，2011年出版的调研成果名为《城与乡：在博弈中共享繁荣——北京市农村经济研究中心 2010 年研究报告》，2012 年出版的调研成果名为《城乡统筹发展的改革思维——北京市农村经济研究中心 2011 年研究报告》，2013 年出版的调研成果名为《城乡发展一体化：探索与创新——北京市农村经济研究中心 2012年研究报告》。为进一步规范年度调研成果的出版，提高调研成果质量和水平，自 2014 年起，我们将年度研究报告统一定名为《北京农村研究报告》，收录上一年度的主要调研报告成果，并标明年度。自 2021 年起，我们将年度研究报告更名为《北京乡村振兴研究报告》。这本《北京乡村振兴研究报告（2023）》是北京市农村经济研究中心 2023 年完成的、可以公开发表的主要调查研究成果汇编。全书共分五篇，第一篇为"乡村振兴总论"，第二篇为"乡村产业"，第三篇为"乡村建设治理"，第四篇为"农村金融"，第五篇为"他山之石"。

希望本书能为农村工作的决策者、实践者、研究者提供一些参考与启示。由于水平有限，本书难免存在一些不足之处，恳请读者批评指正。

编　者

2024 年 6 月

目录

第一篇　乡村振兴总论

第二篇　乡村产业

第三篇　乡村建设治理

第四篇　农村金融

第五篇　他山之石

第一篇

乡村振兴总论

北京市城乡融合发展评价指标体系构建研究

　　北京市 14 个区城乡融合发展水平指标评价体系包含"经济均衡化水平、财政预算支持力度水平以及公共服务均等化水平"3 个一级指标以及"城乡人均收入比""城乡人均消费比"等 13 个二级指标的评价体系（见附件 1），收集了 2017—2021 年 5 年 14 个区近 2000 个原始样本数据，最后通过合并计算，构建了 5×14 的面板数据矩阵。采用客观评价的熵权法，分别对北京市及其 14 个区 5 年来的城乡融合发展水平进行了综合评价分析，从时间维度和空间维度分析了北京市 14 个区城乡融合发展的趋势和差异，同时分析了 14 个区的城乡融合发展水平的主要影响因素。

一、城乡融合发展水平呈下降趋势

　　根据测算，北京市各区城乡融合发展水平得分均值呈现先上升后下降的趋势，2017 年城乡融合发展水平得分均值为 0.34，2021 年得分均值为 0.31，下降 0.03，下降幅度为 5.88%，见图 1。

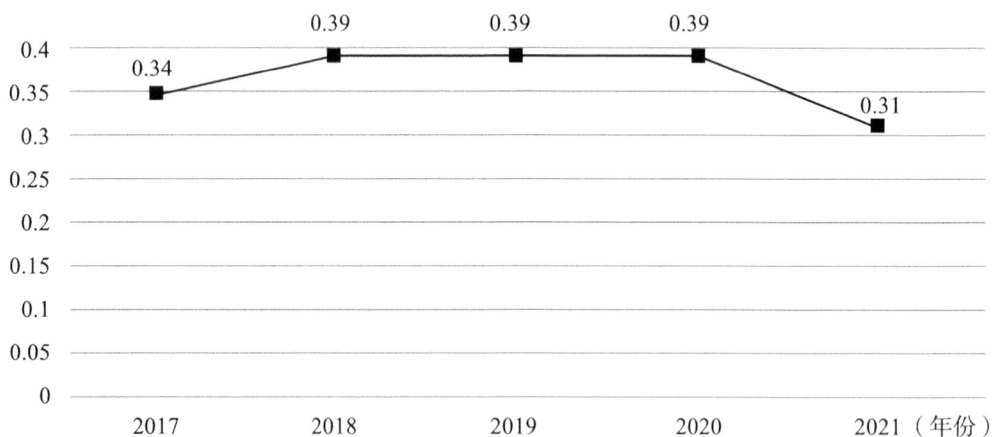

图 1　2017—2021 年北京市城乡融合发展水平得分均值

　　定基指数测算结果显示，2018 年城乡融合发展水平得分总指数为 113.39，提高 13.39，而 2021 年北京市城乡融合发展水平得分总指数为 89.80，降低 10.2，见图 2。

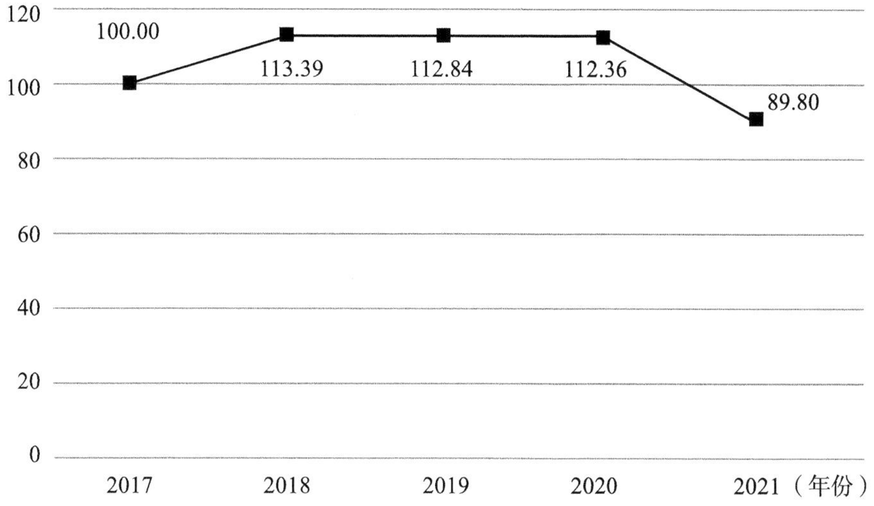

图2 2017—2021年北京市城乡融合发展水平得分定基指数

二、三方面全方位反映城乡融合发展水平

（一）经济均衡化水平呈现上升趋势

如图3所示，2021年经济均衡化水平的定基指数为129.85，提升幅度比"财政预算支持力度""公共服务均等化程度"都要高，居于分指标第一。其中，城乡收入比呈现下降趋势，2017年城乡收入比从1.81下降到2021年的1.67，下降幅度为7.9%；第三产业发展较快，全市第三产业贡献率上升，上升幅度为6.1%，其中，产业融合成效显著，农村第三产业吸纳劳动力数量增加，农村第三产业人口占比的增长幅度为13.87%；户籍人口城镇化进度加快，提升幅度为3.4%，农村人均集体规模扩大，增幅为32.75%。

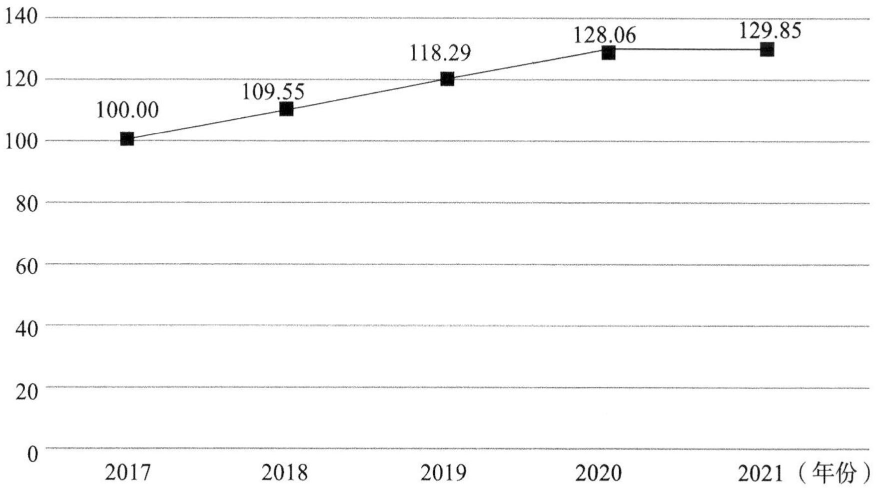

图3 2017—2021年北京市经济均衡化水平定基指数

（二）财政预算支持力度稳步提升

如图 4 所示，2021 年财政预算支持力度的定基指数为 106.04，相较于 2017 年稳步提升，其中，财政支持力度提升，2021 年人均一般公共预算支出增长幅度为 6.0%；2021 年财政支出用于交通比重明显增加，增加幅度为 50.7%；公共预算用于农林水比重的增加幅度为 0.09%。

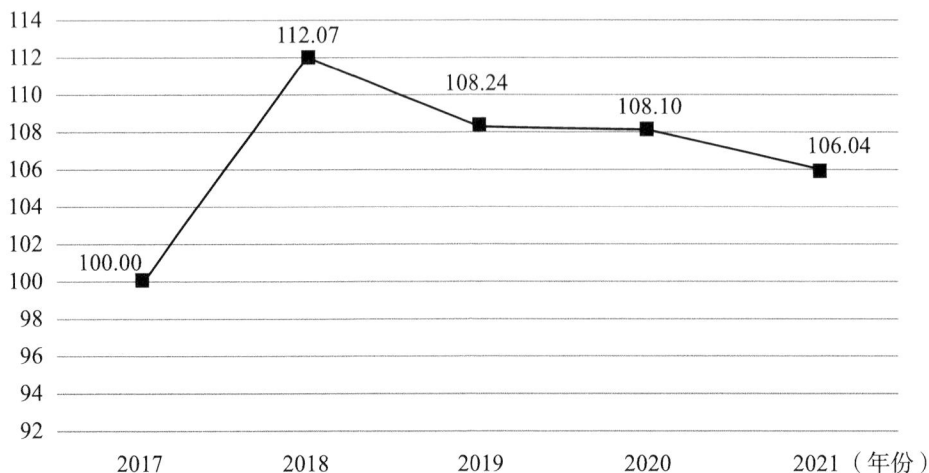

图 4　2017—2021 年北京市财政预算支持力度定基指数

（三）公共服务均等化程度有所下降

公共服务均等化程度呈现下降趋势，如图 5 所示，2021 年定基指数为 93.22，显著低于往年公共服务均等化水平，其中居委会占比有所提升，增幅为 4.0%，但是，人均医疗机构床位数有所下降，下降幅度为 3.4%。

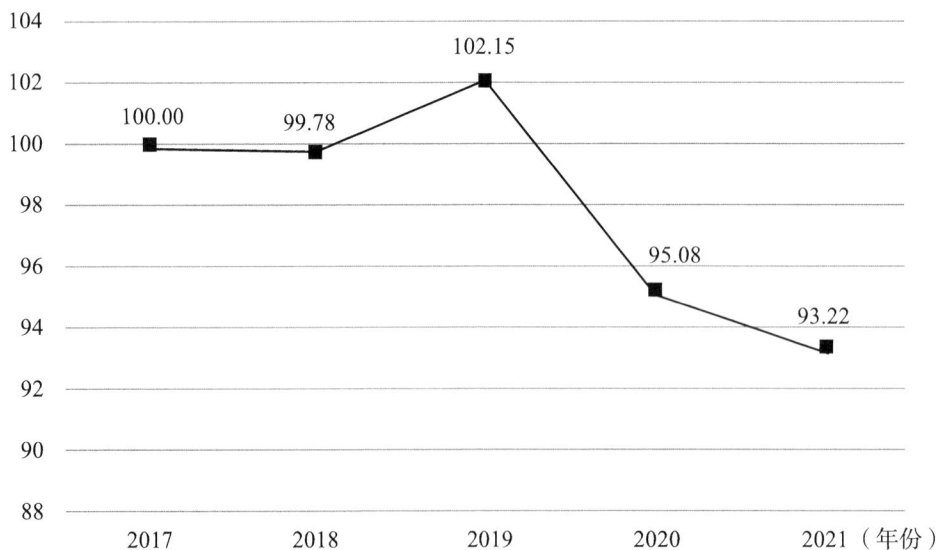

图 5　2017—2021 年北京市公共服务均等化程度定基指数

三、两项重要经济指标呈现良好发展趋势

（一）北京市 11 个区城乡收入比呈下降趋势

如图 6 所示，2021 年 11 个区城乡收入比较 2017 年下降，占 84.62%。降幅最高的为通州，下降 0.48。顺义区、平谷区、延庆区较 2017 年有所上升。

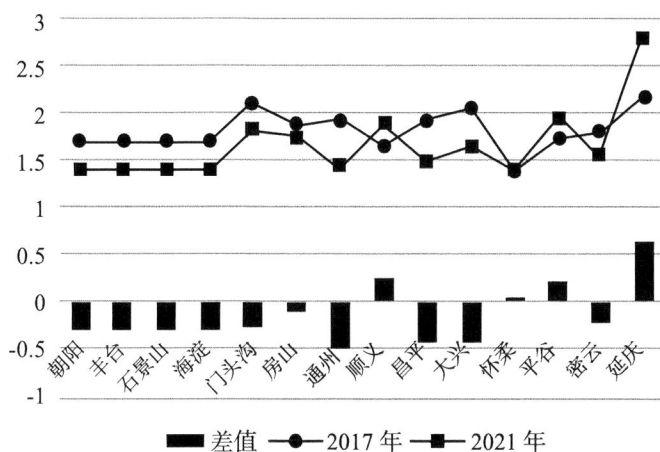

图 6　2017 年、2021 年各区城乡收入比

（二）北京市 12 个区人均农村集体资产规模增长显著

2021 年全市人均农村集体资产较 2017 年增加 22.91%。如图 7 所示，2021 年有 12 个区人均农村集体资产较 2017 年有所增加，占 85.71%。其中，增幅最高的前三个区分别为房山区（171.42%）、石景山区（41.98%）、海淀区（40.66%）。怀柔区和密云区较 2017 年分别下降 30.8% 和 21.94%。

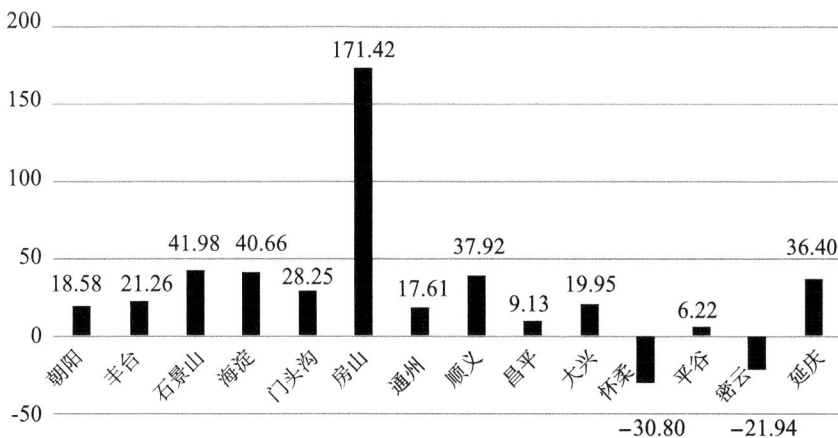

图 7　2017—2021 年北京市各区人均农村集体资产规模变动情况

四、五项指标对城乡融合发展水平影响突出

通过调研数据构建原始数据阵，根据熵权法，对矩阵进行标准化处理，计算熵权，最后得到 13 个二级评价指标的客观权重，如附件 2 所示。各个指标权重由大到小依次是人均农村集体资产规模（16.9%），财政支出用于交通比重（14.8%），居委会占比（12.3%），城乡收入比（11.3%），人均公共图书馆藏书率（10.2%），公共预算支出用于农林水比重（7.4%），人均医疗机构床位数（6.4%），农村第三产业人口比重（6.0%），城乡消费比（4.7%），绿化覆盖率（3.0%），户籍人口城镇化水平（2.7%），人均一般公共预算支出（2.5%），第三产业贡献率（1.2%），前五个指标的变异程度较大，对北京市 14 个区的城乡融合发展贡献突出。

五、各功能区城乡融合发展水平呈现不同特点

（一）北京市城乡融合发展差距呈缩小趋势

从北京市总体来看，全市城乡融合发展差距呈缩小趋势，差值由 2017 年的 0.241 缩小到 2021 年的 0.178，减少 0.063。

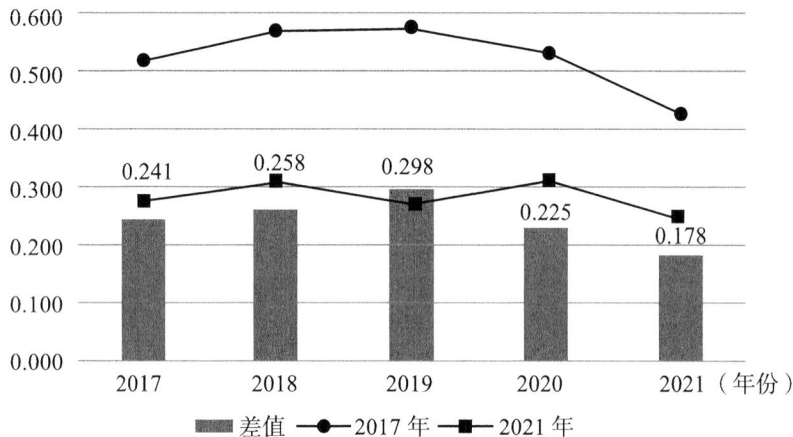

图 8　2017—2021 年北京市城乡融合发展综合评价得分

（二）各区城乡融合发展水平综合评价得分差异明显

北京市 14 个区的城乡融合发展水平综合评价得分如附件 3 所示，由高到低分为三种类型，得分水平较高的为石景山区、朝阳区、海淀区、昌平区、丰台区，各区经济、财政和公共服务融合方面较好，财政投入扶持力度大，城乡人口双向流动，绿化水平较高。得分水平中等的为门头沟区、密云区、怀柔区、顺义区、平谷区。表现不足的为通州区、延庆区、大兴区、房山区。

以综合得分平均水平排名第一的石景山区为例，2017—2019 年持续上升，2019—2021 年受新冠疫情因素影响，出现了下降的趋势，均值保持在 0.651 左右。

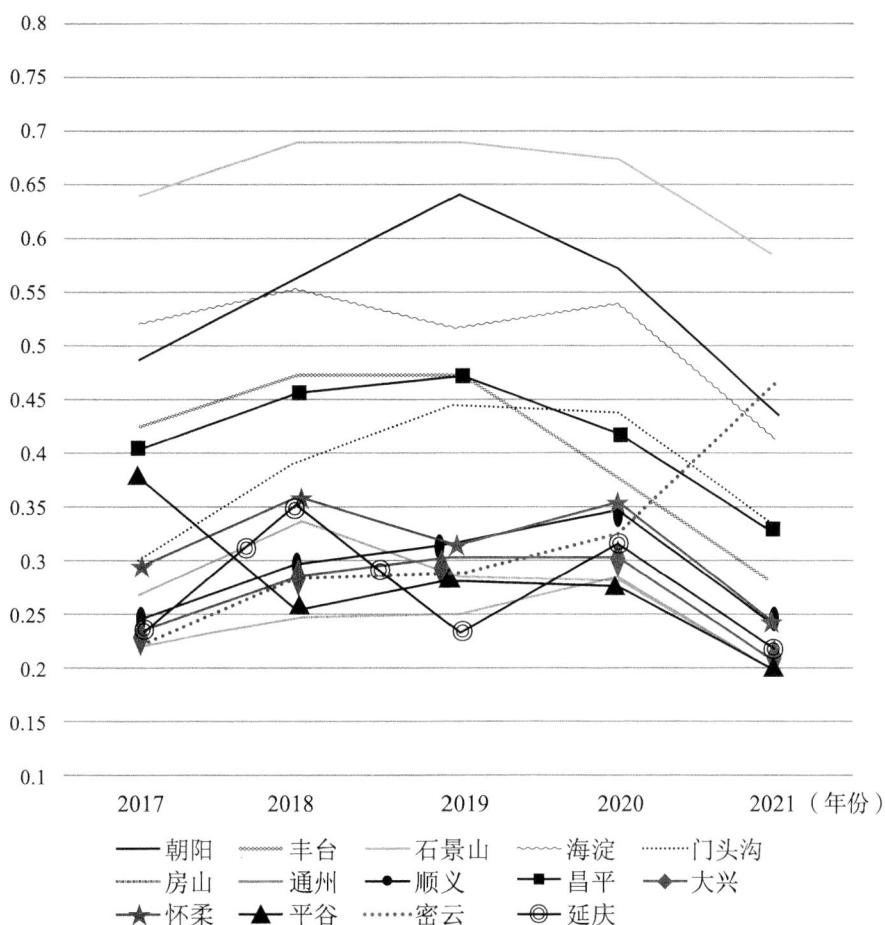

图 9　2017—2021 年北京市各区城乡融合水平综合得分

（三）城乡结合部和平原区城乡融合发展呈倒 U 型规律

从时间维度看，城乡结合部和平原区呈现倒 U 型规律，14 个区域的功能属性定位不同，根据图 10 "分地区类型城乡融合发展综合评价得分图"可以发现 2017—2021 年城乡结合部（4 个区）和平原区（6 个区）的城乡融合发展呈现出倒 U 型规律，在 2017—2019 年处于上升趋势，2019—2021 年处于下降趋势。分析其原因，可能在于 2019 年年末暴发新冠疫情，城乡之间的资源要素流动速度减缓，进而导致 2019—2021 年城乡融合的发展水平呈现了下降的趋势。具体体现在：

2021 年朝阳区城乡融合发展得分定基指数为 88.7，下降 11.0，其中，城乡之间要素流动速度下降，城乡消费比上升；海淀区城乡融合发展得分定基指数为 80.4，下降 19.6，其中公共预算用于农、林、水比重的定基指数为 42.33，下降幅度较大；丰台区定基指数为 66.7，第三产业贡献率小幅下降，下降幅度为 2%，公共预算用于农、林、水比重的定基指数为 67.6，下降 32.4；石景山区 2021 年城乡融合发展得分定基指数为 91.7，小幅度下降。

2021年大兴区城乡融合发展得分定基指数为94.8，下降5.2，其中，第三产业贡献率下降20.1个百分点，居委会占比定基指数为216.1，出现大幅度上升，说明该区城镇化进程加快；通州区定基指数为94.8，其中城乡收入比和城乡消费比的定基指数分别下降25.1和2.0，但是绿化覆盖率下降幅度大，下降了26.5个百分点；2021年昌平区定基指数为81.7，下降18.3，其中城乡收入比和城乡消费比定基指数有小幅下降，农村第三产业就业人口比重也出现下降，下降幅度为4.0个百分点；2021年顺义区城乡融合发展得分定基指数为97.1，出现小幅下降，其中，居委会占比定基指数为114.5，提升14.5，其城镇化进程速度加快；2021年门头沟区城乡融合发展得分定基指数为110.0，有小幅提升，提升幅度为11.0，其中，农村第三产业就业人口定基指数为213.8，增长幅度较大，其第三产业发展较快，吸引了大量农村劳动力第三产业就业；2021年房山区城乡融合发展得分定基指数为92.7，相较于2017年有所下降，下降幅度为7.3，其中，农村第三产业人口就业比重小幅下降，定基指数为97.7，财政支持力度定基指数总体下降，具体体现在人均一般公共预算支出、财政支出用于交通比重以及公共预算支出用于农、林、水比重方面，其下降幅度分别为15.3、25.5和6.4，但是，人均农村集体资产规模增长幅度大，充分激发了集体经济发展活力。

（四）山区城乡融合发展水平呈现 M 型规律

由图10中可以看出，2017—2021年山区（4个区）的城乡融合发展水平呈现先上升，后下降，再上升，最后下降的波动发展趋势，5年的城乡融合发展水平得分在0.3左右；2021年得分略高于2017年；整体呈现为 M 型规律。

2021年密云区城乡融合发展得分定基指数为108.3，出现了小幅提升，其中，城乡收入比和城乡消费比定基指数出现了下降，城乡收入比定基指数为87.5，下降幅度较大，城乡消费比定基指数为95.2，小幅下降。同时，第三产业贡献率、户籍人口城镇化水平，农村第三产业人口就业比重的定基指数都有不同程度的提升，在财政支持力度方面，人均一般公共预算支出的定基指数为101.1，小幅上升；公共服务均等化方面总体上升，其中，绿化覆盖率定基指数为108.3，该区在促进城乡融合发展的过程中立足于当地的优势资源，充分发挥了其生态价值。2021年延庆区城乡融合发展得分定基指数100，其中，城乡收入比和城乡消费比定基指数分别为129.2和145.7，增加了29.2和45.7，农村第三产业就业人口比重的定基指数为178.9，显著增加。2021年平谷区城乡融合发展得分呈下降态势，为近5年最低，其中，城乡收入比和城乡消费比定基指数分别为112.4和105.4，人均一般公共预算支出定基指数为95.9，下降4.1。2021年怀柔区城乡融合发展得分定基指数为82.2，其城乡收入比和城乡消费比的定基指数为103.0和114.2，提升了3.0和14.2，人均农村集体资产规模下降。

（五）城乡结合部城乡融合发展水平得分显著高于平原区和山区

从空间维度看，不同区域城乡融合发展水平存在一定的差异。从图10可以看出，2017—2021年城乡接合部和平原区城乡融合发展水平总体趋势一致，都呈现先上升后下降的倒 U 型规律，于2019年达到峰值，2021年回落至谷底；城乡接合部每年的综合得分值都显著高于其他两个区（平原和山区）。

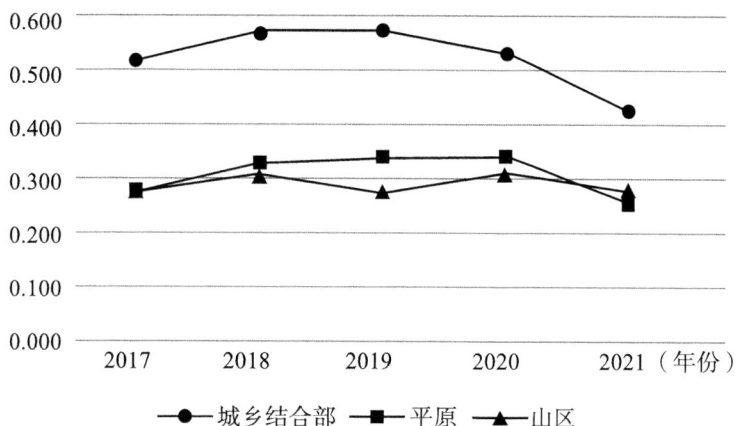

图 10 2017—2021 年北京市不同区域城乡融合发展综合评价得分

六、北京市城乡融合发展建议

针对北京市 14 个区城乡融合发展存在的短板和不均衡之处，需要针对性施策，完善工作机制，推动多部门协同合作。

（一）完善评价机制，总结推广城乡融合发展典型经验和模式

各区的城乡融合发展模式出现了多种建设机制和建设模式，例如朝阳、海淀等城市功能拓展区，在城市化程度较高的基础上，将政府财政投入集中到高新产业、公共基础设施上，形成总体融合发展水平较高的模式；门头沟、密云等区则基于生态涵养区的优势条件，形成城乡生态融合的特色模式。因此，应在实践中完善城乡融合评价机制，一方面是要全面，应包含财政、经济、生态、公共服务等角度，并体现乡村层面的融合情况，如人均集体资产规模、公共预算用于农林水支出等指标。另一方面是要精准，基于各区域不同形式的城乡融合模式，选取最有代表性的指标，进而总结出该区域的城乡融合科学模式。同时，各区可总结城乡融合好经验好做法，借鉴浙江、江苏、上海等城乡融合发展特色做法，形成可推广可复制的模式，通过新闻媒体、现场观摩等形式加大宣传推广力度，各区之间加强联系，互相参考借鉴。

（二）健全完善城乡融合发展体制机制和政策体系

当前正值首都发展新格局的战略机遇期、转型发展的攻坚期和城市复兴的关键期，"四个中心"城市战略定位进一步强化，各区应基于《北京城市总体规划（2016 年—2035 年）》所赋予的不同定位，转变发展理念，既要立足本区，健全完善城乡融合发展的体制机制和政策体系，从经济、制度、要素、空间、环境等各方面加大城乡融合的投入力度，激发农村发展活力，实现城乡公共事业共建、城乡居民共联及城乡资源互通的发展新格局。又要统筹协调，基于共同富裕的发展理念，强化城乡区域协同发展，在全市范围内有效整合资源，以需求为导向，提升城市综合实力和竞争力，大力改善人居环境品质。还要全面推进乡村振兴，努力缩小城乡居民人均收入差距，根据年鉴数据，2022 年北京城乡

收入比为 2.42∶1，高于其他三个直辖市和东部其他省份，排全国第 22。因此，首都的城乡融合发展除了统筹各区，还要协调城乡，走"大城市带动大京郊、大京郊服务大城市"的城乡融合发展之路。

（三）进一步提升农村地区公共服务水平

北京作为全国首都与超大城市，应当在缩小城乡收入差距、提供乡村公共服务、促进城乡融合发展上发挥示范引领作用，但当前北京在此方面仍有较大提升空间。根据本文研究，财政支出用于交通比重、居委会占比、城乡收入比和人均公共图书馆藏书率等四项指标对北京市各区城乡融合发展贡献突出，因此需要重点关注。首先，应加大财政投入，包括对交通的支持和财政支农力度，以促进城乡之间的空间融合与物质共享。其次，应提高公共治理水平，根据北京各区统计年鉴数据，全市居委会占比在一半左右，各区在社会治理水平上存在差距，需要根据各区城乡发展的进度来配置应有的服务水平。再次，应普惠公共服务，加快基础设施建设，根据本文研究，2017—2021 年各区人均公共图书馆藏书样本均值为 2.484，人均医疗机构床位数样本均值为 0.008，在文化教育、医疗上仍有提升空间，应加大建设公共图书馆的力度，增加藏书量，提高文化教育水平；增加医院床位数，以促进北京市各区城乡之间的医疗服务共享，逐步平衡城乡基础设施资源的配置，提升各区的公共医疗服务水平，进而促进城乡融合发展。

（四）发展壮大集体经济

当前，北京城乡发展进入了实现城乡融合和乡村振兴的新阶段。根据本文研究，人均集体资产规模变异程度最大，对全市各区城乡融合发展影响最强。因此，城乡融合发展需要重视壮大集体经济，促进集体成员共同富裕，把农民组织起来、资源整合起来、产业发展起来，推动农业提质增效，完善集体间的利益联结机制，实现小农户和各类新型经营主体之间的有效衔接。一方面，可以通过租金、薪金、股金的多种形式促进农民增收，在闲置宅基地转化为集体经营性建设用地统一入市交易等方面，赋予农民更广泛的选择空间，壮大集体经济。另一方面，可以提高乡村地区产业发展与城市的联动合作程度，提高技术、人才支持。根据《北京市加快推进数字农业农村发展行动计划（2022—2025）》，借力数字化底座，提速乡村振兴，通过建成大数据平台、提高涉农区信息化应用覆盖率助力智慧农业发展，壮大集体经济。同时，吸纳农户就地就近非农就业，拓宽农户收入渠道，进而促进农户持续增收，实现乡村振兴与高水平城乡融合发展。

附件 1

北京市城乡融合发展评价指标体系

目标层	准则层	指标层	计算公式	指标方向
北京市14个区城乡融合发展评价	经济均衡化水平	城乡收入比	城镇居民人均可支配收入/农村居民人均可支配收入	负向
		城乡消费比	城镇居民人均消费支出/农村居民人均消费支出	负向
		第三产业贡献率	第三产业产值/GDP	正向
		户籍人口城镇化水平	非农人口/总人口	正向
		农村第三产业人口占比	第三产业农村人口/农村总人口	正向
		人均农村集体资产规模	集体总资产/总人口	正向
	财政预算支持力度	人均一般公共预算支出	一般公共预算支出/总人口	正向
		财政支出用于交通比重	交通支出/一般公共预算支出	正向
		公共预算支出用于农林水比重	农林水支出/一般公共预算支出	正向
	公共服务均等化程度	居委会占比	居委会数量/（村委会+居委会）	正向
		绿化覆盖率	森林面积/土地总面积	正向
		人均公共图书馆藏书	公共图书馆藏书/总人口	正向
		人均医疗机构床位数	医疗机构床位数/总人口	正向

附件 2

北京市城乡融合发展评价指标及其权重

目标层	准则层	指标层	计算公式	权重
北京市14个区城乡融合发展评价	经济均衡化水平	城乡收入比	城镇居民人均可支配收入/农村居民人均可支配收入	0.113
		城乡消费比	城镇居民人均消费支出/农村居民人均消费支出	0.047
		第三产业贡献率	第三产业产值/GDP	0.012
		户籍人口城镇化水平	非农人口/总人口	0.027
		农村第三产业人口比重	第三产业农村人口/农村总人口	0.060
		人均农村集体资产规模	集体总资产/总人口	0.169
	财政预算支持力度	人均一般公共预算支出	一般公共预算支出/总人口	0.025
		财政支出用于交通比重	交通支出/一般公共预算支出	0.148
		公共预算支出用于农林水比重	农林水支出/一般公共预算支出	0.074
	公共服务均等化程度	居委会占比	居委会数量/（村委会+居委会）	0.123
		绿化覆盖率	森林面积/土地总面积	0.030
		人均公共图书馆藏书	公共图书馆藏书/总人口	0.102
		人均医疗机构床位数	医疗机构床位数/总人口	0.064

附件 3

城乡融合发展综合评价得分表

区名	2017 年	2018 年	2019 年	2020 年	2021 年	均值	排名
朝阳	0.487	0.567	0.638	0.561	0.432	0.537	2
丰台	0.421	0.468	0.456	0.373	0.281	0.400	5
石景山	0.640	0.680	0.684	0.664	0.587	0.651	1
海淀	0.511	0.547	0.513	0.535	0.411	0.503	3
门头沟	0.300	0.386	0.440	0.436	0.330	0.378	6
房山	0.219	0.246	0.244	0.280	0.203	0.238	14
通州	0.273	0.329	0.285	0.276	0.203	0.273	11
顺义	0.240	0.286	0.311	0.342	0.233	0.282	9
昌平	0.398	0.444	0.461	0.411	0.325	0.408	4
大兴	0.229	0.276	0.300	0.298	0.202	0.261	13
怀柔	0.292	0.351	0.311	0.345	0.240	0.308	8
平谷	0.372	0.251	0.278	0.265	0.288	0.275	10
密云	0.218	0.281	0.278	0.317	0.454	0.310	7
延庆	0.215	0.346	0.233	0.307	0.215	0.263	12

课题组组长：陈雪原

课题组成员：张晶晶、叶美艳、孙梦洁

执笔人：张晶晶、叶美艳

构建京郊农民增收长效机制研究

增加农民收入，事关农民安居乐业和农村和谐稳定，事关经济社会发展大局，是全面推进乡村振兴的重要任务，也是扎实推动共同富裕的关键。近年来，北京农村居民收入保持较快增长，但相对城镇居民，收入仍然明显偏低，农民收入问题依然是推动首都高质量发展，实现共同富裕的短板弱项。让尚不富裕的农民走上致富道路，必须立足于解决京郊农民增收这一基本问题，构建起促进京郊农民长效增收的体制机制。

一、京郊农民收入的基本情况分析

（一）北京"三农"基本现状

截至2022年底，北京市全市常住人口为2184.3万人，比上年末减少4.3万人。其中，城镇人口1912.8万人，乡村人口271.5万人，常住乡村人口占常住人口的比重为12.4%。北京市共有13个涉农区，181个乡镇（143个镇、38个乡），仍是村庄形态的现状行政村庄有3381个，乡村地区（编制乡镇规划的120个乡镇）面积约1.35万平方千米，占全市面积的82%。根据《北京市2022年国民经济和社会发展统计公报》初步核算，2022年，北京市全年地区生产总值达41610.9亿元，按不变价格计算，比上年增长0.7%，全市人均地区生产总值为19.0万元，已经迈入了世界发达经济体中等水平。但是"大城市小农业""大京郊小城区"是北京的市情农情，第一产业增加值只有111.5亿元，下降1.6%，占比不足0.3%。总体来看，北京市"三农"呈现出人口和村庄数量不断减少、农业产业受限的发展态势。

1.北京乡村人口及第一产业从业劳动力不断减少，占各区总人口比重大多连年降低

北京作为高度城镇化的区域，统计数据显示，2022年北京市常住人口中城镇人口为1912.8万人，乡村人口为271.5万人，城镇化率达到87.57%，常住乡村人口仅占12.4%，只为全国农村人口的0.6%。与2010年86%的城镇化率相比，12年间城镇化率提高了1.6%。党的十九大以来，北京市城镇化率从2017年的86.93%提高到2022年的87.57%，农村常住人口不断减少，从2017年的286.7万人下降到2022年的271.5万人（见图1）。

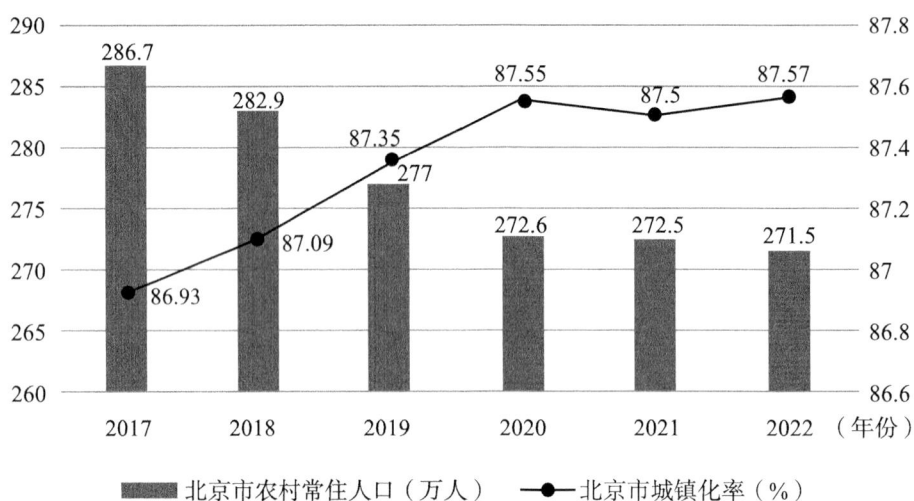

图 1　北京市城镇化率和农村常住人口情况

数据来源：北京市统计局。

分区域来看，2017—2022 年，除朝阳区和昌平区的乡村人口稍有增加之外，其余 11 个涉农区的农村常住人口都在减少，大兴区、海淀区和通州区的常住乡村人口减少较多，分别减少了 3.3 万人、3.1 万人和 2.8 万人（见图 2）。从乡村人口占比情况看，2017—2022 年，仅朝阳区的乡村人口占比有所提高，其他各区的乡村人口占比均降低。从各区对比来看，2022 年，除延庆区、平谷区、密云区和顺义区以外其他各区乡村人口占比均在 30% 以下（见图 3）。

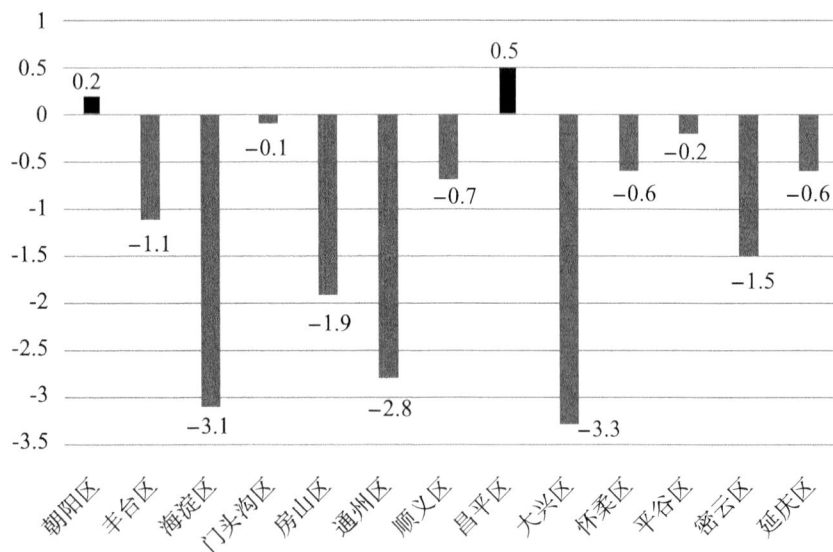

图 2　2017—2022 年北京市各涉农区农村常住人口变动情况（万人）

数据来源：北京市统计局。

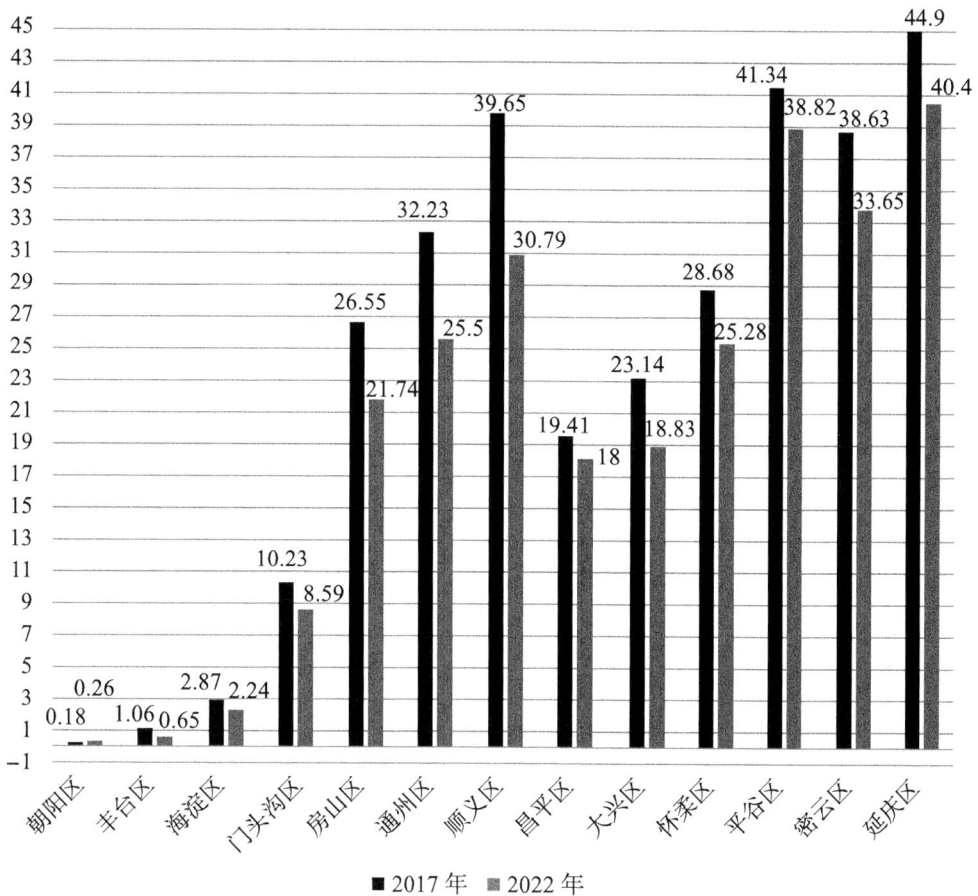

图 3　2017 年和 2022 年北京市各涉农区农村人口占比情况（%）

数据来源：北京市统计局。

　　近年来，北京市常住人口中第一产业从业人口数量也呈现逐年下降趋势。2017 年，北京市常住人口中从事第一产业人口数量为 38.6 万人；2022 年，第一产业从业人员仅为 25.1 万人，较 2017 年减少 13.5 万人，下降 35%（见图 4）。此外，北京市农业经营人员中 55 岁以上占比为 40.6%，初中及以下学历占比 80.2%，"高龄化"趋向明显，综合素质普遍偏低。比如，在调查中发现，门头沟斋堂镇马栏村由于地处深山区，村落偏远，本地产业单一，就业机会少，青壮年劳动力外流情况普遍，该村从事农业生产的全部为超龄劳动力，最年轻种植户年龄为 55 岁，农业生产处于后继无人的状态。由此来看，乡村振兴的重要性则更加凸显。

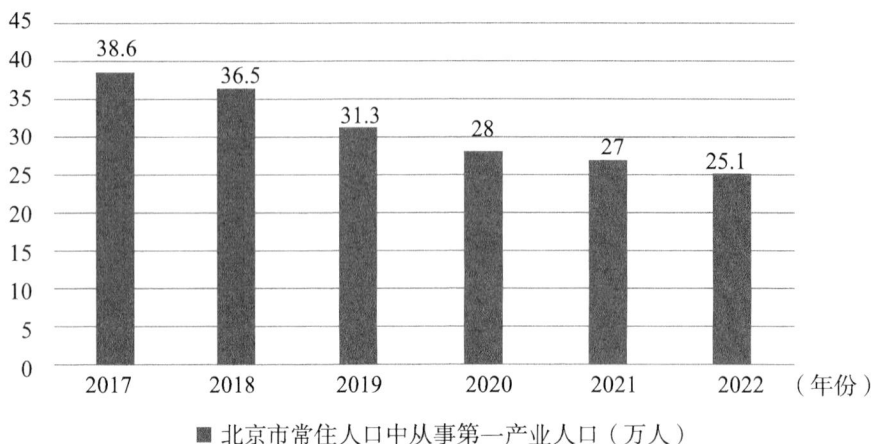

图 4　2017—2022 年北京市常住人口中从事第一产业人口情况

数据来源：北京市统计局。

2. 北京乡村数量不断减少，乡村面临转型发展契机

村庄是乡村的基础、载体，也是乡村振兴的对象。在首都地区，受城市化快速扩张的冲击，村庄数量在不断减少。据统计，北京市现有村庄形态的行政村 3381 个，总体上趋于减少。与此同时，农村常住户规模呈"U"形变化，表明在村庄里居住生活的住户和人口并不是一味减少，随着乡村振兴的全面推进，有一定人口选择了回流到村内生活。随着乡村数量规模的不断减少，未来首都乡村发展面临着更新转型的发展契机。同时，根据常住人口的发展趋向，表明未来仍然有相当一部分群体将选择在乡村发展，这为今后首都乡村振兴带来机遇。

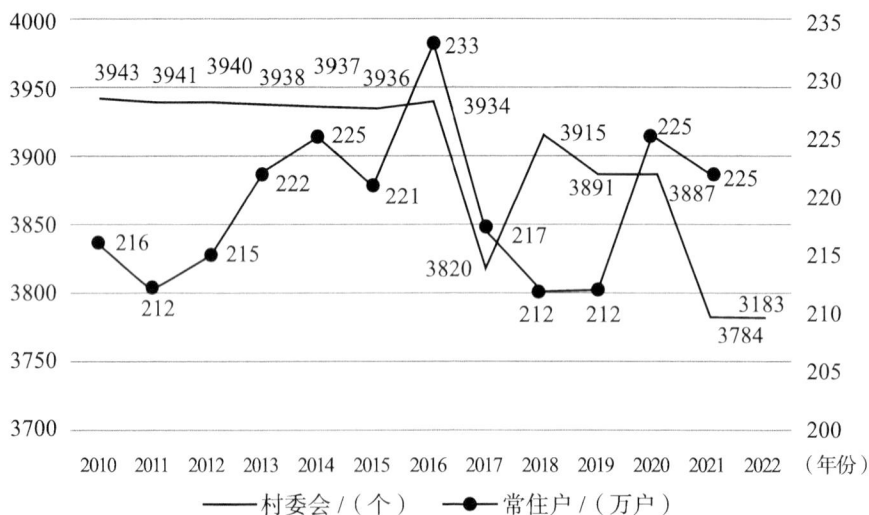

图 5　2010—2022 年北京市村户变化趋势图

数据来源：北京市统计局。需要说明的是，2022 年北京市农村常住户数据暂未公布。

3. 首都农业增加值和占比均呈下降趋势，农业发展的空间受限

首都地区农业发展具有特殊性，受土地、水资源和生态环境等因素制约，北京市农业产值虽然逐步增长，但 2017 年以来，农业增加值及增加值占 GDP 的比重总体上处于下降状态（见图 6）。尽管对于工业化、城市化高度发达的首都北京来说，农业在经济增长中的功能已经改变，但不容忽视的是，农业的基础地位不会变，粮食安全的重要性不会变，农业的多功能性也不会变。首都乡村要实现振兴，仍要结合首都经济社会变迁的特征和规律，为首都农业的现代化发展拓展新的空间和路径。

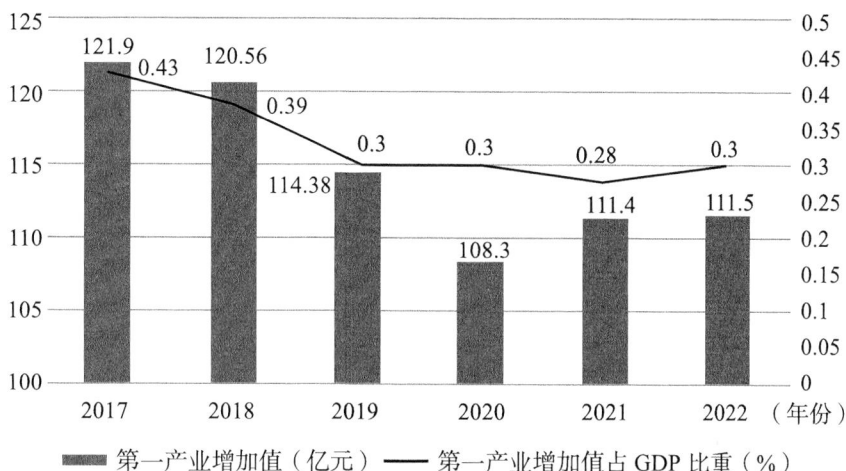

图 6 2017—2022 年北京市农业增加值及增加值占 GDP 的比重情况

（二）京郊农民收入趋势分析

近年来，京郊农民收入总体还是呈快速增长趋势，但是从增长速度来看，京郊农民收入增速放缓，未来增长空间有限；从城乡差距来看，京郊农民和城市居民的收入差距仍然较大，这也是今后需要关注的重点之一。

1. 京郊农民收入持续较快增长，始终高于全国农民平均水平

自改革开放以来，北京市农村居民收入持续保持较高的增长速度，从 1978 年的 225 元增长到 2022 年的 34754 元。2021 年，北京市出台《关于促进本市农民增收若干措施》，明确提出了"'十四五'期间，本市农村居民人均可支配收入同比增速快于城镇居民""到 2025 年，城乡居民收入比缩小到 2.4 左右"的要求。从结果来看，党的十九大以来，随着北京市乡村振兴战略和脱低消薄各项政策的纵深推进，农村居民人均可支配收入增速总体快于城镇居民。截至 2022 年底，北京市农村居民人均可支配收入为 34754 元，仅次于上海、浙江，位列全国第三，同比增长 4.4%，高出北京市城镇居民可支配收入增速 1.3 个百分点，城乡收入比进一步下降到 2.42，低于全国城乡收入比水平（见图 7）。

与全国农村居民收入相比，北京市农村居民人均可支配收入一直高于全国平均水平，但近年来这种差距在逐渐缩小。2000 年，北京市农村居民收入是全国平均的 2 倍，2012 年降至 1.83 倍，2022 年这个比值已经下降到 1.73 倍。

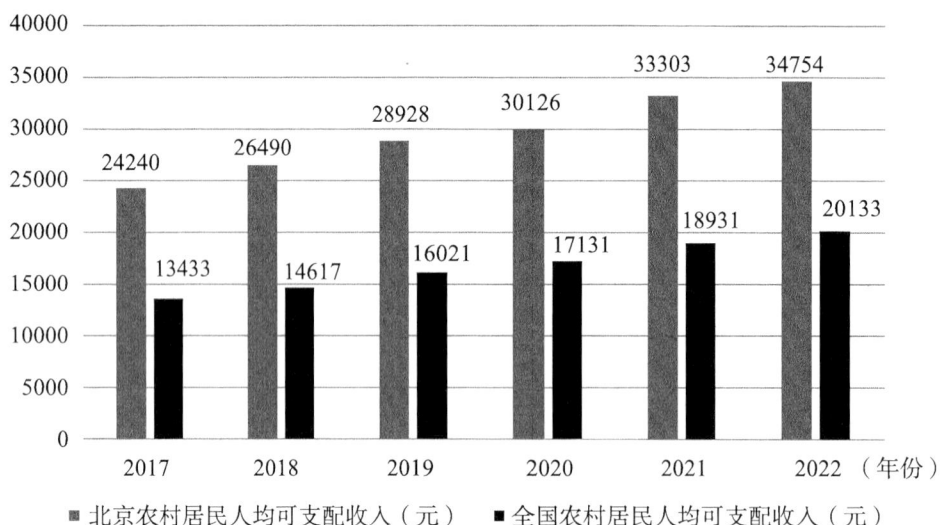

图7　2017—2022 年北京与全国农村居民人均可支配收入对比图

2.京郊农民收入增速波动放缓，优势不断减弱

近年来，北京市农村居民收入增速有所放缓。2017—2019 年，增速始终在 6.7% 左右徘徊，受新冠疫情的影响，2020 年增速仅为 2.4%，疫情后的 2022 年增速也只恢复到 4.4%，显著低于疫情前水平。虽然全国农村居民的收入增速也呈现类似趋势，但 2017 年以来北京市农村居民收入增速始终低于全国平均水平（见图 8）。

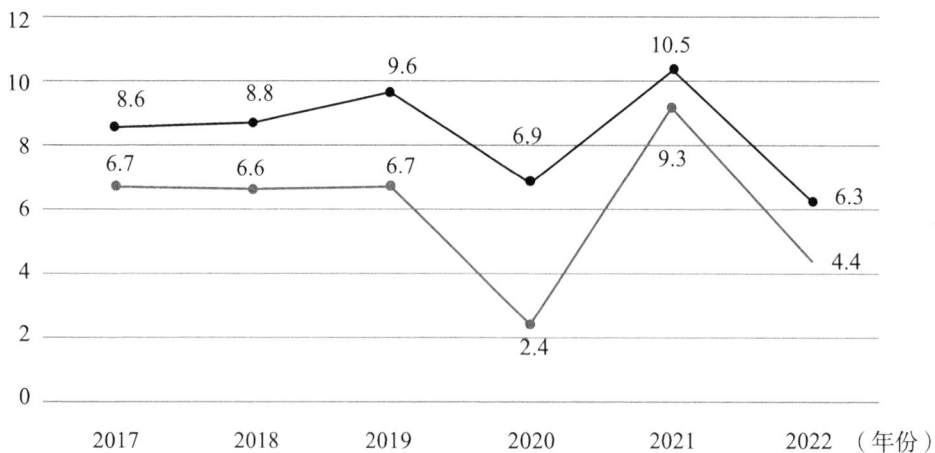

图8　2017—2022 年北京与全国农村居民人均可支配收入增速趋势对比图

3.北京市城乡居民收入相对差距缩小但绝对差距仍处高位

尽管北京市城乡居民收入差距比不断缩小，自 2017 年的 2.57 下降至 2022 年的 2.42，略低于全国城乡居民收入比 2.45，但依旧位于四个直辖市末位，且与世界上发达国家基本保持在 1.5 左右的收入比水平还有明显差距。此外，北京城乡居民收入的绝对差距却呈现出逐年拉大的趋势，自 2017 年的 38166 元扩大至 2022 年的 49269 元，不仅始终高于全国

城乡收入差距绝对值水平，并且持续性扩大趋势明显（详见图9、表1）。

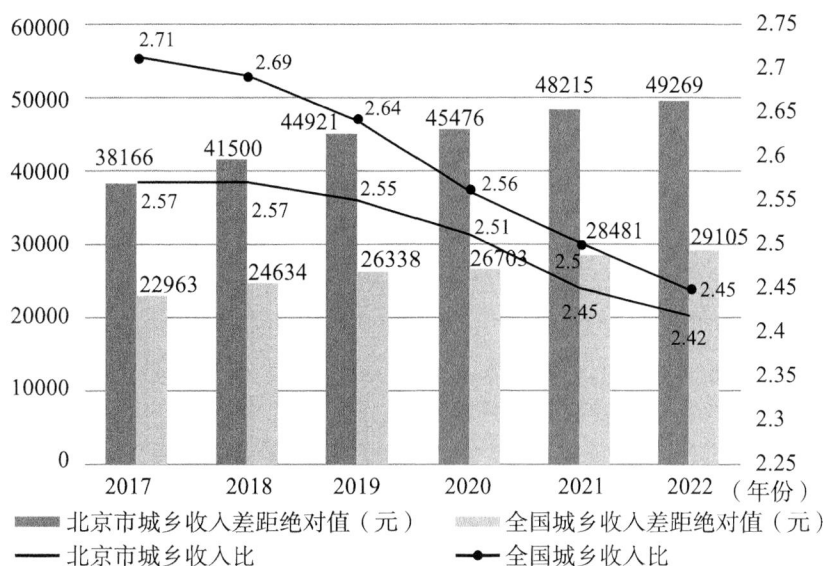

图 9　2017—2022 年北京市与全国城乡收入比及城乡收入差距绝对值对比图

表 1　2017—2022 年北京市与全国城乡居民收入情况

年份		2017	2018	2019	2020	2021	2022
（一）人均可支配收入（元）							
北京	城镇	62406	67990	73849	75602	81518	84023
	农村	24240	26490	28928	30126	33303	34754
全国	城镇	36396	39251	42359	43834	47412	49238
	农村	13433	14617	16021	17131	18931	20133
（二）人均可支配收入实际增长（%）							
北京	城镇	7.0	6.2	6.2	0.7	6.6	3.1
	农村	6.7	6.6	6.7	2.4	9.3	4.4
全国	城镇	8.3	7.8	7.9	3.5	8.2	3.9
	农村	8.6	8.8	9.6	6.9	10.5	6.3
（三）城乡居民收入的绝对差距（元）							
北京	—	38166	41500	44921	45476	48215	49269
全国	—	22963	24634	26338	26703	28481	29105
（四）城乡居民收入比							
北京	—	2.57	2.57	2.55	2.51	2.45	2.42
全国	—	2.71	2.69	2.64	2.56	2.50	2.45

　　注：北京市 2017—2021 年数据整理自《北京统计年鉴 2022》，2022 年数据整理自《北京市 2022 年国民经济和社会发展统计公报》，全国数据整理自《2023 中国统计摘要》。

（三）京郊农民收入结构分析

根据《北京市 2022 年国民经济和社会发展统计公报》（北京市人民政府官网）数据显示，2022 年北京市农村居民人均可支配收入为 34754 元，同期全国农村居民人均可支配收入为 20133 元，北京市农村居民收入是全国农民平均收入的 1.73 倍。

1. 工资性收入是京郊农民收入主要来源，经营性收入偏低是农民增收的突出短板

总体来看，虽然北京市农村居民收入高于全国农民平均收入，但收入结构显著区别于全国，呈现出工资性收入和财产净收入高，转移性收入和经营性收入偏低的"两高两低"趋势。从收入结构来看，2022 年北京市农村居民工资性收入为 24928 元，是全国平均的 3 倍，财产净收入为 3556 元，是全国平均的 7 倍，然而，经营性净收入只有 1850 元，仅为全国平均的 26.5%（见表 2）。从四项收入占比情况来看，尽管工资性收入既是北京也是全国农民的主要收入来源，但自 2017 年以来，北京市占比始终稳定在 70% 以上，远高于全国农民工资性收入占比（见图 10）。经营净收入是全国农民收入第二大来源，占比 34.6%，而在北京市农民收入中占比却最低，仅有 5%。从不同来源的收入增速来看，2017 年以来，北京市农村居民的工资性收入和经营性净收入增速较低，大多低于全国平均，财产净收入和转移性收入增速较高，大多高于全国平均。其中，工资性收入作为拉动北京市农民增收的关键因素，其增速的放缓给农民增收工作带来较大挑战（见表 3）。

表 2　2017—2022 年北京市与全国农村居民收入结构情况

单位：元

年份	工资性收入		经营净收入		财产净收入		转移净收入	
	全国	北京	全国	北京	全国	北京	全国	北京
2017	5498	18223	5028	2140	303	1570	2603	2307
2018	5996	19827	5358	2021	342	1877	2920	2765
2019	6583	21376	5762	2262	377	2127	3298	3163
2020	6974	21174	6077	1613	419	3103	3661	4236
2021	7958	23434	6566	1874	469	3443	3937	4552
2022	8449	24928	6972	1850	509	3556	4203	4420

数据来源：全国和北京市历年统计年鉴。

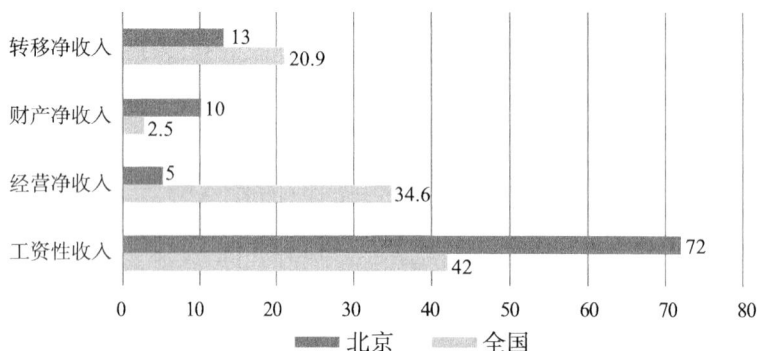

图 10　2022 年北京市和全国四项收入占比情况（%）

表3 2017—2022 年北京市与全国农村居民不同来源收入增速情况

单位：%

年份	工资性收入		经营净收入		财产净收入		转移净收入	
	全国	北京	全国	北京	全国	北京	全国	北京
2017	9.5	9.5	6.0	3.8	11.4	16.3	11.8	2.1
2018	9.1	8.8	6.6	−5.5	12.9	19.5	12.2	19.9
2019	9.8	7.8	7.5	11.9	10.3	13.4	12.9	14.4
2020	5.9	−0.9	5.5	−28.7	11.0	45.9	11.0	33.9
2021	14.1	10.7	8.0	16.2	12.1	11.0	7.5	7.5
2022	6.2	6.4	6.2	−1.3	8.4	3.3	6.8	−2.9

数据来源：课题组测算整理。

（四）京郊农民收入各区内的对比分析

1. 北京市低收入农户全部脱低，农村内部总体收入差距明显缩小

北京市全面实现了低收入农户全部过线、低收入村全部消除的目标。自 2016 年以来，北京市制定了家庭年人均可支配收入 11160 元的低收入农户标准和低收入农户数量超过本村农户总数 50% 的低收入村标准。全市共计认定低收入农户 7.26 万户，15.6 万人，低收入村 234 个。"十三五"期间，全市上下汇聚资源，整合力量，对低收入村及低收入农户因地制宜开展精准帮扶，于 2020 年底完成了现行标准下低收入村和低收入农户全部消除的历史任务。《北京市 2023 年政府工作报告》指出，"北京低收入农户全部脱低，低收入村全面消除，农村居民人均可支配收入年均增速比城镇居民高 1 个百分点以上"。

北京市统计局抽样监测数据显示，截至 2020 年底，全市现有 42374 户低收入农户，2020 年家庭人均可支配收入全部超过标准线（11160 元），234 个低收入村全部消除，其中家庭人均收入 15000 元（含）以上的有 37473 户，占比 88.5%。在增长速度上，全市低收入农户人均可支配收入由 2016 年的 8961 元增加到 2020 年的 17588 元，年均增长 18.4%，远远高于全市居民人均可支配收入增速；在收入结构上，低收入农户人均工资性收入为 6209 元、经营性收入 542 元、财产性收入 1073 元、转移性收入 9764 元，工资性收入和转移性收入已成为低收入农户的主要收入来源。

2. 京郊各涉农区之间农民收入差距仍悬殊

从北京市不同分区来看，城市发展新区是疏散城市中心区产业、人口的重要区域和未来北京的经济重心所在，农村居民收入提升较快。生态涵养区作为北京的生态屏障和资源保护地，位于远郊区，经济发展基础相对薄弱，农村居民收入大多偏低。2022 年，位于城市发展新区的顺义区农村居民人均可支配收入在十个涉农区（除朝阳、海淀、丰台）中最高，达到 37310 元，高出北京市农村居民人均可支配收入近 3000 元；而位于生态涵养区的延庆区农村居民收入最低，为 26753 元，不足顺义区农民可支配收入的 72%。从增速来看，与 2021 年相比，北京市城市发展新区的农民收入增速普遍高于全市农民收入增速平均水平（4.4%），其中，大兴区农民收入增速最高，为 5.2%。而生态涵养区的农民收入

增速则普遍偏低，最低为延庆区，增速仅为 3.5%（见图 11）。

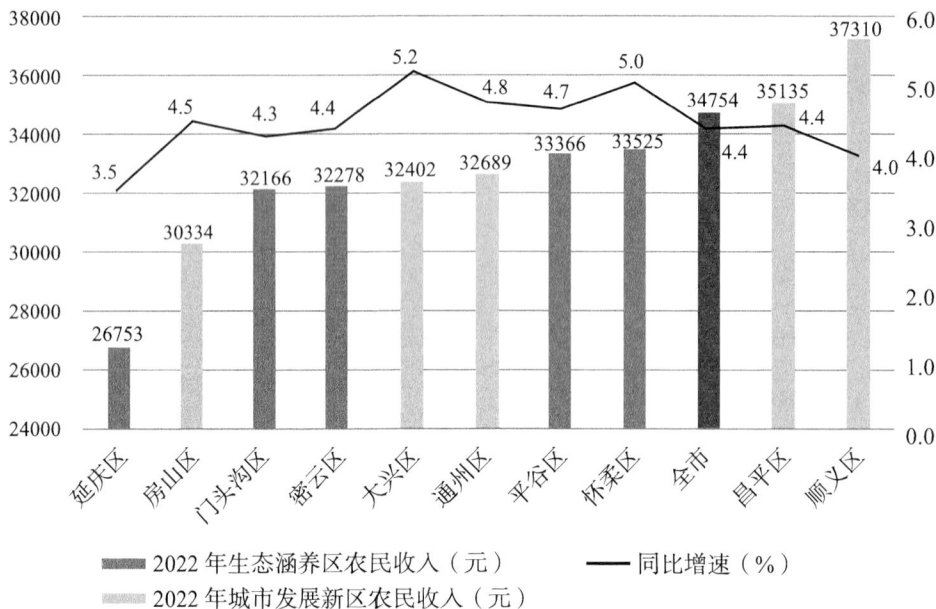

图 11　2022 年北京市各涉农区农村居民收入情况（不含朝阳、海淀、丰台）

注：数据来源于《北京市区域统计年鉴》。黑色柱为北京市生态涵养区 2022 年农村居民人均可支配收入，浅灰色柱为北京市城市发展新区 2022 年农村居民人均可支配收入，深灰色柱为北京市农村居民人均可支配收入，位于坐标轴左侧（单位：元）；折线为北京市各区 2022 年农村居民人均可支配收入同比增速。

（五）京郊农民收入与上海、浙江两地的对比分析

北京最主要的问题之一在于城乡差距过大。2022 年，北京市农村居民可支配收入为 34754 元，稳居全国第三位，仅次于上海市和浙江省。但是，自 2013 年以来，北京市城乡间居民收入差距变化不大，二者之比一直保持在 2.5 左右，远高于同时期上海市、浙江省等其他经济发达的省份和地区。因此，通过与上海、浙江农村居民收入情况的对比分析，既可以知己知彼深入了解上海、浙江两地农村居民收入的基本情况，又可以取人之长深刻反思北京市农村居民增收的短板与不足。

1. 北京市农村居民收入低于上海，且城乡间收入差距大

北京和上海城镇家庭的人均可支配收入较为接近（见图 12）。2022 年，两地城镇居民人均可支配收入分别为 84034 元和 84023 元，相差无几。但就农村来看，2017 年，北京农民收入比上海少 3585 元，到 2022 年，这一差距已扩大至近 5000 元。从收入增速来看，2017—2021 年间，尽管两地农民收入增速均呈现出总体下降趋势，但是上海市农民收入增速一直高于北京，这一趋势到 2022 年得以扭转（见图 13）。此外，上海市城乡居民收入差距始终保持在低位，且自 2017 年以来持续下降，2022 年上海市城乡居民收入比仅为 2.12。而北京的城乡收入差距始终保持在较高水平，尽管近几年有所下降，但 2022 年北

京城乡居民收入比（2.42）依然比上海 2017 年水平还要高（见图 14）。

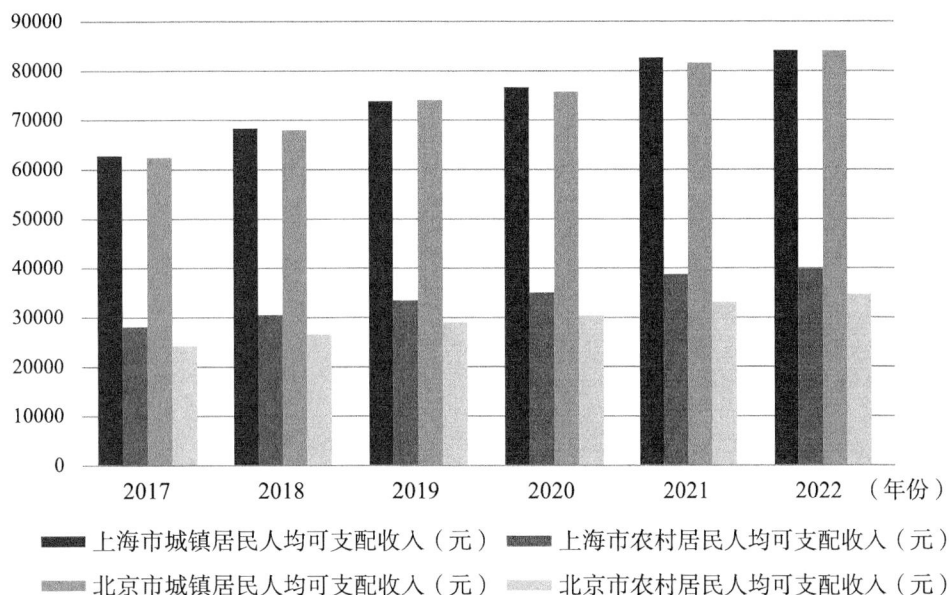

图 12　2017—2022 年北京和上海城乡人均可支配收入变化情况

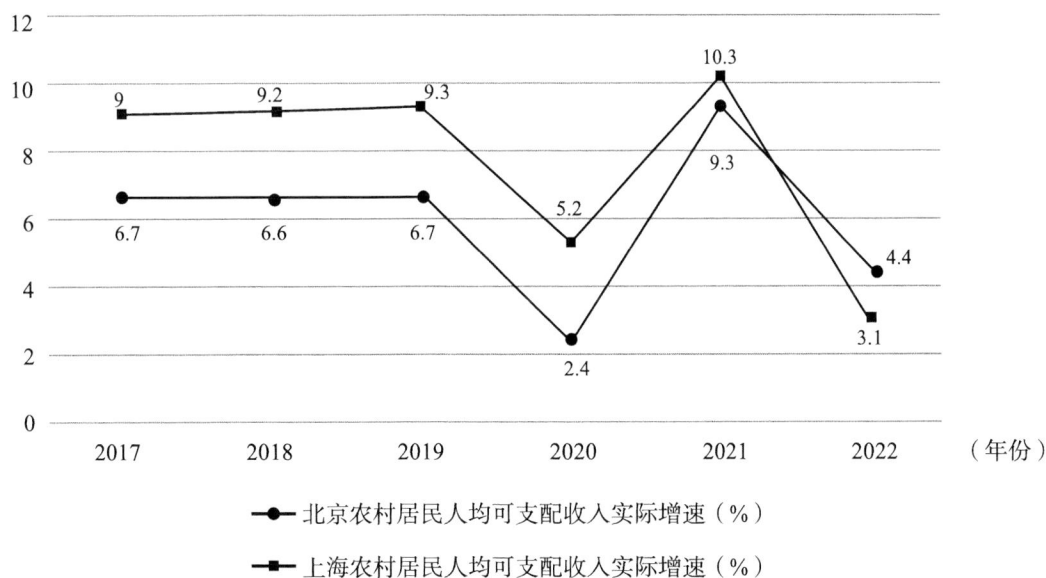

图 13　2017—2022 年北京和上海农村居民人均可支配收入增速情况

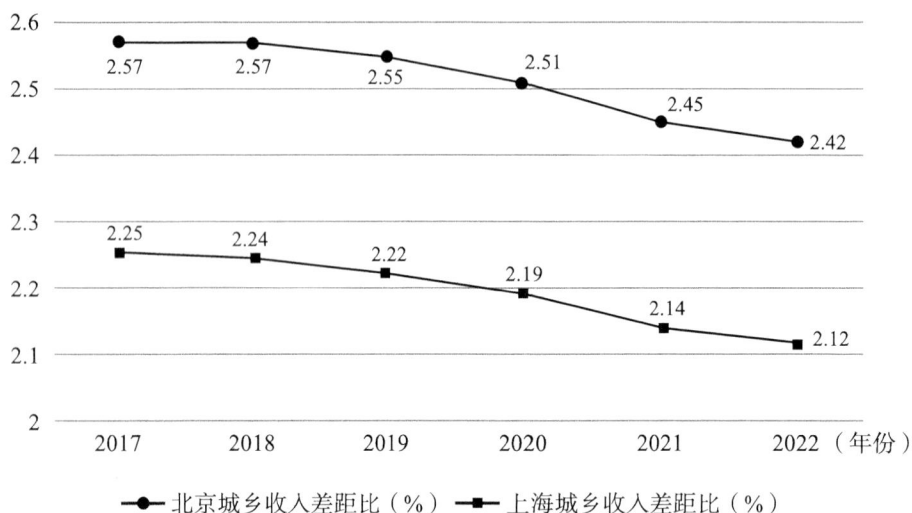

图 14 2017—2022 年北京和上海城乡收入差距比趋势图

2. 北京与浙江农民收入差距呈扩大趋势

作为共同富裕示范区的浙江省，农村人口占比达 27.3%，远高于北京 12.4% 的农村人口占比，但 2017 年以来，浙江农民人均可支配收入水平却始终高于北京。2017—2019 年，北京与浙江农村居民可支配收入比基本稳定在 0.97 左右，差异较小。但从 2020 年开始，两地农民之间的收入差距呈扩大趋势，到 2022 年北京农民收入已比浙江少近 3000 元（见图 15）。此外，从收入增速上看，2017—2022 年，尽管两地农村居民收入增速的变动趋势趋同，但浙江农村居民收入增速始终高于北京（见图 16）。北京农民收入增速的减慢，意味着两地农民收入的差距有进一步拉大的可能。

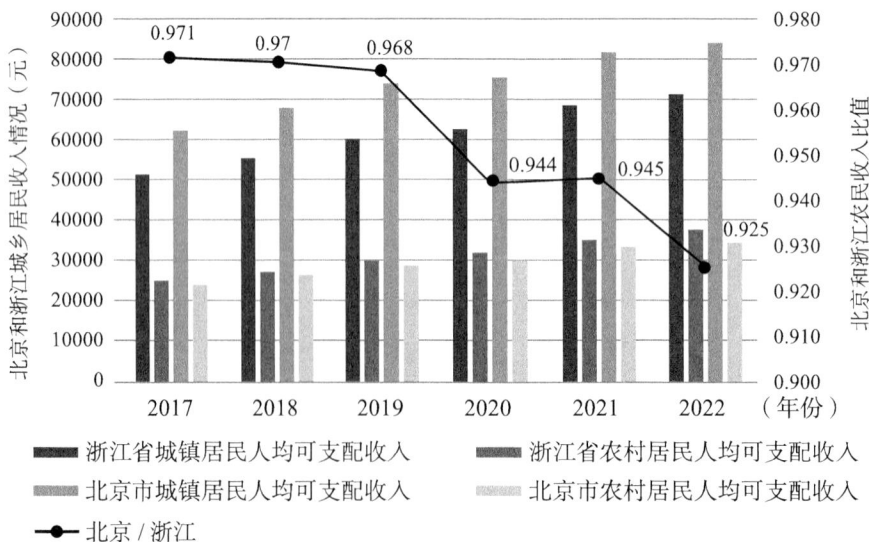

图 15 2017—2022 年北京和浙江城乡人均可支配收入变化情况

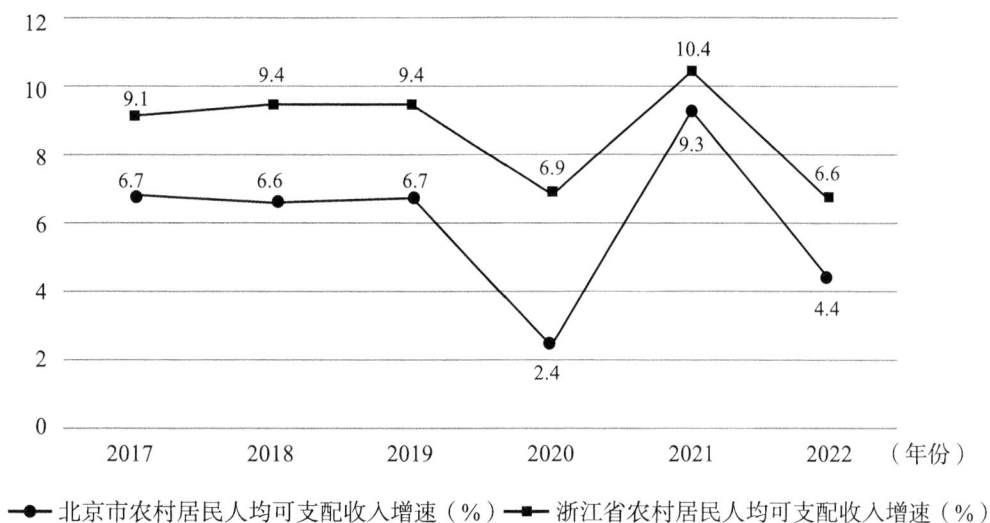

图 16　北京市和浙江省农村居民人均可支配收入增长率对比图

二、构建京郊农民增收长效机制中的问题与挑战

农民增收长效机制不是一成不变，而是随着不同阶段和条件的变化不断地丰富、发展和完善。根据京郊三农现阶段发展现状，从增收机制动态优化视角来看，目前主要存在六方面的突出问题和挑战。

（一）农业产业化发展支持政策仍不完善

目前来看，北京农业产业化发展仍然面临诸多政策性制约。一是农村产业用地不足。目前来看，受到定位限制，北京土地利用管控十分严格，根据城市总体规划，北京市每年要减少存量建设用地 30 平方公里，对新增用地和新增产业形成更为严格的约束。集体建设用地规模也同样实行减量发展，特别是随着郊区大型园区等规划项目的落地，很多村集体建设用地被统筹调配规划，村集体可用来发展产业项目的用地指标较少，导致各项产业发展项目特别是农村二三产项目的政策受限较多，落地困难，难以形成产业规模优势。二是生态环境限制严格。北京生态保护严格，特别是生态涵养区禁止和限制发展畜牧业、农副食品加工制造业，导致生态循环农业产业存在断链风险，农业产能不平衡，农产品附加值难以提升。以延庆区旧县镇为例，作为生态涵养区内的农业大镇，受生态保护红线限制，面临着农产品加工落地困难的现实问题，很多小而精的特色农业品种很难进行小规模特色化加工，镇内生产的红心苹果只能委托外区有资质的加工厂代为加工成鲜榨红心苹果汁，但委托加工成本高昂，大大压缩了产品利润空间，产业综合竞争力、农产品附加值均难以实现有效提升，阻碍了产业发展的可持续性，影响农民的增收渠道。三是部门间政策难以统筹。在执行层面，农业产业项目牵扯到农业农村、自然资源与规划等多个涉农部门，村里开展项目时，常常面临多个部门、多个口径的限制，执行效率低，削弱了乡村发展积极性。据调研了解到，目前北京很多政策在执行期间存在部门间标准不一致、数据不一致、信息不畅通等问题，导致政策执行效率偏低。如在特色产业种植中，一些村发展食用菊花等特殊品种，从用途而言，农业部门认为属于特殊蔬菜，但是由于目前未纳入蔬菜名录中（《国土变更调查技术规范》），在划定土地性质时规自部门规定此类产业必须在设施农业用地种植。政策的限制大大削弱了农民发展特色产业的积极性，影响农民通过产业发展实现持续增收。四是财政金融支持政策落地难。目前来看，对于京郊农业产业的财政支持体系仍不完善，补贴资金存在审批烦琐、周期长、额度少等问题，难以及时有效地匹配农民发展的实际需求；同时，金融企业对乡村产业的研究仍然不足，金融支持农业产业政策通道尚需打通。农村金融目前多以抵押贷款为主，亟待开发更加多元化的农村信用类金融产品。

（二）乡村建设与乡村产业缺乏有机联动

多年来，随着美丽乡村建设，政府在乡村建设中投入了大量资金，使京郊农村基础设施和公共服务等条件得到了显著改善，但在发展中存在"重乡建、轻产业"的现象，比如，目前，京郊农村地区的发展规划往往侧重于村庄布局、基础设施、重要景观设计等空间层面的规划，对村庄产业规划的编制与实施重视不够，导致在乡村建设的同时，并未搭建起有效的产业发展平台，造成乡村建设与产业发展缺乏有机的内在联系，京郊农村的生产经营仍以小规模家庭经营为主，农民增收这个核心问题由于缺少全局设计仍然难以得到有效解决。调研了解到，京郊大多数美丽乡村建设起步阶段多是通过政府财政投入加以扶持，但后续发展却难以为继，其中一个主要原因是一些乡村缺少前期对产业的整体规划设计，致使产业难以发挥对乡村建设持续的支撑和带动作用，大多数人才和劳动力选择外出就业，导致在美丽乡村建设中缺乏资金、人才等资源要素支撑，造成宜居不宜业的现象。

（三）集体经济带动农民增收后劲不足

北京农村集体资产庞大，位于全国首位。但是从农村集体经济发展来看，存在发展不均衡、产业结构单一、可持续发展后劲弱的问题。一是集体经济发展不均衡。由于资源禀赋不同，京郊农村工业化、城市化进程存在较大差异，北京各区间集体经济发展还很不均衡。据统计，2022 年海淀区农村集体经济总收入 142.8 亿元，位居全市第一，密云区农村集体经济总收入为 3.6 亿元，不达海淀区的 1/40。① 二是集体产业发展土地资源禀赋不足，资源利用受限。受生态红线、环保红线等多重因素影响，远郊区特别是生态涵养区农村集体资源或资产的开发利用受到一定限制。加之受自然条件和地理区位影响，土地碎片化严重，可利用的集中连片土地资源较少，土地流转率低，导致闲置土地资源无法实现有效整合，难以采取规模化、集约化、现代化的农业经营模式，一定程度上导致农民直接从土地流转中获得可持续性的利益分配受到影响。三是产业结构相对单一，可持续发展能力弱。很多村集体缺乏可持续发展的支柱性产业，经营性收入多为一次性收取的集体土地、房屋等资产租赁费或其他收入，新型农村集体经济发展渠道较为单一、收入不稳定。还有相当数量的山区农村经济来源依旧依靠政府补贴，"造血"功能较弱，造成农民对发展农村集

---

① 数据来源：2022 年北京市农村经营管理统计数据。

体经济的积极性不高，农村集体经济发展内生动力不强。四是分配机制不健全。目前来看，很多农业产业项目的发展，对于新型农村集体经济的带动能力不显著，很多产业项目和村集体虽然搭建了一定的合作机制，但是在运行过程中尚未能形成多环节紧密的联农带农机制，农民从村集体经济发展中能够获得的收益仍然有限。加上很多村还处在新型农村集体经济发展的初期阶段，为了再次投入经营，目前还未分红或分红较少，并未对新型农村集体经济发展以及农民增收带来实质性作用。

（四）社会资本投资农业农村积极性不高

社会资本是全面推进乡村振兴、加快农业农村现代化的重要支撑力量。农业农村部办公厅和国家乡村振兴局综合司印发的《社会资本投资农业农村指引（2021年）》，鼓励社会资本与政府、金融机构开展合作，充分发挥社会资本市场化、专业化等优势，加快投融资模式创新应用，为社会资本投资农业农村开辟更多有效路径，探索更多典型模式。但是近年来，受政策、新冠疫情等多方面影响，企业很多时候处于"有资金、没土地""有想法、没办法"的窘境，发展的不确定性、不稳定性对带动增收具有较大的影响。目前，社会资本对京郊农村投入较多呈观望状态，对于京郊农业产业的投入支持信心不足。调研中，很多企业表示，由于现有的政策变动性较大，企业在投资中常常面临较高的政策风险，尤其是在土地政策方面，由于土地性质不清晰或者中途变动，常常导致"一边建、一边拆"的现象存在。加上新冠疫情影响，很多企业自身运营困难，对于农业产业项目的投入力度减少，对农民增收的带动力量有限。

（五）乡村人才流失现象依然严峻

人才问题始终是影响京郊农民增收、促进农民农村共同富裕的关键要素。北京作为科技创新之都，是全国各地人才的集聚之地，但是从区域分布来看，这种集聚主要集中在城中区内，郊区人口的流动仍处于单向维度，大量农村人口选择进城寻求工作，京郊地区反而成为人才匮乏的"灯下黑"区域，无法匹配都市型现代农业对专业人才的高需求。一方面，专业技术人才力量不足。留在农村的多为年龄偏大、文化素质、技能水平较低的劳动力，农村居民的实际技能水平与乡村振兴要求存在明显的错位。另一方面，农村基层干部的人才力量储备不足。由于缺乏善经营、懂管理、有号召力的乡村基层带头人，一些农村集体资产较大、资源禀赋较好的村却没有得到充分的发展，直接影响了农民增收的实际效果。比如在密云区蔡家洼村调研了解到，当地大多数年轻人都外出务工，从事农业的人员多为60岁以上老人，只能从事传统的农业种植，当地对于专业化技术人才的需求极高。在平谷区山东屯镇调研了解到，当地正在探索建立农文旅为一体的休闲旅游产业，现阶段却苦于缺乏创意设计、项目规划等方面的人才，面临人才引进难的困境。

（六）城乡一体化社会保障体系建设仍需健全

目前来看，北京城乡居民基础养老金和福利养老金总体水平依然偏低。2022年城乡居民基础养老金为887元，老年保障福利养老金为802元，与城镇职工养老金最低每月1714元，平均领取金额4561元相比，相差甚远，严重影响了农民参保的积极性。北京2018年起实施统一的城乡居民医疗保险制度，目前来看，城乡居民医保待遇与城镇职工医保待遇相比仍有较大差距，城镇职工医疗保险门诊、住院最高支付标准分别可达为70%、85%以上，且2023年以后不再设置门诊报销封顶线，住院报销封顶线为50万元；而城乡居民医疗保险门诊、住院最高支付标准仅为55%、80%，报销封顶线为4500元、25万元。

三、其他省市构建农民增收长效机制的相关经验

近年来，在全面推进乡村振兴的新阶段，各地着眼于乡村发展，以促进农民增收为目标，在不断促进城乡要素互通、培育新型农业业态、创造更多的就业务工机会，进而构建农民增收的长效机制上进行了诸多有益的探索。

（一）城乡空间重构下的农民增收实践

近年来，为了进一步促进城乡融合发展，建立健全城乡融合发展体制机制和政策体系，2019年12月19日，国家发展改革委、中央农村工作领导小组办公室、农业农村部、公安部等十八部门联合印发《国家城乡融合发展试验区改革方案》，并公布11个国家城乡融合发展试验区，试验区主要是通过先行先试，以缩小城乡区域发展差距为目标，推动要素市场化配置，破除体制机制弊端，形成工农互促、城乡互补、协调发展、共同繁荣的新型工农城乡关系。

近年来，各片区围绕健全农民持续增收体制机制等11项重点任务，积极探索具有当地特色的实践经验。比如浙江省嘉兴市与湖州市以嘉湖片区整体入选国家城乡融合发展试验区，通过城镇与乡村的统筹规划，不断打通城乡要素间的双向流通渠道、培育城乡融合的产业体系，让城市与乡村互融共生、共治共享，进一步促进当地农民的可持续增收，缩小城乡收入比例。

案例1：城乡联动促共富的嘉兴经验

嘉兴是浙江省乃至全国城乡一体化发展水平最高、农民收入水平最高的地区之一，近年来以创新体制机制为着力点，持续推进城乡融合发展，探索形成农民"共富十法"，有效激发农民持续稳定增收内生动力，跑出嘉兴农民增收"加速度"。2022年嘉兴农村居民人均可支配收入达46276元，绝对值继续位居浙江省首位，城乡居民收入比为1.56∶1，继续保持浙江省最低。

第一，推进充分就业，夯实致富根基。推进城乡一体就业体制改革，农村劳动力在二、三产业实现充分就业。鼓励村集体创办强村公司，开展物业服务、农业生产社会化服务、农村环境长效管护等，重点吸收当地"5060"等农村富余劳动力灵活就业。

第二，促进产业提升，构建产业平台。推动要素有效聚合，建设农业经济开发区、特色农业产业集群等农业高能级平台，有效提升农业生产效率效益，带动周边农民创业就业。

第三，探索多元价值，打通转化通道。深度挖掘农业生态、文化等多维价

值，培育发展休闲农业、农事体验、研学基地等新业态，举办乡村游、音乐节等活动，构建"美丽经济"转化机制。

第四，鼓励资源盘活，释放增收活力。深化农村"三权"联动改革，持续推进"土地整治＋连片流转＋标准农田"模式，实施农房激活计划，采取出租、自营、合作、入股、退出等多种方式盘活农房。

经过多年发展，嘉兴通过城乡融合大大带动了乡村的内生动力，促进农民增收，取得了显著的成效。第一，集体经济的底子越来越厚实。成为全省唯一的强村富民乡村集成改革综合试点。开展四轮"强村计划"，全市累计建成"飞地抱团"项目145个，培育强村公司77家，村均年经营性收入249.4万元，所有村年经营性收入均超过50万元。第二，农民群众的日子越来越殷实。五县（市）全部进入全国农村居民收入百强县前八。"共富菜园""共富大棚""共富码头"等共富体建设成果显著。全市低收入农户人均可支配收入24760元，绝对值连续3年列全省第一，增速达12.2%。第三，城乡融合的图景越来越真实。教育基本公共服务均等化实现度达100%，在浙江省率先实现托育机构镇（街道）全覆盖。浙江省首创城乡居民基础养老金与农民收入增长挂钩调整机制，基本医疗保险基层医疗机构统筹基金支付比例提高到55%，村级卫生机构规范化率在浙江省率先达到100%。

相关启示：嘉兴作为全国城乡融合示范区之一，近年来在促进城乡融合发展方面取得了较大的成效，对于北京促进城乡一体化发展具有较强的借鉴意义。一是要进一步从就业供给中带动农民增收，可以通过鼓励村集体创办强村公司，开展物业服务、农业生产社会化服务、农村环境长效管护等方面为乡村带来更多的就业机会，为当地乡村年轻人提供更多可留下来的就业平台。二是要从产业上扩收入，要打造具有特色的农业产业集群，通过发展主导产业提升农民增值效益。三是要进一步深化农村"三权"联动改革，可以学习嘉兴经验，探索推进"土地整治＋连片流转＋标准农田"模式，为促进农民增收解除资源壁垒。

（二）农业产业高质量发展带动下的农民增收实践

推动乡村产业高质量发展的目标之一是提高农民收入水平。近年来，各地积极探索产业振兴的多种实践路径，围绕培育特色产业、打造当地"土特产"品牌、构建联农带农机制，促进农民增收致富。一是产业结构优化和转型升级。乡村产业的发展需要优化产业结构和进行转型升级，各地通过调整优化资源配置，发展具有竞争力和可持续发展的产业，培育新的经济增长点；同时，推动从传统农业向现代农业、农村工业、农村服务业等多元化发展转变。二是强化农产品品牌建设和营销。通过营造良好的品牌形象，提高农产品的品质和影响力，树立乡村产业的品牌优势；通过培养农产品品牌，提升产品附加值和市场竞争力；同时，加强农产品的营销和推广，拓宽销售渠道，提高乡村产业的市场份额。三是加强科技创新和研发支持。科技创新是推动乡村产业高质量发展的重要保障。可通过加强科研机构、高校和企业的合作，推动科技成果转化，提升乡村产业的科技含量和创新能力。通过引进新的农业技术和技术装备，提高农产品的产量和品质。四是发展农村特色产业。乡村产业的高质量发展需要以农村特色产业为支撑。发掘乡村地域特点和资源优势，培育适合当地发展的特色产业，形成产业集群和产业链。通过发展特色农产品、农村旅游、乡村文化创意产业等壮大乡村经济，带动农民增收。五是完善农村金融和资金支持体系。近年来，各地着眼乡村发展堵点难点，通过设立专项基金、创新金融产品和服务，解决乡村产业发展中的资金短缺和融资难题。鼓励金融机构加大对乡村产业的信贷支持力度。六是加强合作和联动机制。乡村产业高质量发展需要集结多主体合作带动，近年来各地纷纷建立乡村产业发展联盟和合作组织，促进不同主体之间的合作与互动，通过鼓励农民合作社、农民专业合作社等组织形式，推动小农户通过合作经营，提高农业的规模化、集约化和市场竞争力。

案例 2：贵州湄潭县以改革赋能产业兴农的经验

湄潭县位于贵州省北部、遵义市东部，是黔北地区重要的交通枢纽，占地面积 1864 平方公里，总人口 51.8 万。作为全国首批 14 个农村改革试验区之一，近年来，湄潭县以农民农村共同富裕为新阶段目标，紧握茶产业优势，通过农村集体林权制度改革创新、利益联结机制创新、金融支持创新等方式，从政策、理论和实践多方面探索现阶段农民农村发展的突破口，为促进农业农村高质量发展找出创新路子。

一是深化农村集体林权制度改革，探索"一亩一证"创新做法。2017 年，湄潭县启动深化农村集体林权制度改革试点工作，重点围绕非林地种植的茶叶经济林等资源资产产权明晰和闲置问题，建立林权流转、抵押担保制度，进一步盘活农村林业资源。2022 年，湄潭县获批开展"一亩一证"茶园经营权流转改革试点，有效盘活了农村土地、资源、资产。目前，湄潭县已完成集体林确权颁证 1830 宗 14.6 万余亩，茶树林确权登记颁证 17.9 万宗 10.2 万余亩，经果林（含花卉苗木）确权登记颁证 58 宗 7297 亩，推动了农村林业资源的确权颁证、规范流转，实现了抵押融资功能。共完成茶树林权流转交易 181 宗、3791 亩、交易金额 2309 万元，带动 864 户农户亩均增收 3000 元，实现了"我在贵州有半亩茶"茶园专属定制，助推茶叶产业富民富村。

二是深化农村宅基地制度改革。2020 年，湄潭县在 2017 年获批农村宅基地制度改革试点的基础上，再次获批开展深化农村宅基地制度改革试点。制定出台了《湄潭县农村宅基地及房屋建设管理办法（试行）》《湄潭县农村宅基地"三权"分置实施办法（试行）》《湄潭县农村宅基地资格权认定管理办法（试行）》等 8 个文件。同时，针对一些农民将自有住房一部分出租用于农家乐、民宿等经营活动的实际，湄潭县尝试推行"综合类集体经营性建设用地分割登记入市"模式。如兴隆镇居民刘启福在保障自有住房、书面承诺不再申请宅基地建房的基础上，申请将其部分宅基地分摊面积以及宅基地上建筑物（含一间门面和一套住房）分割登记入市交易，盘活闲置资产。通过"收、分、腾、转"收回闲置宅基地，解决一户多宅问题；分置闲置农房，增加农民财产性收入；腾退闲置宅基地，盘活存量集体建设用地；转让闲置宅基地，提高土地利用效率多方面探索盘活闲置农村宅基地。目前，全县 109 个村（社区）已制定完成宅基地和农房建设管理公约，清理"一户多宅"3222 宗、面积 576.3 亩，认定宅基地资格权 9.98 万户、37.21 万人，发展乡村民宿 54 家、床位 1310 张。

三是创新利益联结机制，发挥产业带动辐射效应。湄潭县立足"中国茶城"全国三大产业市场优势，积极引入多家企业和商户入驻经营，通过"企业＋合作社＋村集体＋农户"的联合发展模式，有效提高茶叶的经济效益。如黄莲坝村农村集体经济组织把茶农资源进行整合，通过与雨落花屯茶叶专业合作社合作，对茶园实施飞防统治、全年机剪等机械化经营，节约了大量人力投入，提升了村民的采茶效率，同时也发展壮大了村集体经济，茶农们与合作社、村支两委、村集体等主体间的关系从单打独斗变为抱团发展。同时，大规模茶园的生产经营为农户带来大量的务工机会，按照公司对茶叶品类品种的需要，春夏秋采茶青，秋冬管护收嫩枝叶，通过"寨管家""茶管员"等岗位，让农民一年挣两份钱，大大带动当地农民的就业机会。

四是探索农业设施登记抵押担保融资，为实现共同富裕拓宽实践路径。2018 年 9 月，经农业农村部等部门批准，湄潭县新增拓展农业设施登记抵押担保融资方式试点。目前已向 119 个村（居）、9 个合作社、7 个家庭农场、2 个农业企业颁发了 157 宗《农业设施登记证》，以此获得抵押融资贷款 2263 万元，理清了农业设施权属，壮大了农业经营主体的有效资产，实现了农业设施抵押融资功能。如湄潭县金太阳果蔬专业合作社以《农业设施登记证》进行抵押，获得 200 万元授信贷款，有效解决了专业合作社在运营中的资金缺口，为产业振兴促进共同富裕提供了更多的实践路径。

相关启示：湄潭县聚焦农业农村发展的关键领域，理论联系实际积极推进农村制度改革，走出了一条以茶产业为核心、农业产业化发展为支撑、村庄整治为重点、农民共享发展成果为标志的农民农村共富之路。通过一系列改革创新，实现了小小茶叶兴了产业，富了农民，让绿水青山变成了金山银山。特别是湄潭县在深化农村宅基地制度改革、创新利益联结机制、创新金融支持中的典型做法，对北京市促进产业振兴、培训特色产业、促进共同富裕具有较大实际借鉴意义。

（三）新型农村集体经济发展带动下的农民增收实践

近年来，各地不断深化农村产权制度改革，巩固改革成果，充分利用闲置集体资源，积极探索多种途径的新型农村集体经济发展路径，让老百姓享受到改革红利，获得更多的农村集体经济收益分红，也增加了对新型农村集体经济发展的信心。一是盘活挖掘"沉睡资源"。通过清产核资，农村集体资产的家底得以摸清，使得常年闲置的资源得以充分利用。可以对村集体闲置的会堂、厂房、祠堂和废弃学校等设施，通过公开拍卖、租赁、承包经营、股份合作等多种方式进行盘活，增加村集体收入。也可以充分利用城区优势，凭借土地、山水、田园等特色自然资源，开发增收项目，把沉睡的资源全部激活起来。有的地区将老综合农贸市场改造升级，修建摊位和门面对外进行出租。有的地区将废弃的厂房、场地分别出租给相关企业获取集体收益。这种模式的优势是成本低、风险低、管理经营难度低、收益稳定，对于农村集体经济组织而言适用性较高，也是目前采用较为普遍的一种农村集体经济发展模式。二是创新资本运营。在农业供给侧结构性改革的背景下，很多地区以产业结构调整为契机，将村集体历年积累的资金、土地补偿费以及土地资源等资产，通过农村年集体经济组织成员参股经营等方式转为经营资本，获取股金、利息和资产增值等资本运营收入，达到资源变资产、资金变股金、农民变股民的重叠效应，增强农村集体经济的发展实力。三是特色资源开发利用。随着生态、文化、旅游等多种资源的融合发展，很多地区充分利用农村集体经济组织平台，依托良好的生态优势、气候优势、区位优势，探索一条由村集体主导，"规模化、产业化、生态化"的产业发展之路。如贵州省六盘水充分挖掘当地产业特色，根据当地地理位置和海拔特点，将野生刺梨改良种植，作为当地的主导产业，通过农村集体经济组织统一经营，统一销售，实现经济增收。四是社会化服务创收。对于一些资源相对匮乏的村，很难破除集体经济发展瓶颈，需要创新思维，探索农村集体发展服务经济。围绕村域产业化经营，创办多种形式的村级经营性服务实体，为农户提供生产资料、农业机械、病虫害防治、技术咨询等服务，或开展联结龙头企业和农户的中介服务，或兴办农产品等专业批发市场，通过开展购销服务增加村集体收入。

案例3：浙江省平湖市"飞地"抱团壮大集体经济实践探索

近年来，浙江省平湖市以改革创新精神，破解发展难题，连续15年实施"强村工程"，先后出台一系列操作性强、可持续性长、精准扶持效果好的强村之策，探索出一条1.0版到6.0版的飞地抱团发展集体物业经济模式。2020年，全市农村居民人均可支配收入39903元，较去年同期增长7.2%。村级集体经济总收入4.86亿元，年经营性收入1.78亿元，全市73个行政村年经营性收入全部超80万元。带动全市低收入家庭年均增收5100元/户。

1.0版，单打独斗。最初，为了帮助村集体经济发展，当地政府通过安排土地指标和财政资金补助，引导各村自行选址、建设、管理的方式发展物业经济。全市实施1.0版项目14个，总投资6990万元，集体年增收590万元，全面消除了年经常性收入15万元以下的薄弱村。

2.0版，镇域联建。在1.0版的基础上，政府继续安排土地指标和财政资金补助，通过镇街道"统一规划、统一建设、统一经营（出租）、产权独立、收益归村"的形式，鼓励多个村在工业园区、城镇商业区、城乡一体新社区等区域联建集体物业。全市实施2.0版项目34个，集体年增收1750万元，全面消除了年经常性收入30万元以下的薄弱村，15个村年经常性收入百万元。

3.0版，"飞地"抱团。为进一步解决土地紧缺等问题，2013年平湖市创新"飞地"抱团模式。一是政策引导集体物业退散进集。市优先收储低散小集体建设土地的复垦指标，村复垦土地补偿资金60万—90万元/亩。对参与"飞地"抱团的薄弱村，给予每村150万—200万元的财政补助及3万元/年融资贴息（三年）；对重点提升村给予50万元/年融资贴息（三年）。二是土地指标统筹集聚。对符合复垦条件的低散小集体存量建设土地，单独编制平湖市"强村计划"农村土地综合整治项目，对应的建设用地指标集聚到平湖经济技术开发区（国家级），全部用于"飞地"抱团项目。三是公司化运作产权明晰。采用"土地＋资金""弱村＋强村""政府＋集体"模式，投资各方按出资比例共同发起成立股份有限公司进行项目建设。四是委托管理收益有保障。项目建成后由开发区先行租赁标准厂房10年，并按村实际投资额10％支付固定租金。平湖市实施3.0版"飞地"抱团强村项目6个，87％村参建，"飞地"506亩，总投资15亿元，村集体增收显著，原集体年收入不到500万元，集聚后集体年租赁收入4911万元，参建村村均年增收69.27万元，最高的村年增收226.938万元。

4.0版，山海协作。平湖工业经济快速发展的同时，土地指标严重紧缺，引进企业缺乏落地空间。而青田资源丰富，但区域位置及经济结构限制了村级集体经济的发展，"消薄"成为当务之急。由此，平湖青田跨地市山海协作"飞地"抱团项目应运而生。2017年，平湖与青田签约合建山海协作"飞地"产业园项目。项目规划用地面积300亩，首期用地50.3亩，投资额1.95亿元，为青田县265个经济薄弱村已累计获得固定收益回报2100万元。"飞地"产业园建成后，采取包租固定回报和基金扶持的方式，前5年，青田156个经济薄弱村每年获得投资额10％的收益；后五年，收益为厂房实际租金加园区企业税收地方所得部分50％的标准奖补给青田。

5.0版，山海沟协作。2018年5月，平湖与对口支援的四川九寨沟县签订"规划建设'飞地'科创园合作协议"，帮助九寨沟县精准扶贫。平湖九寨沟"飞地"科创园探索全新合作模式，共同出资回收已建成的标准厂房，使得九寨沟县投资资金到账之日起就可计算收益。科创园位于张江长三角科技城平湖园，总用地32亩，总建筑面积27754.64平方米。两地将通过固定收益、租金收益加税收分成等方法，向九寨沟支付收益，帮助当地推进项目建设。

6.0版，带民增收。随着"飞地"模式不断发展，平湖开始探索强村如何带动富民，将发展成果运用到精准帮扶中去。2018年，平湖启动全国首个"飞地"抱团6.0版——低收入家庭持股增收项目，让这部分家庭入股平湖投资额最大的"飞地"抱团平湖智创园项目，每年获取10％的稳定收益。目前，持股低收入家庭3558户、覆盖率96.97％，总股资金超2亿元，2年累计实现分红 2400 多万元，户均年增收 5100 多元、最高 1 万元。持股增收运作下"飞地抱团"从带村走向帮户，解决了低收入家庭"断档断炊"的后顾之忧，实现了稳定增收。

平湖市"飞地"抱团开启了"活血帮扶、区域互动、合作共赢"的集体经济发展全新模式，通过资源的有效配置、优化配置，为实现乡村振兴作出了积极有益的探索。

第一，从形式上看，"飞地"抱团不仅解决了资源集约利用问题，同时也解决了经济发展不平衡的问题。跨村域、跨镇域、跨县域乃至跨省域"飞地"集聚，能有效整合分散的土地指标、财力资本，将地理位置偏远，发展空间有限或者闲置、低效利用的土地集中到发展潜力大、投资效益好的区域建高标准、高收益集体物业资产，实现了资源的集约高效利用，让经济薄弱村"抱团取暖"有了更大更好的发展空间与平台。

第二，从内容上看，"飞地"抱团不仅是农村"三变"改革的深入实践，更是一种符合市场经济要求的集体经济发展新机制。"飞地"实质上是集体土地资源变资金，资金变股金，村集体变股东的过程，通过成立集体经济联合公司，土地要素配置市场化，资产产权归属清晰。在具体运作模式上，又能灵活遵循市场需求，统筹规划当地经济发展紧缺的各类标准厂房、物业用房等，实现资源的有效配置，确保高效产出，是一种完全符合市场经济要求的发展新机制。

第三，从主体上看，"飞地"抱团不仅在于消除集体经济薄弱村，更是一种合作模式的创新与实践。"飞地"抱团模式，变"输血"为"活血"，有效解决了财政托底后的反弹问题，带领薄弱村"闯"出了一条融合发展、持续增收的新路子。平湖青田等"飞地"产业园的建设，每年可为经济欠发达地区薄弱村持续不断输送"新鲜血液"，同时还进一步优化了产业结构，为两地的经济社会发展开拓出互利互惠的合作新机制和新模式。

第四，从协作上看，"飞地"抱团不仅为东西部协作创造了条件，也为推动社会扶贫提供了借鉴。"飞地"1.0 — 6.0 版，是土地、资金等要素资源打破空间、时间的限制，统筹协调、综合利用的过程，对接下来探索东西部在土地、资金、技术、人才、劳务等单方面或综合运用提供了理论及实践的支撑，有利于实现资源的优势互补。"飞地"6.0 版在低收入家庭增收与村级集体经济发展的结合点上进行突破，为接下来探索低收入家庭入股至"成长性好、财政补助比例高、收益好"的企业提供了实践样本，有利于形成"政府主导、社会参与、项目运作"打赢脱贫攻坚战的浓厚氛围。

相关启示：平湖市在发展新型农村集体实践中，为了破解土地、技术等要素的区域壁垒，探索出"飞地"抱团合作模式，对于北京发展新型农村集体经济具有较好的借鉴意义。在未来的探索中，北京可以根据自身土地资源紧缺、内部集体收入不平衡等突出问题，积极探索跨区域的多村集体经济合作抱团模式，尤其是针对差距较大的集体经济组织，可以探索强村＋弱村的合作模式，促进区域内部集体经济整体发展实力的提升。

（四）生态资源多元利用下的农民增收实践路径

农业具有多功能性，除了提供农产品和生态产品外，还拥有教育、文化、景观、休闲、康养等诸多功能。同样，乡村作为农业生产活动的场所和城市的后花园，在政治、经济、社会、文化、生态等领域都承担着特殊的功能，要挖掘乡村的多元价值，就需要充分发挥乡村的经济、文化、教育、生态等价值，大力发展乡村特色优势产业和新型服务业，为乡村振兴和农民富裕提供产业支撑。近年来，新型农业经营主体的兴起，推动新型生产经营和服务方式加快普及，农业生产方式正在加快向规模化、集约化、社会化、融合化、绿色化方向转变。各地践行"两山"理论，利用乡村特有的生态资源，促进产业融合发展，带动农民持续增收。如浙江安吉县依托良好的生态环境优势和竹产业先发优势，创新实施竹林碳汇改革，进一步拓宽'两山'转化新通道。2021年12月，全国首个县级竹林碳汇收储交易平台——安吉两山竹林碳汇收储交易中心正式成立，实现了碳汇县内交易和市内跨县交易。2022年，安吉又被浙江省列为全省首批林业增汇试点县和竹林碳汇交易试点县，这标志着安吉拿到了进入省内碳市场交易的"入场券"，也获得了在全省范围打造竹林碳汇"生产—收储—交易"全链条样板的先机。同时，安吉县还在积极筹备竹林碳汇参与全国碳市场交易，将按照国家核证自愿减排量(CCER)标准，实施竹林碳汇增汇工程，通过两山合作社收储，抱团形成规模化的碳汇产品，为参与全国碳市场交易奠定先行基础。

案例4：浙江省湖州市安吉县"两片"叶子助推绿色发展

安吉县位于长三角腹地，是浙江省湖州市的市属县。2005年8月15日，时任浙江省委书记的习近平同志在安吉调研时，首次提出了"绿水青山就是金山银山"的科学论断，为安吉县生态文明建设指明了方向，这里也成为习近平总书记"绿水青山就是金山银山"理念的诞生地。2016年6月，安吉县被原环境保护部列为"绿水青山就是金山银山"理论实践试点县，2017年9月被生态环境部命名为第一批"绿水青山就是金山银山"实践创新基地。2020年3月30日，习近平总书记再次到安吉调研时指出，生态本身就是一种经济，保护生态，生态也会回馈你，余村现在取得的成绩证明，绿色发展的路子是正确的，路子选对了就要坚持走下去。多年来，安吉县在"绿水青山就是金山银山"理念的科学指引下，充分发挥生态环境优势，率先转变发展方式，关闭污染严重的矿山企业，"腾笼换鸟"大力探索绿色发展之路，以竹产业、白茶产业等为代表的生态加工业蓬勃发展，为安吉县发展注入了活力，在保护绿水青山、实现金山银山方面取得了显著成绩。

一、加强"绿水青山"保护，建立长效保护机制

坚守生态保护底线。持续加大生态保护、环境整治力度，深入开展治水治违、治气治霾、治土治废等"六治"行动，使森林覆盖率、植被覆盖率均保持在70%以上，空气质量优良率保持在90%以上，地表水、饮用水、出境水达标率均为100%。创新完善生态文明体制机制。在浙江省首创基层规划与基层国土联合办公、森林公安与地方公安联动执法、矿产资源统一管理的防控机制；创新实施以"限药、减肥、禁烧"为重点的农业面源污染治理，对水源保护地、自然保护区等区域逐步实行彻底封山育林；按照"谁受益、谁补偿"原则，探索建立企业环境污染责任风险金、排污指标有偿使用、排污权交易等制度；探索构建以绿色GDP为主导的考核体系，对15个乡镇按照发展功能定位，实施分类考核，对重点生态功能区乡镇，安排财政转移支付。

二、推动两片"叶子"生态产业发展

安吉县依托丰富的竹林资源，通过推广培育竹林栽培技术，建设竹子科技园区，发展"全竹利用"的竹木资源深加工产业，培育竹林旅游与乡村休闲旅游，以一根翠竹撑起一方绿色经济，以不到全国1%的竹林面积，创造了超过全国5%的竹业总产值；依托白茶产业基础，通过高标准建设标准化生态茶园，推动白茶深加工企业发展，研发安吉白茶产品推进"机器换人"提升白茶加工水平，推动白茶产业与乡村旅游产业的深度融合，实现一片叶子富一方百姓，安吉白茶品牌价值达48.45亿元，连续十三年跻身全国茶叶品牌价值十强。2022年，安吉竹产业总产值166亿元，白茶总产值32亿元，城乡居民可支配收入分别达到68446元和42062元。

三、以农业高质量发展助力推进全域旅游

近年来，安吉县全面推动农业高质量发展，进一步拓展农村发展空间，形成了休闲农庄、农业园区、农业产业、商贸流通和农业公园等主要形态，积极发展休闲观光农业旅游，开展乡村旅游示范村的创建工作。目前，安吉县的乡村农业旅游发展已经具备一定的规模和基础，成功创建16个乡村旅游示范村，形成类型较为多样的"农家乐"、高科技农业观光园、古镇、古村落以及农业新村等多个类型的旅游乡村。乡村农业旅游"富民效应"逐步显现，上墅乡董岭村夏季避暑游客日均超过3000人，天荒坪镇大溪村直接从事农家乐以及乡村旅游就业人员达1500余人，村民收入的70%来源于农家乐经营。

四、加强生态文化宣传教育，全力打造"美丽乡村"安吉样板

安吉县强化生态文化理念传播与推广，推进生态文明教育及"基地"建设，将生态文明写入小学生教材，写入村规民约，依托旧祠堂、古书院和闲置校舍宣传生态文化，增强村民的自律意识，提高村民的思想境界，宣传生态文化正在成为安吉人践行"绿水青山就是金山银山"科学论断的一种自觉。自2008年以来，安吉县坚持规划先行，制定《美丽乡村建设规范》，实施标准化建设，制定具备

安吉元素的"中国美丽乡村"标准体系，确保建设过程协调有序、科学有效。当前，通过美丽乡村建设，涌现出了以高家堂村、鲁家村等为代表的一大批美丽乡村经营典范。

相关启示：安吉县从曾经的采矿加工到依山傍水的绿色经济，从过去的靠山吃山到现在的养山富山，以竹产业、白茶产业、全域旅游、乡村旅游为主体实现"绿水青山就是金山银山"转化，持续护美绿水青山，做大金山银山，共享"绿水青山就是金山银山"转化成果，初步探索出了一条生态美、产业兴、百姓富的可持续发展路子。北京市生态涵养区为首都的生态建设做出了重要的贡献，但受生态保护红线限制，一定程度上制约了当地产业的融合发展。因此，在促进农民增收的实践中，要充分借鉴安吉经验，践行"两山"理论，保护好生态资源的同时，要思考如何更好地发挥生态资源的经济价值，让生态涵养区的农民在守护着绿水青山的同时，通过积极探索生态产品价值转化的新路径，获得更多增收的渠道和路子，而不能因生态资源保护断了获取收入的途径。

四、构建京郊农民增收长效机制的主要思路

促进农民增收的最终目的是要实现共同富裕，然而，面对现阶段北京城乡发展不平衡、农村发展不充分的实情，实现农民农村共同富裕仍然是一项艰巨复杂的系统工程，需立足首都市情农情，从全局角度科学设计行动指南。

（一）促进京郊农民长效增收要以城乡融合发展为目标统筹推进

当前北京在城乡要素自由流动和公共资源配置等方面还存在一些不合理现象，促进农民增收需要从城乡差距出发，结合首都的要素禀赋，坚持走"大城市带动大京郊、大京郊服务大城市"的城乡融合发展之路，把干部配备、要素配置、资金投入、公共服务"四个优先"落到实处，破除城乡融合发展体制机制壁垒，促进城乡要素平等交换和自由流动，推动城市和乡村在共同富裕道路上协同共进。一是要以产业发展为重点，完善农民增收的长效机制，推动一二三产业融合互促，解决集体收益分配权缺乏保障等突出问题，拓宽增收渠道。要持续优化空间格局，在镇域范围内规划多层级发展节点，推动相关产业及设施在城乡间梯度布局。要坚持绿色理念，改善农村生态环境，探索生态价值转化路径。要传承农村优秀传统文化，深入挖掘农耕文化特质，走文化兴盛之路。二是要进一步顺畅城乡要素流动渠道。打通优化技术、人才、资本下乡通道，完善对返乡下乡创新创业人员的扶持机制，营造良好就业环境，引导农民就地就近就业创业。破解京郊农村土地改革实践难题，建立城乡统一的建设用地市场，深化探索集体经营性建设用地入市制度，最大限度激发农村土地的生产力。三是提升京郊农村社会保障及公共服务水平。促进城乡教育资源均衡配置，扩大农村最低生活保障水平及覆盖范围，提升城乡居民社会保障待遇水平，让广大农民得到更多实惠。还要推动各类社会组织融入乡村，引导社会组织参与乡村治理，为城乡融合发展提供全方位的制度保障，形成可持续发展的长效机制。

（二）促进京郊农民长效增收要以乡村振兴战略为核心全面推进

党的二十大对全面推进乡村振兴作出决策部署，聚焦产业促进乡村发展，扎实稳妥推进乡村建设，加强和改进乡村治理。乡村振兴战略是以发展乡村经济和提高农民收入为重点，针对乡村治理、农村复兴和乡村发展等方面出台的全面性战略。因此，促进京郊农民增收、实现农民农村共同富裕要以全面推进乡村振兴战略为核心全面推进。一是加强主导产业培育。要针对现阶段京郊农村发展特色，通过扶持和引导京郊农村主导产业发展转型，提高农业科学技术水平，推进农村电商发展等一系列措施，实现农村一二三产业协调发展，有效地促进京郊农村经济的快速转型升级。另一方面，要根据"大城市小农业"的基础定位引导农民种植绿色有机农产品，打造高端绿色农产品品牌，中和京郊农业高成本的短板；同时，结合北京中高收入群体多样化、个性化的消费需求，积极拓宽思路，进一步开发利用好乡村旅游和景区资源，从而带动农民增收。二是实现乡村建设与产业发展同步推进。良好的生产生活环境是农民生活水平提升的重要体现，也是促进农民增收的底色。要以促进农民增收为目标，以村庄整治建设为重点，创新思路，加强乡村建设与农业产业相互融合促进的协调发展机制，建设宜居宜业的和美乡村。三是文化赋能，拓宽农民增收渠道。要充分挖掘京郊历史、红色、乡俗等文化资源，深入推动"文化＋产业"，以农业为基础、以文化为灵魂、以旅游为载体，让"农业、文化、旅游"三个产业深度融合，形成一村一品的特色"农文旅融合产业"，让乡村产业升级、农民就业增收。四是加强乡村治理，为农民增收提供保障。农村基层党组织是党在农村工作的基础，也是促进农民可持续增收的根本保障。要坚持推进家庭、家教、家风的建设为主抓手，将孝道文化融入到村庄治理，用"德"聚人心、以"孝"敦民风，让乡村在发展经济的同时，营造健康、稳定、规范的基层治理秩序。

（三）促进京郊农民长效增收要以市场经济为主导多方位推进

促进农民增收，并不是一个单环节、单维度的任务，更不是依靠农民本身就可以完成的工作。农民增收究其本身还是要在市场中完成，因此要以市场为导向，积极调整和优化农业结构，大力发展优势、优质产品，加强农产品深加工，这是促进农民增收的主要途径。一是要坚持市场化导向。政府要充分发挥北京这个大市场主体作用，让市场在资源配置中起决定性作用，顺应市场发展的要求，以市场需求为导向，着力解决京郊农业生产和农民增收重点领域和关键环节中最迫切需要解决的体制机制问题。二是要加快释放农村市场潜力。北京拥有较大的市场主体，消费需求也较大，但京郊地区在基础设施、商品和服务供给、经营主体等方面配比还存在不足。要坚持问题导向，补齐京郊产业发展短板，以渠道下沉为主线，推动农村消费进一步恢复和扩大，拓展农村有效投资空间，扩宽农民增收途径。三是要促进多元服务主体融合发展。要因地制宜，根据产业、环节、主体的不同特点，鼓励经营主体选择适宜的组织形式和经营模式加强联合合作，促进主体间功能互补、利益共享、融合互促。引导各类经营主体利用好北京高校及科研院所丰富的科技人才资源进行深度合作。

五、构建京郊农民增收长效机制的实践路径

促进农民长效增收，离不开人、地、财三个关键要素的支撑，需要通过夯实人的内在能力，构建起人、地、市场之间的合作机制，加强财政、金融、社会资本等外在资金支撑，从而形成良性可持续的增收机制。

（一）构建以"人"为核心的内生机制

促进农民增收、实现共同富裕，关键在人。对于北京而言，在基础条件相对较好的情况下，如何提高京郊农民内生发展动力，进而拓宽农民增收途径尤为重要。

一是要注重乡村人才提质工作。近年来，北京大力培育农村高素质人才、提供农民职业教育机会，着力补齐农业农村发展的人才缺口。2018年9月，北京市农村工作委员会印发《北京市新型职业农民培育三年行动计划(2018—2020年)》，2022年6月1日，北京市农业农村局印发《北京市2022年高素质农民培育工作实施方案》，提出要不断建立健全高素质农民教育培训、认定管理、政策扶持"三位一体"的培育制度。未来北京在乡村人才培育中，应不断完善高素质农民教育培训体系，加强涉农专业全日制学历教育，健全农业广播电视学校体系。通过实施一批高素质农民培育工程，加强京郊农民培训基地和农业田间学校建设，加快培育新型农业经营主体带头人。可依托农业技术推广单位、涉农企业、农民合作组织、涉农职业院校和农林示范基地等平台和力量，围绕特色产业发展急需的关键技术开展培训。构建"互联网＋助农培训"工作机制，对农户、返乡入乡创业人员、新型农业经营主体带头人开展农产品宣传推广、线上销售运营等培训，让农民学会"吆喝"，运用微信、抖音、带货直播等手段，为农产品销售及农文旅产业宣传推广赋能。积极引进农业专业人才，对愿意去农村工作达到一定年限的高校毕业生，在校期间实行国家助学贷款代偿政策，为农村输送一批适应现代农业要求的农业经营管理人才。

二是要完善城乡劳动者平等就业制度。近年来，北京不断强化农村劳动力就业管理服务，通过调整优化农村劳动力就业参保数据平台、开展就业需求摸查、强化就业服务等方式，推动形成平等竞争、规范有序、城乡统一的劳动力市场。未来要着力优化落实农民工与城镇职工平等就业、同工同酬制度。逐步建立健全城乡统一的劳动保障机制，确保京郊农村特别是低收入群体在就业机会、劳动收入等方面实现与城市居民一样的权利。通过信息技术、制度创设等手段措施，进一步了解掌握未就业参保农村劳动力基本信息、失业原因、技能水平、就业参保意愿等，向有就业参保意愿农村劳动力推荐公共就业服务、提供促进就业政策，消除城乡间就业信息不匹配、不对称的阻碍因素，确保更多资源、政策向乡村倾斜。

三是要支持农民创新创业。北京乡村产业的不断更新转型，为乡村创业人才提供了更多的发展空间，要加大对这一群体的支持力度，通过创业补贴、担保贷款、金融服务等多方面支持，降低创业门槛和风险。同时，积极搭建各类乡村创新创业活动平台载体，多渠道支持乡村人才创新创业，提供表彰资助，助力创业项目孵化，逐步形成京郊"吸引人

才、发现人才、扶持人才、留住人才"的生动实践。

（二）构建以"地"为核心的利益联结机制

北京在促进乡村振兴、提升农民收入的实践中，应以"地"为核心要素，通过不断深化农村改革、促进产业高质量发展、发展新型农村集体经济等路径，进一步提高农民的经营性收入和财产性收入。

一是以激活资源要素促增收。外出务工人员长期不在村，其占有的土地、房屋等资源长期闲置，致使其财产价值无法充分彰显。要结合城乡居民财产性收入来源差异，深化集体产权制度改革，显化沉睡资产价值属性，保障农民更多财产性收入。一要赋能农户拥有更多财产价值，拓宽资金来源渠道。通过政策支持和推动，丰富金融产品种类、简化审批放贷程序。应积极发挥互联网金融手续短、放贷快、条件少、利率低等特点，针对农民群体特别是低收入群体建立有特色的金融产品体系，满足额度小、风险低、回款快等需求。同时，要发展互联网金融服务小微、支农惠农，促进金融体系监管一体化，信息一体化。二要深化农村产权制度，激活农村资源要素。积极推进农村承包地、宅基地"三权"分置改革，逐步激活农户土地经营权和使用权，增加集体及成员经营性和财产性收入。充分运用好农村集体产权制度改革成果，以市场化为导向，探索集体运营新的实现形式，促进农民财产性收入稳定增长。三要探索构建绿色生态转化机制，将绿色资源转变为实际效益。针对资源优势不明显的京郊山区，应充分挖掘其绿色生态资源，积极发展以生态为核心的产业，形成"生态+"优势特色产业体系，并以此为基础逐步探索碳排放交易制度，将碳汇优势转化为资金来源。

二是以产业发展促增收。产业振兴是带动农民收入的核心，因此要增加京郊农民收入，应在稳定生产经营、增加就业能力等方面重点发力。一要大力培育符合京郊发展定位的主导产业，在粮食安全保障的前提下，培育特色种植养殖、休闲农业等高端农业产业，通过高端农业产业的高价值中和京郊农业成本高、投入高等短板，进而促进农民增收。同时，围绕北京消费需求特点，加快发展都市型现代农业，不断匹配不同消费群体对农产品的多样化需求，拓宽农民增收的渠道和路径。二要在发展产业过程中，结合本地优势特色基础，吸引外部主体，协同创造产业发展平台，创造充足就业岗位。可以鼓励更多企业在中心镇增加就业岗位，发展京郊镇域经济，进而缩小农民生产生活的半径距离，从而带动本地人才回流。三要健全产业链利益联结机制。引导龙头企业创办或入股合作组织，支持京郊农民合作社入股或兴办龙头企业，发展农业产业化经营联合体。创新发展订单农业，支持龙头企业为农户提供贷款担保和技术服务，资助农户参加保险。探索建立新型农民合作社管理体系，拓展合作领域和服务内容。鼓励大型企业与农户以供应链融资等方式结成更加紧密的利益共同体。

三是以壮大新型农村集体经济促增收。发展壮大村级集体经济是强农业、美农村、富农民的重要举措，是实现乡村振兴的必由之路。北京市制定的《关于促进本市农民增收若干措施》中明确提出要发展壮大农村集体经济。近年来，北京探索出多种新型农村集体经济发展路径，农村集体经济得到快速发展，带动农民增收致富。未来要继续因地制宜，丰富集体经济实现形式，对于北京生态涵养区应充分发挥生态资源优势，培育集体经济可持续发展能力，积极发展民宿、微电商、休闲康养、田园综合体、有机农业等生态友好型绿色产业，探索出台闲置宅基地地上物转为乡村集体资产用于发展乡村旅游休闲等产业的政策措施。近郊集体经济应继续通过资源发包、物业租赁、居间服务、资产参股探索多样化的发展模式，拓展利益联结空间。巩固集体经济薄弱村消薄成果，保持帮扶机制不变，强化帮扶单位产业帮扶力度，通过集体产业项目建设构建更加紧密的利益联结方式，形成可持续增收的集体产业，吸纳更多农民就地就近就业，促进农民收入多元化。

（三）构建以"财"为核心的外部保障机制

北京要围绕财政、金融、社会资本等主体，通过从财政支持、金融支持、公益支持等多种方面，构建起以"财"为核心的外部保障机制，从而不断提高农民的转移性收入。

一是发挥财税金融政策优势保障农户经营性收入。通过农业和非农经营等获取经营性收入是确保农户持续稳定向好发展的重要方向。当前小农户在发展农业和非农业生产过程中，均存在资金供给不足、持续发展不够等问题，强化财税金融等方面的支持能够有效保障这类群体扩大生产、增加抵御风险的能力，同时也能吸纳本地劳动力，实现两类群体经营性收入同步增加。尤其对于北京而言，农业投入成本较高，利润相对较低，因此更需要加大财税的支持倾斜力度。一要加强财税制度供给。在财政支持方面，应逐步增大对京郊从事粮食生产农户的补贴力度，特别是家庭农场和种植大户；对在本地从事生产经营，且吸纳了一定比例本地劳动力的农户给予税费减免优惠政策，以此实现农户生产成本的降低和带动就业效果的呈现。同时发挥财政政策的导向功能及财政资金的杠杆作用，在筑好工商资本下乡"防火墙"的基础上，撬动更多社会资金投入，促进工商资本、社会资本投向农业农村领域，提高对乡村产业发展的资金支持。二要强化金融有力支撑。在金融支持方面，通过政策引导，积极探索适合农户使用的手续简、额度大、抵押少的金融产品，解决农户在生产经营过程中面临的扩大生产、创新发展、招纳人才等资金需求问题。同时，要拓展金融抵押物种类，对于诚信基础好、产业发展势头足、人员保障力量强的主体，应探索给予"信用＋少许抵押物"的金融支持模式。三要创新风险抵御模式。对于农户经营过程中所面临的多重风险，探索在主体间开展联合分工经营，延伸产业链条，增加对外抵御风险的能力。同时，创新金融保险产品，对于农户生产经营中常遇到的风险因素设定保险类别，消除农户生产的后顾之忧。

二是健全农户基本公共服务普惠共享机制。当前京郊老龄化趋势明显，农村老年人等弱势群体的社会保障问题显得尤其重要。然而目前来看，这些群体对基本公共服务较高的需求与当前农村集体公共服务供给仍存在明显差距。因此，要进一步加强农村养老和社会保障力度。提高农村地区养老金标准，重点关注农村老年人精神健康和照料照顾等问题。逐步构建针对农村弱势群体的社会保障体系，增设保障手段、加大保障服务、完善保障内容，在养老、医疗等公共服务方面实现基本程度的全面保障。要积极构建农村医疗卫生和救助体系。近年来，北京不断创新医疗模式，探索以"政府指导＋市场化运行"的方式，推出普惠型商业医疗保险，作为基本医保的一种补充手段。这种医疗保险参保门槛低、覆盖人群多，能有效满足农村居民多层次、多样化的医疗保险需求，将更多医疗资源倾斜于农村低收入群体或丧失劳动能力群体。

三是鼓励并规范工商资本投资农业农村。工商资本是带动乡村产业发展、增加乡村就业机会、提高乡村农民收入的重要主体，要鼓励和引导工商资本投资现代农业，但条件是，不能单纯只做一产，而是要发展一二三产融合的全产业链项目，让农民在产业链各个环节上获得更多的增值效益。同时，要鼓励推广政府和社会资本合作模式，鼓励工商企业投资适合产业化、规模化、集约化经营的农业领域，积极发展现代种养业和农业多种经营。探索建立政府与社会合作共建和政府购买公益服务等机制，放宽农村公共服务机构准入门槛，支持工商资本进入农村生活性服务业。

六、构建京郊农民增收长效机制的政策建议

以推进乡村振兴、实现首都共同富裕为目标，针对京郊发展现状以及京郊农民增收的影响因素，提出进一步完善京郊农民增收长效机制的六方面政策建议：

（一）深化改革，打破政策束缚壁垒

全面深化改革，是突破思想认识、政策机制和组织实施中的关键瓶颈，开创北京市促进农民收入持续稳定增长的重要手段。一是不断深化推进土地制度改革。建议相关部门要在农业农村现代化和共同富裕的发展要求下，进一步厘清和深入认识土地要素对于乡村一二三产业融合，促进乡村产业振兴和农民增收的重要性，尽快出台北京市农村一二三产业融合发展用地政策，做好土地要素保障顶层设计，在产业发展用地指标上给予乡村更多的倾斜，并结合不同用地的内涵、范围、类型等因素，因地制宜制定标准细则，分类明确农村产业融合发展的用地条件和标准，加大集体土地存量潜力挖掘力度，加强节约集约利用。二是逐步放开活涉农产业相关政策。结合都市型现代农业发展需求，对于能够达到节能环保、绿色低碳、达标排放甚至零排放的现代农业加工技术、养殖技术等，要逐步放开放活，取消生产性限制。适当调整食品生产许可管理办法，进一步明确审批标准、简化审批程序，提高农产品附加值，促进农民持续增收。三是提高政府财政资金和政策的统筹力度。建议进一步加强农业农村、自然资源与规划等涉农部门间的协调力度，规范统一不同部门对于农业产业的标准口径，尤其对近年来出现的农业新品种、新业态要及时沟通，确定属性范围，促进工作顺利开展。建议以北京市"百千工程"为引领，开展农民增收项目的设计规划，提高政府部门资金和政策的使用效率，建立各涉农部门的考核指标体系，细化各涉农部门的责任、目标任务和考核办法，确保各涉农部门政策、资金、项目落到实处，促进增收项目高效实施。

（二）充分借助首都功能，推动城乡产业联动发展

农民收入增长根本上要靠产业的支撑。目前，受设施农业用地、建设用地等制约，京郊乡村产业普遍呈现短链化、低端化、同质化的特点，难以长期支撑农民增收致富，且与

现阶段北京都市型现代农业及城乡融合发展的大趋势匹配度不够。一是加快推进新型城镇化建设。在有效保障粮食安全和重要农产品有效供给的基础上，从首都功能的角度出发，全面布局城乡产业协同发展，做好中心镇和中心村的产业规划和产业更新，让更多符合区域功能定位的产业落户京郊。加快推动新型城镇化发展进程，打造一批功能性特色小镇，从而实现乡村产业和人口的聚集，带动农民就地就近城镇化，促进经济可持续增长和农民增收。二是深入挖掘农村产业发展潜力。增加农业的扶持力度和科技投入，打造农业全产业链，拓展乡村产业增效空间，创造更多就业增收机会。顺应消费升级的需求，深入推进农业结构调整，发展壮大乡村产业，实现农产品优质优价；加快推进高效生态农业，建立新产业新业态培育机制，推动品种培优、品质提升、品牌打造和标准化生产，推动农业生产经营模式转变，实现农村三产深度融合。三是做大做强乡村新型服务业。通过发展壮大农业社会化服务组织，推动社会化服务从产中向产前、产后环节延伸，完善金融保险、品牌培育、电商销售、冷链仓储等配套服务，增加农民的就业机会，带动农民增收。

（三）促进京郊集体经济高质量发展

习近平总书记指出："壮大农村集体经济，是引领农民实现共同富裕的重要途径。"发展新型集体经济是提高农民组织化程度，通过更有效的"统"来促进统分结合迈向更高水平的重要保障。一是巩固提升京郊集体产权制度改革成果。大力发展新型农村集体经济，加强农村集体"三资"监管。进一步探索财政扶持资金折股量化到农村集体经济组织和农户的方式，促进农村集体资产保值增值。构建与新型农村集体经济发展相匹配的分配机制，稳步提高农村集体经济组织按股份分配收益的比例。二是继续巩固集体经济薄弱村消薄成果。进一步完善现有帮扶机制，逐步减少公益性帮扶，强化帮扶单位的产业帮扶力度，提高村集体"造血"能力，真正形成可持续增收的集体产业。通过项目申报、招商引资等方式，引入龙头企业、专业服务机构、专业合作社等多元经营主体，支持村集体以出租、合作、入股等多种经营模式盘活资源资产，与经营主体建立合理的利益联结机制和分配机制，鼓励村集体深度参与，确保入股的村民能享受到产业的收益，保障农民持续增收。

（四）多措并举促进农民就业增收

工资性收入在北京市农民收入中占比最大，不仅是拉动农民增收最主要的因素，也是缩小城乡差距的关键，但近年来工资性收入增速呈下降态势，给北京市农民长效增收带来了较大挑战，因此，需要多方面推进农民充分就业。一是推动农村劳动力转移就业。通过整合城乡促进就业政策体系，建立垂直的劳动力资源供求信息传递网络，向有转移就业需求的农民和闲置劳动力提供精准的劳务服务。探索建立农村劳务合作社，搭建"区国有人力资源公司＋乡镇劳务专业合作社＋村（社区）劳务专业合作分社"三级劳务服务平台，实现抱团整合、精准调度，推进农村劳动力尽快就业参保。二是注重高素质农民培育工作。加强农民职业技能培训，以提高就业创业能力为目标，重点围绕北京周边的特色产业，针对特色种养、农产品加工、休闲康养、乡村民宿等新产业新业态开展多种形式的职业技能培训，提升生产技能和经营管理水平，使农民成为能够适应市场需求的实用技能型人才，从而获得更多产业链增值收益。进一步完善农民培训的绩效评价体系，充分体现对就业创业的促进作用。三是多途径实现农民就地就近就业。加大对农业龙头企业、各类产业园区、农业产业强镇及集体经济组织的扶持力度，特别要促进乡镇产业聚集发展，提高吸纳带动本地农民就业能力。稳步扩大农村公益类岗位规模，探索将农村公益性岗位从兼业转变为就业，缩小城乡居民工资性收入差距。因地制宜，研究村集体和村民在基础设施建设和管护过程中的参与方式，积极推广以工代赈，鼓励村集体通过组建物业公司、劳务合作社等承接建设和管护工作，农民能干的尽量让农民干，适当提高劳务报酬发放比例，完善农民参与机制，激发农民参与意愿。

（五）提升京郊农民社会保障及基本公共服务水平

推进基本公共服务均等化有利于提高农民群体增收致富能力，为其持续稳定增收提供坚实的物质基础和制度保障。当前，京郊农村人口中老年人、儿童、病残人等弱势群体占比较大，这些群体对基本公共服务的需求较高，因此，要进一步提升京郊公共服务的供给水平，推动基本公共服务资源下沉，完善农村社会保障体系。一是加强农村养老和社会保障。完善以居家为基础、社区为依托、机构为补充、社会保障为支撑的养老服务体系。探索建立农民退休制度。稳步提高城乡居民养老保障水平，逐年提高城乡居民基础养老金和福利养老金标准，分阶段逐步实现城乡社会保障同等化。可借鉴外省市经验，研究制定加发年限基础养老金制度，如上海对于缴费满15年以上的人员，每超过1年，每月再增加年限基础养老金20元。此外，建议通过购买服务、股权合作、建立专项扶持资金、鼓励社会力量参与等方式提高农村养老服务水平，让农村老年人安享晚年。二是构建完善农村医疗卫生和救助体系。继续推进医联体建设，创新医疗模式，实现城乡医疗深度融合，让更多优质医疗资源向郊区转移。进一步提高乡村医生待遇水平，研究建立基层医疗卫生岗位津贴制度，吸引、留住医疗人才。适当提高城乡居民医疗保险报销比例和报销上限，逐步实现城乡平等的医疗制度。完善全方位、多层次的农村社会救助帮扶体系，以"救助脱离＋帮助提升"，实现在救助困难群体脱困的同时，促进其自身发展能力的提升。

（六）持续释放京郊生态涵养区生态红利

京郊生态涵养区良好的生态环境为发展生态产业奠定了坚实的基础。应积极探索构建绿色生态转化机制、生态补偿机制，将绿色资源切实转变为能够促进农民长效增收的实际效益。一是构建京郊生态涵养区的生态补偿机制，让生态红利充分惠及农民。继续深化完善生态保护补偿机制，健全以生态环境要素为实施对象的分类补偿制度，不断提升生态保护成效。同时，要建立与财政能力相匹配的生态保护综合补偿制度，合理界定生态保护者、受益者的权利和责任，促进生态受益地区与保护地区利益共享。进一步构建完善政府、企业与农民间合理的利益联结机制，使农民的福利能够与乡村生态补偿、生态产品价值实现所获得的转化收益相挂钩，不让保护生态环境的吃亏。二是树立经营生态的理念，坚持保护与富民相结合。健全生态产品交易机制，探索增加生态产品交易种类，促进生态资源资产化。通过制定生态涵养区适宜产业引导支持政策，积极推进以生态为导向的一二三产深度融合，形成"生态+"优势特色产业体系，切实把生态资源转化成生态效益和经济效益。

课题负责人：吴志强
课题组组长：杜力军
课题组成员：陈雯卿、李梦华、宋昕航
执笔人：杜力军、陈雯卿、李梦华、宋昕航

新时代北京都市型现代农业发展中的农业资源区划研究

　　2023 年是全面贯彻落实党的二十大精神之年。北京市认真贯彻党的二十大和中央农村工作会议精神，深入贯彻习近平总书记关于"三农"工作的重要论述，以新时代首都发展为统领，坚持大城市带动大京郊、大京郊服务大城市，加快推进农业农村现代化，努力走出一条具有首都特点的乡村振兴之路，为建设农业强国作出北京贡献。北京市农村经济研究中心资源区划处紧扣处室职能，组建攻关课题组，依托北京自然资源本底数据库，先后从资源区划的角度专题研究了北京都市型现代化农业发展空间优化等相关问题，揭示了首善之区宜居宜业和美乡村建设的自然资源分布规律、安全人居布局规律、都市型现代农业发展规律，助力摆脱农业生产、农村生活"摸着石头过河"的无区划支撑决策阶段，农业区划为北京都市型现代农业发展插上科学的翅膀。

一、新时期北京都市型现代农业发展面临新的形势

　　《北京城市总体规划（2016 年—2035 年）》明确提出，切实发挥城市和重点功能区辐射带动作用，推动城乡功能融合对接，多渠道促进农民增收。坚持产出高效、产品安全、资源节约、环境友好的农业现代化道路，积极发展城市功能导向型产业和都市型现代农业。进入新时代，面向新矛盾、把握新需求，坚持农业农村让城市更美好新方向，都市型现代农业发展面临新形势。

　　（一）北京都市型现代农业发展，需要牢牢把握住"都"这个核心问题

　　把全力服务和融入首都大局作为都市型现代农业的重大任务和重要内涵，进一步挖掘都市型现代农业对首都经济贡献的增长潜力。要处理好"都与城""城与乡"的关系，实现农业农村现代化与城市现代化的有机衔接，为城乡居民提供一个和谐宜居、共享共美的生产生活家园。

　　（二）首都"四个中心""四个服务"功能对都市型现代农业提出了新的更高要求

　　立足于"四个中心"功能建设、提高"四个服务"水平，更加需要都市型现代农业在食品保障稳中加固、生态涵养加快转化、休闲体验高端拓展、文化传承有效延伸上发挥重要作用。都市型现代农业以满足城市发展和人民生活多样化、多层次需求为目标。随着收

入水平提高，首都市民对于优质农产品以及依托良好生态环境的休闲农业等多元消费需求日趋扩张。2018 年北京市人均 GDP 超过 2 万美元，达到发达国家水平。2021 年居民人均消费支出 4.36 万元。休闲农业和乡村旅游接待游客 2520.2 万人次，收入 32.6 亿元，带动农产品销售 10.1 亿元。预计到 2025 年，休闲农业和乡村旅游年接待量达到 4000 万人次，年经营收入达到 50 亿元。

（三）都市型现代农业高质量发展需要更好的农业农村环境

北京都市型现代农业发展所依存的农业农村环境仍面临着一系列新老问题。如城乡区域间发展不平衡不充分问题仍然突出，农民可持续增收难，城乡收入差距与首都功能定位不相符等问题客观存在。全球经济动荡、外部环境趋于复杂，新冠疫情影响仍在持续，对于粮食安全特别是口粮绝对安全提出了新的更高要求。而作为粮食主销区的北京，重要农产品稳产保供能力亟待巩固和提升。2020 年之前，蔬菜产量连续 17 年下降，自给率不到 10%，肉类产量连续 10 年下降，生猪自给率仅有 2%。本地优质农产品供应严重不足，绿色有机认证覆盖率仅为 12.5%，高品质有机蔬菜和包装净菜占8%，无法满足市民多样化、高品质消费需求。农业科技优势发挥不充分，数字技术在农业领域应用场景不多等问题客观存在。城乡收入绝对差值依然呈扩大趋势，2021 年城乡收入比为 2.45，而上海、浙江分别为 2.03 和 1.94。我们一方面需要进一步坚持城乡融合发展，畅通城乡要素流动，为推动都市型现代农业高质高效发展创造更好环境；另一方面也需要利用都市型现代农业的高质高效发展来解决发展中的城乡不平衡、农村发展不充分问题。

二、新时期北京都市型现代农业发展区划建议

北京市农村经济研究中心资源区划处提出"资源筑底、绿色兴农"基本观点，通过摸清北京市农业自然资源本底、时空分布和资源特色，提出制度完善、底数清楚、质量分类、空间优化等四大管理目标。在具体工作上，按照全国农业资源区划办下发的《关于开展建立重要农业资源台账制度试点工作的通知》（农区办〔2017〕1 号），从 2018 年开始，历时 5 年，利用高分遥感影像摸清了郊区农业资源本底，建构了资源本底数据库，实现了全市农业资源本底"一张图"，一举结束了自 20 世纪 80 年代以来北京农业资源本底无更新的历史。同时，北京都市型现代农业发展要坚持自然、市场一般规律与首都特点相结合，走出一条具有北京特色的都市型现代农业发展之路。

北京市都市型现代农业发展的耕地资源数量少，主要分布在南部和北部郊区以南的区域，顺义、通州、延庆、大兴和房山区有较多分布。耕地资源受北温带半湿润大陆性季风气候影响以水浇地为主，占总耕地面积的 82%；旱地占总耕地面积的 18%。人均耕地面积少，仅为全国的 1/20、上海的 2/3、重庆的 1/13、天津的 1/6。为科学评价耕地空间种植利用的适宜性，课题组从 5 个维度：耕地种植产出能力、耕地规划潜力、地形土壤适宜性、气候适宜性、耕地通达便利性，选择 13 个具体指标：种植业产量、种植业产值、亩产、斑块数、斑块平均面积、形状指数、邻接指数、土壤类型、坡度、积温、降水、农田道路

通达性、河网密度，构建评价指标体系。评价结果表明：北京种植业发展的资源环境等基础条件总体较好，适宜性高的耕地面积 68.83 万亩、占比 53%；适宜性中等的面积 56.73 万亩、占比 43.7%；适宜性低的面积 4.3 万亩、占比 3.3%。从分布规律上看，离中心城区越远种植条件越好，适宜性越高。

针对北京都市型现代农业发展耕地空间利用存在的问题，如耕地资源细碎零散，不利于现代化规模种植；粮、油、菜种植呈现"镇镇冒烟、村村点火"，种植集中度低；村民种植品类意愿与耕地空间不匹配；油料生产和设施生产面临较大的升级压力。课题组提出：

（一）调整耕地空间功能布局，塑造"南菜北粮"的北京印象。在整体耕地空间功能布局上，推动建设南边蔬菜产业带，聚焦大兴、通州和房山；以及北边的粮食产业带，涵盖顺义、密云、平谷和延庆，形成北京种植业"南菜北粮"的空间格局。同时，争取调减农业农村部下达的油料种植面积指标，调减面积重点用于蔬菜生产，提高蔬菜自给率。

（二）规划五类耕地空间主体功能区，供给高品质农业生态产品。坚持宜粮则粮、宜菜则菜、宜绿则绿，发挥产业聚集效应。依据种植适宜性评估结果和种植历史，课题组提出划定五类耕地空间主体功能区，包括 7 个保障性农田集中片（延庆、顺义西、怀密、顺义东、通州、大兴、房山）、4 个农田林网景观廊道（昌海、顺通、通州、通大）、1 个都市农业体验环带（东、南、北六环路两侧）、3 个林田村综合发展板块（燕山、太行山、延庆）、2 个高自然价值农业片区（燕山、太行山）。

（三）升级农业设施，发展数字化智能化设施农业。北京目前设施农业主要是日光温室（种植面积占比 48.5%，产值占比 62.8%）、大棚（种植面积占比 47.9%，产值占比 35.2%）、小拱棚（种植面积占比 3.6%，产值占比 2.0%）。北京蔬菜亩产 2409.96 公斤，低于蔬菜种植品种结构相近的天津亩产 3000.79 公斤。建议小比例引进荷兰的玻璃智能温室，示范普及现代技术应用，重点普及高度机械化、精准环境控制（包括自动补光、调控，温度和湿度、通风、补充 CO_2 等）、生物技术、信息技术，走低能耗、高效率和有机化道路，保障北京应急和高端蔬菜供给。

（四）融合耕地种植空间和旅游生态空间，显化耕地空间多元价值。立足北京实际，理顺黄—绿—蓝的空间关系，落实山水林田湖草系统治理，打造"首善粮仓""都市农园"标准和品牌，充分认识和利用农田种植业不同时间的景观价值和产品价值，推动一二三产融合，形成"高值农业"。

（五）推动绿隔地区发展都市农园，打造首善标准的生命共同体高值区。做好与城市总规、土地利用、基础设施等规划的有效衔接，扎实推进主要任务与重点工程高质量完成。突破传统城市绿化理念，用都市农业来承担一部分城市绿地功能，提升城市绿化总量，建议在二道绿隔地区大力发展绿色有机蔬菜产业和生态林果产业，形成近郊果蔬生产圈，为城区做好优质农产品供给和应急保障；鼓励三产融合，在绿隔地区发展市民农园、社区农场、城市农场、社区果园等适度规模田园组团，为市民提供近距离休闲游玩的农家田园场景，让田园之风吹入城市，实现现代城市文明与现代田园文明的交相辉映。

北京市农研中心资源区划处、北京林业大学绿色发展与中国农村土地问题研究中心联合课题组

百年辛庄变新庄

——北京市昌平区兴寿镇辛庄村的调查思考与建议

作为北京市昌平区兴寿镇所辖 21 个行政村之一的辛庄村，有着数百年的建村历史，曾是一个十分普通平凡的北方村庄，但在 2023 年 10 月召开的北京市"百村示范、千村振兴"工程动员部署会上，辛庄村入选全市首批 19 个、昌平区唯一一个乡村振兴示范创建村行列。为探究辛庄村近十多年来的发展密码，助推乡村振兴示范村创建工作，展望首都乡村未来前景，2023 年 10—12 月，笔者先后 7 次到该村调研，发现辛庄村发展的一条重要路径是"环境好、人才聚、村庄兴"，展现出的一个重要特征是"一村涵容一学校，一校激活一村庄"，深藏其中的一部活乡兴村密码是"开放、包容、融合"。辛庄村在发展特色草莓产业的基础上，积极营造优良环境吸引向上学校等城市要素进村发展，向上学校则以丰富的人才资源助力辛庄村发展，实现了城乡要素优势互补、有机结合，推动了城乡融合发展的村庄实践。入选全市首批乡村振兴示范村创建行列后，辛庄村应当立足北京城市战略定位，坚持首善标准，着眼于建设中华民族现代文明，高起点高标准高品位推进乡村振兴示范村创建工作，努力建设成为一个拥有美好产业、美丽乡村、美好生活、美学品格、美满幸福，具有高国民素质、高文明程度、高生活品质的首都发达村庄。

一、基本情况

辛庄村位于北京市昌平区兴寿镇东部，村域面积 3407 亩，其中农用地 1671 亩，集体建设用地 985.4 亩。在农用地中，耕地 1075 亩、园地 546 亩、林地 46 亩、其他农用地 4 亩。在集体建设用地中，农村宅基地 600.8 亩，共有宅基地 360 宗；现有集体经营性建设用地 11.5 亩。2011 年 6 月 8 日，辛庄村完成农村集体产权制度改革，成立村股份经济合作社，共有股东 1259 人，股东实行静态管理。产改时点量化全村集体资产总额 4268.8 万元（含资源性资产）。2021 年全村股金分红 104.6 万元，2022 年股金分红 85.96 万元。截至 2022 年 12 月底，全村常住人口 1670 人，其中辛庄村户籍户数 543 户，户籍人口 1013 人，其中农业户 319 户 626 人，60 岁以上人口 340 人。村"两委"干部 9 人，党员 102 人，村民代表 47 人。2022 年村集体经营性收入 227.2 万元，农民人均所得 19662 元；2023 年上半年村集体经营性收入 191.3 万元，农民人均所得 10157 元。

20 世纪 90 年代以来，在快速城市化进程中，辛庄村年轻人纷纷离开村庄进城谋生求发展，村庄成为老人的留守之地。与许多村庄一样，辛庄村属于典型的空巢老人村庄。但这个传统的普通村庄，最近十多年来发生了巨大的变化，从一个老人留守的空心村发展成为网红打卡村，这主要缘起于辛庄村顺应城市化和逆城市化发展的需要，积极营造优良的环境，吸引一批批市民下乡进村，使城市要素与乡村资源、现代文明与农耕文明有机结合与融合发展，从而催生了该村从一个十分普通的村庄跻身到全市乡村振兴示范创建村的历史性飞跃。新时代的辛庄村是辛勤的新老村民在城市化与逆城市化并存的城乡融合发展大潮流中共同创造出来的新村庄。

二、主要做法

辛庄村所在的昌平区是首都西北部生态屏障，确立了建设科教引领、文旅融合、宜居宜业生态城市的发展目标；所在的兴寿镇有"北京草莓第一镇"之称。在昌平区委、区政府统筹推动和兴寿镇党委、镇政府的直接领导下，辛庄村结合自身实际，主动适应城乡融合发展大势，积极营造优良的宜居宜业环境，团结和带领新老村民群众走上了一条"环境好、人才聚、村庄兴"的发展之路。该村的主要做法有以下几方面：

（一）引进民办学校扎根，开启自然教育兴村新起点

10 多年前，辛庄村积极引进以自然教育为理念的民办教育机构向上学校进村扎根发展，从此开启了该村教育兴村的新起点。向上学校（原名南山艺术学园）创办于 2009 年，最初由 20 多位创办者选择昌平区小汤山镇讲礼村办学，当时只有 3 个班 58 名学生。2012 年 7 月，向上学校搬至办学环境更好的昌平区兴寿镇辛庄村的果满地扎根发展。在当年一些地方对市民进村创业并不欢迎甚至歧视排挤的情况下，辛庄村却以开放包容的胸襟引进向上学校（2022 年南山艺术学园与昌平向上学校合并，统称为向上学校，另保留南山艺术幼儿园），并为向上学校（南山学园）的生存和发展提供了许多便利条件，创造了适宜的创业生活环境。向上学校（南山学园）是由一批心怀自然教育理想、向往乡村田园生活的市民，到乡村寻找宜学宜居环境而创办的新式民办教育机构。他们推崇和践行自然教育，秉持以人为本、注重身体和心灵整体健康和谐发展的全人教育理念，注重传承和弘扬我国道法自然、天人合一的自然观以及源远流长的农耕文化传统，深得不少对城市生活感到焦虑和厌倦的市民们的认同。当年辛庄村"两委"干部在一家民企老板拟高价租地建私人庄园与几个市民只能低价租地办学之间，最终决定将村里一块 30 亩地以年租金 45 万元租给了相对更少租金的向上学校（南山学园）。当时村干部认为在村里办文化教育要比建私人庄园更好。正是村干部这个非常正确的选择，在成就了向上学校（南山学园）的同时，也成就了辛庄村。俗话说，"栽下梧桐树，引得凤凰来"。辛庄村"两委"栽的"梧桐树"就是营造了吸引城市要素进村的良好环境，而向上学校（南山学园）就是辛庄村引来的"金凤凰"。向上学校（南山学园）最初在辛庄村办学时只有 6 名学前教育的学生，2023 年已发展到 330 多名学生、80 多名全职教师。该校授课老师均为大

专以上学历，其中本科学历占 46%，研究生以上学历占 22%。向上学校（南山学园）是辛庄村最近十多年取得突破性发展极为重要的发动机和动力源。拥有高学历、高收入的向上学校（南山学园）学生家长们常年租住在该村生活和创业，日积月累汇聚成了该村文化教育兴村的强大能量。

（二）开展人居环境整治，竖起生态健康立村新标杆

为改变当年村庄人居环境比较恶劣的状况，为向上学校（南山学园）师生、新老村民营造干净卫生舒适的人居环境，辛庄村"两委"干部与向上学校（南山学园）学生家长们共同开展了村庄人居环境整治行动。2016 年 3 月，向上学校（南山学园）学生家长率先在村里组成"净公益"环保小组，开展"减塑环保"行动，坚持不用、少用塑料袋、纸杯等一次性物品。2016 年 6 月 9 日，辛庄村全面启动垃圾分类工作，全村取消垃圾堆放点和垃圾桶，实行"两桶两箱分类法"，走在了全市乃至全国农村生活垃圾分类的前列。所谓"两桶两箱垃圾分类法"，就是全村各户在家中将厨余垃圾放一桶、其他生活垃圾放一桶，将有毒有害垃圾放一箱、可回收物品放一箱。村委会分别对应"两桶两箱"进行收集，实现垃圾不落地。经过两年努力，辛庄村人居环境显著改善，成功创建了农村生活垃圾分类的"辛庄模式"。2021 年 4 月，辛庄村被评为北京市生活垃圾分类示范村。2018 年兴寿镇以辛庄村为样板，在全镇其他 20 个村推广生活垃圾分类工作，形成了农村生活垃圾分类的"兴寿模式"。2019 年，辛庄村"两委"根据兴寿镇党委、镇政府统一工作部署，集中开展了村庄环境治理，拆除了私搭乱建，进一步改善了村容村貌。2020 年 1 月 4 日，向上学校（南山学园）学生家长们联络中国生物多样性保护与绿色发展基金会良食基金在村里举办"新年食尚发布会暨辛庄良食节"活动，传递健康饮食和环保文化，提倡绿色有机食品，倡导安全健康生活。2021 年 1 月，辛庄村被评为"首都文明村镇"。

（三）营造乡村创业环境，形成人才产业兴村新气象

辛庄村"两委"为向上学校（南山学园）的师生及学生家长们不断营造良好的就学就业创业创新环境，实现了新老村民的和谐共生与生产生活的良性循环。2020 年至 2022 年，在新冠疫情的影响下，越来越多来自北京中心城区乃至全国各地的高知人群为躲避疫情、远离都市，纷纷将孩子送到辛庄村里的向上学校（南山学园）学习，自己则租住村民闲置房子生活和创业。据初步统计，到 2023 年 12 月，辛庄村向上学校（南山学园）吸引了来自全国各地近 400 名学生、200 多户新村民，在新村民中有 7 名博士、72 名硕士、125 名本科、59 名党员齐聚辛庄村生活创业。传统村庄自身不可能培养产生并留住如此多数量、高素质的人才群，这为人才兴村提供了最为宝贵的人才资源。正因为辛庄村为各种高素质人才提供了良好政治生态和人文环境，从而将一个曾经寂静的空巢老人村激活成了创客云集、业态繁多的产业兴旺村。截至 2023 年 12 月底，该村共有外来创客 70 余家，其中教育培训 11 家、餐饮 14 家、民宿 12 家、医疗健康 7 家、非遗手工 7 家、超市 6 家、咖啡馆 4 家、糕点茶艺 4 家、露营营地 1 家、农业企业 8 家，新村民带来社会资本投资累计达 1.2 亿元。新村民的创业与生活，每年为村庄创造租金收入 1053 万元，明显带动了本村原住村民就业增收、拉动了农特产品的生产销售、提升了村庄教育文化品位。辛庄村创客创业的影响力也辐射到周边的东新城村、西新城村、上苑村、下苑村等 9 个村。辛庄村每两周举办一次环保市集，形成了京郊网红一条街，每次环保市集吸引 1000 人左右的体验消费者。草莓是该村主要种植作物和特色支柱产业，辛庄村依托 2013 年 3 月就开始举办的北京农业嘉年华，推动了全村草莓的种植、销售和农旅体验等活动。"昌平草莓"是国家地理标志产品，兴寿镇被称为"北京草莓第一镇"。昌平草莓看兴寿，兴寿草莓看辛庄。辛庄村在 2003 年就开始种植近 300 亩的红颜草莓。2023 年底，全村现有温室草莓大棚 518 栋，种植面积 310.8 亩，草莓总产量 486 吨，总产值 1742.86 万元。此外，该村还有蔬菜大棚 28 栋，种植面积 42 亩；苹果种植面积 146 亩。经过多年的发展，辛庄村已初步形成了以绿色有机草莓为主导的乡村特色种植业与以民办教育为带动的乡村都市型服务业这两大产业集群相互促进、相得益彰、共同发展的特色产业兴村新格局。

（四）推行共建共生共享，绘就和美乡村治理新画卷

目前，新村民与辛庄村原住民大约各占村庄常住人口的一半，新老村民共同构成了新时期辛庄村的生活共同体。辛庄村"两委"秉持共建共生共享理念，积极搭建有助于村"两委"干部与新老村民、新村民与老村民、村庄内部与外部世界、能人创业与共同富裕、农耕文化与现代文明共创共生、相得益彰的"五色金桥"，营造了良好的村内政治生态和村庄人文环境，丰富了村民的七彩生活，展现了具有自身特色的共建共生共享的生动实践，为村庄的持久发展奠定了基础。一是坚持党建引领，搭建红色服务桥。村"两委"为新村民创业与生活提供租房、租地、用水、修路、停车等各方面服务，为老村民提供出租房屋、销售农产品、就业、养老等方面服务。积极组织新老村民参与村庄人居环境整治等各项公共事务和公益事业。二是立足自然环保，搭建绿色生态桥。村"两委"紧紧依靠新老村民，树立崇尚自然、敬畏生命的自然教育观、生态产业观，共同开展"净塑环保——垃圾不落地"活动，发展绿色有机草莓产业，推行绿色低碳生活。三是着眼人才兴村，搭建青色人才桥。一方面，吸引优秀人才来村里投资兴业，千方百计为新村民营造更加优良的创业生活环境，充分发挥新村民普遍具有高学历、高收入、高品位的优势，弥补村里人才严重不足的短板，特别聘请向上学校（南山学园）副校长为村主任助理，发挥了十分重要的人才智力支撑作用。另一方面，积极培育原住民中的致富带头人，选派年轻人参加抖音乡村致富带头人培训，鼓励和欢迎新乡贤回村参加"我的家乡我建设"活动。四是凝聚社会力量，搭建橙色公益桥。充分发挥荣誉村民、友好商户、向上青年等社会力量，支持和引导志愿者发起和参与环保、良食、孝老、助残、文化、教育、阅读等公益活动。2023 年 2 月，在第十二届书香中国·北京阅读季书香京城系列评选中，辛庄村荣获"书香社区"奖。五是实现融合发展，搭建蓝色和谐桥。辛庄村将党组织领导下的自治、法治、德治相结合的治理理念和方法融入到村庄日常生产生活之中，助推乡风文明建设，传承纯朴民风，建设平安村庄，促进新老村民和谐共生、融合发展。2022 年 12 月，辛庄村被评为北京市民主法治示范村。

三、思考和建议

未来几年，辛庄村需要实现从全市乡村振兴示范创建村到建成产业强、乡村美、农民富的全市乡村振兴示范村以及村强民富、生态宜居、数字乡村、文化繁盛、文明善治的全市乡村振兴样板村的新飞跃，同样离不开开放、包容、融合的兴村要诀。开放容融活乡兴村。为使辛庄村在全市乡村振兴示范村创建中实现高质量的全面振兴，努力建成高水平的首都发达村庄，形成"中国辛庄"的乡村品牌，我们重点提出如下几方面的思考和建议。

（一）紧扣北京城市战略定位，着力将辛庄村规划建设成为体现"四个中心"功能建设、提高"四个服务"水平的首都特色村

首都乡村既是展现北京"四个中心"战略定位、履行"四个服务"的广阔空间，又是展示中国文明形象及北京首善标准的重要窗口。建设首都乡村，就是要充分体现北京"四个中心"功能建设、"四个服务"的基本职责。

在制定辛庄村示范村创建规划时，要提高站位，拓宽视野，将北京"四个中心"的战略定位和"四个服务"的基本职责融入示范村创建规划之中，着力建设首都特色村。

一是在政治中心功能规划建设上，要高度重视、因地制宜将京郊乡村作为承担国家政务活动的重要场所进行高品位的规划建设。可以考虑将辛庄村作为具有中国农味、北京韵味、乡村品味的一个重要乡村场景，规划建设体现中国特色、展现首都特点、呈现草莓特征的现代生态农场，突出规划建设北京草莓研学第一村、城乡融合发展示范村、生态文明建设样板村，为承接有关国家政务活动营造重要的乡村平台。

二是在文化中心功能规划建设上，要弘扬和建设辛庄村世代相传的中华传统农耕文化，依托有机草莓和向上学校（南山学园），开设辛庄文化大讲堂，建立乡村振兴专家团，建设草莓文化馆、草莓文创研学园，推动草莓文化、自然教育文化、都市农业文化、城乡融合文化、乡村艺术美学等规划建设。重点要围绕提高国民素质和社会文明程度，推动形成文明乡风、良好家风、淳朴民风，创新新时代文明实践站建设方式，利用重要传统民俗节日，持续举办为村里老人贴春联、送月饼、百家宴、村晚等创意文旅活动，助推学习型村庄、书香村庄、和谐村庄、草莓艺术村庄、美学村庄建设，形成体现社会全面进步、人的全面发展的现代城乡融合新文明。

三是在国际交往中心功能规划建设上，充分发挥辛庄村自然田园风光、悠久农耕文化、城乡融合发展、多元文化共生的独特魅力，围绕"自然学堂、莓好辛庄，在辛庄看见未来村庄"定位，突出有机草莓、自然教育、乡村文化的主题，以开放、包容、融合的心态和视野将辛庄村规划建设成为具有国际交往活动重要功能的乡村大舞台之一，为官方与民间丰富多彩的国际交往活动提供京郊田园式的国际知名乡村品牌"中国辛庄"。

四是在国际科技创新中心功能规划建设上，对接昌平未来科学城、农业中关村，围绕有机草莓、自然教育、农文旅研等特色优势，将辛庄村纳入乡村科技研发基地和科技应用示范区，突出数字乡村的建设、应用与示范；依托有机草莓、向上学校（南山学园），拓展农业科学、自然科学教育，强化科学普及，培育科学精神，弘扬科学文化。实施"科技

+ 农业""科技 + 乡村"等"科技 +"系列工程，加强乡村数字新基建，提升村庄产业发展和村庄治理的数字化水平。

五是在提高"四个服务"水平规划建设上，关键是要结合乡村特有功能、立足辛庄村实际，发展高质量的生态农业和乡村服务业，重点是要提供有机草莓等优质安全的农副产品、崇尚自然的现代全人教育、观光休闲的田园美景、旅游体验的乡村生活、宜居宜业宜游的乡村软硬环境，努力将辛庄村打造成为北京有机草莓第一村、食品安全第一村、自然教育第一村、营商环境第一村、北京服务第一村。

（二）把握大都市郊区化发展趋势，切实将辛庄村规划建设成为率先实现城乡融合发展的典型示范村

城市化和逆城市化并存是当前我国经济社会发展呈现的共同特征。简单地说，城市化就是农民进城，逆城市化就是市民下乡。作为超大城市，北京的逆城市化现象早在 21 世纪初就已显现，具体表现为郊区化，郊区化是特大城市中心城区人口向郊区扩散的现象，是逆城市化在大城市郊区的呈现方式。北京的逆城市化现象既有政府主导的以疏解北京非首都核心功能为重点的京津冀协同发展战略，也有市民自发选择离开中心城区到郊区乡村居住生活与创业就业的自觉行动。辛庄村就是在北京逆城市化即郊区化发展大势中因市民下乡进村而发展起来的新村庄。逆城市化为促进城乡融合发展提供了强大动力和宝贵机遇。推动城市化和逆城市化，要大力破除城乡二元结构，促进城乡要素自由流动、平等交换和公共资源合理配置，实现制度性城乡融合发展。当前，市场自主的实践性城乡融合发展态势，迫切需要政府主导的制度性城乡融合发展的突破。作为全市首批乡村振兴示范创建村，辛庄村要在率先实现城乡融合发展上走在前列，做出示范。

一是加大公共产品和公共服务供给，实现城乡基本公共服务均等化和便利化。目前辛庄村常住人口中新老村民大致各占一半，属于大都市郊区率先呈现城乡融合发展自然形态的村庄，与传统村庄以及传统城区的人口结构形态完全不同，这对于城乡融合型村庄的公共产品供给和基本公共服务均等化、便利性提出了新的现实要求。在示范村创建中，既要加强乡村产业项目、村庄风貌提升项目、公共服务设施项目等硬件规划建设供给，更要突出加强乡村基本公共服务项目、乡村文化建设项目、乡村公共治理项目等政策法律法规制度软件的规划建设供给。第一，在村庄风貌提升和公共服务设施规划建设方面，要尊重自然，守护传统，敬畏文化，保护村庄特有的物质文化和非物质文化遗产，让村民望得见山、看得见水、记得住乡愁。因地制宜进行村庄微改造、精提升，加强"无废村庄"建设，重点加强村庄污水有效处理和达标排放，提升生活垃圾以及生产垃圾有效处理水平，强化美化、亮化，建设美丽庭院，实现村庄森林化、花园化、田园化、艺术化，进一步提升生态宜居水平，展现"诗意栖居"的新境界。第二，在乡村教育文化方面，要把优先发展农村教育文化事业落到实处，坚持公办教育和民办教育并重，强化教育兴村理念。在公办教育上，要加大教育投入，在实行免费义务教育的基础上，对学前教育、高中教育也要尽快实行免收学费和杂费，建立学生免费午餐制度，保障学生吃得安全放心。建立普惠性的学生福利和家庭教育福利制度。大力创新教育方式，加强自然教育、通识教育、乡村艺术美学等教育，着力解决教育严重内卷化问题，大幅度减轻学生及其家长作业负担。在民办教育上，首先要着力解决向上学校（南山学园）继续发展所面临的一些现实问题，创造更加优良的办学政策制度环境。第三，在村庄公共文化建设上，加强公共文化设施建设，加大村庄公共文化产品和服务供给，传承弘扬乡村文化，加强乡村文化遗产保护，推动艺术乡村建设，规划建设村民俗博物馆、村文化馆、村图书馆、村史馆，组织编纂村史。结合有机草莓、自然教育、农文旅研、城乡融合等特点，举办百家宴、村晚、草莓品鉴会等乡村文化艺术活动，结合草莓和自然教育元素丰富农民丰收节活动内容，以"文"的艺术、"美"的力量推动文化兴村。第四，在医疗养老等社会保障方面，着眼村庄常住人口需求，加强村社区卫生服务站投入建设，方便新老村民就近方便就医，并朝着免费医疗的目标不断提高村民就医报销比例。2023年北京市城乡居民基础养老金标准为每人每月924元，福利养老金标准为每人每月839元，合计为每人每月1863元，与城镇职工养老金的差距较大。针对农村人口老龄化的实际，参照城镇职工养老标准以及台湾农民养老标准，加大健康养老服务投入建设，不断提高农村基础养老金和福利养老金标准，缩小城乡养老待遇差距，提高村民老有所养水平。

二是积极适应城乡融合发展的趋势和需要，改革和创新有利于城乡要素自由流动的体制机制。2019年4月，《中共中央 国务院关于建立健全城乡融合发展体制机制和政策体系的意见》明确提出，要坚决破除妨碍城乡要素自由流动和平等交换的体制机制壁垒，促进各类要素更多向乡村流动，在乡村形成人才、土地、资金、产业、信息汇聚的良性循环，为乡村振兴注入新动能。第一，加快建立健全城乡统一、平等、开放、公平的制度体系，同步提升城市包容性和乡村包容性。第二，按照"三权"分置要求创新土地制度。放活和保障农村承包土地经营权，让更多新村民通过土地流转获得土地经营权而成为新农人。在解决新村民住宅问题上，按照宅基地所有权、资格权、使用权"三权"分置要求，近期要放活农村宅基地和农民房屋的使用权，赋予新村民租住原居民闲置宅基地和房屋的使用权，并予以颁证保护。依法保障原住民的土地承包经营权、宅基地使用权、集体收益分配权不受侵害。第三，深化农村集体产权制度改革，创新集体经济组织经营管理方式。随着人口自然老化与流动，已完成农村集体产权改革所确定和固化的原初集体经济组织成员（股东）将日趋减少甚至最后消失。必须与时俱进增补新村民作为集体经济组织成员，才能有效延续和维护集体经济组织的可持续发展。可以创设集体经济组织新成员（新股东）身份，明确相应的权利义务，做到既不侵害原集体经济组织成员（股东）的正当权益，又有利于集体经济组织吸收新成员（股东）后的可持续发展。对标集体经济组织特别法人定位和新村民的优势资源，加大村党支部办好村集体经济组织力度，在村集体经济组织下设立公司和专业合作社，建立平台公司，推进乡村经营，从新村民中优先选拔任用乡村经营优秀人才。可借鉴浙江经验设立强村富民公司，负责村庄产业发展和农产品品牌打造、乡村休闲观光体验旅游、承接村庄工程建设和管护、物业服务等事项；结合本村实际设立和发展草莓合作社、自然教育合作社、旅游合作社、住房合作社等。通过基层组织创新和制度创新，发展壮大新型集体经济，造福村民群众，促进共同富裕。

（三）深入贯彻绿色发展理念，明确将辛庄村规划建设成为生态涵养区乡村绿色产业发展的健康典范村

绿色发展理念是尊重自然、顺应自然、保护自然的生态文明理念，是建设健康环境、守护健康生活、保障健康身心的理念。辛庄村要立足生态涵养区功能定位实现绿色发展，重点是要突出以有机草莓为主导的乡村特色型种植业、以民办教育为带动的乡村都市型服务业这两大特色支柱产业，明确"莓好产业、自然教育、农文旅研"等乡村产业发展定位，推动和实现生态产业化、产业生态化、乡村艺术化、艺术乡村化，打造食品安全、生态文明、城乡融合、村民共富的核心竞争力，建设绿色发展的健康村庄。

一是紧密结合全市"五子"联动要求实践绿色发展。辛庄村要主动参照或参与全市"五子"联动，以绿色发展为主线，以有机草莓、自然教育、农文旅研、乡村治理等为重点，推动乡村产业和乡村生活的生态化、绿色化、艺术化、健康化。第一，在参照国际科技创新中心建设中，强化科技赋能，积极对接"三城一区"（中关村科学城、怀柔科学城、未来科学城和北京经济技术开发区）主平台，引进科技要素入村，提升科技素养，为乡村振兴示范村创建插上科技的翅膀，重点引进和发展有利于有机草莓、自然教育、农文旅研、乡村治理等生态产业高质量发展和民生改善的科学技术，主动与国家和市属科研院所、国有企业合作，多方面开展科技示范项目，建设以有机草莓、自然教育等为主题的现代设施农业园区、自然教育园区、草莓研学园区，提升草莓、教育、文旅等乡村产业发展的科技含量和健康保障水平。第二，在参照"两区"即国家服务业扩大开放综合示范区、中国（北京）自由贸易试验区建设上，强化改革赋能，重在深化乡村绿色产业领域改革开放，发展有机草莓等高质量的乡村绿色产业以及自然教育等新型乡村服务业，建设市场化、法治化、国际化的乡村营商环境和开放型的乡村绿色发展体制机制。第三，在参照全球数字经济标杆城市建设上，强化数字赋能，推动现代信息技术在有机草莓、自然教育、农文旅研、乡村治理等生态农业和乡村生产生活领域的应用，着力促进数字技术与有机草莓、自然教育、农文旅研等乡村绿色产业深度融合。推动数字化赋能生态农业、数字化赋能乡村振兴、数字化赋能乡村健康服务、数字化赋能乡村治理。发展乡村数字普惠金融，更好满足创客等乡村经营主体的金融服务需求。第四，在参与以供给侧结构性改革创造新需求上，强化质量赋能，重点是大力发展以绿色有机草莓为代表的生态农业、以自然教育为引领的乡村新型服务业，打造绿色有机草莓生产加工品牌，为村庄生活人群和其他消费者提供绿色有机的农副产品，大力推行草莓、蔬菜、玉米等农作物的绿色有机种植和加工，推广自然教育、有机面包店、有机咖啡店、有机茶馆、有机餐厅和有机民宿等发展，率先建设首都健康有机乡村。第五，在参与以疏解北京非首都功能为"牛鼻子"推动京津冀协同发展中，迫切需要将京郊乡村与北京城市副中心、河北雄安新区一道作为疏解非首都功能的"鼎立三足"之一进行统筹规划建设。从全市层面看，一方面要加强顶层设计，将京津冀协同发展战略与首都乡村振兴战略有机结合起来推动乡村绿色发展，通过承接疏解的非首都功能促进京郊乡村振兴，以京郊乡村振兴助推京津冀协同发展。另一方面在制定政府主导非首都功能疏解到京郊乡村政策制度的同时，高度重视制定市场自主的非首都功能疏解到京郊乡村的政策制度。从辛庄村层面看，一方面要更加积极主动承接从市中心城区自主疏解到村里有利于绿色发展的城市要素，为向上学校（南山学园）等众多来自都市的乡村创客排忧解难，进一步营造可以预期、长期稳定的制度环境；另一方面要主动参与京津冀协同发展，在京津冀大范围内加强生态农业合作发展、农文旅研合作共享，扩大和形成辐射京津冀的村庄生产生活圈。

二是充分利用村庄周边特有的外部优势资源推动绿色发展。跳出村庄看村庄，以更宽广的视野将辛庄村周边特有的外部优势资源纳入规划建设之中。辛庄村距北京大杨山国家森林公园10.3公里，可以将辛庄村作为北京大杨山国家森林公园周边的休闲旅游体验度假村进行规划建设。辛庄村北靠燕山山脉，京密引水渠穿村而过，可借此做好绿色发展的山水大文章，开辟登山健身步道，发展乡村体育；规划建设燕山文化艺术馆、京密引水渠博物馆、艺术馆。主动对接昌平未来科学城，为在辛庄看见未来村庄注入科学元素与活力因子。通过引进科技元素发展科技农业、开设科技小院、建设科技之村。依托距北京农业嘉年华3.6公里的区位优势，大力发展有机草莓品牌和其他有机农业品牌，建设草莓研学园、有机农业园。辛庄村距离中国国家版本馆3.5公里，可借助中国国家版本馆优势，强化文化赋能，实现联动发展，传承弘扬中华优秀传统文化，发展乡村绿色农耕文化，建设辛庄村史馆、乡村博物馆、乡村文化馆、民俗艺术馆，组织编修村史村志，推动绿色文化兴村。

三是切实立足本村农味乡情优势和现有基础提升绿色发展。进一步提升人居环境整治水平，实施农村生活垃圾分类"辛庄模式"提升工程，规划建设环保主题公园，在新的起点上发挥全市农村生活垃圾分类示范村带动效应，大力开展村庄绿化、美化行动，推动乡村美学发展，大幅度提高村庄林木花草覆盖率，建设首都森林村庄、花园村庄、艺术村庄，营造乡村"诗意的栖居"。调整优化生态涵养区产业禁限目录，发展与生态涵养功能相适应的绿色产业，拓展绿色产业发展空间，落实有机草莓等绿色产业用地保障，推行村庄全域绿色有机农产品生产和精加工，积极创建农产品质量安全村、食品安全村、饮食安全村，保障新老村民和游客"舌尖上的安全"。促进有机草莓和自然教育的深度融合，进一步提升有机草莓品牌建设，打造北京草莓研学第一村，形成有机草莓＋自然教育＋城乡文化融合发展的新模式。持续推进京郊网红一条街建设，提升吸引广大市民参与体验的乡村网红市集的内涵和品质。加强与周边从事有机农产品生产加工的村庄、合作社、农场、企业等建立有机农产品生产销售联盟。充分发挥向上学校（南山学园）的资源优势，持续推动自然教育等乡村新型服务业的发展，规划建设产学研一体的自然教育园区，设立创客中心，切实为乡村创客提供更优良的法治化营商环境，展现"北京服务"的乡村样板。在加大财政资金支持示范村创建的同时，通过优化村庄营商环境，吸引金融资金、社会资本参与乡村振兴。积极对接各类金融机构，引导金融机构进村入户，紧密结合绿色有机草莓等生态农业发展、乡村创客等新型服务业需求，在乡村大地上做好科技金融、绿色金融、普惠金融、养老金融、数字金融支持示范村创建五篇大文章。推动金融机构为辛庄村有机农业发展、美丽乡村建设、人居环境改善、乡村创客创业、村民共同富裕等提供金融服务支持，着力建设金融惠农示范村、金融兴村示范村。加大政策性农业保险扩面、增品、提标工作力度，将草莓等有机农产品种植纳入农业保险，发挥农业保险在稳定新老农人从事农业生产的经营收入预期，建设农业保险示范村。

（四）着眼于建设中华民族现代文明，全力将辛庄村规划建设成为现代价值观引领乡村文明新风尚的善治样板村

推进首都乡村善治，必须着眼于建设中华民族现代文明，将建设中华民族现代文明的理念、目标、制度和行为融入乡村治理全过程。建设中华民族现代文明，从历史维度上看，就是要传承和弘扬"天下为公、天下大同、民为邦本、为政以德、九州共贯、多元一体、修齐治平、兴亡有责、厚德载物、明德弘道、富民厚生、义利兼顾、天人合一、万物并育、实事求是、知行合一、执两用中、守中致和"等突出特性的中华优秀传统文化；从世界维度上看，就是要倡导与推行"和平、发展、公平、正义、民主、自由"的全人类共同价值；从时代维度上看，就是要坚守和践行"富强、民主、文明、和谐，自由、平等、公正、法治，爱国、敬业、诚信、友善"的社会主义核心价值观。推进辛庄村的善治，必须秉持首善标准，体现建设中华民族现代文明的根本方向和要求，建设具有高国民素质、高文明程度、高生活品质的现代文明乡村，实现乡村社会全面进步和人的全面发展，创造出既富有中华文化底蕴又彰显现代文明价值的当代中国乡村文明新形态。

一是要彰显和推行开放包容融合的善治之要。"开放、包容、融合"曾经激活了面临空心化的辛庄村，现在和将来也必将助力辛庄村的全面振兴。第一，坚持开放活村。改革开放是决定乡村振兴的关键举措。扩大乡村开放是乡村振兴的必然选择，必须改革创新封闭性的村庄政策制度体系，加快建立制度型开放的现代文明村庄。当前在不改变集体土地所有权的前提下，重在放活集体土地的使用权，发挥市场在资源配置中的决定性作用，按照"三权"分置的要求，一方面放活土地经营权，为进村的新农人从事农业生产经营提供土地资源要素；另一方面放活宅基地和农房使用权，为进村的新村民创业生活提供居住保障和创业需求，实现新老村民共赢，促进新型集体经济发展。此外，盘活农村集体经营性建设用地，保障村集体产业发展用地以及新老村民创业用地基本需求，放松不必要的政策限制，维护和发展村集体及新老村民的发展权。第二，做到包容兴村。海纳百川，有容乃大。以开放包容的心态和包容性政策制度，实现新老村民和谐共处、人与社会和谐共享、人与自然和谐共生，建设包容性村庄，营造多元共存、文化包容、公开平等、公平正义、民主法治的乡村市场和社会环境，提供均等化的乡村公共服务，给每个人以公平的机会，让所有人生活有希望、奋斗有回报、困难有帮扶。第三，实现融合强村。万物相融而共生，融合发展强村庄。在新老村民融合共生上，创造多种形式推动新老村民之间的沟通交流，积极发展公益慈善事业，开展尊老孝亲活动，让村民老有所养、老有所为、老有所乐。在城乡融合发展上，积极破除妨碍城市要素自由进村流动的体制机制壁垒，吸引城市各类要素流向村庄，赋予进村居住创业就业人员以新村民的身份和平等的村民权利。在产业融合发展上，推进乡村一二三产业融合，重点突出有机草莓、自然教育、农文旅研的融合发展。

二是要坚持和践行自治法治德治的善治之道。坚持党组织领导的自治法治德治是实现乡村善治的不二选择和必由之路。第一，强化党建引领之魂。党建引领主要体现在发展方向、价值取向、问题导向、社会动向等方面的引导和把握上。根据该村新老村民党员超过100人的实际，可以成立村党委，在新村民中成立党支部。村党组织要以建设中华民族现代文明的理念，把为人民服务的根本宗旨具体化、实践化，着力建设服务型基层党组织，树立首善标准、国际一流的"北京服务"乡村标杆，切实解决新老村民群众面临的急难愁盼问题。通过崇文明、优环境、聚人才、强服务、办实事，实现党建兴村。第二，夯实村民自治之基。自治是基层社会治理的法宝。村民自治是保障和实现村民群众当家作主的重要制度安排，要强化村民群众或村民代表对村内公共事务和公益事业履行民主选举、民主协商、民主决策、民主管理、民主监督的权利。特别是要根据村庄常住人口结构的巨大变化，尽快修改《中华人民共和国村民委员会组织法》及相关地方法规和政策，将在本村居住生活创业就业的新村民纳入村民委员会选举，实施按常住人口参与村庄社区公共治理，开拓村民自治新局面。设立村议事委员会，由新老村民共同参与，积极建设现代乡村新型自治示范村。大力发展村庄社会公益组织，凝聚社会力量，建立村志愿者工作服务站，团结新老村民志愿者，推动村庄公益事业发展，激发社会活力，增强社区治理功能，实现自治兴村。第三，筑牢现代法治之本。法治是现代文明的基石。法治兴则国家兴，法治兴则乡村兴。结合实际，加强党员干部和全体村民的现代法治教育，传播现代法治理念，弘扬现代法治精神，形成党员干部和新老村民群众共同遵纪守法的规则意识和法治意识。强化对各级党员干部行使公共权力的制约和监督，权力无论大小，都要关进制度的笼子里，确保公共权力在阳光下运行，有效保障新老村民各项基本权利。在法治的轨道上限制公权力、保障私权利，就是最好的营商环境。根据2023年12月公布的《中共北京市委北京市人民政府关于北京市全面优化营商环境打造"北京服务"的意见》，秉持法治是最好的营商环境的理念，将辛庄村打造成"北京服务"的乡村样板区。建立健全村庄法律服务和法律顾问制度，建设更高水平全市民主法治示范村，争创全国民主法治示范村，实现法治兴村。第四，厚植德治之根。道德是社会文明的标尺。国无德不兴，人无德不立，村无德不治。无论是治国还是治村，都离不开道德的教化作用。大力弘扬尊崇仁义道德的中华传统美德，切实把社会主义核心价值观以及全人类的共同价值理念贯彻落实到乡村治理的全过程，坚决反对把社会主义核心价值观以及全人类的共同价值理念进行简单口号化、标语化而不能实践化、行动化的现象。针对乡村社会实际存在的各种社会道德问题，充分发挥新村民的文化教育资源优势，加强乡村道德文化建设，为乡村善治厚植道德基础。一方面，村党员干部、新乡贤等新老村民精英人群要带头修身行善、诚实守信，开展各种形式的道德弘扬活动，为树立村庄道德新风尚率先垂范，春风化雨。另一方面，在加强个人道德建设的同时大力加强社会公德建设，积极推进村庄公益活动，加强志愿者、义工队伍建设和精神弘扬，推动实现公益兴村。全面提升村庄的社会公德、职业道德、家庭美德、个人品德水平，推动乡村优秀传统道德文化的创造性转换、创新性发展，提升国民素质、文明程度和社会道德水准，实现道德兴村。

三是要发展社会主义民主政治，健全现代乡村的民主治理规则，用制度体系保证新老村民当家作主。人民当家作主是社会主义民主政治的本质特征，发展社会主义民主政治就是要体现人民意志、保障人民权益、激发人民创造活力，用制度体系保证人民当家作主。《宪法》规定中华人民共和国的一切权力属于人民，人民依照法律规定，通过各种途径和形式，管理国家事务、经济和文化事业、社会事务。党的二十大报告明确提出，我们要健全人民当家作主制度体系，扩大人民有序政治参与，保证人民依法实行民主选举、民主协商、民主决策、民主管理、民主监督。所谓治权，就是公民参与公共事务治理的权利。辛庄村新老村民参与公共事务的治理有不同的层面，单就村庄社区层面来说，就是全面参与村庄公共事务和公益事业的治理。具体来说，就是要与时俱进地创新村民自治制度和方式，将新村民纳入村民自治范畴，与老村民一道共同参与村民自治活动。在城市化进程中，随着村庄原住民中年轻人群离村进城、留守村庄的老年村民自然老去，如果没有新村民的进入与参与，村庄必然空心化而走向衰败，没有村民的村民自治也将无从谈起。因此，必须解放思想，实事求是，与时俱进，不断推进城乡融合发展中村庄治理的理论创新、制度创新和实践创新，创造性地将新村民纳入现代村庄治理的制度框架，充分发挥新村民普遍具有高文化素质的人才优势，推进和提升村庄公共事务和公益事业治理的能力和水平。

执笔人：张英洪

产业强村富民"十种模式"

——北京市农村基层组织带领农民增收致富典型案例分析

近年来，北京市广大农村基层党组织认真学习贯彻习近平新时代中国特色社会主义思想，深入贯彻落实北京市委、市政府关于促进农民增收工作的政策措施，坚持把发展壮大乡村产业作为服务城乡、繁荣农村、致富农民的重要举措，解放思想，勇于创新，在产业强村富民实践中进行了积极探索，积累了宝贵经验，取得了明显成效，为推进首都乡村全面振兴和实现农业农村现代化奠定了坚实的基础。

一、红色驱动模式

聚焦党建引领红色村发展，把红色资源转化为发展资源，把红色精神转化为发展动力，把红色历史转化为发展新篇，通过开展红色村组织振兴、红色美丽村庄试点建设工作，着力建强红色村带头人队伍，用好"1+4"对接帮扶机制，助推红色村集体经济发展和农民增收，走好革命老区的乡村振兴之路。门头沟区斋堂镇马栏村党支部着力打造以冀热察挺进军为核心的京西"小延安"红色文化组团，连续三年举办"红色马栏"主题红色旅游文化节活动，推出"红色马栏"IP，提升马栏村红色品牌影响力。同时，大力推进红色教育与农旅体验相融合，打造丁香谷生态观光旅游景区，推进马栏古村落文化小院、"百果园"、"精品葡萄种植"项目，逐步形成"红色主题教育为核心，红色精品旅游创品牌，农文旅融合促发展"的产业特色。村集体经营性收入从2020年的29万元增长到2022年的163.6万元，增长了4.6倍。

二、联村共建模式

探索跨区域创建党建共同体或"联村党总支"，通过"党建共建、发展共谋、产业共促、成果共享"模式，以组织统筹带动区域统筹，实现资源整合、优势互补、抱团发展、共同富裕。2021年，房山区启动以周口店镇黄山店村为核心的"八村联动"乡村振兴示范区项目，在镇党委领导下，通过建立八村党建协调委员会发挥党建引领作用，着力打造休闲旅游、精品民宿、生态农业等三大产业聚集区，全面推动示范区八村经济社会高质量发展。2022年，八村集体经济收入达到3023.8万元，比2020年增长了68.51%。其中，4

个集体经济薄弱村年收入均突破 10 万元，共计 118.7 万元，全部实现"摘帽"。

三、科技赋能模式

充分发挥首都科技资源优势，通过农业"搭台"、科技"唱戏"，让农业科技"从田间地头来，到田间地头去"，推动农业科技创新成果转化为农业生产力，引导农业从"向土地要产量"转为"向科技要产值"，让农业真正插上科技的翅膀，为首都"三农"改革发展增添新动能。通州区于家务乡党委始终锚定种业富民强乡目标，做好"小种子"振兴乡村"大文章"，构建以种子研培、航空育种、基因科技、农业智能为核心的农业高端产业布局，建设北京唯一以种业为主的国家级农业科技园区。同时，坚持"育、繁、推"全产业链发展思维，促进成果转化，打造村级品牌，果园村与北京农林科学院结对共建，通过"科技小院"实行专家育苗、农户种植、集体销售，每户年均收入超 3 万元，成为全国"一村一品"示范村。

四、土地盘活模式

加强政策统筹、空间统筹、产业统筹，对村集体土地、闲置厂房、基础设施等集体资产有效盘活利用，优化配置农村土地资源，提高土地集约利用率，发展适度规模经营，打造支柱性集体产业。顺义区李桥镇后桥村党支部确立"强组织、兴产业、精治理"发展思路，形成一套"党员干部带头、村规民约引导、集体会商解决"的工作机制，有序地将全村 97 户大棚、1000 多亩土地流转到村集体手中，探索建立"公司＋基地＋合作社＋农户"共赢模式，逐步形成休闲农业、设施农业、特色农业三大产业集群。2018 年至今，村集体经济收入从 300 万元提高到 1100 万元，村民人均可支配收入从 2.5 万元提高到 3.5 万元。

五、能人带动模式

持续实施"头雁工程"，加强农村基层党组织带头人队伍建设，健全完善农村基层干部"选、储、育、管、用"全周期培养机制，大力选拔懂发展善经营、能够带领群众共同富裕的优秀人员到村任职，让干事创业"尖刀力量"成为村域发展"最大增量"。昌平区十三陵镇仙人洞村党支部探索实施"三聚三心"工作法，通过支部引领、党员带头、村民参与，启动三期"景观提升"工程，打造以素食、民宿为基础，生态娱教、特色餐食、乡村度假、观景赏览、户外拓展、产品工坊、有机农场 7 个健康特色产业，促进村民增收致富。2022 年，全村实现旅游总收入 1100 多万元，村民人均可支配收入超过 4 万元。该村荣获全国"一村一品"示范村、北京市先进基层党组织等多项荣誉。

六、品牌营销模式

坚持强龙头、补链条、兴业态、树品牌，推动乡村产业全链条升级，推进"土特产"品牌化战略，打通农业产业链的市场出口，用品牌化倒逼乡村聚焦主导产业，实现从供给侧和需求侧的双向创新，增强市场竞争力和可持续发展能力。大兴区庞各庄镇党委立足推进农业现代化示范区建设目标，找准西瓜产业提质增效突破点，采取集约化育苗、标准化生产、品牌化销售等行之有效措施，使数万亩瓜田果地成为农民的增收致富田，实现西瓜产业品牌效益和农民收益"双提升"。同时，坚持以西瓜文化为主题，推动餐饮、体验、民宿等业态多元化发展。2022年，实现西瓜年产量1.1亿公斤，年销售额5亿元。全年接待游客110万人次，旅游收入1.56亿元。

七、聚才创业模式

坚持人才是第一资源，树立重视人才、成就人才、服务人才的理念，通过加强引导、优化环境、"筑巢引凤"，吸引原乡人、归乡人、新乡人和专业力量参与乡村建设，形成创新创业的聚合力，为乡村产业发展充分赋能。平谷区峪口镇东樊各庄村党支部以中国·平谷农业中关村建设为契机，先后与中国农科院、中国农大、北京农林科学院等达成共建，创建了4个博士农场，聚集了包括4名院士在内的高端研究人员33位，通过院校规划、科技支撑、企业种苗经营，形成了宜业宜景的"林经＋林游＋林科＋林体"发展路径，2022年成立峪口镇新型集体林场，成为市级林下经济试点，规划打造全国中药材生态种植示范基地，现已种植百合、黄花、金丝黄菊、牡丹、芍药和十多种中草药，探索走出了一条科技、生态、绿色、一二三产融合创新发展之路。

八、文旅助力模式

立足特色资源，以实施北京市休闲农业"十百千万"畅游行动为主线，发掘一批内涵丰富的农耕文化体验项目，培育一批辐射力强的休闲农业精品品牌，形成一批特色鲜明的休闲农业新业态，推进农业与文化、教育、科技、生态、康养的深度融合，实现休闲农业质量效益进一步提升，对农民增收拉动贡献率进一步增长。怀柔区桥梓镇口头村党支部以圣泉山风景区为依托，着力打造"景区＋民俗街区＋景观农业"产业格局，建设古槐巷旅游文化街区，提升圣泉寺景区配套设施，培育圣泉稻景观农田，形成以生态环境带动乡村休闲产业、服务怀柔科学城建设的新型模式。2022年，村集体经营性收入552.6万元，村民人均可支配收入3.69万元。

九、村企合作模式

围绕发展壮大村级集体经济和产业强村富民的目标，动员机关、企事业单位、高校、科研院所等社会力量，以党建共建、产业带动、资金支持、技术支撑等多种形式，培育打造乡村产业融合发展项目，增强村级集体经济造血功能，提高村级党组织带领农民增收致富的能力。2018年，密云区大城子镇下栅子村党支部与北京城建集团党委签订"一村一企"结对帮扶协议书，通过创建乡村旅游休闲产业示范点，建成总面积5200平方米的"大城小苑"精品民宿，实施精准产业帮扶和持续就业帮扶。在此基础上，城建集团还投资建设极星农业科技园，通过"龙头企业＋专业合作社＋农户"模式，为周边近100名农民提供就业机会，人均增收4万余元。

十、绿色发展模式

深入借鉴浙江"千万工程"经验，坚持以美丽乡村建设为抓手，积极探索党建引领人居环境整治、城乡融合挖掘生态经济价值、文化建设创造良好营商环境、产业赋能促进乡村提档升级的发展路径，为乡村绿色、和谐、可持续发展奠定坚实基础。延庆区井庄镇窑湾村党支部充分发挥地区生态资源优势，大力发展富硒产业，建设富硒产业园，研制出"富硒鸡""富硒养生餐""富硒手把肉"等特色养生美食，开发的多种富硒养殖产品已获得国家级富硒产品认证证书。同时，推动民宿、美食、休闲农业、康养、森林音乐会等多产业融合，开发窑湾村美食夜经济街区，创建休闲农业共享农场，打造窑湾音乐特色小镇。该村入选国家森林乡村、延庆区美丽乡村示范村。

执笔人：徐建军、万敏波、余君军、代阳阳

深入践行"千万工程"经验，
促进农民持续增收的北沟案例

浙江"千万工程"的实践昭示，新时代的农民增收，是把绿水青山转化为金山银山的增收，是美丽乡村、美丽经济、美好生活有机融合的增收。怀柔区渤海镇北沟村沿着党建引领农村人居环境整治、城乡融合促进产业升级、文化建设创造良好营商环境、全面提升乡村"造血功能"的道路，学好用活"千万工程"经验，在各级党委政府的坚强领导下，探索出了促进农民可持续增收的道路。

一、基本情况

北沟村位于北京市怀柔区渤海镇东北部山区，距镇政府所在地7公里，距怀柔城区18公里，村域面积约3.22平方公里，曾是有名的贫困村。2004年以前，人均收入不足4500元，村集体欠外债80万元；村居环境差，"晴天一身土，雨天两脚泥"；产业单薄，只有板栗核桃，村集体各项工作开展困难。当时有村民放下狠话，"我以后有了孩子，绝不让他知道地球上还有一个北沟村"。

如今的北沟村全村150户，350口人，两委干部4名，党员35名。村里的主导产业以板栗、核桃种植和乡村休闲旅游为主，2022年村民年人均纯收入3.2万元。不仅村里的年轻人留下来了，还吸引了15户外国"新村民"，成为远近闻名的长城国际村。

据统计，北沟村各类经营主体收入情况如下：

一是乡村旅游。全村注册民俗旅游接待户共50余家，实际运行30家；2022年总营业收入2000万元，户均收入7万元。其中精品民宿瓦厂、三卅年接待12000人次，出租房屋2000元至4000元/间，营业收入1800万元，带动本村就业30人，月工资4000元至5000元，带动邻村就业30人，外地就业40人。二是农业种植户。全村现有种植户100户，种植板栗、核桃，年均收入2万元，人均8000元。板栗种植户年收入最多可达15万元，核桃种植户年收入最多到2万元。三是村集体经济组织。村集体经济组织参与了物业管理项目，年经营性收入10万元。

二、主要做法

（一）新班子整环境，好项目引进来

习近平总书记指出，青山绿水是无价之宝，山区要画好"山水画"，做好山水田文章①。道路不畅、环境脏乱、随意占地是进村的第一印象。2004年，北沟村决定就从环境整治入手，提出"街道无杂物、房前屋后无私占、鸡粪羊粪不上街"的要求，连河道都要达到"干净无杂物"。在村支书带领下，村委和党员带头，并引导村民参与，全村进行了为期一年的环境整治工作。在镇政府的大力支持下，柴草进院、旱厕改造、河道治理、路灯改造、污水自来水改造、秸秆燃气入户、无线网络入户、打通环村路、文化广场升级改造、综合办公楼兴建等多项工程如火如荼地开展起来，村庄环境肉眼可见地一天比一天好。功不唐捐，2006年北沟一举拿下了"国家级生态村"的称号。谈到这一时期的工作，村支书说，"哪有那么多轰轰烈烈的事？我们就从打扫卫生做起！""党员不能和群众斤斤计较，要计较先写退党申请！"

村庄面貌焕然一新，村民看自己、看村庄的眼光一下就不一样了。"北沟村有着得天独厚的地理优势和生态条件，近3000亩的山地资源为板栗种植提供了天然场所，同时又背靠国内外知名的慕田峪长城，因此我们确立了发展特色农产品种植和特色旅游的产业发展思路"，村支书说。

2007年，良好的村居环境吸引了想要投资民宿的美国建筑设计师，他租下了村口因污染而停工的废弃琉璃瓦厂房。村民问设计师为什么到北沟村来，他回答，北沟村有长城，北沟村环境好，北沟村人素质高。

（二）新理念新改造，新村民住进来

习近平总书记指出，搞乡村振兴，不是说都大拆大建，而是要把这些别具风格的传统村落改造好②。北沟村琉璃瓦厂的改造原则就是"不搞大拆大建，保持外观原貌，不破坏乡土风情，保留独特风格"。美国建筑设计师投资2000万元，用废弃的砖块、瓦块做成五颜六色的琉璃小道、琉璃墙壁，把这个破旧的琉璃瓦厂改造成一个精品酒店，名字就叫"瓦厂"。风貌传统，设施现代，理念先进，运营创新，瓦厂酒店一开业，一晚上千美元的价格让原本满腹狐疑的村民瞠目结舌——原来在我们村"躺床上看长城"这么值钱！

在瓦厂的示范带动下，陆续又有一批来自美国、加拿大、荷兰的外籍友人到北沟租农家院改造运营。他们将国际元素、城市要素带进了北沟村。北沟村逐渐成了长城脚下的国际村。这不仅为北沟带来了络绎不绝的游客和可观的收入，为村民提供了家门口就业的机会，更是打开了村民的眼界，提振了全村的精气神。

（三）新思路做产业，新业态兴起来

习近平总书记指出，要把产业振兴作为乡村振兴的重中之重，积极延伸和拓展农业产

①《上下同心再出发——习近平总书记同出席2019年全国两会人大代表、政协委员共商国是纪实》（人民网—人民日报［2019-03-15］）
②《习近平：把传统村落改造好》（新华社［2019-09-17］）

业链，培育发展农村新产业新业态，不断拓宽农民增收致富渠道①。受到"瓦厂"的设计理念、经营方式的启发，北沟村积极延伸和拓展民俗旅游产业链，培育发展农村新产业新业态，不断拓宽增收致富渠道，"土特产"的文章越做越有滋味。一批展示京郊民俗、文化融合为主题的农家院相继出现在了北沟村。陆续有 50 户家庭办理了农家乐或民宿营业执照，即使在受新冠疫情冲击的三年里，仍有 30 户保持营业。

2011 年，怀柔本土的 2049 集团租下瓦厂旁边三套闲置农宅，投资 5000 万元建设了三卅精品民宿，与瓦厂酒店联合承接大型企业团建活动。关于"三卅"这个名字，2049集团老总解读，这是中文数字三十三的意思，代表着他们的决心：收益的 33% 拿出来给当地村民，33% 给企业与员工，33% 回馈社会。依靠着乡村休闲度假服务，2049 投资集团在北沟村创造了 100 多个新工作岗位，解决了核心青壮年的就业问题。在企业化的系统培训之下，就业的村民们依据各自擅长与能力，形成了不同职业分工，包括建筑队、园艺队、厨师队、服务队、后勤保障队等。村民的工资性收入得到了保障。

随着乡村产业的逐渐兴旺，村支书琢磨，可以用公司化的管理方式，把人员和资源进一步整合、盘活。2016 年 6 月 1 日，北沟村成立了怀柔区第一个村级物业公司，作为村集体下属企业单独核算，工作人员都是北沟村民。按照村庄发展实际，北沟村物业公司施行梯度收费，村民一户一月只收取 5 元物业费，有营业收入的民俗经营户每月收取 10 元至 20 元，对于规模较大、周边维护难度较高的民宿等则按市场价收费。公司还购置了观光车，可免费接送前往宿集民宿中心和各家民宿的游客。每年村里 800 多项大小事都通过物业公司办理。过去外欠 80 多万元的村集体如今每年可结余数百万元。

2021 年 10 月，北沟村的文化新地标"瓦"美术馆落成开放，举办了"乡村文艺复兴·在发生"首展。文化产业赋能农文旅高质量融合，进一步激活北沟村"沉睡"的乡村资产，成为北沟未来乡村建设的重要引擎。

（四）新方法搞治理，新农村活起来

习近平总书记指出，表面上看，保护生态环境和发展经济存在一定的矛盾，但从根本上讲，两者是有机统一、相辅相成的②。要实现这种有机统一和相辅相成，美丽乡村必须内外兼修。北沟村坚持每月组织村民学习传统文化经典，建成"二十四孝""美德故事"等千米文化长廊。开展"十星级文明户"等评选活动，选树典型、引领村民文明向善。开展读书会、篮球赛等活动，组织村民免费观看电影，组建了秧歌队、舞蹈队、长城战鼓队，老百姓"放下筷子就想去"。不断地学习使村民们认识到，保护生态环境和发展经济是有机统一、相辅相成的。环境就是吸引力，服务就是生产力，他们像爱护眼睛一样爱护村庄环境，家家都有护林员，人人都是清洁工。

制度化管理，常态化教育，花园式建设，北沟村先后荣获全国优秀基层党组织、全国民主法治示范村、全国生态文明村、全国文明村、中国最具魅力休闲乡村等国家级荣誉。

---

① 《牢牢把握高质量发展这个首要任务》（人民网—人民日报 [2023-03-06]）
② 《上下同心再出发——习近平总书记同出席 2019 年全国两会人大代表、政协委员共商国是纪实》（人民网—人民日报 [2019-03-15]）

谈及北沟村的致富经验，村支书总结为，首先是靠党建引领，下大力气改善村容村貌，要有一个好班子起到带头作用；其次就是要引进城市要素发展乡村产业，让村民们富起来；接着，就是要在文化建设、生态建设方面持续下功夫，为产业发展保驾护航，全面提高乡亲们的幸福指数。

三、工作启示

（一）增收基础：生态建设和乡村治理永远在路上

学习"千万工程"经验，就是要环境治理和村庄治理表里兼治，打牢增收之基。一个村庄的治理是否有效，村容村貌是最直观的反映，老百姓的音容笑貌也是最直观的反映。北沟村在 20 年的发展路上，从未停止过环境整治、生态建设和乡村治理，让环境滋养村民、村民维护环境，让村庄成为创业的沃土，寄情的热土。"千万工程"的成功经验启示我们，人居环境是美好乡村生活的底色。干净、优美的居住环境，文明、和谐的人文环境不仅能够吸引投资、吸引游客，也能够提升村民幸福感、安全感、留住村民、吸引人才，使乡村保持永续生长的活力，给村民、企业、集体带来源源不断的收入。

（二）增收动能：挖掘乡村资源，借力城市要素

学习"千万工程"经验，就是要大京郊以乡村多元新价值服务大城市，大城市以新消费新要素新动能带动大京郊。要走城乡融合发展的道路，着力扶持一批运营力强、扎根农村、心系农民的小微企业，指导开展村企合作，做新型农村集体经济发展的排头兵。要在乡村夜经济、冰雪经济、观鸟经济、观星经济、运动休闲经济、研学教育经济、团建党建经济、康养疗愈经济、文艺展演经济等方面深入探索、大胆创新，打造乡村消费新场景，把更多的城市新消费引入乡村，把首都美丽休闲乡村建设成农、商、文、旅、教、康、体融合发展的乡村休闲综合单元。

（三）增收保障：精准投入，确保效益，可持续增收

学习"千万工程"经验，就是要摸清农民想什么、市场要什么、农村缺什么，有效投入，靠经济效益保障可持续增收。美丽生态要投入，美丽经济要效益，美好生活才有保障。北沟村在 20 年的发展路上，有三次集中投入，一是治理环境；二是创建"北旮旯乡情驿栈"；三是办村级物业公司。这三次集中投入推动村庄实现了吸引投资、产业发展、规范治理三步跨越。资金用得好、用得足、用得准，能见着回头钱，才是农民可持续增收。资金的投入计划、周期要与产业项目的前期可行性论证绑定，做好阶段性考核和回头看、监督检查，确保资金投入和产出的匹配性。投入有收益，付出有成果，村庄有价值，发展有前景。农村新型集体经济做强做大做久，农民可持续增收的路子才会越走越宽。

执笔人：李婧、陈奕捷

首都生态涵养区发展镇域集体经济的思考

——以平谷区峪口镇为例

推动首都全面乡村振兴、实现共同富裕，生态涵养区是主阵地，发展镇域集体经济是关键。为破解首都生态涵养区发展镇域集体经济的难题，调研组在全面梳理平谷区峪口镇有关政策文件的基础上，通过实地调研、与村干部、村民座谈交流的方式，梳理形成了首都生态涵养区发展镇域集体经济的相关思考。总体感觉：峪口镇、村两级对发展集体经济高度重视，干部思想观念开放、发展意愿和创新能力较强，一些好的经验和做法值得借鉴和推广，但同时也存在一些问题，需要进一步总结完善，形成生态涵养区镇域集体经济高质量发展的探索路径。

一、主要做法

（一）坚持改革推动，为集体经济发展夯实基础

一方面集体产权制度改革全面完成，集体经济组织运营机制完善。自 2007 年，峪口镇 20 个行政村开展集体产权制度改革，已全部完成改革任务，所有村成立村股份经济合作社，分别设立"股东大会、董事会、监事会"，实施"三位一体"管理模式。全镇集体经济组织成员共 27403 人，股本总额 1.16 亿元，在股权比例分配方面，村集体股占 30%，个人股占 70%。通过改革，村集体经济组织成员的利益得到进一步保障，逐步建立起了产权清晰、权责明确、政企分开、管理民主的新型集体经济组织运行机制。另一方面村级集体资产经营管理规范，确保集体财产适用安全合理。研究制定村级重大事项民主决策、投资管理、财务管理、合同管理、"印章"托管、招投标管理等管理制度，建立村级集体财产经营管理重大事项（单项生产性开支在 5 万元以上、农地流转 10 亩以上或建设用地 500 平方米以上等）向镇政府咨商机制，从制度上保证村集体财产经营管理全流程合法合规、规范可溯，保证集体利益不受损。在实际工作中，村级账务及印章实行镇级托管，镇政府成立专责部门对村级资金收入、支出进行审核、记账、结账，对村集体资金进行严格监管，确保资金安全及合理使用。对村级签订的经济合同进行审核把关，对违规合同不予通过。2021 年聘请专业第三方机构对全镇 20 个村开展审计自查，进一步保障了村级集体财产的合规合法。

（二）坚持镇级统筹，为发展红利全域共享提供保障

为推动农业中关村建设红利惠及全镇农民，峪口镇于 2020 年 12 月 24 日成立镇级联营公司，通过集体资产市场化运作的方式，统筹全镇域内的拆除腾退、土地开发及集体土地、资产和村级公共事业的经营管理等各项收益。联营公司股东由镇域内 20 个村级集体经济组织组成，20 个团体股东的股份份额按照各村 2019 年底的集体经济组织成员人数量化股权，各村社持股比例按各村股东（集体经济组织成员）人数占总人数（27051 人）的比例核定，量化到人、固化到村。联营公司重点围绕农业中关村建设，对镇域内"三块地"进行逐步梳理、造册、流转、盘活，统筹经营管理，实现规模化经营，提升土地经济效益，带动农民增收。健全管理机制，建立《企业管理制度》《公司审批流程》等 5 项管理制度以及《镇领导小组决策流程》《股东会决策流程》等 4 项审批流程，成立联营公司党支部，健全股东会、董事会和监事会，外聘职业经营管理团队，实现领导权、决策权、执行权、监督权、经营权五权分立，推动党的领导、土地集体所有、集体资产市场化运营、利益合理分配相统一。

（三）坚持党建引领，为集体经济做大做强提供保障

在农业中关村建设过程中，各村集体经济组织主动融入，全力投入，通过加强党建，探索采取"企业党建＋村党支部＋村股份经济合作社＋农户"模式，推动企业、科研院校等优质资源与村集体经济形成共同体，推动共同发展。龙头企业联建共建，把支部建在非公企业和产业链上，促进更多项目、资本、技术反哺下沉乡村，将农村资产、资源等要素融入企业，推动"现代农业＋""现代旅游＋"产业发展模式迭代升级。例如西樊各庄依托正大"农民＋合作社＋企业＋政府"四位一体产权模式，带动农民平均年增收 3245 元，实现农民可持续受益。依托"金三角"模式，孵化知识产权和商业化产业。例如西营村依托市级现代农业产业园，与中国农业大学等单位合作创建 60 亩"未来果园"，通过科技赋能生产、"认养一棵树"模式销售，自 2021 年起已认养 300 人次，收入约 12 万元，续养率达 100%，今年还与盒马鲜生合作共建全市首个"盒马村"，建立了数字化可持续有机果品产业的示范。

（四）坚持人才引育，为集体经济发展提供人才保障

推动人才力量融入产业发展，带动集体经济发展壮大新路径。建立"人大代表＋集体经济＋乡村振兴"模式，发挥市、区、镇三级人大代表在集体经济发展中的监督和示范带动作用，依托全镇 20+N 个代表联络站，围绕村集体经济经营管理及"三农"发展亟须解决的问题，充分履行职能，了解村集体经济组织经营管理难点堵点，摸清区域优势，对接人才、科技、政策等资源，共谋集体经济发展思路，做农民致富的带头人、领路人。以建立起一支与农业中关村相适配的产业工人队伍为目标，以智慧农业、现代种业等应用场景为契机，加大镇域劳动力培训和统筹调配力度，目前已对接正大集团、中信农业、爱科农、大北农、首农等众多国内外农业科技头部企业。创建"博士农场"，对接院士团队 5 个，院士专家 6 人，还有中国农大、中国农科院、北京农林科学院、北京农学院等科研单位博士以上人才 40 余人。

二、存在问题

当前，峪口镇在推进集体经济发展的过程中，还存在集体经济发展不均衡、利益连接机制单一，农民主体地位不足、产业发展定位不清晰等问题，对该镇集体经济快速发展形成了一定的阻碍。

（一）村集体经济组织力量单薄，集体经济发展不均衡

一是管理人才力量单薄。村级股份合作社在人员设置上与村两委主要负责人交叉任职，不利于专心发展经济，年龄普遍偏大，在市场化、现代化经营和管理方面能力有所欠缺。此外，村级集体经济组织受限于本村集体经济组织成员作为股东，暂时没有对社外股东开放股权，一定程度上限制了优秀人才的吸引力。二是经营性资产单薄，资产收益严重依赖土地资源。目前全镇20个村，平均年经营性收入约为160万元，但有的小村因资源贫瘠，收入仅为10余万元。从村集体财产构成上看，土地资源占绝大多数，土地资源的多寡决定经营资产水平。

（二）多元共建利益连接机制单一，农民主体地位不足

坚持多元共建模式下，企业、合作社等经营主体与集体经济组织开展合作，利益联结机制是调动经营主体与集体经济组织及其成员三方积极性的关键。当前，集体经济组织主要以土地入股、土地租用的方式获得收益，收益稳定，也面临收益水平较低、农民主动参与发展动力不足的问题。

（三）产业发展用地等保障机制有待完善，产业发展融合不够

全市设施农业用地政策落地难，农村一二三产业融合发展用地政策尚未出台，休闲农业和乡村旅游发展用地指标制约，影响了全市乡镇发展壮大集体经济的积极性，制约产业链延伸和产品附加值提高。全镇一二三产业融合发展水平有待提升，主导产业业态单一。人力、土地等生产要素成本相对较高，农业比较效益总体不高，影响了该镇农民从事农业的意愿。

三、思考与建议

镇域集体经济的发展，是一项系统性工作，涉及方方面面，是考验基层政府发展能力和水平的主要方面，特别是在生态涵养区，一些资源禀赋和发展优势都十分有限，需要充分挖掘自身潜能，借助政策、资源、科技等多元化手段，积极用新思维、新方法、新举措，探索适合生态涵养区镇域集体经济发展的新路径。

（一）统筹谋划产业发展

一是科学规划产业布局。借助平谷"农业中关村"建设，统筹谋划该镇发展现代种养业、农产品加工流通业、乡村生产生活服务业等富民产业，着力构建一二三产业融合发展体系。二是发展壮大特色农业。充分借助该镇养殖、果树种植等产业优势，扎实做好"土特产"文章，建设一批种养结合示范基地和循环农业示范园，培育提升品牌价值，提升市场知名度和认可度。三是提升休闲农业和乡村旅游发展水平。充分践行"两山理念"，将

生态优势转化为发展优势，继续实施休闲农业"十百千万"畅游行动，推动乡村精品民宿与区域旅游联动发展，促进集体经济发展和农民增收。

（二）畅通各类资源要素流动通道

一是深化农村土地制度和产权制度改革。严格耕地用途管控，保障镇域设施农业用地需求。完善农村集体经营性建设用地入市机制，结合实际，落实好出台点状配套设施用地保障措施，建立健全制度化的乡村产业用地保障机制。完善收益分配机制和农村产权交易平台建设，支持村集体经济组织通过合作、联营等方式盘活农村集体资产资源。二是加强农业科技装备支撑。落实好农业中关村建设行动计划（2022—2026年），以农业中关村建设目标为指引，以科技创新带动农业农村高质量发展的外部形势为机遇，用足用好政策，先行先试，推动集体经济快速发展。三是增强金融信贷支持。将集体经济组织纳入银行业机构评级授信范围，适当放宽担保条件，扩大抵押范围。四是强化人才支撑。创新集体经济组织人才引进方式，对于管理人才、科技人才等参与发展集体经济，给予奖金奖励，与集体经济组织创收成比例，对于突出贡献的人员给予名誉激励，授予名誉成员或名誉村民等称号。进一步推进村干部职业化，避免变相占用集体资源资产小范围发展合作经济，来代替发展集体经济。

（三）完善集体经济发展体制机制

一是强化政策集成机制。加强部门联动，加大对集体经济组织资金管理、产业发展、土地流转、招商引资、人才培训等方面的指导和服务力度，形成政策合力。二是健全利益联结机制。强化利益分配保障，支持村集体经济组织、农户代表、经营主体协商确定分红比例，对不同业态采取不同的收益分配比例，对同一业态运营合理调配，从而实现农民利益最大化。三是建立风险保障机制。统筹用好财政扶持壮大村级集体经济项目资金，切块部分资金用于集体经济组织在合作经营中出现资金风险时，给予兜底保障，及时止损。四是夯实对接帮扶机制。按照"一手抓消除薄弱，一手抓巩固提升"的思路，巩固提升农村集体经济薄弱村帮扶成果。

（四）促进集体经济组织抱团发展

一是强化联合发展。支持将村情相近、资源相连、产业相同的村集体联合起来，突破村域界限共享优质资源，在技术推广、统购统销、品牌建设上加强合作，发挥规模优势，培育主导产业，促进各村集体经济的协同发展。二是做实农村集体经济组织平台作用。充分发挥其"内联成员、外引主体、深度参与"的作用，允许集体经济组织入股经营稳健的企业和农民合作社共享经营收益。三是持续深化村企合作。探索推广"村集体经济组织＋公司＋农户"等经营模式，立足农村需要，整合各类资源，共同开展规模种养、产销合作、农产品加工、农文旅融合、综合开发等多类型的村企合作，带动新型经营主体、小农户共同发展，将收益最大程度地留在农村。

执笔人：胡梦源

田间学校赋能乡村人才振兴的实践与探索

——以昌平区农民田间学校为例

乡村振兴，人才是关键，而人才的培养离不开教育。特别是在北京迈上率先基本实现社会主义现代化新征程的关键时期，要展现"三农"在"四个中心"建设中的积极作为，需要"以农业为基础，以科技为支撑，以教培为手段"尽快培养一支懂技术、爱农业、会管理的高素质首都农民队伍，为乡村振兴提供有效支撑。

农民田间学校是农民基础教育的重要平台载体之一，其最早是由联合国粮农组织（FAO）提出和倡导的农民培训方法，是一种自下而上参与式农业技术推广方式，强调以农民为中心，充分发挥农民的主观能动作用。1993年，我国开办了第一所农民田间学校。进入新时代，越来越多的农民田间学校以新型农业经营主体为依托，结合农民的实际要求，以研究和解决农业生产中的实际问题为目标开展培训，具有产业支撑、资源共享、开放办学、灵活多样等特点。

2017年，北京市昌平区发布《关于建设田间学校示范校的意见》文件，指导昌平区农民田间学校示范性建设。截至2021年底，经过几年的探索实践和验证提升，昌平农广校依托各类新型农业经营主体，以"五有"（即"有较好的产业基础、有固定的培训场所、有必要的教学设备、有规范的规章制度、有较多的农民学员"）为基础条件，通过"六个一"（即组建一个技术指导小组、培育一批乡土专家、配备一名农技专家、明确一个主打产业、打造一块农业技术示范田、建设一个综合网络平台）建设实践，相继建立了11所农民田间学校，其中，北京圣泉农民田间学校、北京鑫城缘农民田间学校、谷氏农业农民田间学校还先后被推介为全国百所农民田间学校。昌平区田间学校的培训功能和窗口功能，在助力乡村人才振兴、产业振兴中发挥了积极的作用，其相关经验值得全市示范学习和推广。

一、昌平区农民田间学校建设的主要做法

（一）"聚焦需求、规范推进"，实现教育与产业深度融合

昌平区在兴办农民田间学校时聚焦乡村振兴干什么、地方产业缺什么、农民能力补什么等问题，深入田间、深入农民、深入产业，问计于民、问计产业，明确了"产学结合，服务产业"的原则和"六个一"的实践方式，以实践、实训基地为依托，实现教学过程与

生产过程、农时季节紧密结合，将田间学校实训与农业产业发展深度融合，发挥农民田间学校的教育辐射作用，真正实现以人的全面发展促进乡村产业提质增效。

（二）"产业导向、科学布局"，服务区域特色产业

农民田间学校的生命力在产业，学校设置必须紧密围绕区域特色农产品产业发展。在北京积极发展都市型现代农业的背景下，昌平农民田间学校坚持绿色发展理念，结合高素质农民培育规划，以区域布局和产业链为基础，以富民增收为核心，在促进区域特色产业发展前提下，按照围绕产业、走进产业、融入产业、服务产业的要求，依托各类新型农业经营主体产业特色，明确每所田间学校的建设布局及主打产业，加快形成产业鲜明、各具特色的"一校一产"发展格局，实现了以一所学校服务壮大一个产业的发展目标。例如，在北京圣泉农民田间学校设立时，昌平区专门邀请中国农业大学和北京教科院相关专家结合北京都市农业的发展背景及合作社自身产业发展优势，对其经营项目进行系统梳理、市场分析和需求调研，最终确定了阳台蔬菜的主打产业。

（三）"带领农民学、带着农民干"，把课堂建在田间

农民生产技能和经营管理能力的提升离不开农民田间学校的教育培训。为了能够随时随地帮助农民解决在生产经营过程中遇到的实际问题，昌平区农广校在培训中特别突出"时效性"原则，根据农民的需要和学习的特点，依托农业和科技部门的专家资源，组建技术指导小组，开设田间课堂，及时到学员的果树下、大棚中，开展现场教学、指导生产经营实践，将农民田间学校建在农业产业链上，真正实现了"理论＋实践""课堂＋田间"的融合教学模式。例如，北京鑫城缘农民田间学校由18名专家、6名教授、2名副教授、5名高级农艺师等36人组成的技术指导小组定期会对草莓产前、产中、产后进行全过程、多方面、一体化的技术指导服务，服务面积达到1000亩。北京黑山寨农民田间学校以栗蘑种植为主打产业，它的技术指导小组由中国农业大学、北京市农业农村局、昌平区农服中心和农业技术推广站的教授、研究员以及中高级农艺师组成，每年技术小组进田指导次数可达100余次。通过田间地头手把手的指导，技术指导小组切实解决了参训人员生产经营过程中的急难愁盼，提升了学员对农业专业知识的系统认知，为农业提质增效、农民就业创业提供了有效助力。

（四）"开阔视野、拓宽思路"，培育农民"科学家"

农民田间学校在课程设置上，充分结合一部分已具备丰富农业生产经验的学员特点，采用专家指导、"走出去、请进来"、开设社长讲堂等多种方式将这些土生土长的农民培育成了"田秀才""苗大夫""棚护士"等"乡土专家"。目前，这些"乡土专家"正活跃在乡村振兴的大舞台上，为昌平区发展现代农业、助推乡村振兴、实现共同富裕发挥了积极的作用。同时，这些高素质农民也为新型职业农民培育树立了良好的榜样，通过组织沙龙、小农户论坛、实地考察、现场教学等活动，分享他们在生产经营中的切身体会和经验，通过身边真人真事的榜样力量带动学员自我成长。

（五）"农技专家＋示范实验"，打通农技推广"最后一公里"

目前，北京市农业生产经营仍以小农户为主。生产经营观念守旧、缺乏现代化农业生产知识和技术，是阻碍小农户有效衔接现代农业，实现增收的关键问题之一。为了更好地推广应用新技术、解决农户在生产一线的技术问题，昌平农广校，从北京地区的农业高校、农技推广站和农业农村局邀请专业的农技人员，根据产业和需求为每个农民田间学校配备一名农技专家，向农户提供"零距离、零门槛、零费用、零时差"的"四零"服务。农广校还帮助每个农民田间学校规划一块示范田，推动田间学校对新品种新技术的试验落地。例如，来自昌平区农业技术推广站北京鑫城缘农民田间学校的农技专家，除了定期在示范田进行草莓新品种的试验和开设专家坐诊日向社员讲解新技术外，还会根据农户的不同需求入户对生产过程的技术问题进行针对性的指导；金惠农农民田间学校的示范田除了研发番茄种植新技术，还引进高科技的柔性大棚作为昌平区智慧农业的试点。

二、昌平农民田间学校取得的成效

（一）培养了一批高素质农业生产经营能手

自 2017 年以来，昌平农广校成立 11 所农民田间学校，共培训学员 2000 余人，围绕主打产业的发展特色，设置培训内容，专业覆盖草莓、苹果、栗蘑、阳台蔬菜等 10 类产业。通过参加农民田间学校学习，学员的专业技能、综合素养均得到了显著提升，环境生态意识和无公害生产意识也普遍提高，相关产业的从业人数占比均达到 90%，真正起到了"培训一户、辐射一方、带动一片"的成效，让更多农民走上致富之路。北京鑫城缘农民田间学校的草莓技术培训，影响带动农户超过 300 个，辐射面积约 500 亩。其中东营村的学员学习并落地实施草莓套种高效栽培管理新技术，实现草莓与多种作物套种轮作，实现增收 1 万余元。北京圣泉农民田间学校通过阳台蔬菜培训，解决周边长水峪村、居庸关村 150 人的就业，带动周边 56 个低收入户实现增收。昆利农民田间学校通过果树管理培训，采用水肥一体化先进技术，带动周边营坊村、三合庄村果树种植户 20 户，亩均纯收益提高 3000 余元。

（二）构建了"理论＋实践""课堂＋田间"的融合教学新模式

昌平农民田间学校通过"六个一"的实践，打破传统的教育教学模式，将教室"搬"到田间地头，同时，依托技术专家和乡土专家的专业优势，将农民教育培训与农业产业、农时季节、生产环节、关键技术紧密结合设计开发出具有区域特色的课程，实现了农民教育培训与农业产业发展的深度融合。例如，北京昆利农民田间学校设计的培训方案结合果树一年的生产周期，按照不同季节的果树养护知识安排课程，使培训内容更具针对性，实现了培训课程与农时和生产实践相同步，有效指导和提升了学员果树种植与养护技能。例如，北京鑫城缘农民田间学校，针对昌平区草莓产业发展需求，开设"草莓种养新技术"和"草莓大棚套种技术"课程。此外，随着互联网、人工智能、5G 等现代网络技术的发达，田间学校还利用综合网络平台，提高农民培训的覆盖面和时效性，实现了学员随时随地自主选择学习时间和学习内容，与专家老师互动交流，让学习方式更具灵活性。这种方式不但受到了农民学员的肯定和好评，也为探索便捷、高效的农民培训新方式提供了思路。

（三）打造了农民技能培训和技术示范推广的实践基地

昌平区在田间学校建设过程中，依托新型农业经营主体的特色产业发展，将农民田间学校示范田的规划建设作为农业技术示范和农民教育培训的实践基地，进行主打产业新品种和技术的示范、试验实践，并通过所配备的农技专家和组建的技术指导小组，结合培养目标，精心设计培训内容，实现技能培训与示范推广协同推进，使培训更鲜活、推广更便捷。比如，北京鑫城缘农民田间学校在积极践行"六个一"建设方式下，结合其自身在草莓种植中示范带动性强、业态模式先进的特点，建立了 166 亩的生产、试验棚基地，进行草莓新品种和草莓技术的示范试验实践，培育了一批生产能手。

三、促进北京市农民田间学校健康发展的建议

在北京市城市化进程不断推进，农业产业结构深度调整的背景下，对高素质农民的培养、岗位技能的提升都提出了更高的要求。农民田间学校对于服务区域特色产业发展、持续培养输出高素质农业人才，实现农业高质量发展具有重要的作用。结合昌平区农民田间学校建设的成功经验，为促进我市农民田间学校精准施教、健康发展提出以下建议。

（一）规划先行，统筹谋划

农民田间学校的建设需要立足全面推进乡村振兴、率先基本实现农业农村现代化的战略目标，紧扣新时代首都农民培训需求变化的特点，进一步找准其自身在新时代首都农民培训中的功能定位、主要职能、目标方向与实施路径，并纳入农民教育培训体系和农技示范推广体系建设中统筹谋划，促进农民田间学校布局与产业区域规划、乡村建设规划、生态环境规划、人才建设规划等协调联动、一体推进，以此来实现教育供给与需求、服务与产业的精准匹配，实现培训与推广、示范与孵化、人才与产业的协同融合。

（二）政府引导，服务农民

2023 年北京市农村工作会议提出要加强乡村人才队伍建设，着力提高农民培训的覆盖面和时效性，支持农民通过弹性学制参加农业职业教育。农民田间学校作为农民教育培训工作服务现代农业发展的有效结合点，需要在政府的引导下，从培训内容、培训方式、激励机制等方面增强针对性、时效性，提升农民的学习意愿，助力首都乡村人才振兴。

在拓展培训内容上，随着农村一二三产的逐步融合，应加强对北京农民就业结构、技能需求、工作意愿差异化特点的研究，在提供农业新技术、新品种、新模式等方面培训的同时，融入对经营管理、市场营销、新产业新业态培育等知识技能的培训，满足农民多元化的需求。在培训方式上，针对课堂讲授灵活性、针对性不足的问题，探索采用学用结合、送学下乡的方式开展农民喜闻乐见的现场式、弹性化、小规模、应时应季培训，注重时效。此外，针对农民自主参训意愿较低的情况，可在政府引导下，整合政策资源，引导强农惠农富农政策向参训农民倾斜支持，对优秀参训学员在土地承包经营、项目申报、技术服务等方面给予更多政策扶持，激发广大农业从业者成才兴业、助力乡村振兴的积极性。

（三）整合资源，突破师资限制

强教必先强师。农民田间学校的特殊教学方式，对师资队伍提出更高要求，老师不仅要有扎实的专业知识还要具备丰富的实践经验。昌平区农民田间学校通过组建技术指导小组、培育乡土专家、配备农技专家等多元化的方式不断扩大和补充师资力量的做法值得借鉴和推广。针对农民田间学校培训师资不足、结构相对单一的问题，需要以农广校师资队伍为主体，依托合作社、农企、农业园等平台载体，深入挖掘潜在师资力量，尽快构建起涉及大专院校、农技推广机构以及多种市场资源内外联动、统筹协调、有序高效的高素质、多领域农民培训师资队伍，以便在教学中更好增长学员见识，指导学员延长产业链、提升价值链。

（四）"物质＋精神"双轮驱动，培育高素质农民

当前农民培训更多是围绕就业、增收来设置课程内容，对精神文化生活层面的关注仍显不足。昌平区田间学校已关注到这一问题，除开展实用技术培训外，还与时俱进增加了政策理念、文化素质、生态发展、乡村治理等方面的培训，构建起了"技能＋文化＋素养＋思政"的课程内容体系。新时代农民培训工作，在提升农民专业技能技术，富了口袋的同时，更应重视农民精神文化层面的需求，以培养物质、精神双丰收的高素质农民为目标，通过不断拓宽课程内容体系，逐步建立起农民终身教育的体制机制，让越来越多的农民成为当地主导产业的中坚力量、乡村治理的坚实基石、乡风文明的宣传骨干、共同富裕的实践者。

执笔人：陈雯卿、杜力军

科技赋能，促进农民增收

——平谷区峪口镇西营村未来果园"博士农场"调研报告

一、基本情况

为打造高质量农业中关村，转化农业中关村科技应用成果，培育新型职业农民，带领农民共同富裕，充分发挥高科技人才创新能力和创业热情，探索出一条带领农民增收致富和农业转型升级的新路径，平谷区于 2022 年 4 月正式启动"博士农场"创建工作。该"博士农场"以博士团队为主体，获得中国科学院、中国农业科学院、中国农业大学、北京农学院、北京农林科学院等众多知名科研院所、高校博士专家团队积极响应。截至 2023 年 6 月底，平谷区共创建"博士农场"117 个，引入院士 13 位、博士 411 位，涵盖种植资源、分子育种、智慧农业等多个方向，引进优质种植资源 600 余份。平谷区重点把"博士农场"建设成为农业科技成果转化的平台、农业创新创业的舞台，鼓励支持高科技人才把科研论文写在大地上，成为农业创新创业的主体，打造更多的孵化器、加速器，确保创建成果能及时转化，促进平谷区乡村振兴、农业农村现代化和农民共同富裕。此次调研重点考察平谷区西营村未来果园"博士农场"建设成效及联农带农新模式。

未来果园"博士农场"项目由中国农业大学姜雨林博士牵头主持，项目团队以中国农业大学无人机研究院何雄奎院长为核心，凝聚来自中国农业大学、中国科学院地理所及相关企业跨学科专业科技人员。团队长期围绕农业信息化技术的种植制度管理集成应用展开研究，主持承担多项国家重点研发计划专项、全球环境基金和世界银行项目及地方科技计划专项等，发表高水平学术论文百余篇，获批发明专利 50 余项。

该博士团队为响应国家农业转型发展号召，推动技术成果落地，实现联农带农目标，以平谷区大桃产业为应用场景，面向大桃生产劳动力需求大、种植管理方式与市场对大桃品质要求不匹配的问题，团队利用信息技术及智能装备集成应用，提高平谷大桃数字化管理水平，提升种植管理效率，降低种植成本，助力农民增收致富。通过探索"村集体理念提升—高校人才支持—技术集成落地"的"政府—高校—企业"三位一体的合作共赢模式，推动数字乡村建设，助力乡村振兴。目前，未来果园"博士农场"已完成构建国内首个百亩标准化智慧果园,搭载空天地一体化信息获取技术、水肥一体化管路系统、智能农机装备及溯源系统等关键组成部分。通过数字化管理及机械化作业,实现人工成本减少50%以上,农药化肥利用减少30%—40%,综合效益提升32.5%,园区碳排放显著降低,有效推动当地桃产业向机械化、智能化、数字化转型,基本解决当前果园生产劳动力不足难题。通过绿色技术应用、特色品牌发展及数字乡村建设,实现果园节本增效目标,促进农民增收致富,助力乡村振兴。

二、主要做法

(一)探索校地合作新模式

项目团队利用高校资源优势,针对实际生产中存在现实问题,整合高校科研团队资源,组建多学科交叉技术团队进行针对性技术研发及指导;村集体提供实际应用场景并完善基础设施建设;地方政府通过政策支持引进人才入驻,并在住房、交通等方面提供保障。在这"政府—高校—企业"三位一体的合作模式中,高校团队可将新型技术落地实验,加速研发进度并转化生产,同时通过孵化科技服务型企业对农户进行长期技术指导。农户或村集体通过采纳智慧化管理技术,提升果园综合效益,在节本增效的同时实现增产增收。地方政府通过政策保障,加速当地农业现代化转型及乡村振兴战略实施。

(二)创新发展实用型科技成果

为全面解决果园转型升级发展,通过多学科交叉融合发展,提出最优解决方案,在农机农艺融合及信息化技术应用方面探索智慧果园建设路径。目前团队落地果园智能装备及相关系统30余套,集成多源信息获取技术及智能农机装备,实时精准掌握气候、土壤、作物生长参数,实现全自主、无人化、网格化精准管理。基本实现果园全程机械化、部分环节智能化管理,劳动力成本大大降低,水肥药用量显著降低,整体产量实现翻番,综合效益显著提升。

(三)引进多源品种及绿色技术

园区共计筛选种植当地适宜品种10余种,利用温室和大田两种互补场景,满足了果园长期供应市场需求。同时,通过全程有机种植管理技术,获得盒马鲜生有机认证,果品销路稳定且价值显著提升。农场采用控制个体保证群体的增产模式,实行单株精准定果,保证光照和养分条件,提升桃口感及品质,获得消费者认可和青睐。

(四)带动周边农户共同致富

通过创建"博士农场",团队与西营村村委紧密合作,团队针对不同农事环节管理实现技术突破和迭代升级,村集体高度认可并示范推广,组织参观交流百余次,以点带面带动西营村1000亩果园进行改造和技术升级。团队还积极组织新型职业农民培训,对农民"面对面"指导、"手把手"示范,传授先进科学种植技术,引领农民转变生产观念,提高农民科技应用水平,培育一批善学习、懂技术、能创新的新型职业农民,带动产业发展和农民增收致富,提高农民获得感、幸福感、满足感。

三、工作成效

（一）产值提升

未来果园"博士农场"采用农机农艺协同配套发展，创新性使用 $4 \times 1.5m$ 高密度种植模式，通过控制个体增强群体技术途径，每株精细定果，株产量控制在 50 斤左右，群体密度控制在 110—120 株/亩，平均亩产达到 5000 斤/亩，相比传统果园产量提升近 1 倍，同时果实品质大幅提高，市场销路更加开阔，单价高于市场平均价格，亩产值达到 4 万—5 万元，相比传统果园产值提升 2 倍。

（二）节本增效

未来果园"博士农场"利用数字化技术及智能作业装备应用，基本解决传统果园劳动力不足的难题，实现人工成本减少 50% 以上。同时，通过精准管理及绿色管理技术，实现农药化肥利用减少 30%—40%，综合效益提升 32.5%，果园整体碳排放显著降低，符合国家碳减排发展目标。该智慧果园建设技术也获得广泛认可，成功入选 2023 年北京市发改委绿色创新型技术目录。

（三）社会影响力提高

通过"博士农场"创建，形成一整套完善的智慧果园建设经验与技术。2022—2023年度"博士农场"累计举办农民技能培训会 18 次，参与人数 154 人次，带动周边农户经济效益提升约 20 余户，同时接待各级领导及科研团队示范观摩访问 40 次。相关技术成果也获得全国多地果园认可应用。

目前未来果园"博士农场"项目已初具成效，探索出一条农业现代化转型及联农带农共同发展新模式。未来将进一步推广全国，针对不同果品产业，因地制宜推广智慧果园建设技术并建设项目示范区，推动我市果品产业走向现代化、智能化发展道路。

执笔人：黄丽、林子果

以生态产品价值转化为抓手
谋生态立区发展之路

——密云区探索生态产品价值实现实践研究

密云区位于北京市东北部，是"首都最重要的水源保护地及区域生态治理协作区"，被誉为"华北明珠"的密云水库坐落在区域中央。密云地理环境优越，区位优势明显，处于首都半小时经济圈内。2021年实现地区生产总值364亿元，同比增长7%；一般公共预算收入41亿元，同比增长4.3%；居民人均可支配收入增长8%。

多年来，密云区牢固树立"绿水青山就是金山银山"的发展理念，坚持保水第一、绿色发展、生态惠民，积极探索"两山"转化的科学路径。"十三五"期间，密云区生态涵养功能全面提升。国家森林城市创建36项指标全部达标。新一轮百万亩造林、京津风沙源治理二期、森林健康经营林木和国家级公益林管护任务全面完成，森林资源蓄积量达389万立方米，排名全市第一。统筹山水林田湖草一体化保护，实行河长、林长、田长"三长"联动，率先在全市完成新型集体林场建设，生态服务价值占生态涵养区的42%，占全市的26%，居全市之首。

一、主要做法、取得的成效及工作经验

（一）主要做法

1.率先出台统领全局性工作文件《密云区建立健全生态产品价值实现机制的实施意见（试行）》

为深入贯彻中共中央办公厅、国务院办公厅印发的《关于建立健全生态产品价值实现机制的意见》，密云区结合实际，紧抓机遇，在全市率先出台《关于密云区建立健全生态产品价值实现机制的实施意见（试行）》（以下简称《意见》），力求多角度、全方位地探索生态产品价值实现的方式及"两山"理论实践转化的关键路径。《意见》提出到2025年，实现"六个一"主要目标，包括：形成一个覆盖全域的生态产品数据平台；形成一套科学的生态产品价值核算评价体系；形成一套支撑有效的生态产品价值实现路径；形成一个闻名全国的"生态密云"公用品牌；建立一套保障有力的生态产品价值实现制度体系；形成

一个"两山"转化的示范区。到2035年，生态产品价值实现政策和制度体系全面建立，政府主导、企业和社会各界参与、市场化运作、可持续的生态产品价值实现路径基本完善，"两山"转化成效显著，形成可复制、可推广的生态产品价值实现机制"密云模式"。启动22项重点先行任务，开启了生态产品价值实现的密云实践。

2.试点构建标准认证体系

密云区从加强生态保护和促进绿色发展出发，推进生态产业化，产业生态化，构建生态产品认证体系，通过强市场化运作探索"强保护、育产品、树品牌、建体系、促增值"的生态产品溢价增值路径，实现生态保护者能受益。由北京市发改委牵头，市园林绿化局会同清华大学专家团队作为技术支撑，形成生态产品认证体系建设总体思路：借鉴欧盟、美国和日本有机绿色产品认证经验，参照国内"三品一标"、国家森林生态产品认定及植被、土壤、水、环境等标准，研究提出北京市生态产品认证标准体系；同时，通过物联网系统，构架产地环境、生产管理、采收商品化处理、产品销售等整个产业链环节相关信息，最终以智慧化的信息向消费者展示生态产品，实现整个链条可溯源，确保生态产品绿色、优质、安全。

3.探索生态产品价值实现产业发展路径

（1）制定生态产业发展规划、计划

深入贯彻习近平生态文明思想，牢记习近平总书记重要回信嘱托，牢牢把握密云面临的阶段性特点和历史使命，全面落实"保水、护山、守规、兴城"总要求，大力发展生态产业，坚持以"扩规、提质、增效"为发展思路，落实"水库鱼、特色蜜、环湖粮、山区果、平原菜"总发展布局，以市场需求为导向，以培育全产业链为抓手，通过"点穴式"政策支持，大力培育密云区域特色产业，打造富民产业新增长极，构建生态农业新业态，树立密云农业新名片。制订《密云区西红柿特色产业发展三年行动计划（2023年—2025年）》，力争通过三年建设，将西红柿打造为密云区农业主导产业，形成政府引导、农户参与、企业带动、科技支撑、金融助力的良好产业业态，为全面推进乡村振兴，加快农业农村现代化发展提供有力的产业支撑。制发《密云水库"渔业净水、生物保水，净水渔业、生态富民"工作方案》，起草《密云水库鱼产业发展规划》，拟成立密云水库渔业专业捕捞公司，标准化、规模化、产业化、市场化做实做优净水渔业，形成高标准高质量的鱼产品产业链。

（2）挖掘区域特色生态产品

打造密云水库鱼产业。近年来，密云区委、区政府以深化渔业净水研究为基础，以深化科学保水为支撑，以实现"三起来（渔民组织起来、品牌树立起来、销售渠道畅通起来）、四统一（统一管理、统一标准、统一品牌、统一销售）、五提升（有效提升保水质量、品牌价值、群众收益、集体经济、安全保障）"为目标，探索建立"渔民+合作社+公司+企业"的净水渔业发展模式。挖掘"蜂盛蜜匀"品牌。依托得天独厚的生态本底，冯家峪镇将中蜂产业确定为冯家峪农业主导产业，将之纳入镇域发展规划，建立中蜂产业党总支，发挥合作社"头雁"作用。强化产业融合发展，从蜜蜂文化和养生健康角度，植入产业，打造独具特色的"悬蜂谷"，建设集农事体验、文化游览、中蜂创意产业、科普教育、亲子休闲等功能于一体的休闲农业体验目的地。形成葡萄产业集群。"邑仕庄园"以葡萄和葡萄酒文化为支点,建设酒庄,打造一二三产业融合的邑仕山谷。一产种植葡萄,做大产能;二产酿造葡萄酒,加工白兰地等,做精产品;三产发展葡萄与葡萄酒文化旅游、采摘及葡萄酒主题文化活动,做大规模,形成三产融合、业态多样的产业集群。打造精品民宿。2013年以来,密云区北庄镇干峪沟村依托长城文化资源和山水自然资源,利用农村闲置宅基地,大力发展精品民宿,将良好的自然资源和长城历史文化底蕴等生态产品价值与北京市民对高端民宿的需求紧密融合,显著助力农民增收。

4. 建立区域生态产品品牌体系

(1)建立区域公用品牌

确立品牌标识。由北京市密云区蜂产业协会牵头,通过48家媒体面向全国征集"密云蜂业"品牌标识。该活动受到社会广泛关注,经过专家评选,选定前十名和前三名,并最终确定出"密云蜂业"品牌标识。注册商标。对确定的"密云蜂业"品牌标识,由北京市蜂产业协会牵头,向国家知识产权局申请商标注册,目前已获得国家知识产权局颁发的"密云蜂业"16类商标注册证书。加强品牌建设与推广。以西红柿为例,一是打造特色西红柿区域公用品牌,逐步建立起由区域公用品牌、企业品牌、产品品牌构建的特色西红柿产业品牌体系;二是加强"三品一标"认证,打造绿色优质特色西红柿身份;三是建立密云特色农业品牌的VI识别系统,树立统一的品牌形象;四是加大宣传推介力度,全方位、多层次地对西红柿品牌进行宣传推介,讲好品牌故事,不断提高密云区特色西红柿品牌的知名度和美誉度。

(2)大力培育市场经营主体

计划建立生态银行。统筹构建生态产品服务中心、生态产品交易中心、生态产品商业中心,对区域内分散化自然资源及文化遗产等进行规模化收储、整合、抵押融资等,引入社会资本和专业运营商,负责集合资源的整体运营,形成规模化、专业化、产业化运营机制,变资源为资产,变资产为资金。培育联营公司。通过创新培育联营公司,将其作为公共生态产品的供给主体和政府购买生态产品、开展生态产品市场化交易主体,负责生态环境保护与修复、自然资源管理与开发等。成立绿色技术银行。提供绿色发展领域"技术 + 人才 + 资金"的系统性解决方案,探索绿色技术创新与发展的经验模式。建立密云绿色发展引导基金,引导社会资本融入密云生态经济发展。强化智力支撑。出台密云区人才强区战略三年行动计划,强化相关专业建设和人才培养,培育跨领域跨学科的高端智库。

5. 做好生态产品价值实现的基础性工作

一是开展生态产品价值核算示范。以密云水库为价值核算先行示范,在构建生态涵养、气候调节、水源供给、文化服务等指标体系的基础上,通过采用相应的核算方法,探索将水库保护成本纳入到核算体系中,开展密云水库生态产品价值核算,输出生态产品价值核算的"水库样板"。二是建立生态产品价值考核机制。探索将生态产品总值指标纳入区级绿色高质量发展综合绩效评价。将生态产品供给能力、环境质量提升、生态保护成效等方面指标作为重点考核内容。推动将生态产品价值核算结果作为领导干部自然资源资产离任审计的重要参考。对任期内造成生态产品总值严重下降等情况，依规依纪依法追究有关党政领导干部责任。三是完善纵向生态保护补偿制度。着力争取中央及北京市对密云的转移支付政策，积极探索产业补偿、项目补偿、技术补偿、人才补偿、实物补偿等多元化补偿方式，争取在密云区开展北京市综合性生态保护补偿试点。四是建立横向生态保护补偿机制。按照"保护者受益、使用者付费""谁受益谁补偿"原则，探索建立基于水资源战略储备价值实现的密云水库流域水源保护横向生态补偿政策，开展横向生态补偿。

（二）取得的成效

1. 生态环境不断优化

一是环境质量持续提升。2021年，构建了"5+2"保水体系，密云水库水质长期保持国家地表水Ⅱ类标准，水资源战略储备能力全市最强，湿地面积全市最大，林木绿化率达75.3%，森林覆盖率达68.7%，$PM_{2.5}$年均浓度在全市率先进入"2"时代，成功创建"绿水青山就是金山银山"实践创新基地、国家生态文明建设示范区、全国首批水生态文明城市等称号，成为名副其实的首都后花园。二是污染防治攻坚战成效显著。2021年，空气质量达标天数创有监测记录以来同期最好水平。完成山区1.3万户、城区700余户煤改清洁能源任务，城区清洁取暖实现全覆盖。国Ⅲ柴油车全部淘汰，613辆公交车全部实现纯电动替换。完成33家印刷企业整治提升和36家汽修企业环保改造，超额完成重型车和非道路移动机械执法检查任务，污染防治攻坚战综合执法排名生态涵养区首位。持续推动碧水攻坚战，潮河总氮浓度稳步下降，白河、潮河入库水质出现Ⅰ类标准，地表水环境质量首次排名全市第一。

2. 生态修复和治理不断夯实

一是形成综合性保水治理体系。"十三五"期间，成立密云水库综合执法大队，在密云水库一级保护区范围内集中行使131项涉水行政处罚权，变"九龙治水"为"一龙管水"，在全国率先实现区域性综合执法。实施网格化、智能化精准管理，加强人防、物防、技防和生态防护，形成了以水库为核心的面源污染控制体系、点线结合的潮源治污体系、全覆盖节点监控网络体系、立体化应急预警防控体系、"四位一体"大型水源地综合保护治理体系。二是加强生态文明建设，创建"绿水青山就是金山银山"实践创新基地。成功制定30项重点任务和48项具体工程，形成可推广的创新品牌，获得生态环境部"绿水青山就是金山银山"实践创新基地授牌。三是以更实举措解决群众困难。实施密云区2021年汛期河道、乡村公路及桥梁水毁修复工程，解决密云水库周边河道等基础设施防洪隐患和道路通行难题。

3. 生态产业不断壮大发展

多年来，密云区依托良好生态环境，大力推动绿色高质量发展。好山好水孕育出的生态产品正在成为农民增收主力。一是围绕生态物质供给类产品，大力发展生态主导产业。发挥蜜蜂保护生态的作用，依托丰富的蜜源植物，以密云水库周边为重点，做强做优密云蜂产业，形成集蜜蜂种业、蜜蜂养殖、蜜蜂文化和蜜蜂旅游等于一体的完整产业链。密云的崇山峻岭间生活着12.35万群蜜蜂，现已成为北京名副其实的"养蜂第一大区"，蜂产品年均产值近 1.4 亿元，蜂业旅游观光年接待游客达 10 万人次，实现旅游收入近亿元，直接促进果蔬增产效益超 8.5 亿元。葡萄酒产业发展壮大。邑仕山谷千亩葡萄园实现葡萄亩产量近 1.3 吨，年产葡萄原酒 600 余吨，产出成品瓶酒近 150 万瓶，2021 年实现成酒品收入近 600 万元，叠加农产品销售等农文旅产业营收，总收入达 2000 万元。二是优化发展"互联网 + 现代农业"。打造"密云农业"品牌，发挥农业电商、科技服务等作用，助力基础农业规模化、品牌化、专业化发展。支持农业电商销售本地农产品，在农业电商与农产品生产者之间搭建对接平台，并根据市场需求引领种植业优化产品结构。瞄准首都市民的"米袋子""菜篮子""果盘子"需求，构建"山区果、环湖粮、平原菜"的农业发展大格局，加强"一村一品"和粮菜果生产基地建设，促进农业产业整体提升。推动科技兴农、品牌强农，极星智慧农业科技创新中心成为北京首个拥有世界领先水平的现代化设施农业园区，"密云农业"成为首都市民信赖的品牌。三是融合发展文旅休闲产业。打造优美的生态环境和整洁的城乡环境，塑造"山水田园，画境密云"整体形象，让密云成为首都市民休闲度假的理想之地。促进文化、体育、农业与旅游深度融合，发挥古北水镇、云蒙山景区等大项目的带动作用，实施乡村旅游"十百千"工程，重点打造十个精品乡村旅游项目、百个精品乡村酒店、千个精品民宿院落。出台促进旅游发展的工作意见如"1+4"文件，创建国家全域旅游示范区，把旅游业打造成富民增收的战略支柱型产业。

（三）基本经验

1. 深化认识、形成理念、达成共识

为深入贯彻习近平总书记重要回信精神，密云全区上下迅速掀起了学习宣传落实重要回信精神的热潮。区委理论学习中心组举办专题学习、专题研讨，区领导带头领学、带头研讨。深化对生态产品价值实现机制体制建立的深远意义，树立保护优先、夯实本底、助力发展的工作理念，立足密云实际，制订了进一步严格保护密云水库的三年行动计划，明确了 6 个专项行动、30 项保水措施；制定了打造践行习近平生态文明思想典范之区的实施意见，明确了"四个确保""五个样板"的目标方向。

2. 立足实际、深度调研、机制先行

2021 年 4 月，中共中央办公厅、国务院办公厅印发《关于建立健全生态产品价值实现机制的意见》；北京市颁布《生态涵养区生态保护和绿色发展条例》，出台相关配套政策，支持和鼓励各区先行先试，探索推进"绿水青山就是金山银山"的转化路径。密云区对此高度重视、紧抓机遇、迅速行动，组织调研团队远赴浙江丽水、福建南平、江西赣州等地，学习借鉴生态产品价值实现方面的全国先进经验和地区典型做法。在北京市发改委指导和支持下，密云区委、区政府主要负责同志深入一线调研走访，多次开展专题研究，多角度、全方位探索生态产品价值实现方式、"两山"理论实践转化的关键路径。

3. 谋划布局、挖掘特色、培育主体

密云区坚持生态立区、生态强区，将生态产品价值实现与全区发展共同布局谋划，制定《密云区科技创新和生命健康战略发展带三年行动计划》，提出"保水、护山、守规、兴城"，明确"一条战略发展带、四条特色文化旅游休闲发展带、多个特色小镇和特色产业"的全域发展格局，这既是密云高质量发展的路径和抓手，也是实现生态产品价值、发展生态经济的重要载体。

二、存在的问题及原因分析

（一）存在的问题

1.生态产品价值实现的制度保障不充分、政策供给不全面

北京市颁布《生态涵养区生态保护和绿色发展条例》，对于生态涵养区的发展指明了道路。但是在具体政策支持方面，对于生态保护类政策严格且相对健全，但是适应生态产品价值实现的政策供给少，生态补偿针对性较弱。目前已有的生态补偿政策零散在各个条块里，没有市级层面的统筹，同时生态补偿也缺乏相应的依据和法律保障，特别是调节服务价值在生态补偿的机制设计中体现得不明显。生态补偿政策覆盖面窄，对生态要素生态服务价值的系统研究不够深入，生态保护补偿转移资金分配还不能完全覆盖生态要素的补偿范围，比如山区经济生态兼用林仍未享受生态补偿。

2.生态产品价值实现路径少、价值转化优势不明显

生态物质产品价值未充分有效挖掘。初级生态产品的加工、储存、销售存在制约因素，很难换取其更高的价值。受产业用地、禁限目录等多方面政策影响，地理标志农产品发展受到一定限制。产品溯源难，难以获得消费者对其品质和声誉的认可，无法产生高溢价。受区位影响和生态控制线的限制，绿色发展约束较大，只知道不能干什么，不知道能干什么。生态涵养区主体产业与其他区同质化发展且竞争力更弱，未能发挥其在生态上的资源禀赋优势，增收潜力和发展动能不足。

3.生态产品价值实现的支撑条件不足

基础设施建设短板较多。农村安全供水、污水处理、山区路网、生态安全保障、互联网等发展相对滞后，生态优势尚未转化为发展优势。要素制约明显。生态产品价值实现需要借助当今先进的网络通信、云计算、大数据等技术，也需要生态文明建设领域的专业人才。目前人、地、资金等要素短板制约明显，全区人才总量不足、素质不高、结构不优，尤其是高素质科技人才和现代经营管理人才缺乏，已经成为制约生态产品价值实现的主要瓶颈。

（二）原因分析

1.生态产品价值实现尚在摸索中前行

由于生态产品是一个新生事物，社会各界对生态产品认识和理解尚处于初级阶段，对于生态产品的内涵及其价值尚未形成广泛的共识。关于生态产品价值量化也缺乏广泛认同的核算方法。要实现"绿水青山"向"金山银山"的转化，当前重点是依靠政府和市场"两只手"。然而，该如何恰当处理好政府与市场的关系，政府该如何制定、调配合适的政策工具，以达到最大化地发挥有限财政资金的效用，同时合理引导、规范市场化运作，充分调动市场主体积极性的目的，市场机制又能发挥多大作用以及该如何发挥作用等，是摆在政府管理面前的现实难题。

2. 制度体系尚未完善

密云区在开展生态产品价值实现机制试点的过程中，需要提高优质生态产品生产供给"广泛性"，还需要制定和实施密云区生态产品价值实现的中长期专项规划和年度工作计划，对生态产品价值实现的目标、途径、机制、保障措施，乃至重点项目等，进行全面系统的谋划，为持续稳步推进密云区生态产品价值实现提供可操作的路线图。

三、对策建议

（一）系统规划布局，保护与发展并重

推动生态产品价值实现是践行"两山"理论的时代任务与优先行动。将生态产品价值实现机制系统全面融入密云区经济和社会发展、生态环境保护、资源利用等相关规划，发挥规划的统筹引领作用。建立健全生态产品价值实现机制，推动生态环境保护者受益、使用者付费、破坏者赔偿，让保护生态环境变得"有利可图"，推动从"要我保护"向"我要保护"转变，形成源头治理的现代化环境治理体系。

（二）大胆开放尝试，破除体制机制枷锁

生态产品价值实现是一项创新性工作，这就要求既要系统谋划、稳步推进，更要鼓励探索、支持创新。一方面，要坚持系统观念，做好顶层设计，明确尚待深化探索的方向、路径和举措。另一方面，要保护地方改革创新的积极性，允许试错，积极开展政策创新试验，因地制宜开展生态产品价值实现机制试点示范，及时总结经验教训，不断在实践中完善制度。加大对生态修复绩效优良区域和保护地生态产业发展的扶持力度，不断提高密云区生态产品价值转化的内生动力，真正实现生态产品价值提升和价值"外溢"。

（三）夯实生态本底，步步为营谋新业

牢固树立"绿水青山就是金山银山"的理念，坚持生态立区。密云是首都的生态屏障，是首都最重要的水源保护地。要注重在水源保护、生态建设、绿色发展等方面形成密云生态产品价值实现的生动实践，在严格保护生态环境前提下，探索多样化的生态产品开发和经营模式，科学合理推动生态产品价值实现，奋力打造践行习近平生态文明思想典范之区。

（四）营造参与氛围，打造平台引主体

提升社会各界主动保护生态环境的思想自觉和行动自觉，在破解发展难题中让群众更有获得感和参与感。加大宣传力度，通过直播、短视频等新媒体方式，宣传生态产品价值实现的重要性、必要性和紧迫性，形成全社会参与生态产品价值实现的合力。建立公众参与机制，通过开展生态产品价值实现培训班、交流座谈会等，形成政府、企业、农民专业合作社、个人、金融资本和社会组织多元主体参与的价值实现体系。

执笔人：季虹、赵术帆

第二篇

乡村产业

北京市乡村产业振兴路径研究

　　作为首都和超大城市，北京集都与城于一体、融城与乡于一身，其乡村产业振兴，具有突出的政治性和独特的规律性。2023年3月召开的北京市农村工作会议提出"坚持大城市带动大京郊、大京郊服务大城市，加快推进农业农村现代化，努力走出一条具有首都特点的乡村振兴之路，为建设农业强国作出北京贡献"。"产业振兴是乡村振兴的重中之重，增加农民收入是'三农'工作的中心任务。这两项工作是紧密联系、不可分割的，必须一体推进。"加快探索北京乡村产业振兴路径，是首都推动乡村振兴战略实施的迫切需要；是北京率先实现现代化的必然要求；是构建城乡融合发展新格局的应有之意；是推动乡村居民共同富裕的迫切需求。在新发展阶段，北京乡村产业发展面临新要求、新任务，针对乡村产业振兴路径的探索亟待深入研究。

　　本文在乡村产业发展理论及政策导向发展的梳理基础上，尽可能地以数据和案例为支撑描绘出北京乡村产业发展现状、特点、模式，分析当前乡村产业发展面临的困境与挑战，并提出新时代北京乡村产业发展面临新要求新任务的发展趋势、振兴路径，给出从认识层面推动三个转变，从制度层面提供三重保障，从市场层面强化三链建设，从互动层面深化三方融合来促进北京乡村产业健康发展的政策建议。

一、乡村产业振兴研究基础

（一）习近平总书记关于乡村产业的重要论述

　　习近平总书记一直高度重视发展乡村产业，多次对乡村产业发展作出重要论述。

1. 关于乡村产业发展重要性

　　2018年9月，习近平总书记强调"产业兴旺，是解决农村一切问题的前提"，这里的"一切"所指的是乡村所有的、全部的、全方位的，包括政治、经济、社会、文化、生态等方方面面；也包括人才振兴、文化振兴、生态振兴、组织振兴等重点任务。没有产业的兴旺，上述目标任务将成为"空中楼阁"。

　　2022年第7期《求是》杂志上，习近平总书记发表著名文章《坚持把解决好"三农"问题作为全党工作重中之重 举全党全社会之力推动乡村振兴》，文章中提出"产业兴旺是乡村振兴的重要基础。只有产业兴旺了，农民才能有好的就业、高的收入，农村才有生机和活力，乡村振兴才有强大的物质基础"。

在 2022 年 12 月 24 日召开的中央农村工作会议上，习近平总书记强调，"产业振兴是乡村振兴的重中之重。要落实产业帮扶政策，做好'土特产'文章，依托农业农村特色资源，向开发农业多种功能、挖掘乡村多元价值要效益，向一二三产业融合发展要效益，强龙头、补链条、兴业态、树品牌。"

2. 关于乡村产业发展路径

2021 年 4 月，习近平总书记在广西考察时强调，"要适应城乡居民消费需求，顺应产业发展规律，立足当地特色资源，拓展乡村多种功能，向广度深度进军，推动乡村产业发展壮大。发展乡村产业，不像过去就是种几亩地、养几头猪，有条件的要通过全产业链拓展产业增值增效空间，创造更多就业增收机会。要积极发展农产品加工业，优化产业布局，推动农村由卖原字号向卖制成品转变，把增值收益更多留在县域。"

2021 年 8 月，习近平总书记在河北承德考察时强调，"全面推进乡村振兴，要立足特色资源，坚持科技兴农，因地制宜发展乡村旅游、休闲农业等新产业新业态，贯通产加销，融合农文旅，推动乡村产业发展壮大，让农民更多分享产业增值收益。"

2023 年 3 月，第 6 期《求是》杂志上发表习近平总书记署名文章《加快建设农业强国 推进农业农村现代化》，文章指出"产业振兴是乡村振兴的重中之重，也是实际工作的切入点。要把'土特产'这 3 个字琢磨透，依托农业农村特色资源，推动乡村产业全链条升级，增强市场竞争力和可持续发展能力。促进产业振兴，必须落实产业帮扶政策。"

（二）乡村产业的内涵与外延

1. 乡村产业概念

2019 年 6 月，国务院印发了《关于促进乡村产业振兴的指导意见》，对乡村产业的概念做了阐述：乡村产业根植于县域，以农业农村资源为依托，以农民为主体，以一二三产业融合发展为路径，地域特色鲜明、创新创业活跃、业态类型丰富、利益联结紧密，是提升农业、繁荣农村、致富农民的产业。

2. 乡村产业特征

乡村产业来源并改造提高于传统种养业和手工业，是"乡村区域＋产业类型"的复合概念，其注重布局上的县域性、本质上的联农性、业态上的融合性、城乡间的连接性，具有产业链延长、价值链提升、供应链健全，农业功能充分发掘，乡村价值深度开发，带动乡村就业结构优化、农民增收渠道拓宽等特征。

3. 乡村产业外延

乡村产业包含了种养业、乡土特色产业、农产品加工流通业、休闲旅游业、乡村服务业、乡村信息产业等。乡村产业中的乡土特色产业拓宽农业门类，农产品加工业提升农业价值，休闲旅游业拓展农业功能，乡村服务业丰富农业业态。

二、北京乡村产业发展政策支持脉络

课题组对改革开放以来，北京市出台的涉及乡村产业的165项政策进行梳理，北京对于乡村产业发展的政策经历了市场制度建立、经营制度改革与农业产业结构调整、统筹经济社会发展和稳产保供与创新发展并重四个阶段。

（一）产业市场初步建立（1979—1992年）

1979年5月，北京为贯彻执行党中央《关于加快农业发展若干问题的决定（草案）》和《农村人民公社工作条例（试行草案）》，围绕经营形式和管理体制、农业农村人才培养、科技兴农、生产要素供给等方面相继出台了《北京市"八五"星火计划发展纲要》《北京市人民政府关于发动群众大种蓖麻、向日葵的通知》《北京市人民政府关于发展郊区商品生产搞活农村商品流通若干政策问题的暂行规定》《北京市人民政府印发〈北京市蔬菜产销体制改革会议纪要〉的通知》等一系列支持政策。1992年11月，北京市政府发布《北京市人民政府转发国务院关于发展高产优质高效农业决定的通知》对农业方向确立了明确的方向，要重视粮食生产，逐步从过去"粮食——经济作物"的二元生产结构，发展转变为"粮食——经济作物——饲料作物"三元生产结构。北京市乡村产业结构开始转变和调整，这一时期的总基调是解放生产力，提高主要粮食产业和农副产业的生产效率，乡村市场制度初步建立。

（二）引导产业结构调整，重点发展"六种农业"（1993—2002年）

根据1992年9月国务院发布的《关于发展高产优质农业的决定》和1993年7月第八届全国人大通过的《中华人民共和国农业法》的相关要求，北京市出台了一系列文件，进一步深化乡村产业市场改革和产业结构发展。1993年2月，北京市政府发布《北京市人民政府关于进一步稳定和加强农业工作的通知》，明确提出郊区农村必须坚持"以农业为基础"的方针，以市场为导向，积极调整产业结构，发展优质高效农业。1998年6月，北京市政府发布《北京市人民政府办公厅转发市体改委关于北京市经济体制改革工作指导意见的通知》，再次强调乡村产业的发展方向，强调以乡村产业化为重点，搞好农村经济体制改革，进一步发展种养业家庭经济，推进畜牧业和乡镇企业的重组转制，进一步建立健全农业社会化服务体系、农产品市场体系，推动京郊农业迈向商品化、专业化和市场化。

2001年3月，北京市政府出台了《北京市人民政府关于印发北京市国民经济和社会发展第十个五年计划纲要》，其中指出要积极调整农业结构，大力发展生态农业、农产品加工业，扩大绿色农产品生产，进一步发展精品农业、设施农业、籽种农业、创汇农业、加工农业、观光休闲农业，提高农业的综合生产能力和比较效益。在"六种农业"的基础上，"十一五"时期，北京市提出都市型农业，强调农业生产、生态、生活、示范四种功能。

（三）重点支持都市型农业快速发展，提出"高端、高效、高辐射"（2003—2011年）

2004年2月，北京市政府出台《北京市农村工作委员会关于实施"221行动计划"

推进北京农业现代化的意见》，对北京农业现代化的发展方向进行了新的指导，提出要加快发展旅游观光农业，基本形成集农业经济功能、社会功能、生态功能为一体的协调发展的都市型农业格局。2009 年 7 月，北京市政府出台《北京市人民政府办公厅转发市农委关于加快发展农产品加工业推进农业产业化经营意见的通知》，提出以高端、高效、高辐射为产业发展目标，以夯实新农村建设产业基础和发展都市型现代农业为基本任务，以建设农产品加工示范基地和创业基地为基础，以做大做强龙头企业为重点，以市场需求为导向，发挥首都优势，科学规划，质量和效益提高转变，提升品牌化、规模化、集群化、基地化、市场化建设水平。2011 年 2 月，北京市政府出台《北京市人民政府关于全面推进都市型现代农业服务体系建设的意见》，对生产服务体系的建设提出了产业化的指导性意见，建立农业技术推广服务体系、动植物疫病防控服务体系、农产品质量安全服务体系等服务体系。

（四）突出生态，强调稳产保供与创新发展（2012 年至今）

1. 逐步形成乡村产业"三盘九业"布局

2018 年 12 月，北京市委、市政府印发《北京市乡村振兴战略规划（2018—2022 年）》中明确提出要推动乡村产业高质量发展。2021 年 7 月，北京市政府印发《北京市"十四五"时期乡村振兴战略实施规划》中明确了产业兴旺的 6 项指标。同年，北京市农业农村局出台《北京市促进乡村产业振兴行动计划（2021—2025）》，提出到 2025 年，北京乡村产业体系健全完善，乡村产业质量快速提升，农村一二三产业融合发展增加值占地区生产总值的比重实现较大幅度提高，结构明显优化，农民增收渠道持续拓展，首都特色农业现代化取得重要进展。并提出重点任务中明确了"三盘九业"的产业整体布局。一是"基本盘"，主要是精品粮基产业、设施蔬菜的菜篮子产业和以生猪为主的养殖业。二是"特色盘"，包括特色产业、农产品加工业和休闲农业。三是"创新盘"，主要是种业、数字农业和农业现代服务业。

2. 聚力"种业之都"和"农业中关村"建设

2012 年，北京市人民政府印发《关于促进现代种业发展的意见》，提出提升北京种业的科技创新能力、企业竞争能力和市场监管能力，构建以产业为主导、以企业为主体、产学研相结合、"育繁推一体化"的现代种业体系，全面提升种业发展水平，努力打造"种业之都"。2020 年，北京市农业农村局等五部门印发《北京现代种业发展三年行动计划（2020—2022 年）》，围绕四大种业、十二个优势物种，实施"2412 种业行动计划"，做强创新链，做精产业链，提升价值链，优化服务链，有力支撑北京现代种业创新高质量发展，打造全国农业"芯片"发展高地。2022 年先后出台了《北京种子条例》和《北京种业振兴实施方案》文件，明确北京打造"种业之都"的发展定位，也体现出北京不负使命带头打好种业"翻身仗"的决心。2020 年 7 月，北京市政府批复《平谷区农业科技创新及产业提升三年行动计划（2020—2022 年）》，首次提出打造农业中关村。2022 年 3 月，北京市政府办公厅印发《北京市关于加快推进农业中关村建设的十条措施》，加速推进"农业中关村"建设。

三、北京乡村主要产业现状

（一）乡村产业发展整体情况

1. 乡村产业稳步发展

2022 年，北京市第一产业增加值 111.5 亿元，占 GDP 的 0.27%。全市粮食播种面积 115.1 万亩，产量 45.4 万吨，比 2020 年分别增长 56.8% 和 48.4%；蔬菜播种面积 79.7 万亩，产量 198.9 万吨，蔬菜自给率达到 18.1%[①]。

单位：亿元

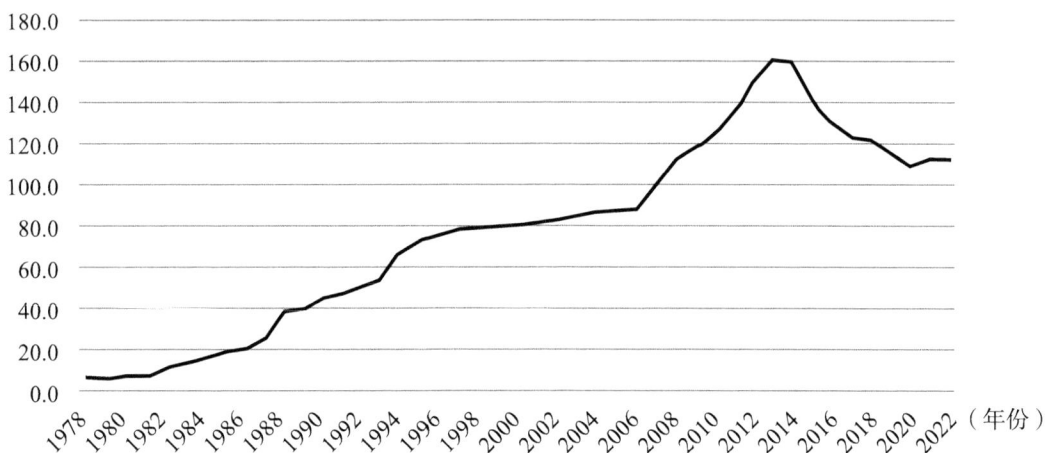

图 1　北京市一产增加值趋势图

数据来源：北京市统计年鉴。

2022 年，北京市规模以上农产品加工企业营业总收入达到 1268 亿元，农产品加工水平进一步提升，加工增值率明显提高，加工损耗率进一步降低。

---

① 蔬菜自给率：经北京市委、市政府专题研究，北京市蔬菜自给率测算方法已进行科学调整。按照新的测算方法，2022 年蔬菜自给率为 30%。为保持指标数据的一致性，本次评估数据仍然采用规划基期的计算方法进行测算。

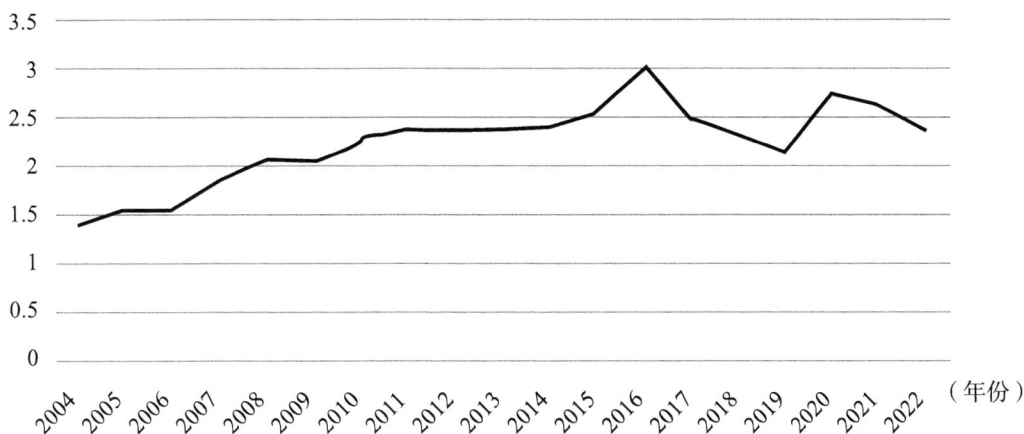

图2　2004—2022年北京市农产品加工业与农业总产值比趋势图

数据来源：北京市统计年鉴。

成功创建4个全国休闲农业重点县、76个市级以上美丽休闲乡村、224个国家级和市级星级休闲农业园区、5168家乡村民宿。

单位：万人次

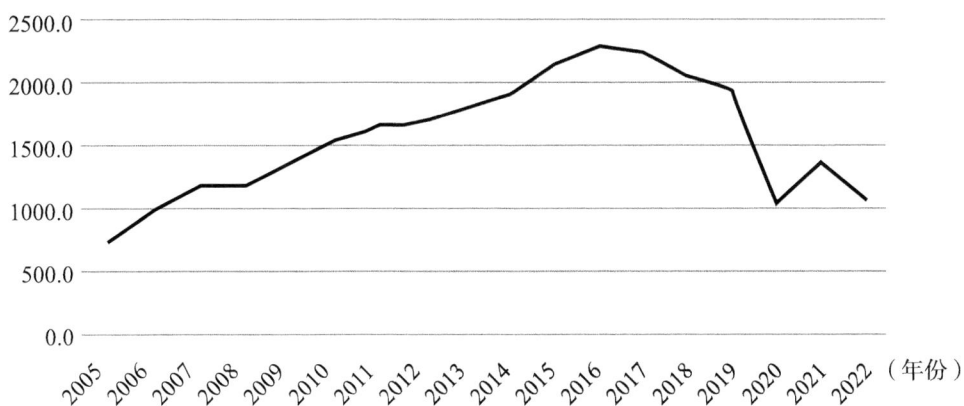

图3　2005—2022年北京市乡村旅游接待人次趋势图

数据来源：国家统计局。

2023年，北京市农研中心牵头开展《北京市乡村振兴路径研究》专题调研活动，对全市11个涉农区（因洪水灾害影响未调研房山区、门头沟区）的46个乡镇开展问卷调研。调研数据显示，24家农产品加工企业分布在多点地区和生态涵养区中的8个区14个乡镇，46个调研乡镇中32个乡镇没有农产品加工企业。1家农产品加工企业的乡镇有8个，2家及以上农产品加工企业的乡镇有6个，其中大兴区长子营镇最多有4家农产品加工企业。12家规模以上的农产品加工企业分布在9个乡镇。10家规模以上农产品加工企业的年产值8.83

亿元。8个乡镇的农产品加工企业分布在村内，2个乡镇的农产品加工企业分布在工业园区。

2.产业经营主体多元发展

北京市纳入统计调查的农民合作社有7000余家，开展平谷、顺义等5个全国农民合作社质量提升整区推进试点工作；全市纳入名录系统管理的家庭农场3000余个。与过去年轻人一味向往城市、竞相外出打工相比，近些年涌现出一批有知识、有情怀的新农人返乡创业，约3000名左右各类人才到农村创新创业，成为乡村振兴中的新生力量，给乡村带来新变化。

3.产业发展平台不断增加

北京市推进建设2个国家农业现代化示范区、5个国家现代农业产业园、10个市级现代农业产业园、6个国家农业产业强镇、2个产业集群。"一村一品"示范村镇总数达到88个。

（二）现代种养业发展现状分析

1.政策引导下重要农产品产量持续稳定增长

以北京市农业农村局印发实施《2020年加强粮食和蔬菜生产督导工作方案》为开端，近年来，北京市严格落实粮食安全党政同责和"菜篮子"责任制，逐级分解粮食蔬菜生猪生产目标任务。在强政策引导下，北京市粮食和蔬菜种植面积及产量实现三连增。

单位：万吨

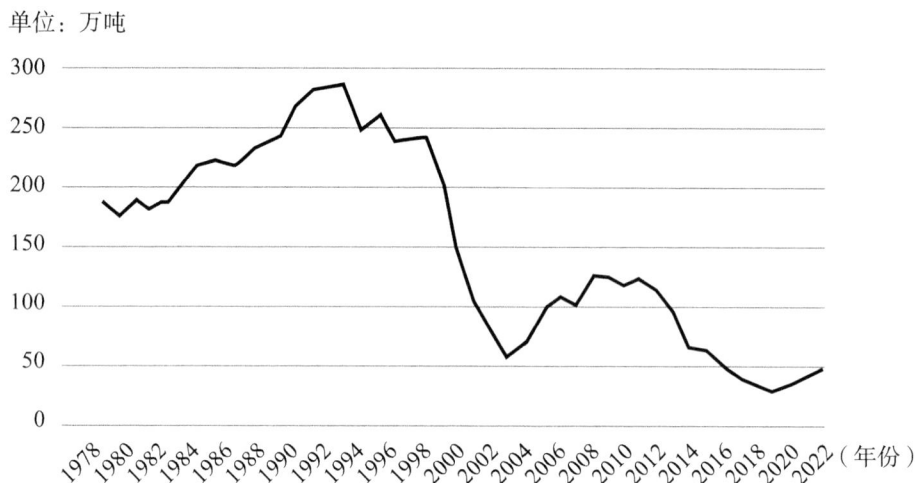

图4　1978—2022年北京市粮食产量变化趋势图

数据来源：北京市统计年鉴。

2022年，北京市粮食播种面积115.1万亩，产量45.4万吨，比2020年分别增长56.8%和48.4%；蔬菜播种面积79.7万亩，产量198.9万吨，其中设施蔬菜播种面积42.8万亩，产量108.7万吨，蔬菜自给率达到18.1%①，较"十三五"末提高5.6个百分点，面

---

① 蔬菜自给率：经北京市委、市政府专题研究，北京市蔬菜自给率测算方法已进行科学调整。按照新的测算方法，2022年蔬菜自给率为30%。为保持指标数据的一致性，本报告中数据仍然采用规划基期的计算方法测算的数据。

积产量均创 2017 年以来新高。

单位：万吨

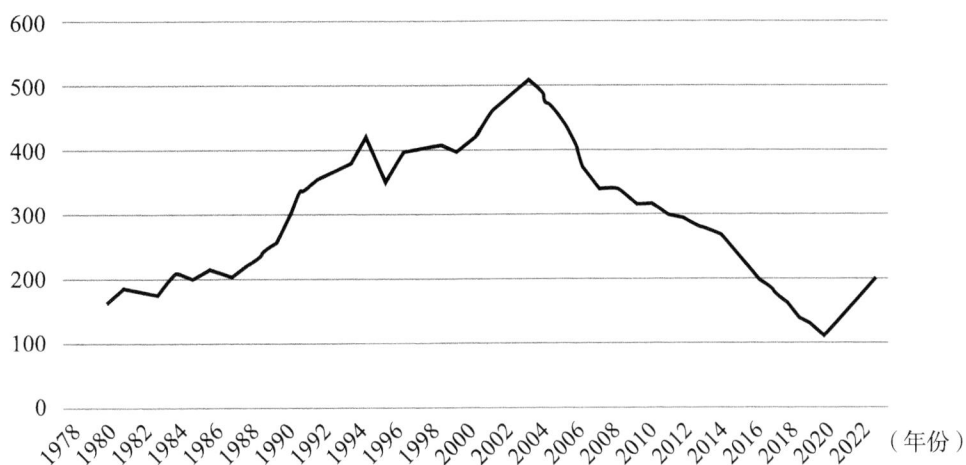

图 5 1978—2022 年北京市蔬菜及食用菌产量变化趋势图

数据来源：北京市统计年鉴。

生猪出栏 32.2 万头，认定总面积达 9.91 万亩的 130 家环京周边蔬菜生产基地，首都蔬菜供应应急保障能力显著提高。

单位：万头

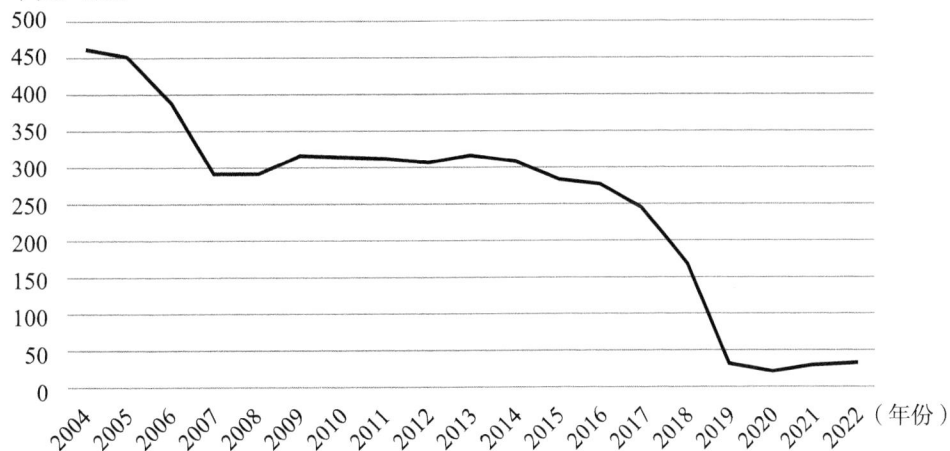

图 6 2004—2022 年北京市生猪出栏量变化趋势图

数据来源：北京市统计年鉴。

2. 传统农户仍是主要生产主体

2022 年，北京市第一产业从业人员规模由 2012 年的 55.3 万人减少至 25.1 万人（年均减少 3 万人），所占常住就业人口比重从 5% 降至 2.2%。

单位：万人

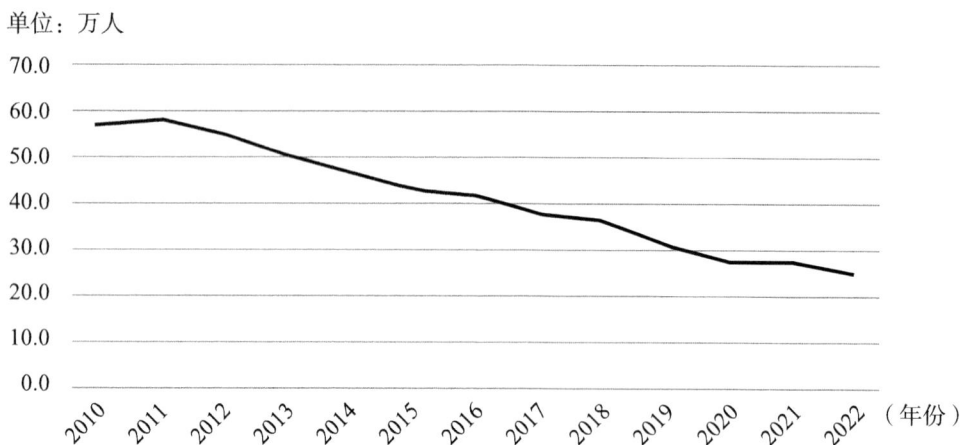

图7　2010—2022年北京市一产从业人员数量变化趋势图

数据来源：北京市统计年鉴。

北京市农研中心专题调研数据显示，18个乡镇的生产经营主体传统农户占90%以上，41个乡镇生产经营主体合作社占比在30%以下，45个乡镇生产经营主体家庭农场比在30%以下，43个乡镇生产经营主体龙头企业占比在30%以下。

表1　生产主体占比统计表　　　　　　　　单位：乡镇个数

生产主体占比	10%以下	10%—30%	30%—50%	50%—70%	70%—90%	90%以上
传统农户	10	4	2	6	6	18
合作社	33	8	2	1	1	1
家庭农场	39	6	1	0	0	0
龙头企业	40	3	1	0	1	1

数据来源：北京市农村经济研究中心2023年专题调研。

从事农业生产经营的传统农户：10个乡镇占比在10%以下，4个乡镇占比10%—30%，2个乡镇占比30%—50%，6个乡镇占比50%—70%，6个乡镇占比70%—90%，18个乡镇占比90%以上。

从事农业生产经营的合作社：33个乡镇占比在10%以下，8个乡镇占比10%—30%，2个乡镇占比30%—50%，1个乡镇占比50%—70%，1个乡镇占比70%—90%，1个乡镇占比90%以上。

从事农业生产经营的家庭农场：39个乡镇占比在10%以下，6个乡镇占比10%—30%，1个乡镇占比30%—50%，0个乡镇占比50%—70%，0个乡镇占比70%—90%，0个乡镇占比90%以上。

从事农业生产经营的龙头企业：40个乡镇占比在10%以下，3个乡镇占比10%—30%，1个乡镇占比30%—50%，0个乡镇占比50%—70%，1个乡镇占比70%—90%，1

个乡镇占比 90% 以上。

3. 经营规模偏小

北京市农研中心专题调研面向 46 个乡镇的传统农户、合作社、家庭农场、龙头企业等单主体规模化经营的调研数据显示，11 个乡镇种植面积低于 10 亩的单主体在 90% 以上，10 亩—500 亩之间的单主体占比主要集中在 10%—30%，41 个乡镇种植面积在 500 亩以上的单主体在 10% 以下。

表 2　单主体规模化经营情况统计表　　　单位：乡镇个数

收入占比	10% 以下	10%—30%	30%—50%	50%—70%	70%—90%	90% 以上
低于 10 亩	10	7	2	7	9	11
10—50 亩	28	14	3	3	0	0
50—100 亩	28	11	5	2	0	0
100—500 亩	32	11	1	2	0	0
500 亩以上	41	1	3	1	0	0

数据来源：北京市农村经济研究中心 2023 年专题调研。

单个主体种植面积低于 10 亩的，10 个乡镇占比在 10% 以下，7 个乡镇占比 10%—30%，2 个乡镇占比 30%—50%，7 个乡镇占比 50%—70%，9 个乡镇占比 70%—90%。11 个乡镇占比 90% 以上，怀柔区、密云区各 3 个，平谷区 2 个，大兴区、海淀区、延庆区各 1 个。

单个主体种植面积 10—50 亩的，28 个乡镇占比在 10% 以下，14 个乡镇占比 10%—30%，3 个乡镇占比 30%—50%，3 个乡镇占比 50%—70%，0 个乡镇占比 70%—90%，0 个乡镇占比 90% 以上。

单个主体种植面积 50—100 亩的，28 个乡镇占比在 10% 以下，11 个乡镇占比 10%—30%，5 个乡镇占比 30%—50%，2 个乡镇占比 50%—70%，0 个乡镇占比 70%—90%，0 个乡镇占比 90% 以上。

单个主体种植面积 100—500 亩的，32 个乡镇占比在 10% 以下，11 个乡镇占比 10%—30%，1 个乡镇占比 30%—50%，2 个乡镇占比 50%—70%，0 个乡镇占比 70%—90%，0 个乡镇占比 90% 以上。

单个主体种植面积 500 亩以上的，41 个乡镇占比在 10% 以下，1 个乡镇占比 10%—30%，3 个乡镇占比 30%—50%，1 个乡镇占比 50%—70%，0 个乡镇占比 70%—90%，0 个乡镇占比 90% 以上。

4. 设施农业提档升级

近年来，北京市出台一系列文件鼓励和支持设施农业发展，围绕重点改造提升老旧设施，支持新建标准化、宜机化、智能化设施，打造一批规模化、现代化设施农业基地，稳步推进全市设施蔬菜（含草莓、西甜瓜）产能提升、产品安全、产业升级。高效设施农业试点不断推进，由北京翠湖农业科技有限公司投资建设的"翠湖智慧农业创新工场"，目前已建成京津冀地区单体最大的蔬菜生产单体连栋温室，面积 10 万平方米，是北京市高效设施第一个试点项目。今年 6 月，中国·平谷农业中关村发布了占地面积 815.46 亩的高效智能温室项目"揭榜挂帅"的榜单，向全球公开征集项目的投资建设实施主体。今明两年是北京高效设施农业用地试点推广阶段，全市总规模将达到 2500 亩。

北京市农研中心专题调研数据显示，暖棚是设施农业的主要载体，12 个乡镇的暖棚占比在 90% 以上，4 个乡镇的冷棚占比在 90% 以上，1 个乡镇的连栋温室占比在 90% 以上。3 类设施占比在 10 以下的暖棚有 11 个乡镇，连栋温室有 43 个乡镇。

冷棚占比超过 50% 的有 7 个集中在延庆区、大兴区。12 个乡镇的暖棚占比在 90% 以上，4 个乡镇的冷棚占比在 90% 以上，1 个乡镇的连栋温室占比在 90% 以上。3 类设施占比在 10 以下的暖棚有 11 个乡镇，连栋温室有 43 个乡镇。

表 3   单主体规模化经营情况统计表   单位：乡镇个数

设施类型占比	10% 以下	10%—30%	30%—50%	50%—70%	70%—90%	90% 以上
冷棚	20	8	5	5	4	4
暖棚	11	4	7	3	9	12
连栋温室	43	1	0	0	1	1

数据来源：北京市农村经济研究中心 2023 年专题调研。

冷棚分布：20 个乡镇占比在 10% 以下，8 个乡镇占比 10%—30%，5 个乡镇占比 30%—50%，5 个乡镇占比 50%—70%，4 个乡镇占比 70%—90%，4 个乡镇占比 90% 以上。

暖棚分布：11 个乡镇占比在 10% 以下，4 个乡镇占比 10%—30%，7 个乡镇占比 30%—50%，3 个乡镇占比 50%—70%，9 个乡镇占比 70%—90%，12 个乡镇占比 90% 以上。13 个乡镇暖棚占比超过 50% 的 24 个乡镇主要集中在平谷区、密云区、昌平区，三个区占有 13 个乡镇暖棚占比超过 50%，大兴区和延庆区调研乡镇暖棚占比均不超过 50%。

连栋温室分布：43 个乡镇占比在 10% 以下，1 个乡镇占比 10%—30%，1 个乡镇占比 70%—90%，1 个乡镇占比 90% 以上。连栋温室占比超过 50% 的乡镇，仅有北石槽镇、镇罗营镇。

（三）科技农业发展现状分析

1."种业之都"建设成效显著

北京种业在全国整体布局中地位重要、基础雄厚，科技优势突出，创新成绩显著。2021 年 4 月，北京市委、市政府印发《关于全面推进乡村振兴加快农业农村现代化的实施方案》，明确提出本市将聚力打造"种业之都"、建设现代种业创新中心。2022 年 1 月，北京市第十五届人民代表大会第五次会议表决通过《北京市种子条例》，并于同年 4 月 1 日起施行，成为北京市农业农村领域第一部由市人民代表大会全会审议通过的地方性法规。又先后出台了《北京现代种业发展三年行动计划（2020—2022 年）》《北京种业振兴实施方案》等一系列重要文件，基本建成了全国种业科技创新中心、全国种业企业聚集中心、全国种业交易交流中心。截至 2022 年底，北京组织实施种业振兴"4520 行动计划"。建立北京特有种质资源保护政策，对北京鸭等 4 大类 8 个品种进行保护。启动 10 个优势特色物种种业联合攻关，引进创制优质种质资源 214 份，培育绿色优质多抗新品种 55 个。

2022 年，北京育种发明专利授权 359 件、国家审定品种 147 个、植物新品种授权 255 件，分别居全国第 1、第 2、第 3 位。

2. 农业中关村建设全面启动

2020 年 7 月，北京市政府批复《平谷区农业科技创新及产业提升三年行动计划（2020—2022 年）》，首次提出打造农业中关村。2021 年 10 月，北京市政府与农业农村部签署《共同打造中国·平谷农业中关村合作框架协议》，部市合作共建农业中关村。同时，陆续出台了《北京市关于加快推进农业中关村建设的十条措施》《北京市农业关键核心技术攻关方案》《北京市农业科技应用场景建设方案》，围绕 6 大领域开展农业核心技术攻关，推动 14 个农业科技应用场景建设，促进农业科技创新和成果转化孵化。截至 2022 年底，核心区入驻国家级种业研发平台 9 个、省部级以上工程技术中心和实验室 4 个，构建国内第一个蛋鸡基因组选择技术平台，自主研发设计第一款国产蛋鸡 SNP 芯片"凤芯壹号"；创建博士农场 117 个，13 位院士、411 名博士赴平谷当"农场主"。

3. 机械化水平不断提高

本市已有延庆、密云等六个区入选全国第七批率先基本实现主要农作物生产全程机械化示范县（市、区）。截至 2022 年底，主要农作物机械化率达到 95.84 %，比"十三五"末提高了 5 个百分点，畜牧养殖机械化水平达到 84.57%，设施机械化水平达到 48.68%。

（四）乡村特色产业发展现状分析

1. 特色产业示范村镇不断涌现

"一村一品"是乡土特色产业品牌化、集群化发展的重要平台和载体。截至 2022 年底，全市"一村一品"示范村镇总数达到 88 个。开展"京华乡韵"十大休闲农业伴手礼、十大特色乡村美食、十大京郊休闲农业打卡地等特色推介活动，"一村一品 +"特色产业业态进一步丰富发展。

2. 文化赋能乡村产业活跃

北京市农研中心专题调研数据显示，46 个乡镇中 43 个乡镇拥有文化赋能产业活动，30 个乡镇有两项及以上。20 乡镇有手工、木艺、石刻石雕等传统文化技艺。12 个乡镇有各类文创产品生产销售。15 个乡镇有农民丰收节等节庆活动。11 个乡镇有村史、博物馆等文化场馆参观游览活动。2 个乡镇有各类展会。7 个乡镇有与本地资源相结合的文化论坛活动。

3. 品牌建设取得积极成效

2021 年，北京市启动"北京优农"品牌认定工作，建立《"北京优农"品牌目录》，截至 2022 年底，累计认定平谷大桃、红螺食品、鹏程等区域公用品牌、企业品牌、农产品品牌 155 个。在中国农民丰收节、农交会、"进商超"、"进社区"等活动现场开展"北京优农"品牌推介与展示；通过在中央电视台及"北京美丽乡村网"、"北京农业"等传统媒体和新平台推送品牌宣传稿件和视频，不断扩大"北京优农"品牌宣传覆盖面和影响力。

（五）乡村休闲旅游业发展现状分析

近年来，北京市先后出台《关于促进乡村民宿发展的指导意见》《北京市乡村旅游评定办法》《北京市休闲农业"十百千万"畅游行动实施意见》《关于规范引导盘活利用农民闲置房屋增加农民财产性收入的指导意见》等，支持和规范休闲农业和乡村旅游发展，其已经成为横跨一二三产业、兼容生产生活生态、融通工农城乡的新产业新业态，为乡村产业振兴注入新动能。

1. 产业重点在生态涵养区集聚，规模不断扩大

"十四五"时期以来，北京市持续实施休闲农业"十百千万"畅游行动，截至目前，已成功创建4个全国休闲农业重点县、76个市级以上美丽休闲乡村，培育出一批精品项目和亮点内容。据北京区域统计年鉴，2022年，密云、延庆、怀柔、平谷等区乡村旅游接待人次排名靠前，生态涵养区乡村旅游总收入明显高于其他区域。

北京市农研中心专题调研数据显示，46个调研乡镇中，13个乡镇没有旅游民宿、景区企业，其余33个乡镇共有3117家，镇内有100家以上的乡镇有8个，集中了2961家旅游民宿、景区企业占95.00%，主要分布在延庆区千家店镇、康庄镇、张山营镇，怀柔区渤海镇、九渡河镇、喇叭沟门乡，密云区太师屯镇、穆家峪镇。其中最多的乡镇是张山营镇714家。其中，17个乡镇2640家旅游民宿、景区企业年收入7.52亿元，规模以上的24家，分布在14个乡镇，年收入7.50亿元。

2. 业态类型不断丰富

北京的休闲旅游业业态随着市场需求的涌现不断提档升级，由原来单纯住宿、景区等休闲旅游业态，逐步拓展到文化传承、涵养生态、农业科普等多个方面。在传统吃、住、行、游、购、娱基础上，更注重开发"好山好水好风光"的农业农村资源，发掘资源潜在价值。通过拓展科普教育、农事体验的功能，让人们享受青山绿水的视觉愉悦，近距离参与农业生产，了解乡村民俗，不断传承农耕文化。通过拓展养生养老、健身运动的功能，让城市居民到乡村居住，感受田园和农耕生活，充分享受返璞归真的喜悦。通过发展休闲农业和乡村旅游带动了餐饮住宿、农产品加工、交通运输、建筑和文化等关联产业，促进了农民多元化增收获利。

3. 社会资本热衷的投资业态

北京市农研中心专题调研数据显示，社会资本在乡镇投资的乡村休闲产业业态类型多样化。40个乡镇中，30个乡镇有2种及以上社会资本投资的乡村休闲产业业态。40个乡镇主要集中在精品民宿、露营基地、农耕体验园、红色党建基地、景区、非遗文化体验、运动休闲项目、康养疗愈农业等类型。其中精品民宿是最热投资项目，有27个乡镇获得精品民宿投资；其次是农耕体验园有25个乡镇获得社会资本投资；再次是露营基地有17个乡镇。

46个调查乡镇中29个乡镇已落地118个项目，总投资14.77亿元，平均单个项目投资0.13亿元。12个乡镇目前正在洽谈的乡村休闲产业社会资本投资项目28个，总意向投资额27.80亿元，单个项目约1亿元。

（六）乡村新产业新业态发展现状分析

1. 乡村电商规模不断扩大

北京市农研中心专题调研数据显示，56家电商分布在21个乡镇，除海淀区的调研乡

镇没有电商外乡镇分布较为均匀，最多的是平谷区4个乡镇有电商。但乡镇间电商分布差异较大，大兴区庞各庄镇13家、密云区河南寨镇6家、怀柔区杨宋镇5家，三个乡镇占了42.86%。9个乡镇拥有规模以上电商26家，其中大兴区庞各庄镇9家、密云区河南寨镇6家占规模以上企业的57.69%。38家电商年总收入4.98亿元。

2. 乡村服务业更加多元

北京乡村服务业主要集中在生产性服务、仓储与流通服务、生活性服务等三种业态。呈现出生产性、公益性服务较多，市场化、专业化服务不足的特点。公益性农技推广机构在农业新技术和新品种、动植物病虫害防治等方面发挥着重要作用，社会化服务主要集中于农机作业、农作物病虫害等生产性服务，而营销服务、金融服务等产后经营性服务不足。

乡村服务业呈现纵向全程化、横向全面化、手段信息化的趋势。纵向来看，随着农村的青壮年群体不断融入城镇中，当前乡村劳动力结构的老龄化问题已十分突出，乡村产业生态关键环节的劳动替代需求迫切，在农村基本经营制度保持稳定的情况下，农业生产的托管服务应运而生。从发展趋势看，随着机械化的进一步发展，农业生产的全程托管将越来越得到认可，通过全程托管可以进一步减低生产成本，破解"谁来种地"难题。横向来看，随着市场经济的不断发展、农村人口结构显著变化以及人民从生存型服务消费向享受型、发展型服务消费转变，农村生活服务越来越体现为专业化分工，吃、住、行、美、乐、养都出现了专业队伍，形成一个个不同的产业。手段上来看，近年来，京郊乡村公共服务信息化、农村电子商务和农村经营性服务信息化等越来越快。

四、北京乡村产业振兴的几种模式

（一）依托特色资源发展特色产业型

习近平总书记在2022年中央农村工作会议上围绕"做好'土特产'文章"提出明确要求。党的二十大报告提出，发展乡村特色产业，拓宽农民增收致富渠道。北京的乡村产业发展过程中，各区注重发挥比较优势，因地制宜发展特色产业，全市累计培育地标农产品14个，"一村一品"示范村镇总数达88个，有效为乡村全面振兴注入动力。

案例1：大兴庞各庄镇聚力"小西瓜"

庞各庄镇地处北京南部、大兴西部，位于永定河生态文化带和京雄协同发展带，是大兴区传统的优势农业主产区，全镇农用地总面积11.84万亩，其中基本农田6.67万亩，设施农业面积近2万亩。1995年庞各庄镇被农业部首批百家中国特产之乡宣传活动组委会命名为"中国西瓜之乡"。近年来，庞各庄镇依托西瓜产业发展优势，在加快西瓜产业提质增效和农旅产业深入融合上下功夫，创新拓宽西瓜销售渠道，实现精品西瓜品牌和农民收益双提升。

主要做法：

I. 集约化育苗。为提高种苗质量，庞各庄镇支持建设了四季阳坤等14家西瓜集中育苗场。区级每年对各育苗场补贴1元/株，实现育苗场以低于育苗成本的价格向瓜农提供种苗。以育苗订单式生产快速对接瓜农的茬口，降低各方运营成本。以科学化、标准化的技术和措施，确保育苗品质。

Ⅱ.标准化种植。通过科技培训、科技入户等形式，不断提高西瓜种植技术的专业化，坚持专业化种植，注重优新技术的普及推广，蜜蜂授粉、保护地多层覆盖、微喷技术、绿色防控、高密度栽培技术等得到大面积应用，全镇90%以上的西瓜实现了蜜蜂授粉和人工授粉。大力推广绿色防控技术，作物生长周期禁止高剧毒和高残留农药的使用，建立健全了区镇村三级农产品安全监管体系，对每批次上市的西瓜进行抽检，在全镇范围内推广统一的庞各庄农产品合格证制度，确保安全。

Ⅲ.建立销售体系。在传统"面对面"销售的基础上，庞各庄镇党委政府结合西瓜品质、定位各类人群、研判市场份额，构建了"合作统销、超市帮销、快递促销、线上直销"的全方位、立体化的销售体系。

取得成效：庞各庄镇西瓜产业已形成集聚效应，目前全镇西瓜种植面积约2.5万亩，设施生产面积约1.8万亩，年产量约1.1亿公斤，平均亩产值约2万元，年销售额约5亿元，主要分布在京开路以东，种植品种以L600、超越梦想、京美2K等10余个品种为主，种植户6500余户，注册京庞、乐平、宋宝森等10余个商标，切实地助力了农民发家致富。

案例2：昌平兴寿镇立足草莓强产业

有着"京郊草莓第一镇"美誉的兴寿镇坐落于昌平区东部，兴寿镇的地理位置属于自然形成的山前暖带小气候，这种位置和气候十分适合林果业的种植和发展，尤其适合草莓的种植和生长。

主要做法：

Ⅰ.打造品牌。实施优质农产品基地品牌创建工作，政府、协会和企业共同合作，用质量安全保护品牌，用文化创意包装品牌，并通过推介活动提升品牌的知名度。

Ⅱ.多渠道销售。除采摘外，还结合电商平台，尝试新媒体，包括视频营销、直播达人这种模式宣传昌平草莓，更好地把昌平草莓推广出去。

Ⅲ.举办展会。以创新的展览形式、丰富多彩的内容、互动项目举办北京农业嘉年华，成功地带动了兴寿镇草莓产业的发展，促进了草莓采摘园的兴起。

Ⅳ.构建链接机制。创新草莓种植技术，从温室建设、种植技术、病虫防害等方面不断探索，并把经验、技术传授给农户。提高产量的同时，助农增收，调动农户培育种植的积极性。据了解，兴寿镇草莓产业的快速发展带动了约1300户种植专业户的增加，解决了5000余人的就业问题。

取得成效："昌平草莓"已成为国家地理标志产品。依托2012年在兴寿镇举行的第七届世界草莓大会，和2013—2019年连续七届的北京农业嘉年华，"昌平草莓"以高品质打响了名声。镇草莓种植 5300 多栋，2019—2020 年度草莓种植季，全镇草莓产量 3756 吨，产值 1.55 亿元，农户通过草莓种植每栋温室可获纯收入约 2 万元。值得一提的是，兴寿镇生产的草莓全部达到了无公害的标准，部分产品达到了绿色标准。

案例 3：高品质水源养出密云水库鱼

密云水库位于密云城区北部山区，是华北地区最大的水库、亚洲最大的人工湖。最大库容量为 43.75 亿立方米，最大水面面积 188 平方公里。密云水库水生物种类丰富，密云水库现有鱼类 40 种，且营养丰富、品质上乘。

主要做法：

Ⅰ.坚持科学保水。始终把保水作为首要政治责任，积极落实构建"5+2"保水体系，对密云水库实施全方位立体化管控和保护。

Ⅱ.提升品牌价值。密云区现已完成密云水库鱼有机产品认证、地理标识认证，注册"密云水库鱼"商标，强化了密云水库鱼质量安全形象，提升了市场竞争优势。连续 18 年举办鱼王美食文化节等节庆活动，努力打造密云水库鱼优质品牌 IP。

Ⅲ.统一销售。成立密云水库渔业产销合作社暨志愿者联合会保水分会。合作社为一个区级联社，负责收购渔获，对接合作企业；5 个镇级分社，负责对入社渔民的统一管理，对接联社收购端。

取得成效：2021 年捕捞期，密云水库鱼依靠有机鱼品牌认证和销售渠道拓展正式走向市场化，开渔首日溪翁庄合作社与企业对接销售水库鱼 7700 公斤，鱼价平均上涨 15%。水库周边 5 个镇的渔民就近加入渔业产销合作社镇级分社，入社渔民已达到 60% 以上。2021 年，全区渔业产值达 6582 万元，有效地推动了保水富民协调发展。

（二）重大项目带动型

北京市围绕乡村振兴总体要求，强化项目建设推进措施，将项目建设作为推动乡村振兴高质量发展的重要抓手。聚焦业农村重大项目，强化重大项目推进工作，助力乡村振兴跑出"加速度"。

案例 1：大兴机场带动临空经济

北京大兴国际机场是习近平总书记特别关怀、亲自推动、出席投运仪式的首都重大标志性工程。2019 年 9 月 25 日，随着机场的正式投运，大兴逐渐被世界所熟知。作为全球最大的国际消费枢纽，也是全北京唯一同时拥有货运、客运跑道的机场，远期规划建设面积 68 平方公里，年旅客量 1 亿人次以上，年货邮量 400 万吨。

主要做法：

I. 政策红利叠加。大兴机场临空经济区是全国唯一具有京冀两省市自由贸易试验区政策和跨京冀两省市综合保税区的优势区域。临空经济区将充分利用大兴国际机场发展机遇和优势，发挥联通国内国际双循环的枢纽节点作用，最大限度释放政策红利，促进临空区、自贸区、综保区"三区"产业耦合发展，发挥三区政策叠加红利效应。

II. 搭建平台辐射带动发展。北京大兴国际机场临空经济区（廊坊）正瞄准现代商贸物流、生命健康、航空科创服务三条主链，着力构建新一代信息技术、高端智能装备制造、现代服务业、总部楼宇四条辅链，建立"链长制"招商体系，实现产业链精准招商，有效推动重点产业集聚集约发展，打造发展高地。

取得成效：2023年以来临空区围绕国际航线开通，以欧洲及东盟国际航线为重点，大力拓展跨境贸易，航空物流和生物医药供应链建设。邀请国际商协会及国际企业代表走进临空区。搭建国际招商平台，临空区国际创新中心开园已经开园，服务国际创新型企业及"一带一路"企业进驻，目前已有很多外资企业进驻。

案例2：冬奥项目带动建设冰雪小镇

张山营镇位于延庆区西北部，是2022北京冬奥会延庆赛区所在地，借助举办冬奥会的东风，近年来，张山营镇多个村庄不断改造提升，"面子"和"里子"双重升级。

主要做法：

I. 持之以恒的生态建设。搞好全域旅游、建设最美冬奥冰雪小镇，关键是生态。近年来，张山营镇紧紧围绕"两山"实践创新基地建设，综合运用"治、管、建、享"思路，统筹管理好自然保护区、水源保护地、湿地保护区长效管护机制，同时会加大农村人居环境整治力度，利用农村人居环境长效管护机制，进一步提高人居环境品质，为冬奥冰雪小镇建设打下更亮丽的底色。

II. 着力引导形成特色产业体系。着力打造冰雪产业，充分利用冬奥遗产，整合延庆奥林匹克园区、玉渡山、万科石京龙滑雪场、龙庆峡等资源，推进西大庄科大众滑雪场建设，形成位居东西两侧的滑雪胜地。同时还要打造以世葡园冰雪嘉年华为核心，包括辉煌国际度假区嬉雪项目等冰雪项目品牌，做大做强冰雪产业，从而带动更多群众吃上"冰雪饭"，从冰雪运动当中获得收益。继续提升传统的果品产业，巩固旧有品种，提升品质，增加新品种，恢复受大众欢迎的老品种，并且做到和旅游相结合。提升民宿的品质，在已有的六十几处院落基础上，继续增加一些院落，为滑雪客人提供服务，也为旅游做配套工作。

取得成效：张山营冰雪小镇的面貌、基础设施、产业发展等不断提升。已启动镇中心区域古龙路南牛场和北牛场、后黑龙庙牛场、下营村西、苗金囤等6大地块、241亩范围进行改造提升，预将其打造为以休闲、骑行、农事体验为主的生态休闲度假区。目前黑龙庙村一处 4.7 万平方米的牛场成功改造成为定期举办演唱会、露天电影，并开设"烧烤局"的露营地，全村拥有高端民宿小院 30 余个，年接待游客近 2 万人，人均增收 3000 余元。近日，"2023 年中国美丽休闲乡村"名单出炉，后黑龙庙村成功上榜。

（三）大企业强势助力乡村产业发展

为助力北京市集体经济薄弱村发展，北京市农业农村局与北京市国资委联手实施"一企一村"，让大型国企帮助集体经济薄弱村发展。大企业通过出资、出智，联动多方资源的方式，有效助力北京市集体经济薄弱村的发展。

案例 1：城建集团帮扶集体经济薄弱村

下栅子村位于北京市密云区大城子镇东南方，和河北省兴隆县以长城为界相连。该村历史悠久，风景秀丽，同时山势陡峭、山多地少，农产品主要是自然生长的红肖梨和零星种植的木耳、板栗，作物缺乏销售渠道，2018 年以前集体经济收益近乎零。

主要做法：

I.依托资源破局：2018 年 5 月，北京城建集团所属北苑大酒店与下栅子村签订了一企一村结对帮扶协议，多方考察后，依托下栅子村秀美的山景、古长城遗址、龙潭、梨花顶等自然资源，在深入调研和反复论证之后，确定以建设旅游休闲产业示范点带动村子增效、农户增收的帮扶思路。首先改造废弃民宅打造高端民宿，形成 1 个接待院落、1 个综合服务院落、6 个民宿院落。

II.团队支持开局：民宿建好后，北京城建集团选派经营管理团队驻村，由北苑大酒店代为经营"大城小苑"，硬件和服务标准均向五星级酒店看齐，运营同时，当地村民还享受到北苑大酒店的带薪培训，通过这种"吸收就业—培训人员—反哺村内生产—再吸收就业"的长效机制，激发村民主动致富的内生动力，带动村民稳定增收。

III.内生发展守局。随着民宿知名度的提升，越来越多的市民慕名而来，下栅子村顺势打开了林业木耳和红肖梨汁的产业发展大门。发展势头向好。同时村里多方谋划，开始打造"'80 后'村长老金"直播带货，帮助村里渡过难关。

取得成效：在城建集团的帮扶下，下栅子村全体低收入户实现集体"摘帽"。2019 年下栅子村收入 90 余万元，实现利润收入 40 万元。目前，村里的主产业高端民宿"大城小苑"周末和节假日的房间早早就被订满，红肖梨、核桃、栗子等特产山货也开始陆续出货。老金的视频，还为村里汇聚了更多力量。

案例 2：国资公司助力梁家庄村产业发展

梁家庄村位于京西门头沟区清水镇，村庄地处深山区，交通不便，基础设施薄弱，曾是远近闻名的低收入村，集体经济发展困难重重。2018 年，国资公司与该村结成"一企一村"帮扶对子，确立了党建引领、产业帮扶、就业帮扶、文化帮扶、资金帮扶、公益帮扶的精准帮扶总体思路，通过造血赋能，为梁家庄村探索出了一条依托绿水青山，以产业主导、扩大就业、增收创业为核心的脱低致富新模式。

主要做法：

Ⅰ.盘活闲置资源。国资公司投入 3500 万元，全力开展帮扶工作。所属北科建集团与梁家庄村成立了帮扶平台企业——北京梁家庄创艺乡居文化有限公司，取得闲置农宅的经营权，设计改建成精品民宿，开发高端民宿产业，辅以高山生态农业，采用"村集体＋公司"的模式，将原本破败老旧的闲置院落资源盘活，设计改建成了 17 套一院一景的"创艺乡居"精品院落民宿。

Ⅱ.就业帮扶。国资公司秉持"以产业带就业"的理念，要求"创艺乡居"民宿项目在经营中重点聘用梁家庄村村民，优先解决该村村民的就业问题。据了解，该项目共雇佣当地劳动力约 110 余人。

Ⅲ.扶持特色产业。在北京市农林科学院、北京国资公司和北科建集团的大力支持下，以高山芦笋种植为主的高端精品农产种植基地，在梁家庄村新开发的 90 亩土地上落成。一方面，农林科学院专家对土壤检测、种植管理、后期采收等各个环节进行全程跟踪指导；另一方面，为保证芦笋后期取得稳定持续收入，村集体与京研益农公司签订了收购协议，采取保底价和市场价两种收购方式，有效避免了因市场价格波动带来的损失，确保了村集体与农户的收益。

取得成效：近年来，在产业带动的理念下，民宿项目累计实现了 350 万元的收入，高山芦笋等村集体农副产品的销售收入也超过了 50 万元。依托产业打造的"造血"功能，北科建集团持续推动着梁家庄村的产业转型和模式升级，实现了村集体经济的可持续发展，一步步把梁家庄村建设成了绿水青山中的"脱低奔小康"标杆。

（四）村两委引领壮大集体经济

村集体经济是乡村产业中的中坚力量，集体经济的发展直接影响全体农民的生活富裕程度。近年来，北京市注重以加强农村基层党组织建设为引领，不断加强基层两委班子建设，以强村富民为目标，持续推动村级集体经济发展提质增效，努力激活乡村振兴"动力源"。

案例 1：党支部引领红杏产业发展

南独乐河镇北寨村以北寨红杏中华名果而著称。全村 781 人，有党员 68 名，是远近闻名的红色抗战堡垒村。多年来，在镇村领导的支持下，北寨红杏成为北寨村的主导产业、全村百姓主要收入来源。但小而散的经营模式一定程度上影响了其品牌竞争力，加之受新冠疫情的冲击，果农普遍面临线下销售渠道受阻、销售价格打折、整体收入受影响的困境。

主要做法：

I.党支部牵头抱团发展。北寨村党支部紧紧围绕"一手抓党建，一手抓发展"的任务，探索实施"党支部＋合作社＋村民"发展模式，成立由村党支部书记任社长的村级合作社，为杏农提供产前、产中、产后等全方位服务保障，2021年全村共有711人加入合作社，入社率达92%；引导杏农与村集体经济组织进行利益联结，采取统一规划、统一管理、统一品牌、统一销售等模式，通过合作社机制销售红杏，集体收购红杏解决了村民卖杏难，同时对本村的红杏价格在很大程度起到了保护作用，推动产业规模化、集约化、标准化发展，将农民组织起来，变"单打独斗"为"抱团取暖"。

II.打造品牌拓展销售渠道。在成立村级合作社的基础上，以北寨红杏销售中心为平台，精选优质果品，制作精品包装，打造北寨红杏大IP，同时通过直播带货、视频、软文等宣传形式，扩大北寨红杏的知名度，成功吸引央视、人民日报、光明网、北京日报、北京电视台等40多家中央、市、区媒体争相报道，形成了强大的市场竞争力。2022年，南独乐河镇"桃醉平谷·尚享杏福"第八届休闲文化节暨线上红杏销售季在北京时间抖音、BRTV新闻抖音、快手、微博、微信视频号等10余个新媒体账号同步矩阵传播，累计观看量达138万人次，进一步提高了北寨红杏曝光率，拓宽了销售渠道，增加了北寨红杏品牌影响力。

III.科技小院助力提质。北寨村科技小院的师生们每天到杏树地取样分析土壤。在红杏成熟时，对北寨红杏的单果鲜重、VC含量、糖酸比等品质指标进行测定，分析北寨红杏特点。科技小院的师生们还协助村民开展网络销售，提升果农的销售水平，培训200多余人次，让平均年龄近60岁一半以上的农户掌握了通过微信进行红杏宣传销售的方法，帮助农户进行产量预估、定制溯源二维码、统一采收登记、对接电商等。

取得成效：北寨村党支部依托北寨红杏现有优势和资源，对北寨红杏进行企业化运行、商业化销售、品牌化管理，让村民尝到发展壮大集体经济的甜头，村民对村集体更加认同，提高了村党支部的号召力、凝聚力和战斗力。2021年在减产15.6万斤的情况下，村集体增收40余万元，每斤价格增幅为15.1%，品牌溢价效果明显。

案例2：村社合力促增收

田庄村，位于门头沟区雁翅镇西部深山区，距离门头沟区政府驻地45公里，距离109国道芹峪口8公里，是京西山区的一个红色革命老区，曾涌现了一批批为了新中国的胜利英勇奋斗的革命先烈。

主要做法：

I.村社合力改造基础设施。2011年，田庄村注册成立红满天民俗旅游专业合作社，发挥专业集聚效应，立足本村资源禀赋，集中形成规模效应，打造民俗旅游，拓宽农民增收渠道。2015年以来，田庄村两委坚持统一规划、统一管理、整体联动，对全村进行整体改造，完成背街小巷硬化全覆盖，太阳能路灯全覆盖，供水管网全覆盖，上下水管道分离，实施道路修整等。2022年3月，本着村集体领办合作社原则，田庄村股份经济合作社以10万元增资入股合作社，为合作社发展注入不竭动力。

Ⅱ.红色资源提升文化体验。田庄村两委高度重视，积极打造生态山水文化、红色历史文化、民间习俗文化，依托"门头沟小院＋红色历史文化"模式，形成"红雁初心"民俗产业风景线，在发展旅游业同时，利用场地开展就业技能培训、搭建农产品销售窗口，增加群众就业机会和农产品销售渠道，助力乡村振兴。

Ⅲ.完善"红、绿"双产品运营管理。围绕绿色生态产品，合作社现已建成较为完善的红头香椿、蜂蜜和小米简易加工、挑拣包装、储藏和物流配送的产业链。在保证社员个人利益的前提下，合作社以高于市场价格收购村民农产品，并在年终留有盈余，按交易量进行返还。以"薪火"文化理念，打造"薪火田庄"品牌，设计LOGO，注册商标，先期推出党史学习笔记本、保温杯、文化衫等11种产品。

取得成效：村两委通过完善村内配套基础设施，提升文化综合软实力，打造生态山水文化、红色历史文化、民间习俗文化等文化产业风景线。田庄村红满天民俗旅游专业合作社坚持党建引领、以民为本、生态为基、红色为魂，着力打造"红色＋绿色"双色共艳的民俗旅游经济。2021年合作社实现收入162万元，分红为社员人均增加收入2300元，占村民人均可支配收入的12%，民俗旅游成为村民实现增收的重要渠道。

（五）产业融合发展模式

近年来，随着城乡交流的频繁，市民对于到京郊休闲、度假、农事体验等的高需求转化为市场供给，乡村产业从提供采摘、住宿的业态，不断地跨界融合，出了许多小众俱乐部、休闲度假综合营地、休闲、旅游观光一条龙的产业融合发展的成功案例。

案例1：房山区堂上村

堂上村地处北京市霞云岭国家森林公园园区内，距离北京城区约110公里，村域面积16.7平方公里，平均海拔950米，系大石河水系源头所在地，全村林木绿化率86.35%以上。近年来，堂上村以村庄环境综合整治为基础，以不断挖掘红色底蕴为依托，逐步发展成为集生态景区旅游、红色文化体验、高端住宿服务、农业底色支撑的融合发展典型。

主要做法：

Ⅰ.注重环境综合整治。为保护村民的饮用水源和大石河源头水系，堂上村坚持禁止发展畜牧业等污染产业。通过美丽乡村项目、文旅项目在生活片区实施绿化、铺路、水管改造、路灯安装等，并注重加强日常管理和维护。实施流域治理、河道治理项目建设挡土墙、植树、固化渣石，有效防止泥石流、洪水灾害发生。通过生态保护、林草治理、绿地建设、乡村管护等多措并举，村内生态环境得到了极大提升。

Ⅱ.深耕农业底色。堂上村土地资源紧张，按照作物生长特点和现有土地资源情况，利用闲置耕地进行核桃种植，打造成了千亩核桃园，现已有核桃园1100亩，建设生态高效的黄芩种植基地200亩，作为黄芩深加工的原料产地。2021年，堂上村在140亩梯田上，种上红高粱、白高粱、油葵、土豆、玉米和油麦菜，成为独特的"五彩农田"景观。

Ⅲ.开发绿色生态旅游。堂上村依托山景，打造"蝴蝶谷"，自然风景中增设登山步道、观景台、休息站等，谷内曲径幽深，绿树遮阴，是盛夏避暑纳凉的好去处。

Ⅳ.深挖红色资源。1943年10月，曹火星和群众剧社社员赵艺平、赵珂等人组成小分队，来到海拔2000多米的堂上村，并在这里写出了不朽歌曲《没有共产党就没有新中国》。2006年，没有共产党就没有新中国纪念馆正式开放。随着参观的人越来越多，堂上村开始深挖红色资源，相应的开发出红色旅游线路，提供"忆苦思甜"饭。

取得成效：红色资源提质增效，堂上村入围中组部红色美丽村庄建设试点，没有共产党就没有新中国纪念馆列入北京市党员教育培训现场教学点，中共房良联合县第一个农村党支部纪念馆升评为北京市爱国主义教育基地，"经典红色歌曲唱响之旅"入选北京红色旅游地图9条精品线路之一。2021年，堂上村共有435户居民、1030人，人均年收入达到19300元，村集体年收入150万元。

案例2：密云区金叵罗

金叵罗村位于密云区溪翁庄镇中部，与走马庄毗邻。东临石马峪，南至立新村，西毗密关路，北起走马庄。全村占地面积约8.95平方千米，常住人口3100人，户籍人口2420人。因村庄周围低邱环绕，形似笸箩，盛产谷子（小米），谷子成熟季，整个山谷金灿灿的，故名金笸箩，后演今名，沿用至今。

主要做法：

Ⅰ.坚持绿色有机种植。村两委坚持"绿水青山就是金山银山"的发展理念，在农业发展中秉承绿色有机种植做法，建立起600亩樱桃种植园、1000亩小米基地、300亩杂粮基地，成立了樱桃和小米种植专业合作社。10余年来坚持不打农药、不施化肥，实现小米、玉米、蔬菜、樱桃等有机种植，土壤及灌溉水达到了国家自然保护区的标准。

Ⅱ.打造田园综合体。聚力建设金叵罗农场，打造集休闲采摘、农耕体验、科普教育为一体田园综合体，并举办金叵罗村樱桃采摘节、金谷开镰节、农民丰收节等丰富的庆祝活动，增添对游客的吸引力。确立以樱桃和小米为主的特色种植业发展模式，大力发展金叵罗"贡米"品牌，打造了以"贡米打包饭"为主的"一村一品"特色美食。

Ⅲ.注重发挥人才资源优势。原有 10 个"生产队"的基础上，成立由一批优秀企业家、海归创业团队、跨界新农人等人才组成的"金叵罗 11 队"，目前已有 46 人。在"11 队"的示范指导下，组织开展农民培训，实现专业技术、管理模式、经营理念真正"下乡"。利用闲置资源建设了"老友季""北井小院"等一批精品民宿院落，"飞鸟与鸣虫"农场等。

取得成效：近年来，金叵罗村村庄面貌得到极大改善，生态环境持续向好，乡村民宿、农场建设直接带动金叵罗村增设优质就业岗位 450 个。2022 年，全村接待游客近 20 万人次，实现旅游综合收入 2000 万元。

五、北京乡村产业发展的困境与挑战

（一）乡村产业自身发展问题

1. 乡村产业发展链条不长

当前北京市乡村产业链条从起点到终点的中间环节较少，并且存在产业链断裂的问题，产业链缺乏衔接的环节。尤其是农业生产方面，农民生产、经纪人收购、企业初加工后供给市场的模式占比不高，产品加工不够、仓储设施不足、冷链物流配送体系不完善，农业产业链各环节发展滞后，更多的是初级农产品的生产与销售，附加值少，生产利润低。受制于建设用地指标，北京市农产品加工企业偏少，影响了优质鲜食农产品就地分拣、保鲜、加工和储存的发展。

2. 乡村产业空间布局集聚弱

当前北京市正打造设施蔬菜产业集群、7 个国家农业科技园区、5 个国家级现代农业产业园、10 个市级现代农业产业园，吸引和集聚了一定的企业，产业规模不断扩大。但整体来看，乡村产业经营主体布局散，产业集聚程度低，产业主体向园区集聚态势未能形成，集聚效应依然不足。

3. 乡村产业融合层次浅

目前产业融合形态多停留在基础阶段，产业融合应产生的高附加值、产业化、规模化和精细化程度尚未完全显现，产业融合方式和水平均需进一步优化。北京市农研中心专题调研数据显示，48% 乡镇认为一二三产融合发展不够，产业链亟须延长。

4. 乡村产业发展动能不够，支柱不强

北京市农研中心专题调研数据显示，大部分乡镇认为农、林、牧、渔业、住宿餐饮业、工业，批发零售业、租赁和商务服务业，文化、体育和娱乐业、居民服务、修理和其他服务业等 7 个对经济发展起主要作用。业态类型传统，产出效益不高，乡村产业动能不足。其中，农、林、牧、渔业在 26 个乡镇经济发展助力中排第一，工业在 7 个乡镇中排第一，住宿和餐饮业、房地产业分别在 4 乡镇经济发展助力中排第一。交通运输、仓储和邮政业，居民服务、修理和其他服务业，文化、体育和娱乐业，分别在 1 个乡镇经济助力中排第一。

（二）乡村产业发展外在环境挑战与机遇

1.资源与环境约束日益趋紧

乡村产业发展的土地、科技、信息、人才、资金等投入要素缺乏。根据《北京市生态保护红线》，北京市生态保护红线面积 4290 平方公里，占市域面积的 26.1%，人均水资源占有量不足 120 立方米。根据第七次人口普查数据，城六区中大学以上学历人员占比达到 50.01%，人才高度集聚。而以"三农"为主体的远郊区则主要以初、高中学历人员为主，占比达 51.32%。

2.支持政策不足，协同性有待提高

北京市农研中心专题调研数据显示，基层认为支持政策不足和政策落地难是乡村产业发展最大的困难。具体来看，41% 乡镇认为支持政策不够或已出台政策难落地；50% 的乡镇认为产业发展资金不足，金融支持路径不通；56% 的乡镇认为产业发展人才不足；37% 的乡镇认为产业发展科技支撑不够。乡村占地面积大，乡村产业涉及领域多，多部门政策出台会涉及乡村产业发展，然而各部门政策取向各有侧重，不同的优先排序选择极大影响着乡村产业发展，各项政策之间的衔接配套性不强，政策执行落地综合效应发挥不够。

3.农业科技支撑有待进一步强化

农业科技资源统筹利用不够，成果转化不足。2022 年，北京市农业科技进步贡献率为 76%，而上海已突破 80%，接近世界发达国家水平。农业中关村科技创新集聚效应初步显现，但距离形成国内一流、国际影响力强的农业科技创新策源地还有不小差距。作为全国科技创新中心，北京市科技人才和资源丰富，涉农高校和科研院所数量多、覆盖领域广，但农业空间规模有限，科技资源优势并没有充分地转化为生产优势，农业科技成果转化率不高。"卡脖子"关键核心技术原创能力不足，迫切需要强化自主创新，种业企业研发投入与国际种业巨头相比差距显著。

4.产业发展与城市功能融合不足

"四个中心"是中央赋予首都北京的战略定位，全市上下各方面工作安排，都要紧紧围绕"四个中心"建设展开。当前北京的乡村产业在重大国际交往活动、国际赛事中的食品保障发挥了重要作用。但在场所保障、会展数量频次、文化功能挖掘、科技创新参与度等方面还有较大提升空间。这些方面即是乡村产业发力的方向，也是更好服务首都城市功能建设的要求。

六、乡村产业发展趋势分析

（一）面临"四性"时代特征

北京新总规明确了"全国政治中心、文化中心、国际交往中心、科技创新中心"的战

略定位，和"建设国际一流的和谐宜居之都"的发展目标，提出了围绕优化提升"都"的功能来布局推进"城"的发展。"四个中心"是党中央赋予北京的城市战略定位。北京的一切工作必须坚持全国政治中心、文化中心、国际交往中心、科技创新中心的城市战略定位，履行为中央党政军领导机关工作服务，为国家国际交往服务，为科技和教育发展服务，为改善人民群众生活服务的基本职责。乡村产业发展相应具有北京作为首都发展要求之下的政治性、文化性、国际性、科技性。

1. 政治性

看北京首先要从政治上看。推动新时代首都发展，第一位的就是要旗帜鲜明讲政治，就是要始终在政治立场、政治方向、政治原则、政治道路上与以习近平同志为核心的党中央保持高度一致，坚持把习近平总书记对北京作出的重要讲话重要指示批示精神作为根本遵循，一切工作都从政治上考量、在大局下行事。乡村产业发展的政治性主要体现在坚守首都农产品供给安全责任，要严格落实粮食安全党政同责和"菜篮子"责任制。重要农产品的稳产保供既要稳量更要保质，不断提高农产品质量安全监管能力和水平，不断强化源头管控和完善标准体系建设。

2. 文化性

北京是世界著名古都，有着3000多年建城史、860多年建都史，丰富的历史文化是一张金名片，是中华文明源远流长的伟大见证。北京文化中心建设要求其不断发挥凝聚荟萃、辐射带动、创新引领和传播交流的功能。乡村产业发展的文化性主要体现在农村优秀传统文化、非物质文化遗产保护传承，乡村产业中文化创意创新，用产业发展过程中社会主义新风尚不断影响、凝聚和感召农村居民更好地融入首都文化中心建设，更好地服务文化交流等方面。

3. 国际性

北京具备联通和服务世界功能、能够集聚国际高端要素、在全球事务中发挥重要影响，是国际交往网络中的关键性节点和枢纽性平台。乡村产业发展要面向国际合作与竞争，更多地发展服务国际交往中心城市发展的业态，打造更具竞争力的乡村产业发展格局。

4. 科技性

打造国际科技创新中心需要全方位推进，农业科技创新是重要板块。这方面北京既有得天独厚的优势，又有着巨大的发展空间。北京拥有全国顶级的农业科创资源，要在农业科技国际交往中认清自身的差距，更好地促进首都科技创新优势向发展优势转化，加快推进创新驱动发展战略实施。乡村产业发展需着力打造有国际影响力的现代农业人才高地、创新高地、产业高地，构建农业高新技术产业发展新格局。

（二）面临"五领"时代要求

党的十八大以来，北京乡村产业取得长足发展，农业综合生产能力稳步提高，重要农产品自给率显著提升，科技创新赋能农业发展水平进一步提高，乡村产业加快融合发展，为率先实现农业农村现代化打下坚实基础。在新发展阶段，北京的乡村产业发展面临市场领航、绿色引领、融合领路、科技领跑、职业领军的"五领"时代要求。

1.市场领航

北京的乡村产业要立足超大城市广阔消费市场，要适应和满足居民不断升级的消费需求，瞄向品种优、品质好方向发力，在引领市场消费上下功夫。

2.绿色引领

北京生态涵养区主要在乡村，生态涵养主力是农民，乡村产业发展绿色引领是指要落实"绿水青山就是金山银山"发展理念，践行生态优先、节约集约、绿色低碳的高质量发展之路，以绿色发展增强乡村产业持续增长力，促进农村生产生活生态协调发展，以绿色标准体系引领乡村产业绿色发展，率先开展生态产品价值实现探索，加快推动北京市生态优势向发展优势转化。

3.融合领路

北京乡村产业发展要探索更多产业融合发展新模式，不断拓展"农业+"文化、教育、旅游、康养、信息、数字等领域，搭建新产业新业态成长平台。通过培育多元融合主体，发展多类型融合业态，打造产业融合载体，构建利益联结机制，构建产业协同发展新格局。

4.科技领跑

科技创新是乡村产业发展的基础，更是乡村产业发展重要动能。北京科技创新教育资源汇集，有科技领跑基础，"种业之都"和"农业中关村"建设的全面开展，乡村产业自主创新不断提高，为北京乡村产业开展国际竞争打开了局面。

5.职业领军

北京是教育资源高地，有基础有条件在乡村产业发展所需的职业培训中做成全国表率，努力从学科建设、专业人才培养、职业人才再教育、技术人才评定标准创新等多方面助力打造乡村产业从业者的领军队伍。

（三）呈现多元化功能特点

1.经济功能

乡村产业发展是农民增收的重要抓手，是强区富民的支柱。当前北京乡村产业中农业仍然是主要部分，其经营效益低，如果没有产业链的延长，乡村产业就会一直停留在价值链的底端，将难以提升综合效益。

2.社会服务功能

乡村产业发展为满足市民的食物需求、休闲旅游、文化消遣等需求提供了多样的选择。随着北京市民基尼系数的持续下降，人们多元化、个性化、品质化的消费上升，乡村各类新兴产业的萌发正式提供了各项社会服务功能。

3.文化功能

乡村产业中的农耕文明、各类非物质文化遗产、乡村手艺人传承下来的生活智慧等是中华文化传承的宝贵文化库，只有乡村产业蓬勃发展，这些文化才能可持续地传承下来。

七、乡村产业振兴的路径选择

北京市乡村产业振兴要以习近平新时代中国特色社会主义思想为指导，以新时代首都发展为统领，聚焦"率先基本实现农业农村现代化"的目标，选择布局相对集聚、结构不断优化、链条持续延伸、业态不断丰富的路径构建起乡村现代产业体系。

（一）产业布局相对集聚

1. 空间上向园区、强镇集聚

当前北京乡村产业整体布局展现出科技农业向农业中关村集聚，一产在多点地区集聚，休闲旅游业向生态涵养区集聚的态势。下一步乡村产业发展秉承因地制宜，依托各区资源禀赋，继续推动乡村产业向各类特色种植、休闲产业、科技农业的产业园区建设，打造产业强镇，提升产业发展质量，降本增效。

2. 主体上向龙头企业、合作社集聚

北京市现有乡村产业龙头企业120家，其中国家级46家，市级74家，要进一步做大做强龙头企业，提高标准条件，加快产业发展水平高、带动农户能力强的重点龙头企业培育，将休闲农业、社会化服务等服务型企业纳入认定范围。大力培育农民合作社、家庭农场和多元化专业化社会化服务组织，建设一批农业经营主体辅导员队伍，创建一批农业经营主体服务中心，发展代耕代种、统防统治、代管代收等社会化服务。

3. 业态上向高科技、高附加值集聚

北京科技创新教育资源汇集，随着"种业之都"和"农业中关村"的建设的持续推进，农业科技的研发、成果对接转化更加深入，各类农业科技创新推动活动丰富，关键技术装备研发和推广不断强化，现代生物和营养强化技术的升级，药食同源、养生保健功能食品的挖掘，等等；将更好地引领乡村产业向符合超大城市市场需求的特色化、小众化、中高端、高科技、高附加值业态集聚。

（二）产业结构不断优化

1. 稳定一产，做优做精

从国家粮食安全战略及北京市重要农产品应急保供等角度，稳住北京一产，将一产做优、做精。从产前、产中、产后各环节有的放矢，精准施策。提升农业生产全周期社会化服务水平，推动农业全产业链条纵向深度融合的同时，与农产品加工、乡村旅游、电商物流、文化体验等二三产业融合，实现产业链横向扩面。腾退的集体建设用地主要用于保障农村一二三产业融合发展。建立数字化物流信息平台和产业交易平台，提升生产、收购、物流、仓储、销售等流程的效率和透明度，降低交易成本。

2. 适度二产，做特做强

在减量发展背景下，以资源环境承载力科学测算为依据，对于一些地区要给予农村二产一定的发展空间。禁限目录修订要统筹考虑乡村二产发展需求，还要辅之以正面清单、鼓励清单。更加强调生态环保标准管理，综合经济社会发展需要，以及环保和技术革新情况，符合生态环保标准的允许经营，不符合标准的要进行升级改造，使得传统产业逐步符合现代产业标准要求。二产是三产融合中最关键的经济支撑，发展壮大二产既有利于提升农产品质量和保障市场竞争力，也有利于促进农业产业规模化经营和延伸价值链。适度发展农村劳动密集型产业（如服装加工业等），用于就地吸纳不愿意或不具备条件出村出镇

就业的农村劳动力，增加就业机会，提升就地收入水平。同时，打造北京特色产品，并促进地域品牌规模化发展，通过品牌打造、附加值提升等，延长产业链，提升价值链。

3. 扶持三产，做深做活

乡村旅游和农业观光休闲业逐步成为领跑北京都市农业的新兴产业。但分散经营的情况比较突出，规模小、布局散、链条短，品种、品质、品牌水平都还比较低，同质化比较严重。将农村地区作为城市三产发展的重要载体和拓展空间，利用"互联网＋"等新技术手段，促进现代产业要素跨界配置、交叉融合，加快培育发展乡村新产业新业态新模式。主动适应城乡居民消费需求，顺应产业发展规律，立足当地特色资源，拓展乡村多种功能，向广度深度进军，推动乡村产业发展壮大。

（三）产业链条持续延伸

产前环节，提高数字化应用水平，加强市场预测与供需分析研判。产中环节，提升专业化服务水平，建设完善涵盖种子、农机、农药等全流程社会化服务体系，提高整体现代化、标准化、组织化、专业化水平。产后环节，加大农产品加工与流通环节的投入。在加工、仓储、流通中心用地需求上给予一定的政策支持，五环外选取适宜区域加快布局加工、仓储、流通中心，作为京津冀乃至于华北地区农产品流通中心。

（四）产业业态不断丰富

北京乡村产业发展聚合线上线下、虚拟实体有机结合等多种途径，催生出了共享农业、体验农业、创意农业、中央厨房、农商直供、个人定制等大量新业态。未来继续鼓励乡村产业与生态、文化、数字、信息等多领域的深度融合，以更加开放和包容的态度，为新产业新业态提供良好生长发育空间，更好地助力农民增收。

八、加快北京乡村产业振兴的政策建议

乡村产业发展实质上是乡村各种资源的开发利用，乡村产业发展路径就是乡村资源的开发利用方式。构建乡村产业体系，既要立足于乡村各种资源要素，又要跳出传统的资源要素利用方式，引入现代理念、现代元素，推动乡村资源要素的再发掘、再配置、再开发，破解北京乡村产业发展面临的困难与挑战，需要跳出农口固有的视野与措施选择，从认识层面推动三个转变，制度层面提供三重保障，市场层面强化三链建设，互动层面深化三方融合。

（一）推动认识层面的三个转变

1. 引导业态范围狭隘认知的转变

党的十八大以来，社会各界高度关注乡村产业的发展，包含专家学者、研究机构、主管部门、基层参与者等多方围绕乡村产业的内涵和外延，产业业态类型等方面展开了丰富的研究与讨论，但全社会未能形成广泛的共识，依然存在乡村产业就是涉农产业的狭隘认知，需要转变。

（1）不断加强政策宣贯。2019年，国务院印发的《关于促进乡村产业振兴的指导意见》中明确了乡村产业的定义，并给出了乡村产业的六种业态，即现代种养业、乡土特色

产业、农产品加工流通业、乡村休闲旅游业、乡村服务业、乡村信息产业。2021年，北京市农业农村局出台《北京市促进乡村产业振兴行动计划（2021—2025）》，提出北京乡村产业布局为"三盘九业"一是"基本盘"，主要是精品粮基产业、设施蔬菜的菜篮子产业和以生猪为主的养殖业。二是"特色盘"，包括特色产业、农产品加工业和休闲农业。三是"创新盘"，主要是种业、数字农业和农业现代服务业。要不断加强相关政策的宣传贯彻。

（2）进一步拓宽乡村产业业态范围。以产业区域位于乡村、产业发展依托乡村资源、产业发展主体与农民利益联结为基础，更广泛地拓宽乡村产业业态范围。一是从产业区域位置来看，乡村产业及其产业链主体部分在乡村地区。诸如有的企业总部在城市，但产业链主体部分50%以上在乡村地区，比如一些乡村的"工商建运服"的产业业态等等。二是从产业依托资源来看，依托乡村土地资源、生态资源、人力资源、文化资源及其衍生的农业物料资源、多种功能价值资源派生的产业都应看作是乡村产业。三是从产业主体联结来看，利用乡村地区富余的劳动力资源实现就地就业的各类产业，与农民集体或者农民建立紧密利益联结机制的产业形态都应是乡村产业。

（3）转变乡村产业统计思路。统计考核制度是各地经济发展的指挥棒。当前北京的乡村产业融合发展态势突显，但依然更多地使用一产统计指标来描述乡村产业，这不能涵盖乡村产业融合发展态势，直观反映乡村产业发展整体情况。在现行的统计制度中，2022年，全市第一产业增加值111.5亿元，仅占GDP的0.27%，无法体现出北京乡村产业发展的支撑作用。建议转变统计思路，创新统计指标，以更准确显示出农业农村经济发展的重要地位，同时起到对乡村产业融合发展引领作用。

2.引导生态保护与产业发展对立关系认知的转变

"两山理论"是习近平生态文明思想的重要组成部分，其发展经历了"宁要绿水青山不要金山银山""既要绿水青山又要金山银山""绿水青山就是金山银山"三个阶段。党的二十大明确提出要"促进人与自然和谐共生"。近年来，北京各级政府充分认识生态保护的重要性，采取了一系列生态保护的举措，取得了显著的成绩。生态资源主要集中在京郊地区，生态保护的主体主要是农民，生态保护与乡村产业发展息息相关。在调研中发现基层都能认识到生态保护的重要性，但因为生态资源保护成本过高，生态产品价值转化路径不畅等原因，仍存在生态保护与产业发展对立关系的认识，亟待转变。

（1）构建乡村产业发展生态承载指标体系。根据《北京市人民政府关于发布北京市生态保护红线的通知》，全市生态保护红线面积4290平方公里，占市域总面积的26.1%。在严守生态保护红线的基础上，推动建立乡村产业发展生态承载指标体系，在乡村产业项目落地可行性分析中加入生态扰动指标分析。近年来，国内外许多学者对资源环境承载力指标体系做了深入研究，建议进一步将承载力指标向为适宜产业发展方向靠近，并逐步纳入到项目审批程序中，鼓励和支持符合承载标准的适宜产业落地乡村。

（2）积极开展生态资源价值转化市场路径的探索。京郊乡村有着丰富的生态资源，推动其生态价值向经济价值转化即有利于促进生态保护，有利于提高生态保护者的收益，有利于减轻财政资金负担，有利于乡村产业可持续发展。建议加强乡村产业发展和生态保护协同共生的新路径探索，以生态产品认证和生态产品价值核算为开端，加快推动"绿水青山就是金山银山"理念在京华大地形成生动创新实践。

（3）加强生态保护服务产业的扶持。生态保护需要通信、数据、金融、物流等多业态支持服务，还需要大气污染防治、土壤环境综合治理、林区生态修复和湿地保护、荒漠化的防治、水土流失防治等多专业知识，建议北京市大力扶持为区域或项目生态保护提供总体解决方案的系统服务产业，逐步形成专业分工的产业链，以市场手段提供囊括环境咨询服务、环境监测服务、污染治理及环境保护设施运行服务、环境工程建设服务、环境贸易与金融服务、生态修复与生态保护等服务。

3. 引导产业发展靠政府强力介入期待的转变

随着乡村振兴战略的深入实施，京郊涌现出不少依靠乡村带头人实现乡村产业发展壮大的典型案例，但调研中发现，有一部分村民、村两委带头人依然存在等、靠、要的思维定式，将本地区的产业发展完全寄托于政府资金和政策强力介入支持，需要通过多种途径培育乡村产业发展内生动力。

（1）提升乡村产业发展内生动力。从提升乡村产业发展主体的身份认同感及能力两方面助力产业发展内生动力的提升。一方面，乡村产业的参与主体主要是农民、乡村带头人、返乡人才和外来资本，只有不断地提升他们在乡村产业发展过程中的参与度和成果分享度，才能让其产生出足够的身份认同感，从而激发出"想要干"的内生动力。另一方面，乡村产业发展涉及的政策、专业技术等知识范畴庞大而又复杂，广大参与主体农民的自身教育经历不足以支撑高质量发展产业落地实施，需要不断加强培训以提高其从业能力，使得从"想要干"提升至"能干好"。

（2）增强乡镇统筹产业发展能力。北京乡村产业发展的基础在乡村，重点在镇域，构建完整、系统的产业链需要镇域层面加强统筹。乡镇统筹不是全部管起来，而是要统筹布局，引导产业发展方向和聚集相关资源要素，打破村庄单点、小散、各自为战形成的村庄分化，系统地谋划与推进，全域参与乡村产业发展，各自成为产业链条中的一部分，从而实现全面的产业振兴。

（3）让市场在资源配置中起决定作用。党的十八届三中全会提出"让市场在资源配置中起决定性作用"，这一理论创新强化和扩大了市场在资源配置中的作用。乡村产业的蓬勃发展同样亟待市场发挥决定性作用，为此建议先做好三方面的工作：一是进一步深化集体经济产权制度改革完善的产权制度；二是扩大城乡间要素的自由流动；三是构建有序的市场环境。

（二）制度层面提供三重保障

1. 支持政策稳定、长效的保障

（1）加强政策稳定性。保持产业发展宏观政策的稳定性有助于提振乡村产业发展的市场信心，但北京作为首都，面对百年未有之大变局，国际风云诡谲多变，相应的政策调整是我国应对复杂多变的国际环境中战略决策不可或缺的重要一环，建议做好政策调整前

"吹风"，政策调整后实施期"缓冲"两方面工作，以市场规律促进乡村产业转型提质。

（2）提升政策协同性。政策协同有助于提升乡村产业整体利益最大化，建议一方面出台涉乡村产业发展政策前开展政策取向一致性评估，形成乡村产业平稳高质量发展的合力；另一方面，优化政策搭配结构或组合方式，聚焦政策着力点，提升政策协同的精准度。

（3）巩固政策引导性。引导性政策是乡村产业发展的引路航标，要不断基于新发展阶段的准确判断，新发展理念的执着坚持，创新出台手段多样、坚强有力、精准明晰的引导性政策，确保乡村产业发展可持续，农民利益有保障。

2. 要素资源加快流入的保障

（1）加快建立乡村产业发展基金。产业发展基金的设立有助于释放政府资金投入的带动效应，吸引更多社会资金流向乡村产业。国家层面已经成立了乡村产业发展基金，且在脱贫攻坚中发挥了重要作用，各地推动乡村产业振兴的过程中也纷纷成立产业发展基金。建议北京市加快建立乡村产业发展基金，尽快发挥其撬动社会资本、盘活优质资源的作用。

（2）优化产业用地标准体系。借鉴湖州市农业"标准地"改革预留5%的规划空间、明确用地准入标准、建立利益链接机制等经验做法，在北京市点状配套设施用地政策基础上，进一步优化乡村产业用地标准体系。

（3）加强乡村产业带头人培养。持续实施乡村产业振兴带头人培育"头雁"项目，在政策解读、职业技能培训、产业发展案例观摩等培训活动开展基础上，搭建政府与带头人、带头人之间的长期沟通交流平台，定期了解带头人在发展产业活动过程中的困难并协助解决，定期组织产业发展案例观摩，实现互学互促。

（4）加大金融扶持力度。一是加强政策性保险支持力度。据统计，北京市2021—2022年，政策性农业保险保费规模14.76亿元，而上海仅2022年农业保险保费收入为10.3亿元，侧面反映出北京市涉农保险市场规模不足。二是推动政策性直补向政策性保险过渡，相对政策性直补，政策性保险更顺应市场变化规律，有利于提升乡村产业的活力。三是推动农险从"保基本保成本"向"保价格保收入"升级。借鉴上海绿叶菜成本价格指数保险的创新模式，开展北京市重要农产品价格保险、收入试点。

3. 构建良好市场环境的保障

（1）健全乡村产业发展市场机制。加强乡村产业市场培育，充分尊重市场规律，政府避免过度干预，形成服务型管理的模式，不该管的要断然放开，让市场在资源配置中起决定性作用，激发乡村产业发展活力，让带头人敢干、农民敢闯、社会资本敢投资。

（2）提高基层乡村产业管理水平。重点从两方面提升：一方面要提升基层管理队伍贯彻落实北京市乡村产业政策的能力；另一方面要加强基层的乡村产业发展服务能力，包含提供政策解读、项目引导、市场监管等。

（三）市场层面强化三链建设

1. 扬长补短延长产业链

北京乡村产业发展以首都人才、资金、市场等庞大资源加持，同时还有超大城市消费市场做支撑，其优势资源禀赋无可比拟。但乡村产业土地和水资源紧张、自身产业链短、专业化分工不强、产业集聚不够等短板也十分突出。要充分发挥资源禀赋优势作用，加快补齐短板，京郊高品质休闲观光、农事体验等项目丰富，但道路、住宿、餐饮等配套设施不完善，服务质量参差不齐，不能满足市民的消费需求。建议围绕当前重点发展的乡村产业，将产前、产中、产后全过程及产业相关配套服务业的产业链条分解，画出详尽的产业链图谱，以集团作战的方式，把生产、加工、流通、储藏、运输、包装、净化、生态化处理，包括休闲观光旅游、餐饮养老、电商等串联起来，重点扶持产业链条中每个环节上的头部主体，逐步向标准化提升，形成专业化的分工，将更多产业链分工留在乡村。

2. 固本兴特提升价值链

一方面，北京乡村产业发展要守住为首都城市发展提供重要农产品供应的根本，要严格落实粮食安全党政同责和"菜篮子"责任制，牢牢守住重要农产品的稳产保供底线，稳定粮食和蔬菜、生猪生产，在保量的同时不断提高品质。另一方面，推动出台京郊特色产业发展名录。加强对京郊乡村独特气候、土壤、文化、生态、红色等特色资源的挖掘，不断培育富含京郊区域特征的特色食品、特色手工、特色文创产业发展，创设丰富的产品形态，研发体现个性化品质的相关衍生品，并打造品牌，将产品提升至高品质的商品，从而提升乡村产业的价值链。

3. 联农带农夯实利益链

乡村产业是姓农、立农、为农、兴农的产业，联农带农是其本质特征。在参与乡村产业发展的全体经营主体中倡导联农带农，在使用政府扶持资金、产业发展基金等产业项目的项目中，强制构建联农带农机制，让在地农民可以通过闲置资源利用，股东身份分红，通过培训提升能力后实现在乡村产业中就业等多种形式提高收入。

（四）互动层面深化三方融合

1. 空间上推进乡村产业发展与城市功能定位的融合

京郊乡村产业发展定位选择要注重与服务北京城市"四个中心"城市战略定位相融合，从重大活动高品质食品保障，提供适应国际交往的会议、休闲场所，打造具有京郊文化特色的伴手礼，提供高端科技研发、集聚、展示的基础设施及场所等方面发力，合理规划空间布局，盘活闲置资源，从更好服务城市发展过程中找到乡村产业发展支撑路径，实现高质量产城融合。

2. 链条上推进乡村产业与自然、文化、科技、数字等深度融合

以产业园区、产业强镇为抓手，以资源整合、链条联通为手段，实现乡村主导产业集聚。推动产业发展与乡土文化相融合、与科技创新相融合、与金融社会资本相融合、与新型经营主体相融合、与新业态新模式相融合，形成从自然、要素、产品、文化到全产业链，引入科技、金融、大数据等产业服务要素，实现乡村产业转型提质。

3. 主体上培育乡村产业经营主体带动融合

以培养产业发展经营主体为主要抓手，带动乡村产业融合发展。扩大农业产业化龙头企业队伍，打造大型农业企业集团，支持农业产业化龙头企业向重点产区和优势区集聚。

发展农民合作社和家庭农场，支持开展加工流通等多种经营，向综合合作社方向发展。扶持一批以农业产业化龙头企业带动、合作社和家庭农场跟进、广大小农户参与的农业产业化联合体，实现抱团发展。

课题负责人：张光连、吴志强
课题责任人：季虹
课题组成员：陈奕捷、赵雪婷、赵术帆、刘先锋、台晗宁、苑云、封启帆

以规模化和专业化破解"谁来种地"难题

——北京种植业发展的对策建议

当前种植业面临着农民组织化程度不高、种粮、种菜积极性不强困境，未来"谁来种地"问题亟待破题。本文基于当前北京种植业的基本现状，分析了当前种植业生产经营过程中面临的主要问题，围绕种植业发展规模化和专业化提出对策建议。

一、北京种植业的基本现状

截至 2022 年底，北京市耕地面积 179.95 万亩（规划耕地保有量 166 万亩，包括永久基本农田 150 万亩及其储备区 16 万亩）；其中 2021 年以来复耕耕地 47 万亩，占耕地总量的 26.12%。

（一）种植主要以粮食作物和蔬菜作物为主

2022 年，全市主要粮食作物播种面积 104 万亩，产量 43.1 万吨；蔬菜作物（含食用菌）播种面积 79.7 万亩，产量 198.9 万吨。

（二）耕地地力在全国处于中等偏低水平

据 2021 年发布的全国耕地质量等级调查报告，2019 年北京市耕地质量评价为 4—10 等的耕地面积占比 77.4%，平均等级为 4.7，比黄淮海（4.2）低 0.5 个等级，在全国处于中等偏低水平。特别是 47 万亩复耕复垦耕地，原状为林地、草地、园地、撂荒地、大棚房、河滩地等，土质本底条件相对较差。

（三）适度规模化生产经营的趋势明显

北京市土地流转总面积 264.4 万亩，流转率 65%。其中，流转入农户 33.3 万亩，占 12.6%；流转入家庭农场 6.9 万亩，占 2.6%；流转入专业合作社 7.6 万亩，占 2.9%；流转入企业的面积 67.8 万亩，占 25.6%；流转入其他经营主体 148.8 万亩，占 56.3%，包括村集体经济组织、乡联社、林业站所等。流转用于种植粮食和重要农产品的 35 万亩，占 13.3%。

（四）农业从业人员呈现老龄化现象，人员素质不高

2022 年，北京市第一产业从业人员规模由 2012 年的 55.3 万人减少至 25.1 万人（年均减少 3 万人），所占常住就业人口比重从 5% 降至 2.2%。生产主体年龄偏大，50 岁以上

生产主体超过八成，生产主体从事种植时间普遍较长。整体文化程度偏低，初中以下文化程度超过70%。

二、种植业生产经营过程中存在的主要问题

（一）土地租赁、流转问题突出

1.土地租期不稳定，地力投入不足。农民不愿意签订较长期限的合同；粮食种植户投入存在短期行为，有的种一年换个地方。如有机肥地力补贴政策，每吨肥农户支付120元、财政补贴480元，但农户不愿意掏这笔钱。

2.土地流转地租过高。平原造林拉高了土地流转价格；农村产权交易平台对参与土地招投标的主体没有特别约束，部分社会资本单纯炒地价，也提高了农民对土地期望值。2022年顺义区某合作社为避免土地流失，不得不以1458元/亩拍卖价格获得土地，而相对合理地租为1200—1300元/亩。

3.土地流转费的支付时间提前带来资金压力。以往土地流转费在农作物收获以后交付，现在农户为避免损失，要求签订流转合同后就交付流转费。由于农业投入大，资金回收期长，地租带动成本过快上涨，为农业生产经营带来压力。

（二）土地碎片化、撂荒情况严重

土地碎片化影响高质量发展。在土地流转中，耕地分散化、碎片化问题未能得到有效解决，农业生产规模化、机械化和专业化难以实现高质量发展。农业经营主体希望土地连片，从而方便田间管理和农机进田作业，实现降本增收。散户土地流转的意愿不强烈导致土地撂荒。一是经济下行压力加大，务工收入和务农收入差距渐渐缩小，务农收入得到重视；二是土地承包者对土地的不合理利用挫伤了农户土地流转的意愿，为尽快获取收益，种植业生产主体严重依赖化肥、农药进行生产，造成地力下降、土地荒漠化等土地资源环境问题；三是农户往往拥有浓重的土地情结，在流转价格不是特别有吸引力的情况下，他们更愿意自己种植；四是部分农户出于谋利心理，他们更愿意自己留着土地以便征地的时候能拿到补偿款。

（三）农业社会化服务能力弱，发展受到制约

1.专业化服务标准少。在个别服务领域还存在服务标准不明确、服务组织管理制度不健全、合同程序不规范、服务质量无法监管等问题。调研显示，农户与服务组织主要以口头协议为主，占调查样本的50%以上。

2.社会化服务主体散。以农机合作社为例，北京市发展较好的大中型农机合作社数量约20家左右，占比仅15%，10个远郊区平均每个区2家；大田粮食机械趋于饱和甚至过剩，但蔬菜产业、经济作物、林果产业等方面的农机技术及装备供给不足。

3.公益性服务多、专业化服务不足。农业新技术和新品种、动植物病虫害防治等方面仍是公益性农技推广机构的主要方面，市场化、专业化服务不足。

4.生产性服务多、产后服务少。社会化服务主要集中于农机作业、农作物病虫害等生产性服务，而营销服务、金融服务等产后经营性服务成为"短板"，"重技术轻市场"问题

突出。

（四）农田基础设施不完善

农田水利设施有待提升。旱田比例高、整体较为缺水，且山区气候偏冷，诸多因素造成粮食单产水平不理想。城市化推进规模化建设用地以及土地农林间隔，造成农用地碎片化，基础设施施工难，沟渠水流不畅；复耕复垦土地更是缺乏基础设施，浇水施肥困难，有的还存在建筑垃圾、网线电线等遗留问题。粮食产后储藏加工能力不足。晾晒场地缺乏，调研显示，顺义区 10 月份玉米成熟，玉米含水量高达 18%—20%，无法籽粒直收，农户只能选择穗收后晾晒或直接收青贮；由于缺乏库房、烘干设备、晾晒场地，未烘干小麦只能直接出售，比烘干的价格低 0.3 元 / 斤；仓储加工能力不足，甘薯贮藏能力仍然不足，无法实现周年供应；杂粮无法就地加工，一些种植大户不得不到外埠开展农产深加工。

（五）专业人才普遍缺乏

北京农业高质量发展对从业者的生产经营能力、资源配置能力、创新应用能力提出了更高要求。然而，各个种植主体普遍反映农村缺人才、缺能人。特别是农产品营销、乡村产业发展带头人和乡村治理人才等。年轻人对农业存在刻板印象，不愿投身农业。在很多人眼中，农业是个既没前途更没"钱途"的行业，人们对农业的印象仍旧停留在没技术含量、主要靠体力、累还不挣钱的传统视野。

（六）农村金融服务供给不足

一是金融服务对低龄老人（60—69 岁）支持不足。调查发现，本市农民专业合作社带头人、家庭农场经营者存在较多低龄老人，因银行"具备完全民事行为能力劳动力人口贷款年龄标准（60 岁以下）"的限制，在申请贷款时得不到有效支持。二是金融机构支农服务能力有待提高。一方面，随着农业生产经营集约化、规模化水平提高，农业生产存在投资规模相对较大、回报周期较长等情况，且种植大户缺乏详细的投资规划和现金流预测，较难依靠简单信用贷款方式获得银行机构充分资金支持。另一方面，农村金融贷后服务仍有待提升，调查发现部分村镇银行存在没有提前做好还款提醒等贷后工作，造成农业经营主体被动产生不良征信记录的情况。三是缺乏抵质押物影响农村金融供给。目前北京市金融机构已成功推出活畜抵押、土地经营权抵押和集体资产经营权质押等，但因抵质押流程、可操作性、风险处置等复杂因素，未能大规模推广。

三、北京种植业生产经营的对策建议

解决"谁来种地"的问题，对于北京来说就是"两个化"，既实现种植业的规模化和专业化生产。

（一）推动种植业规模化生产经营，解决好"地"和"人"的问题

1.消除土地碎片化，实现土地集中连片，发展适度规模经营。一是完善双层经营体制，加强村集体经济组织在土地流转、统一经营等方面的居中服务作用。可以尝试村集体统一流转土地后自主经营、村集体统一流转土地后，与企业合作经营以及村集体领办成立农民合作社统一经营等方式。二是稳慎推进农村土地制度改革。利用二轮承包期结束前有限的时间，开展"小田并大田"工作，深化土地延包试点工作，结合当地实际将耕地划分为适应适度规模经营的地块单元形成项目包，探索"集体统管、农户确利，打包流转、农户优先"的延包方式。三是严格落实耕地保护制度。按照适度规模经营地块单元推进土地整理，完善配套设施，加强高标准农田建设，持续提升耕地质量。经营规模的方式可以采取土地流转型和服务带动型。

2. 加快解决好"人"的问题。培养农业生产经营骨干队伍。搞好农民教育培训、提高劳动者素质。积极培育新型职业农民。注重培养农村本土化职业化人才；重点扶持农科院、农职院等院校，对愿意从事农业的学生，实行国家助学贷款代偿政策。一是着力培育家庭农场带头人。理论上家庭农场适应各种规模、任何品种的生产经营，实践中还有较大差距。应当从微观主体出发，创造条件使有兴趣、有能力的更多年轻人成为家庭农场主，发展有产品、有收益、有传承、可成长、可持续的家庭农场。二是搭建合作交流平台。一方面是希望搭建产业间的合作平台；另一方面建议政府搭建外出培训的学习平台，帮助从业者协调对接一下外省市相关地区和部门，使他们能真正学到当地的一些发达的知识和经验做法。三是完善社会保障制度。将农业从业人员纳入城镇职工社会保险（医疗、养老）保障范围。四是大力扶持企业投入种植业生产经营。

（二）大力发展农业社会化服务体系，提高种植业生产经营的专业化程度

1. 大力培育服务主体，建立与需求匹配的服务体系。支持专业服务公司、供销合作社专业化服务组织、服务型农民合作社、农村集体经济组织等服务主体，开展统防统治、代耕代种代收、深耕深松等各类农业生产服务，重点开展托管服务，推动农业生产规模化经营。大力培育以市场为主体的专业主体，在农业产供销各环节提供专业服务，促进产业链的专业化发展。

2. 建立农业社会化服务规范，不断提高行业服务水平。围绕资源共享、行业规范，成立农业社会化服务发展战略联盟，汇集服务者及服务相关者等各类主体，着力构建业务合作、信息交流、资源整合、自律规范的行业组织。

（三）充分做好发展种植业的资金保障措施

1. 调整优化财政支农投入和农业补贴政策、提升农业政策效能。发挥财政资金引导作用，撬动金融资本支持农业农村发展。充分运用贷款贴息、担保费补贴等财政支持方式，支持引导金融机构加大"三农"领域投入。加大政策性农业保险支持力度，持续推动农业保险"扩面、增品、提标"，推动农业保险高质量发展。一是完善激励约束政策，提高补贴标准。按照"谁种粮补贴谁"原则，实施与规模化经营挂钩的差异化补贴政策，每亩补贴500—1000元（平均每亩800元）。探索完善粮食最低收购价动态调整机制，弥补农资、人工等成本上升对种粮主体的损失。二是拓展补贴范围。加大对高科技农业技术、粮食水肥一体化、规模化经营、农业品牌建设、一二三产业融合的支持力度。实行用工补贴、岗位技能补贴、农业职业经理人补贴政策。探索粮食作物完全成本保险和种植收入保险。三是聚焦补贴对象。提高规模种粮补贴，加大对种粮大户、家庭农场、专业合作社、种粮企业等适度规模经营主体的补贴力度，提高对种粮大户的补贴标准。

2.增加满足农民需求的金融服务供给。一是实施金融机构服务乡村振兴考核评估制度。支持银行机构针对农业经营主体融资需求特点，在贷款利率、担保条件、贷款期限等方面制定差异化政策，发展首贷、信用贷以及与生产经营周期相匹配的中长期信贷。积极破解农村金融征信难题，拓展农村合格抵质押品范围，探索丰富征信方式，提高农村金融服务能力。二是加强对低龄老人的金融服务供给。金融机构普遍忽略农村劳动力人口与城市劳动力人口年龄层的差异，应对从事种植业的农民年龄结构进行充分调研，重新制定农村劳动力人口年龄认定标准，打破金融服务供给的年龄限制。三是创新农业领域专属金融产品。结合农业产业实际，金融机构开发信贷期限、额度与农业生产周期相匹配的金融产品，同时加强对农村金融基层服务人员的标准化培训，提供贷款全周期的陪伴式服务。四是优化金融服务。持续推动农业保险 "扩面、增品、提标"，推动政策性农业担保机构 "机构下沉、人员下沉、业务下沉"，开展信贷直通车活动，鼓励金融支农产品创新、服务创新、征信创新。

执笔人：季虹

北京市大兴区青云店镇设施蔬菜
产业发展调查与思考

北京市大兴区青云店镇地处平原，是大兴区农业大镇。镇域面积70.3平方公里（约10.5万亩），辖49个行政村、1个社区，户籍人口4.06万人。该镇区位优势明显，距新发地农产品批发市场仅30公里；农田多为质地深厚的含沙性土壤，排水性较好，水资源丰富。全镇现有设施大棚4271个、占地面积8000余亩，从事设施蔬菜生产的农民600余人。2022年，设施蔬菜种植面积3.6万亩，占全区种植面积的23%；产量6.88万吨，占全区总产量的21%，种植规模和产量在全区均排名前三。2022年7月下旬，笔者在大兴区青云店镇农业农村办公室挂职锻炼期间，对当地设施农业发展情况进行了调研，共走访23个村、103个蔬菜种植户、28个设施园区负责人和3个蔬菜批发商，现结合有关调研情况，对青云店镇设施蔬菜产业发展提出思考与建议。

一、青云店镇设施蔬菜发展历程

青云店镇设施蔬菜发展大致可分为三个阶段。

（一）自发建设简易设施阶段

20世纪90年代，为了弥补露天蔬菜在冬春季节的市场空缺，青云店一些种菜能手赴山东等地学习大棚黄瓜种植技术，个人出资修建了竹木结构的单体棚，在这种棚里种植的黄瓜能在早春甚至春节期间上市，销售价格很高且供不应求，棚均收入约2000元，这些农民成了当地最早的"万元户"。大棚黄瓜的试种成功激发了当地农民建棚种菜的积极性，这种竹木棚取材便利、造价低、易于修建，大棚数量上升很快，随后还出现了质量更好的钢架棚。到21世纪初期，青云店镇从事大棚蔬菜种植的农户约占农户总数的80%，设施蔬菜的高收益还吸引了河北省、河南省等地的农民来当地租棚种菜。

（二）政府补贴发展日光温室大棚阶段

2004—2018年，北京市各级政府出台了关于建设蔬菜大棚的奖补政策，青云店镇在发展简易单体棚的基础上，鼓励扶持农民专业合作社、农业企业等建设日光温室大棚，大力发展设施蔬菜产业，产业发展达到历史最高规模。全镇共有各类大棚8000余个，占地面积1.5万余亩，在当地租棚种菜的外地人达到近3000人，主要以河南省、河北省和山东省为主，年收入约 5 万元 / 棚 / 亩。2018 年全镇蔬菜播种总面积 4.8 万亩，其中设施蔬菜播种面积 4.05 万亩。蔬菜总产值 2 亿元，其中设施蔬菜 1.87 亿元，占总产值的 94.7%，设施蔬菜成为当地农业主导产业。

（三）实行设施农业用地管理阶段

2018 年以来，全镇共拆除不符合相关要求的设施大棚近 2000 座，部分设施园区由于土地性质未能认定而荒置，下一步或面临拆除。全镇农业设施从 8000 余个减少到 4271 个，外地农民从 3000 余人减少至 550 余人。与整治行动之前相比，约 83% 的外地农民离开当地。目前，留下租棚种菜的外地农民通常是夫妻或家人，种植品种以快菜、油麦菜等叶菜为主，收益由之前的 5 万元 / 亩减少至 3.5 万元 / 亩。

二、青云店镇设施农业发展现状与问题

大兴区青云店镇设施蔬菜产业当前面临设施陈旧、布局分散、生产成本高、从业人员老龄化等问题，农民种菜的积极性逐年下降。

（一）生产成本高

设施蔬菜种植成本主要包含大棚租金、种子（种苗）农资、雇工及基本生活开支等费用，这些费用逐年增长导致蔬菜种植成本越来越高。山东菜农张某在青云店租棚种菜，亲戚在老家曹县种菜，现将两地的生产生活开支梳理如下（见表 1）。

表 1　两地大棚蔬菜调查的生产成本比对表

	北京青云店	山东曹县
大棚租金	6000 元 / 亩	2000 元 / 亩
农资成本	500 元 / 亩	450 元 / 亩
雇佣短工	200 元 / 天	100 元 / 天
房租	7200 元 / 年	自家住房
基本生活成本	35000 元 / 年	20000 元 / 年
总计	48900 元 / 年	22550 元 / 年

假设两地种植蔬菜的品质和产量都相同，以年产量 5 万公斤 / 亩为例，北京菜的成本价为 0.98 元 / 公斤，山东菜的成本价 0.55 元 / 公斤（运输费用 0.1 元 / 公斤），北京的种菜成本是山东的 1.8 倍。如果蔬菜批发商的收购价是 1 元 / 公斤，山东菜农能挣 2.25 万元左右，而北京菜农只能保本。

农民表示在北京种菜利润太低，不少人打算大棚租期结束后去河北张家口租地建棚种菜，那里地租约 300 元 / 亩，而且夏季气温低，叶菜的产量较高。

（二）基础设施薄弱

目前，全镇蔬菜大棚老旧严重，保温性能差，墙体破损坍塌、拱架腐蚀严重，抵御自然气候灾害的能力弱。有些菜农原本考虑转型种植吊秧西瓜或者经济价值较高的南方蔬菜，但由于大棚基础条件太过简陋，无法提供相对适宜的生长环境，只能放弃。翻修或重建的难点，一是由于地性的重新划分导致一些设施用地备案手续难以办理或者补办，无法

开展翻修或重建。二是"修者不种，种者不修"心理广泛存在。本地农民因担心翻修好的大棚今后无人承租而不愿出资修缮；外地农民因为种菜收益不高也不愿承担修缮费用。加固大棚钢架和后檐墙、做保暖处理、更换卷帘机和帘子等每个大棚至少需要约4万元；依靠现有政策和财政资金，政府难以支持大规模的翻修改造，这类老旧大棚目前大多数既无翻修也无人租种而闲置。

（三）同质菜竞争激烈

种什么菜能卖好价钱，是影响菜农生产积极性的主要因素。目前青云店镇主要种植青菜、菠菜、油麦菜等传统叶类菜。这些蔬菜成熟期短、保存时间短，就上市时间与山东、河北等地基本一致，没有价格或季节优势。同时，当地蔬菜销售以零散售卖和批发商上门收购为主，面对批发商不断压低蔬菜收购价格，农民几乎没有议价权，如果不卖给批发商，会出现滞销甚至整棚蔬菜烂在地里的情况。

（四）农民从事一产的积极性下降

当地绝大部分青壮年农民进城打工，收入比一产收益高且稳定。农业效益差、劳动强度大、投入风险高以及社会地位低是农村青壮劳动力流失和短缺的普遍原因。当地年纪大的农民基本都有养老金、地租、村集体经济分红等收入且享受农村医疗保险，生活有基本保障是老年农民不愿继续从事一产农业的主要原因。

外地农民占全镇设施蔬菜从业人数的92%，主要来自山东、河南及东北地区。被调查的103位农民中，年龄45岁以上的92人，占89%；初中以上文化程度的19人，占18%。他们普遍文化水平低，接受新品种新技术的能力差，不愿转型尝试种植新品种。"宁可挣点辛苦钱也不想尝试新品种，卖不出去怎么办。实在不行，就去城里打工或者回老家。"这是他们常说的话。

三、思考和建议

（一）加快推进适度规模经营

土地问题是实现农业现代化绕不过的坎，如何加速土地流转，解决土地规模化利用的问题，是发展农业亟须解决的关键问题。今年中央一号文件在"促进农业经营增效"中提出"要总结地方'小田并大田'经验，探索在农民自愿前提下，结合农田建设、土地整治逐步解决细碎化问题"。当前，北京农田地租金高且土地细碎化问题严重，要加快政策集成，通过推进社会服务规模化、经营权互换、土地经集体统一流转等方式，推进"小田并大田"，降低管理成本，提高土地使用率，促进农业增效、菜农增收。

（二）及时解决"大棚房"后续问题

中央在全国部署开展"大棚房"问题专项清理整治行动，有效遏制了农地非农化现象，但是一些地方在整治行动中存在工作方法简单化和"一刀切"等问题。一是对"大棚房"和"大棚"概念区分不清，将备案不够清晰的农业种植大棚、农资存放房等强制拆除；部分园区的辅助设施用地划为永久基本农田，致使园区没有地头采收初包装、储存等必需场地。二是看护房（耳房）面积认定和功能界定问题。整治初期，规定看护房不能放置任何生活类用品，一旦发现就视为整改不合格，导致农民在生产劳动中遇到很多实际困难，影响了农民生产积极性和设施蔬菜产业发展。2021 年，北京市委农工委和市规自委印发《北京市设施农业用地导则（试行）》（京政农函〔2021〕73 号），明确规定看护房可以存放生产类和生活类物资或用具，建议加大新政策的宣传贯彻和执行力度，尽可能地保障农业生产和农民基本劳动生活需求。

（三）从"保量"逐步转为"提质"

随着市民生活水平的不断提高，市场对优质高档蔬菜的需求量越来越大。朝阳区三里河某菜店老板每月花 4000 元雇人在批发市场挑选优质蔬菜，他说不少顾客喜欢吃"精品"蔬菜，一元一斤的油菜反而没有 1.5 元一斤的销量好。

大兴农民周某某，生产销售新品种生菜、羽衣甘蓝等，长期为北京一些星级酒店及餐饮企业供应农产品。同时，她在淘宝网的店铺拥有"忠实粉丝"3.5 万人，销量居淘宝店蔬菜销售前 500 强，带动农户 23 户，人均年收入在 4.6 万元。她说自己的成功是选对了品种，找对了客户，避免与山东、河北菜农竞争，才能带领周边农民增收致富。

建议通过科学划分消费人群，发展不同档次的设施农业。找准市场定位，以新科技、新品种为突破口，注重蔬菜品质，创建名优品牌，大力发展绿色有机蔬菜和新特蔬菜，提升市场竞争力。同时，加强蔬菜采后优质化处理技术推广，发展净菜和半成品菜等蔬菜深加工。

（四）多种途径拓宽销售渠道

引导农民改变传统的销售模式，抓住互联网和电子商务的发展红利，大力发展农村电商。一是要通过开展电商类技能培训，指导农民掌握开网店、录视频、做微商、直播带货等营销技能，拓宽销售渠道。建议培育一支农产品电商销售达人队伍，集中力量销售北京各种优质农产品，从"田间种菜"到"上网吆喝"，使农民成为会种会销的致富能人。二是要积极帮助农民对接商企，比如带领合作社、农业企业负责人对接城市大型商超、电商采购平台、各大学校单位食堂及餐饮行业等，大力发展订单式蔬菜生产。

（五）壮大设施蔬菜产业新型职业农民

近两年来，山东等地报道了一些农村青年利用所学的知识技能，返乡回乡从事设施农业产业的新闻。这些返乡回乡的年轻人给蔬菜大棚安装了新型自动控制系统，从大棚卷帘、喷淋、放风等温湿度调控到水肥调配浇水等环节均可以通过手机 App 操作完成。这种智能化大棚降低了劳动强度，依靠科技的力量解决了雇用人工费用高的问题。同时，他们更关注蔬菜品质的提升、创新技术的投入和新特品种的引进等问题，并且借助在电商销售方面的能力优势，实现了蔬菜的订单式种植和会员制配送，大幅增加了生产利润。据报道，当地一对年轻夫妻管理 4 个蔬菜大棚，年收入能达到 60 万元。我们要借鉴这些经验，千方百计吸引有思想、懂技术、敢闯敢干的年轻人从事设施蔬菜产业，培育壮大设施蔬菜产业新型职业农民，通过引进人才带来生产管理销售方式的大变革，大幅度提升设施蔬菜的经济效益和种植收益，让年轻人看到从事农业的希望，设施蔬菜产业才能够健康持续发展。

执笔人：程序、刘雯

京郊生态涵养区在地农产品销售问题调研

——以门头沟区斋堂镇为例

"三农"问题的核心是农民，农民问题的核心是增收，而农产品销售是农民增收的关键问题之一。京郊生态涵养区在地农产品在生产和销售过程中存在市场化、组织化、现代化程度较低的特点，"丰产不丰收"、"价贱伤农"、农产品销售难等现象，极大影响了农民生产的积极性。在 2022 年开展的"促进农民增收、推动共同富裕"全市大调研中，课题组通过实地调研发现生态涵养区特别是深山区乡镇农产品销售难问题突出。2023 年，课题组聚焦农产品产销情况，赴门头沟区斋堂镇开展蹲点式专题调研，通过与镇村干部座谈、田间地头走访、进村入户等方式，以小切口发现问题并提出进一步顺畅京郊生态涵养区在地农产品销售的相关政策建议。

一、基本情况

（一）斋堂镇概况

斋堂镇地处门头沟区西部山区，距北京城区 81 公里，镇域面积约 396.24 平方公里，拥有深山区唯一一块开阔的平原地，区位优势显著，承载着门头沟深山区重要的发展功能，是北京市 42 个重点建设的小城镇之一，下辖 30 个村（社区），总人口 1.38 万人。2022 年，全镇实现农民所得总额为 29287.9 万元，同比增长 6.1%，其中家庭经营性收入5365.5 万元。现有农村集体经济组织成员 6301 户 12980 人，人均所得实现 22564 元，同比增长 6.6%。全镇永久基本农田 1022.19 亩，永久基本农田储备区 741.81 亩，耕地保有量储备区 638.51 亩，蔬菜种植面积 296.6 亩，林地面积 51.4 万亩，规划建设用地总面积2565 亩，报审点状供地 698.37 亩，实现土地流转 1165.74 亩。

（二）斋堂镇农产品产销现状

斋堂镇位于门头沟畜禽养殖禁养区域范围，镇内农产品生产以种植业为主，主要农产品为玉米、苹果、红杏、小枣、蜂蜜、葡萄等。近年来，镇政府因地制宜制定各村发展规划，通过不断优化农业产业布局，利用扶持壮大村集体经济的中央资金、市级资金，打造果树种植、蜂蜜养殖等特色产业，为白虎头村、牛战村、法城村、沿河口村、林子台村等打造村级产业，形成白虎头村金丝小枣、牛战村玫瑰酱、沿河口村豆芽、法城村蜂蜜、东胡林村以及杨家村玉米等一批村级主导产业。通过农林结合，大力发展特色种植农业和林下经济，扎实推动"千亩枣园"等特色农产品示范种植基地建设，逐步探索种植食用菌、中药材等高附加值农产品。2022 年，全镇主要农产品种植面积约 1898.5 亩，总产量 189.87 吨，总销售额约 157 万元。镇内农产品种类虽较为丰富，但总体产量偏低，难以完成大额订单，且农业生产受气候、降水、病虫害及野生动物破坏等因素影响较大，农业产值低，收益微薄，农业"小散弱"特征明显，具有京郊生态涵养区在地农产品产销问题典型代表性。

表 1　斋堂镇主要农产品产销情况

序号	主要品种	种植面积（亩）	产量（吨）	销量（吨）	销售均价（元/斤）	总销售额（万元）
1	苹果	275	35	25	5	25
2	玉米	533.5	80.5	25	2 元/根	20
3	红杏	300	13	8	10	16
4	小枣	550	15	10	10	20
5	蜂蜜	813 群	40.5	15	15	45
6	葡萄	40	5	4	10	8
7	玫瑰花	200	玫瑰花 5 吨/玫瑰酱 2.5 吨	玫瑰花 4.8 吨/玫瑰酱 2.07 吨	玫瑰花 15 元/斤；玫瑰酱 20 元/斤	玫瑰花 14.2 万元/玫瑰酱 8.28 万元

镇内农产品产销主体以小农户、家庭农场、村股份经济合作社及农民专业合作社为主，现有农民专业合作社 40 家、股份经济合作社 29 家、家庭农场 13 家。目前，斋堂镇农产品销售多为初级农产品，销售模式比较单一、传统，主要销售方式以路边摆摊、帮扶单位帮销、采摘等传统销售模式为主，农户既是从事农产品生产的主体，也是农产品销售的主体，零散经营方式在当地农产品销售中仍占主导地位。新兴的销售模式，如网上销售、订单农业等在当地应用较少。

二、斋堂镇农产品销售中存在的问题

（一）销售渠道单一

调查发现，斋堂镇农产品销售渠道单一、不可持续的问题较为明显。在线下销售中，镇内依赖帮扶单位帮销的情况比较普遍，特别是近几年，随着集体经济薄弱村对接帮扶工作的逐步开展，一些帮扶单位在全面参与村庄发展的同时，由于自身职能定位、资源条件、专业人才等限制，短时间内难以明确薄弱村的产业帮扶方向，多选择采取单位帮销的方式。这种方式在一定程度上解决了当地农产品的销路问题，为农户减轻了推广、销售等方面的诸多压力，因含有"以购代捐"成分，帮销价格也往往高于农民自销。但长期来看，此类方式多以帮扶单位内部消费为主，包办了产品销售中的一切事宜，农产品并未真正参与市场竞争，生产种植也无法根据市场需求及时调整与改进，未来一旦帮扶工作出现政策性变化，当地农产品销售有可能再度陷入困局，可持续性难以保证。

线上销售中，斋堂镇尝试加快电子商务与农村主导产业融合。2019 年，通过与电商企业合作，为镇内特色农产品注册了"斋堂尚品"区域公共品牌，探索建立"企业＋合作社（企业）＋农户"的销售模式，通过直播带货、京东商城、淘宝店铺等方式促进产销衔接。但受当地农产品产量规模小、供给连续性不足、生产销售认证审批手续烦琐、分拣包装、一件代发、冷链物流设施缺乏等多重因素制约，难以与电商现代化的经营要求相匹配，致使已有的电商平台无法得到有效利用，运营协议到期后，无企业继续接手经营，现处于停滞状态，对农产品销售带动作用并不理想。

（二）农产品生产加工受限影响产业链条延伸

调研中发现，农产品加工及食品生产许可认证（SC认证）审批难是导致生态涵养区农产品销售难的一个突出问题。近几年，生态环保政策的严格执行，给农产品加工业发展设置了一系列刚性限制，包括一些能够做到无污染或达标排放的加工企业同样受到限制。虽然从2020年起产业禁限目录理论上允许乡村发展本地出产的鲜活农副食品加工，《关于生态涵养区农产品加工准入的有关说明》也明确提出按一定程序审批后可在农产品产地布局，但在实际执行中，由于相关标准和程序未能细化明确且受首都减量发展及生态环保政策等因素影响，生态涵养区农产品加工受限的现实问题仍然难以解决，农产品大多仍停留在原产品、初级产品形态，产业链条延伸不全，产品附加值提升难。此外，由于加工项目难以申请工商证照，也给申办食品生产许可认证（SC认证）造成极大难度。调查组经与镇工商所沟通了解，根据2015年生效的《食品生产许可管理办法》规定，新认证的食品生产者需要办理食品生产许可认证（SC认证），但目前生态涵养区不支持新增食品加工生产企业，致使斋堂镇农产品加工及加工后的销售处于两难境地。例如西胡林村种植的70余亩鲜食玉米，如直接销售售价为2元/根，通过保鲜加工后售价可达10元/根，但由于没有SC认证，加工后的农产品无法进入商超、电商平台等正规渠道进行销售，市场影响力和覆盖面都难以扩大。

（三）种植规模小、种植成本高导致销售利润整体偏低

斋堂镇保持着传统农业经营模式，地处生态涵养区，受政策、环保、土地等多重因素影响，农产品大多存在规模小、布局散、链条短，品种、品质、品牌水平低，高标准种植规模小、科技设施使用效率低等"小散弱"问题。生产者在市场竞争中并没有优势，在同消费者、中间商等议价中，没有讨价还价的能力，为避免滞销风险，只能寻求低价"走量"的销售方式。白虎头村故乡土生态园负责人表示，每年园内种植水果销量不足产量的一半，中间商收购园内京白梨价格仅为1元/斤。而生产成本又相对较高，2020年北京劳动力工价已达135元/天，远高于全国平均数45元/天；种子、化肥、农药等农资价格也持续上涨，2022年化肥价格受国际因素影响，上涨幅度达到100%。成本的增加，使农产品种植基本维持在盈亏平衡线附近，种植收益难以保障。东湖林村村干部反映，为应对村内大量土地撂荒问题，村股份经济合作社利用集体土地及流转土地种植100余亩鲜食玉米，年产量在2000斤/亩，按照2元/根销售，通过帮扶单位帮销和自销，年收入在10万元左右，与生产成本持平，村干部表示，"辛苦一年下来，不但没有利润，甚至还会亏本，仅是解决了村内少部分劳动力就业问题，严重影响种植积极性"。

（四）农民普遍缺乏市场意识和营销理念

北京市农业经营人员 55 岁以上占 40.6%，初中及以下学历占 80.2%。调查发现，斋堂镇这一情况更为严峻，由于地处门头沟深山区，村落偏远，本地产业单一，就业机会少，青壮年劳动力外流情况普遍，致使种植农民"老龄化"趋向明显，以马栏村为例，种植户全部为超龄劳动力，最年轻种植户年龄为 55 岁，农业生产处于后继无人的状态。

留守人员往往存在思想观念落后、发展动力不足的现象。"老龄化"农民在农产品生产销售过程中多依靠长期以来积累的经验，生产缺乏科技支撑、市场分析研判能力弱、供求信息获取渠道单一、产品品牌效应不高等都直接影响着农产品的销售。特别是"互联网＋"时代层出不穷的营销手段，给老龄化群体造成了无形的壁垒，难以形成有效盈利。例如在镇内某家庭农场调研时，调查组发现该农场虽已经在美团上线，但线上内容缺乏生动的图片和详细的文字介绍，仅展示了水果采摘和自助烧烤位，没有将其他更具吸引力的内容如民宿、共享菜园、越野摩托车活动等进行展示，致使关注度和销售量极低。当地村干部、村集体经济带头人、合作社负责人也普遍年龄偏大，受教育程度不高，面对生态涵养区内如何争取建设用地指标，食品卫生许可、质量认证如何取得，品牌推广如何进行商标注册，深山区如何降低食品的保鲜和运输成本等一系列问题，因为缺少规范的指引和解决问题的精力和能力，想发展却找不到突破口，严重影响了农产品的销售。调研发现，一些村虽然已取得农产品有机认证，但受自身认知水平局限，对于如何能够有效利用有机认证打开农产品市场销路思路不清晰，品牌化和创新意识不强，以至花费了高额费用（据了解有机认证申办一次需要 3 万元左右，认证有效期仅有一年）办理的认证被束之高阁。此外，外部高素质专业人才引进难也成为农产品销售中的一大难点。现代农业所需的种植、加工、营销运营等专业人才引进缺乏配套的政策和资金，致使北京丰富的智力资源对深山区的辐射和带动力度明显不足。

表 2　镇内部分村庄第一产业从业人员及村干部情况

村	第一产业从业人员（人）	（男）60 岁以上（人）	（女）55 岁以上（人）	超龄劳动力占比（%）	村书记年龄（岁）	文化程度
马栏村	20	15	5	100	50	大专
沿河城村	305	119	186	100	43	高中
王龙口村	17	10	4	82	60	初中
吕家村	27	8	12	74	59	高中
白虎头村	40	20	10	75	63	初中
东湖林村	58	20	30	86	63	高中

（五）统筹谋划不足导致同质化竞争激烈

从总体来看，斋堂镇农业产业的发展仍处于粗放式的层面，缺乏整体性的谋划和创新的思路，使得镇内农产品内在缺少差异化价值，外在缺少独特品牌，农产品低端同质化竞争激烈，持续发展受到制约。近年来，斋堂镇尽管也在积极打造镇域及各村特色品牌，但缺少对镇内农业品牌的整体统筹谋划，培育和宣传力度不足，品牌规模小、特色不明显、市场认可度低等问题依然存在。受生态涵养区新增建设用地指标相对较少的现实情况影响，镇内仓储、物流、配送等基础设施建设也相对滞后，零散不成体系。此外，农产品产前整体设计、营销和流通组织化程度低，农产品销售与农文旅融合不足等问题也加剧了农产品的同质化竞争。

三、促进生态涵养区在地农产品销售的对策建议

生态涵养区是推动首都乡村全面振兴的主阵地，也是缩小城乡差距、促进农民共同富裕的重点和难点所在，生态涵养区聚集了全市 80% 以上的低收入农户，人均 GDP 不到中心城区的 30%。该地区农产品销售问题，不仅关系着市民的"菜篮子"，更直接影响着生态涵养区农民的"钱袋子"，需要立足区域发展实际，依托首都市民消费需求，切实挖掘当地特色农产品价值，走出一条具有首都特点的绿水青山向金山银山转化的新路子。

（一）探索多元化的销售策略，拓宽农产品销售渠道

充分发挥京郊生态涵养区资源和生态优势，加强农业品种培优、品质提升、品牌打造和标准化生产，进一步突出当地农产品"小特精"的特点，严把产品质量关，选取精品优质农产品，进行包装宣传及品牌推广，借势首都的城市资源红利，推动线下、线上综合发力，加快实现农产品"走出去"。特别要注重发挥"三产"对"一产"的带动作用，加强农文旅融合，推动农业更多融入非农元素，通过精品民宿、田园观光、农耕体验、森林康养等新业态带动，将农产品的营销融入市民的生活方式，实现在地优质农产品不"出村"即"进城"。比如，怀柔区琉璃庙森岚逸墅西湾民宿，通过拓展"产业生态圈"，对周边农户生产的优质农产品进行统一收购，实现"民宿+"的跨界融合，收购的当地农产品不仅可用作为民宿优质的餐饮食材，还能作为伴手礼送给客人，既赢得顾客好感，又能增加当地农产品销量，带动周边农民增收。比如，同样地处深山区的昌平区黑山寨，核桃、板栗资源丰富，但并不好卖，黑山寨果品专业合作社带头人在营销理念上做文章，凭借"摘核桃不收钱"的创意营销理念，吸引游客体验采摘的乐趣，实现一产向三产转变，游客采摘量不仅能够占到总产量的 60%，同时还能带动周边板栗、大枣、柴鸡蛋等特产销售。2022年，仅一个多月的秋收节活动就接待游客 3.2 万人次，实现销售收入 320 万元。

（二）适当放开限制性政策，促进农产品产后增值

结合都市型现代农业发展需求，适度放开农产品加工、农产品食品生产许可认证（SC认证）等生产性限制，特别是，应适当调整生态涵养区食品生产许可、农产品加工等管理措施，明确审批标准、简化审批程序，杜绝"一刀切""翻烧饼"政策的出现。因地制宜支持发展冷藏保鲜、原料处理、分级包装等初加工，以及净菜上市、中央厨房、手工工坊等模式，并在产业用地的政策上给予一定的支持，加快制定符合生态涵养区发展实际的产业发展用地制度化保障机制，为加快提升农产品产地初加工能力提供便利，降低农产品损耗率，增加农产品附加值，让农产品销售赢在"最初一公里"。科学规划，合理布局，尽快补齐农产品仓储保鲜冷链物流等基础设施短板，完善农产品流通体系，促进实体商业物流和电商物流协同发展、互联互通，对于中国邮政等已具备较为完备

的物流、销售、直播体系且在县域电商发展中发挥了较大作用的物流企业，要加大扶持力度，更好发挥其引领带动作用，打通"出村进城"通道，推动建立解决农产品销售难的长效机制。

（三）加大农业产业社会化服务体系建设，推动适度规模经营

农产品销售难归根结底还是农业"小散弱"与大市场之间的矛盾。针对小农户种植规模小、种植布局乱、产品质量难保证等问题，要积极引导山区村庄土地流转，提高小农户的承包地流转率，持续支持发展"一村一品"，逐步形成富有特色、规模适中、带动力强的特色农产品产业链条和产业集群，引导龙头企业、村集体合作社、种植大户等多元经营主体发挥自身优势，通过订单生产、入股分红等多种方式，将农民组织起来，统一生产、统一管理、统一销售宣传，变"单打独斗"为"抱团取暖"，从而解决深度老龄化中一家一户干不了、干不好、干起来不划算等问题，提高生产综合效益，为规模化销售创造条件。完善社会化服务体系建设，大力发展全托管等社会化服务，培育和推广生产性和服务性专业组织，开展农机作业、植保疾控、运输仓储、加工销售"一站式"社会化服务创新试点，不断优化农业组织方式，提升农业劳动生产率、土地产出率，降低生产成本，增加销售优势。

（四）培育农民市场化意识，提升农产品核心竞争力

市场经济条件下，只有把农产品销售出去实现价值，才能让农民的"钱袋子"鼓起来。要积极拓宽思路，引导农户了解市场，迎合市场需要。北京中等收入群体和高收入群体对绿色优质农产品和生态产品的多样化、个性化消费需求，为农业产业发展提供了巨大的市场空间。在这一趋势下，生态涵养区农产品产销要探索"人无我有、人有我优"的产业发展路径，引导和支持农户主动对接市场，围绕名、特、优、新、奇和"老北京"口味科学调整农产品生产品种，避免低端同质化竞争，提升产品吸引力。注重品牌培育，政府要做好区域公用品牌培育的规范、引导和扶持，发挥区域公用品牌的生产示范、质量管理、渠道共享等带动作用，统一开展宣传推介，降低宣传成本，引导市场消费，让优质农产品卖出好价格。实施高素质农民培训，对农户、返乡入乡创业人员、新型农业经营主体带头人开展农产品宣传推广、线上销售运营等培训，让农民学会"吆喝"，运用微信、抖音、带货直播等手段提高农产品预售比例，为农产品销售赋能。积极引进农业专业人才，对愿意去农村工作达到一定年限的高校毕业生，在校期间实行国家助学贷款代偿政策，为农村输送一批适应现代农业要求的农业经营管理人才。

（五）加大政府引导扶持力度，增强农产品销售动能

建立政府主导的农产品市场监测机制，加大对农产品生产情况和市场需求状况的调查力度，以镇为单元及时对市场供求信息进行收集、统计和公布，以满足首都市场多元化、个性化、高端化消费需求为目标，引导农产品生产者立足本地气候、区位等资源禀赋，制定合理的产销计划，减少生产盲目性。加大农超对接工作，制定北京农产品农超对接具体措施，推动特色农产品销售。加大对农产品生产加工、仓储保鲜物流等设施建设的财政投入，延长农产品供应时间，提高农产品溢价能力。针对农产品生产经营主体给予优惠政策，对农业生产融资提供担保，鼓励金融部门加强对金融产品和服务方式的创新，围绕苗种研发、种田养畜等推行多种形式的信贷产品。提供产业用地审批、用水和用电优惠政策，在农资采购、农产品直补、物流服务、快递费用、电商培育、用工等涉农环节增设财政补贴或加大补贴力度，提高农民产销积极性。

执笔人：陈雯卿、杜力军

创新消费场景提升乡村空间高价值开发利用研究

北京作为首都和国际化超一线城市，随着经济发展，居民消费需求也日益增长，消费场景需要创新。"大京郊服务大城市，大城市带动大京郊"是北京市推进城乡融合发展的总方略。以乡村休闲为代表的都市乡村消费已成为扩大内需的发力重点。创新消费场景，提升北京乡村空间高价值开发利用。一是能够服务北京国际消费中心城市建设，拓展都市消费的新空间；二是可以成为提升乡村营商环境，更好服务返乡入乡创业的"新农人"的具体举措；三是应该成为高质量实施"百千工程"，走乡村建设、乡村运维管理、乡村经营融合发展之路的重要抓手。

一、创新消费场景，提升乡村空间高价值开发利用的必要性

习近平总书记深刻指出，"随着时代发展，乡村价值要重新审视。现如今，乡村不再是单一从事农业生产的地方，还有重要的生态涵养功能，令人向往的休闲观光功能，独具魅力的文化体验功能。"① 乡村国土空间的新功能、新价值要通过消费来实现。

（一）创新消费场景是党中央和习近平总书记明确提出的重要任务

2022 年 12 月，中央经济工作会议上，习近平总书记要求："要把恢复和扩大消费摆在优先位置，增强消费能力，改善消费条件，创新消费场景。"随着消费需求的不断升级，大众对于商业体的需求，不再是单纯的物质精神内容，而是希望能够得到购物、人文、艺术、情感等多重方面的满足。在商业时代下，场景消费要想保持活力、获得更多消费者的青睐，就必须脱颖而出，拥有特色和强主题，让消费者记忆犹新。

（二）创新消费场景是助力国际消费中心城市建设的重要手段

北京是中国五个国际消费中心城市之一，创新消费场景，促进消费扩容提质、服务构建新发展格局，是助力国际消费中心城市的重要手段。北京制定的《培育建设国际消费中心城市实施方案（2021—2025 年）》提出 "鼓励发展消费新模式、新业态、新场景"。随着政策发布，北京的新商圈正在不断地打造新消费场景。"她经济""银发经济""Z 世代经济"等面向多样消费者的经济圈层不断出现；"首店经济""打卡经济""地标经济"等新兴模式不断发展；"国潮经济""游戏经济"等文化融合方式迭出。探索多元化消费业态、消费

---

① 习近平：走中国特色社会主义乡村振兴道路，论"三农"工作，P249，中央文献出版社，2022。

场景、发展模式，已经成为北京国际消费中心城市建设的重要内涵。

（三）建设国际消费中心城市，不能落下郊区乡村这一块

2023年北京农村工作会议提出："建设国际消费中心城市不能少了郊区农村。""大京郊服务大城市，大城市带动大京郊"是北京市推进城乡融合发展的总方略。以乡村旅游为代表的都市乡村消费已成为扩大内需的发力重点。2022年，北京市休闲农业和乡村旅游接待1787.8万人次，营业收入32.13亿元，人均消费179.7元，同比增长39%，比2019年增长65.3%。但是，这一成绩距离新总规的要求还有很大距离①。随着市民对美好生活的追求，京郊休闲旅游也进入到内涵深化，外延拓展的新发展阶段，迫切需要在新发展理念下，按照做好"土特产"文章的思路创新消费场景。

（四）建设乡村消费场景，是学好用活"千万工程"、落实"百千工程"的必然要求

"千万工程"是习近平总书记在浙江工作时以广阔的视野、前瞻的思维、非凡的魄力亲自谋划的一项重大决策。2003年以来，"千万工程"从"千村示范、万村整治"到"千村精品、万村美丽"再到"千村未来、万村共富"深化拓展，给浙江乡村带来了历史性、全局性变化。坚持生态账与发展账一起算，整治重污染高耗能行业，关停"小散乱"企业，大力创建生态品牌、挖掘人文景观，培育"美丽乡村＋"农业、文化、旅游等新业态，推动田园变公园、村庄变景区、农房变客房、村民变股东，全省建成风景线743条、特色精品村2170个、美丽庭院300多万户，形成"一户一处景、一村一幅画、一线一风光"的发展图景。

浙江"千万工程"能够永葆20年的旺盛生命力，并且继续指导今后一段时期全国乡村振兴战略的实施，其核心要义就是推动城乡要素流动，向农村地区有计划、有目的地引入城市的资金、设计、运营、消费等要素，从美丽生态，到美丽经济，再到美丽生活，持续打通绿水青山就是金山银山的理念转化通道，把"生态优势"变成"民生福利"。②绿水青山转化为金山银山，必须经过土地整理、产业培育、场景打造、消费实现，这就需要以建设乡村消费新场景为指向，对农村地区的土地开展综合整理，对农村地区的自然文化资源进行多元价值挖掘，对农村地区的人力资源进行再培训再上岗，对农村地区的闲置房屋进行空间功能置换，对乡村建设进行设计重塑，对乡村发展进行产业再造，对乡村治理进行利益重构。

---

① 《北京城市总体规划（2016—2035年）》第102条："按照城乡发展一体化方向，坚持乡村观光休闲旅游与美丽乡村建设、都市型现代农业融合发展的思路，推动乡村观光休闲旅游向特色化、专业化、规范化转型，将乡村旅游培育成为北京郊区的支柱产业和惠及全市人民的现代服务业，将乡村地区建设成为提高市民幸福指数的首选休闲度假区域。"

② 《浙江省美丽乡村建设行动计划（2011—2015年）》提出："利用农村森林景观、田园风光、山水资源和乡村文化，发展各具特色的乡村休闲旅游业，加快形成以重点景区为龙头、骨干景点为支撑、'农家乐'休闲旅游业为基础的乡村休闲旅游业发展格局。《浙江省深化美丽乡村建设行动计划（2016—2020年）》提出：深度挖掘美丽乡村的旅游功能，大力发展体验经济、文创经济、养生经济、民宿经济等新型业态。"《浙江省人民政府关于坚持和深化新时代"千万工程"全面打造乡村振兴浙江样板的实施意见》（2023年6月）提出："擦亮'味美浙江·百县千碗'金名片，支持农家特色小吃产业化、商业化。大力发展乡村旅游、文化创意、康养运动等新型业态，加快休闲农业重点县和美丽休闲乡村培育。深入发掘民间艺术、节气文化、传统手工艺、戏曲曲艺、民俗活动等活态文化，开展文化产业赋能乡村试点和文化服务运营模式创新试点。"

2023年10月，北京市农业农村局为深入贯彻落实《北京市深入学习运用"千万工程"经验高质量打造首都乡村振兴样板的实施方案》，制定《北京市乡村振兴示范村创建工作方案》，开启新一轮"百村示范，千村振兴"工程，要求"乡村建设和特色营造相结合、主导产业和新型业态相互补充，实现业态多元，达到聚人气、展活力的目标"，实质上就是建设乡村消费新场景。

（五）高质量的乡村消费场景是国际一流和谐宜居之都的重要组成部分

国际一流和谐宜居之都，不能一边是商业繁荣的大都市，一边是枯燥乏味的乡村。从国际国内超大城市的发展经验来看，高质量的乡村消费场景，是城市生活品质的重要体现之一。

以法国巴黎为例。巴黎大区在实现高度城市化后，仍保有近80%的生态空间，其中约50%为农用地。《巴黎大区指导纲要（2030）》明确提出，农业是巴黎大区的重要优势，不只是从产业经济视角来规划农业，而是从建设一个更具活力、更加绿色和更可持续的巴黎来考虑农业的功能定位与发展，将农业空间作为增加大区景观和生物多样性，提升大区经济活力与经济多样性，提高巴黎人的生活质量，增强巴黎在未来发展中的弹性应对能力，有效应对食品安全和气候变化挑战等的重要基础，在此基础上致力于保护农业用地空间。一望无际的广袤农田，构成了巴黎大区全景图中开阔而美丽的景观面貌，构成了空间结构、环境景观、经济活动和生活方式的多样性，增强了这座全球城市的魅力与可持续发展能力。

北京作为首都、超一线城市、国际交往中心，需要创新消费场景，建设展示国际化大都市的京韵农味、乡土风貌的"首都之窗"，建设实现乡村国土空间新价值、新功能的"两山理念"示范区。

二、场景与乡村国土空间开发

（一）场景与消费场景

"场景"（scene）原本是指戏剧、影视、文学作品里的场面或情景。从20世纪70年代开始，"场景"概念开始被零星运用于城市研究之中。例如，欧文提出了城市场景（urban scene）概念，用以描绘城市中集体参与的、展现特定生活方式与身份认同的活动场面。斯特劳考察了城市中的音乐场景，将其定义为"能够表达多种音乐实践的地理空间"，音乐场景既具有私密性，又具有开放性，构成了流动而魅力非凡的都市社区。在这些研究的基础上，特里·克拉克和丹尼尔·西尔等人对"场景"概念进行了更加精细的梳理，并把它作为考察城市文化及其吸引力的理论工具。他们认为，"场景"包含了邻里空间、基础设施、多样性人群或组织、各种活动、意义价值等诸多要素，是"一个地方的美学或环境特征，是一个为潜在消费者提供经验、戏剧感或意义的地方"。

综合各方面的研究成果，消费场景是以消费为导向的场景，它被看作是具有象征意义的文化消费实践空间，是一个地方公共生活的孵化器，主要有4个元素动态排序：其一是地点或场所（place），多指物理环境及其美学设置；其二是人（people），连同他们的群体特征和社会经济特征；其三该人群进行的消费实践（practices of consumption ），如坐在公园闲逛、在咖啡店喝咖啡、在书店看书或在博物馆看展览等；其四是这些实践背后的价值和象征意义，比如，历史街区中的咖啡馆，消费者为一杯咖啡所支付的价格中既包括了咖啡本身费用，也包括了对历史街区的怀旧和体验消费。因此，对于那些喜欢它的人来说，不仅是咖啡馆，还有美食餐厅、书店、博物馆、画廊、公园、酒吧等舒适性设施。可见，场景概念为我们提供了一个有价值的分析工具，可以揭示一个地方的美学价值，以及其与更普遍的经济增长与社会生活之间的关联。场景的力量源泉在于文化，而文化的流行需要广泛认同。消费场景走在不同品位人群所需的消费热点前沿，能够为城市居民提供广泛的美学体验；同时，这种美学体验与城市特定的文化气质相结合，能够为打造具有影响力的消费文化和潮流提供支撑。

用这种方式来定义场景，实质上是把场景看作是关于一个地方的美学价值，这种美学价值有待潜在消费者予以使用。这是消费场景理论所关注的焦点。此外，消费场景理论还涉及不同人群对待蕴含不同美学价值的各类场景的偏好差异性。消费场景理论强调主体体验，然而不同人群在相同的生活方式与文化消费的主体体验是不同的。因此，消费场景不是单一的、僵硬的，而是通过系统化的营造，满足不同人群的物质消费需求和精神文化追求。

（二）消费场景与乡村国土空间价值

党的二十大报告中明确提出"中国式现代化"的发展要求，强调"全面推进乡村振兴"和"促进区域协调发展"战略，着力破解乡村衰落、乡村发展不充分、城乡发展难融合等现实困境，构建中国式农业农村现代化的全新路径。当前出现的乡村衰落现象是由于乡村发展过程中其内外部要素及其要素关系的变化，导致乡村运转系统失调，乡村价值丧失或者被严重低估。以乡村多元价值理论为理论基础，激发乡村空间高价值开发利用，对促进乡村振兴，实现城乡融合具有重要意义。

乡村的生产价值要建立在乡村产业基础上。现在的乡村不再是单一从事农业生产的地方，还有包括生态涵养功能，休闲观光功能以及文化体验功能。这些功能决定了乡村的供给更加多元，能够培育更多的产业。明确产业类型，厘清产业之间的关系，保持产业特性。培育乡村旅游、农特产品、休闲养老等乡村产业，充分发挥乡村的生产价值。"生态宜居"就是要充分发挥乡村的生态价值和生活价值。从乡村的自然环境看，青山绿水的优美环境是人类赖以生存的生态环境和自然条件，从乡村的社会环境来看，放松和谐的生活方式可以调节身心。这种独特的自然和人文环境是乡村区别城市的特有价值，吸引城市人口来到乡村度假休闲，可以实现城乡功能上的互补。"乡村文明"就是要发挥乡村的文化价值。乡村的文化价值是指乡村所具有的保护、传承与发展传统文化的功能。乡村的传统文化渗透与村落形态、院落结构以及村民的生产生活方式之中。保护传承乡村的耕作文化、生产经验、民俗文化等是进行乡村文化建设的重要内容。同时将文化内涵注入乡村旅游，可以提升乡村旅游业的质量和内容。"治理有效"就是要发挥乡村的社会价值与教化价值。教化价值是指乡村特定空间中产生的社会规则以及文化现象对人的行为塑造作用。

乡村作为一个天然的教化空间，在发展过程中形成了特定的文化规范、村规民约、社会舆论等看不见的规范，在潜移默化间对村民的约束、规范、教育等具有重要作用。"生活富裕"需要乡村多元价值综合发挥的作用。乡村生产价值、生态价值、文化价值等多种价值的综合发挥，意味着乡村的产业、生态、文化等形成有机融合的内生发展动力，可以为农民多方创造效益。

根据乡村多元价值理论，乡村振兴要着眼于乡村自身资源的整合，重新发现乡村价值、深入挖掘乡村价值、创新乡村空间治理体系，提升乡村空间高价值开发利用，进一步畅通城乡要素流动，推进城乡融合和乡村振兴战略。

（三）乡村国土空间价值开发的关键点

全要素的统筹配合。首先是人的因素。乡村振兴解决不了人才短板，解决不了组织上的问题，就无法实现村庄价值认识、发现；其次，要深度挖掘乡村特有的资源，比如村庄中带着五角星的老水塔，高耸山间的引水渠，这些文化遗存如何与乡村旅游资源结合，凸现乡村价值？组织振兴、人才振兴、文化振兴、产业振兴、生态振兴等五大振兴，但基础在于资源统筹振兴。

全生命周期场景产品打造。乡村以农田、山林等农业空间为基底，因此，具有鲜明的季节性。时令不同，景色各异，可利用能够呈现的资源价值也有所差异。顺应自然的时令，在播种时节，打造田园教育课堂，教育我们的孩子，不误农时（播种错过农时，会导致减产甚至绝收），懂得"守时"，才能收获。在谷子繁盛的夏夜，在谷地里搭起高台，为市民订制青纱帐服务，让大家感受作物的呼吸，收获山谷闲适宁静。在收获季节，通过开镰节等活动组织，草扎艺术、割谷子、舂小米等劳动体验和艺术创造，找回记忆，传承农耕文化。

全国土空间治理。乡村价值呈现，需要系统化、全空间的设计和打造。如果乡村民宿院子内部移步换景，别有洞天，院子外房屋布局散乱，建设失序，建筑风貌不协调，配套水平低，则无法吸引更多人来乡村投资兴业，体验游玩。需要通过有序引导，十年二十年，乃至更长时间的更新、迭代，让村庄艺术化。通过国土空间综合整治和生态修复，全域整饬田园，打造大地景观，同时修复自然生态，搞活林下经济，提升山林资源价值。让产业发展、组织振兴、文化传承有扎实的国土空间治理的基础。

三、北京乡村具有创新消费场景的基础条件

（一）总体消费水平高，消费需求大

北京是全国消费水平最高的城市，根据国家统计局北京调查总队最新发布的住户收支与生活状况调查报告数据显示，2023 年前三季度北京市居民人均消费支出达到了 34783 元，呈现出 9.8% 的同比增长态势，展现了居民消费能力的稳步提升。深入分析各类消费构成，人均食品烟酒支出为 7619 元，增长了 10.4%，显示出居民对于饮食方面投入的热情不减；教育文化娱乐支出为 2619 元，增长了 15.9%，表明居民对精神文化生活的追求加强；其他用品及服务支出为 1032 元，增长了 22.7%，这三类增速高的消费活动都可以

在乡村进行，乡村有很大的消费场景创新空间。随着城市化的加速和人们生活水平的提高，城市居民对乡村旅游、休闲、养生等需求不断增加，为提升乡村空间高价值利用提供了广阔的市场前景。

（二）京郊乡村消费前景广阔

由课题组开展的《2023年北京市乡村休闲旅游大数据监测报告》显示，从人均消费水平看，外地游客中档消费和中低档消费水平占主导，占比分别为25.18%、41.65%。本市游客中档消费占主导，占比为35.40%，且中高档消费和高档消费的占比（20.19%、12.40%）明显高于外地游客（15.21%、4.56%）。

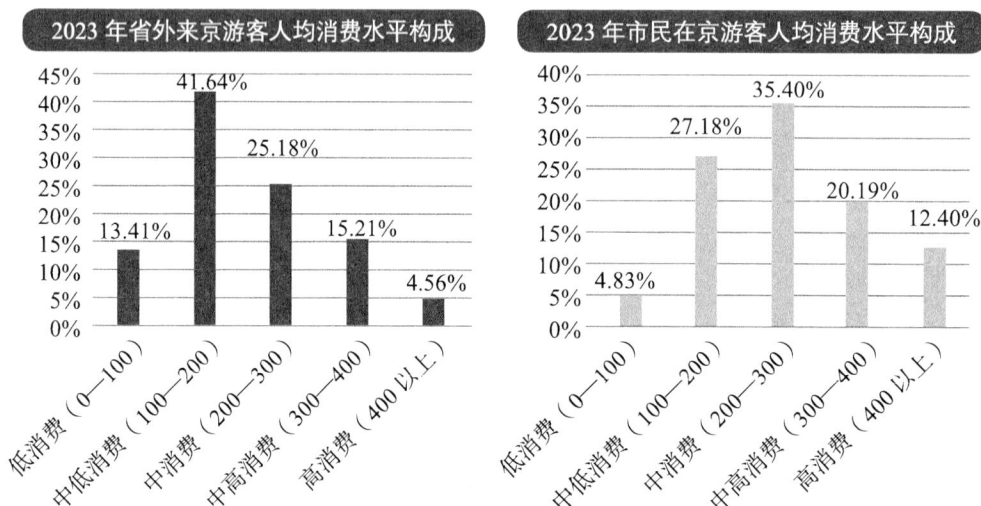

图1　京郊乡村休闲旅游人均消费水平

课题组所做的京郊主要休闲农业经营主体进行的监测数据表明，重要节假日期间，北京乡村人均消费最高的休闲农业园区能达到500—600元的水平（表1）。这反映出优质的乡村休闲旅游项目完全可以获得较高的人均消费。但对于大多数表现平庸的项目来说，消费者有足够的消费能力，却找不到足够的消费场景。为满足消费者需求，京郊休闲农业园区纷纷创新消费场景，增加消费内容，满足消费者需求，提高经营收入。

表1　2023年重要节假日休闲农业监测点人均消费前三数据

（单位：元/人）

五一假期		端午节假期		国庆中秋假期	
飞鸟与鸣虫农场	609	意大利农场	556.5	圣露庄园	428.6
野谷生态园	444	果壳里的农场	500	北京农趣大观园	380
天葡庄园	400	HiMaMa锦会农场	375	张裕爱斐堡酒庄	346.7

总体而言，未来北京乡村消费市场有很大空间，需要以自然亲近、地方文化、农业体验和特色产品为基础创新消费场景，从优质服务体验、创新特色产品、提升品牌形象知名度、优化消费环境以及拓展营销渠道等多方面入手，吸引更多的消费者，增加消费者的黏

性和忠诚度，并提高消费者的满意度和消费金额，从而促进休闲农业的快速发展和提档升级。开发具有地方特色的农业旅游项目，提升游客参与感，同时推动地方产品的生产和销售，有望取得市场竞争的优势。同时，通过"乡村＋"文化体验、运动休闲、自然教育、康养疗愈等，丰富休闲内容，吸引更多游客的到来，给予游客更多选择，提升产品品质，激发游客消费欲望，为未来市场的可持续发展奠定基础。

（三）北京有大量创新型人才

北京拥有众多的高校和科研机构，人才资源丰富，为提升乡村空间高价值利用提供了人才支持。北京的科技实力雄厚，在农业技术、工程技术、信息技术等方面具有领先地位，为提升乡村空间高价值利用提供了技术支持。北京市科学技术委员会、中关村科技园区管理委员会在 AICC2023 人工智能计算大会上发布的《北京市人工智能行业大模型创新应用白皮书 (2023 年)》显示，北京是当前国内人工智能领域创新基础最好、人才资源最集中、研发创新能力最强、产品迭代最活跃的地区，现已拥有大模型创新团队 122 家，数量居全国首位，约占全国的一半。从应用领域来看，大模型应用案例百花齐放，已经在传统产业赋能、文化旅游、医疗、智慧城市等各个领域得到初步应用，这些领域与乡村消费场景创新紧密相连、环环相扣，为北京创新消费场景，提升乡村空间高价值开发利用提供了人才储备。

（四）北京乡村有量多质优的文化资源

课题组对 100 个村庄进行抽样调查统计，这些乡村拥有区级以上文物保护点 200 个、红色资源（革命遗址、纪念馆、党史馆、烈士陵园、纪念碑）55 个。截至 2023 年底，北京全市有 35 项地理标志性农产品、4 项全国重要农业文化遗产。北京乡村地区的民俗文化资源也非常丰富，有许多传统的民俗活动，如庙会、舞狮、舞龙、戏曲表演等，这些活动不仅具有浓郁的地方特色，还体现了乡村人民的智慧和创造力。北京乡村量多质优的文化资源，为创新消费场景提供了素材灵感，在北京乡村创新消费场景，有助于传承红色基因、弘扬革命精神，也利于文物保护和文化传承，推动文化与旅游、农业等产业的融合发展。创新消费场景，可以进一步发挥北京政治中心、文化中心的优势，促进京郊乡文化资源的活化利用，走"红色＋绿色"的乡村旅游发展道路，提高乡村国土空间价值。

（五）北京乡村有成功的先行先试案例

1. 利用村庄破碎化空间资源，打造休闲消费新场景

小溪谷森林营地位于郭家屯村北侧，为金海湖田园综合体项目一期，占地面积 6500 平方米，采取村企合作形式，由郭家屯村集体经济合作社牵头，与社会资本合作投资运营。通过整合碎片化农地和废弃林地，利用现有的生态林和自然溪流，打造一个集田园会客厅、7000 年农耕文化市集、艺术乡村街市、田园聚落营地、家庭示范农场为一体的自然乐园，游客们可以在营地内露营、烧烤、捉鱼、戏水、观看演出等。目前，正在同步开发相关衍生品、伴手礼等，搜罗平谷好物，打造消费新市集。自建成以来至 2022 年底，小溪谷共运营 6 个多月，实现营业收入共 80 余万元，共接待 16000 人次，抖音账户曝光量达 100 万，安排村民就业 16 人，村民兼职就业 30 人，引入专家团队 15 家，

举办农旅休闲行业会议12次，村民共建活动5次，在北京市亲子休闲场地中排行第六。至2022年底，该项目实现收入120万元，村集体实现收入近40万元，为完善基层治理格局、壮大村集体经济、带动农民增收致富、助力平谷在乡村振兴方面走在前列树立了典型。

2. 依托特殊客群资源，打造文化消费新场景

怀柔区北沟村有着美国设计师萨洋投资2000万改造的瓦厂乡村酒店，以及5名来自不同国家的设计师联手设计的三卅精品民宿，还有一批来自美国、加拿大、荷兰的外籍友人到北沟租农家院改造运营，因此被称为"国际村"。北沟村客群稳定，主要是在京驻华使馆外籍人员，外企员工，针对这些游客，北沟村建成文化新地标"瓦"美术馆，打造了文化消费新场景，举办了"乡村文艺复兴·在发生"首展。文化产业赋能农文旅高质量融合，进一步激活北沟村"沉睡"的乡村资产，成为北沟未来乡村发展的重要引擎。

3. 依托文化资源，打造赛事消费新场景

延庆区石峡村深居山峡之中，以石为屋、以石为道，故名"石峡"。这里有一段残长城——石峡关长城，它位于八达岭长城景区西南5公里处。石峡村依托长城文化，自2020年以来，已成功举办四届八达岭文创大赛，吸引了近3000个项目参与，34个项目实现了有效落地转化，在北京地区乃至全国拥有较高的影响力和美誉度，已成为北京推动文化创意产业发展的重要平台，推动长城文化传承与创新的重要载体，满足更广泛人群对长城文创带来的美好文旅生活需求。2023年八达岭长城文创大赛秉持"以赛促产，以赛聚业"的办赛宗旨，场地特意选在刚刚建成不久的"延庆·好物"文创园区，促进延庆城市更新项目的资源利用，为实现文创产业精准落地提供更多场地选择。

4. 依托社会资源，打造亲子消费新场景

密云区金叵罗村正常运转的农家乐有20余家，经了解村民的发展意愿后，北京市农研中心资源区划处将北京观光休闲农业行业协会亲子专业委员会、北京亲游科技公司引入村中，其负责人与村民进行了对接之后，有五位大姐表示愿意参加、尝试农家乐改造提升。专业人士采取"内容驱动、数字赋能"的战略手段，通过线上+线下的运营方式，让乡村自身具备可持续运营能力，农户（民俗户、小院儿）是载体，农民（留守村民、新农人等）是核心和IP。经过基础设施改造、产品研发、宣传推广、农户培训等四个方面的提升改造，从传统的农家乐变为亲子活动的亲子小院，从"包桌+住宿"到"亲子客房+美食+手作+田园体验"一价全包，满足消费者体验乡土味道的需求，让市民脑袋中的乡愁具象化、场景化，实现可进入，可体验和可参与。使得产品变体验，农村变场景，农民变商人。

5. 依托政策资源，打造体验消费新场景

平谷熊儿寨乡依托"北京市休闲农业'十百千万'畅游行动"资金项目，激发蕴藏在人民群众中的创造伟力，微改造，精提升，培育乡村消费品牌。民俗户提升行动不进行大拆大建，结合民俗户经营经验和发展目标，从运营"软件"、文化要素、乡村产品开发层

面赋能乡民，投资小，见效快。乡域内 10 个民宿根据自身基础条件和发展目标，借力乡村农耕文化、地方民俗、特色美食、在地非遗等匠人资源，在消费场景上都有了创新（见表 2），满足了各类消费群体的不同需求，实现了同步提升、错位发展。

表 2　平谷熊儿寨·匠人部落民俗户提升情况表

序号	原名称	所在村	新市场名称	匠人特色	体验特色
1	德坤农家院	老泉口	德坤家·老泉口私房菜	酱骨头，泉水火盆锅	定制香肠
2	许树林农家院	东沟	逸树森林	逸树家宴，烤鸽子	四季罐头
3	许永新农家院	东沟	小霞鸽子宴	鸽子宴	熏鸽子
5	张云龙	南岔	闲庭	豆制品	做豆干
4	刘中海	魏家湾	慢窑山吧	窑烤系列	山林探索
6	张莉莉	南岔	不舍	香草休闲美食	香料体验活动
7	李涛	花峪	花峪里	杂粮健康餐	杂粮窝窝头 DIY
8	张海龙	老泉口	老泉水岸	茶道文化	茶道体验
9	袁俊霞	东沟	闲霞时光	烙大饼	烙大饼
10	白福利	南岔	南岔大院	乡味酱肉	香料课堂

四、外省市相关经验借鉴

成都市是国家中心城市之一，也是城区常住人口超过 1000 万的超大城市（超过天津）。成都自古以来就是一座消费城市，从"列备五都"的兴盛繁荣到"扬一益二"的富甲天下，再到如今的全国消费"第四城"，不仅辐射西部 3.8 亿人口，更拥有丝绸之路经济带广阔的市场腹地。《成渝地区双城经济圈建设规划纲要》明确提出支持成都塑造城市特色消费品牌，打造国际消费中心城市；四川省委、省政府也明确支持成都建设国际消费中心城市，并作出了专门部署。建设国际消费中心城市是成都市贯彻落实党中央、国务院和省委省政府决策部署、融入新发展格局推动高质量发展、实施成渝地区双城经济圈战略和建设公园城市示范区的重大举措。在国际消费中心城市建设过程中，成都市将"场景"供给作为助力传统产业蝶变升级和经济组织方式变革的重要创新路径，形成了一批战略性、体系性的制度创新安排，尤其是"没有丢掉郊区乡村这一块"，在乡村消费新场景建设方面已经形成了行之有效的工作体系，在全国超大城市中走在了前列。

2021 年 8 月 20 日，成都市发布的"八大示范性消费场景"与"十大特色消费新场景"中，严家弯湾、天府沸腾小镇、明月国际陶艺村、蔚峡林盘公园等多个消费新场景均位于农村乡镇。2022 年，成都市农业农村局会同市委社治委、市规划和自然资源局等七个相关部门联合组织开展了"2022 年成都市宜居宜业和美乡村消费新场景申报认定"工作，认定并发布了 30 个宜居宜业和美乡村消费新场景，并将此项工作纳入成都市建设国际消费中心城市的整体工作中。

2023 年 7 月 14 日，中共四川省委、四川省人民政府下发《关于支持成都加快打造国际消费中心城市的意见》，在传统的城市时尚文化消费圈，龙门山等生态消费带之外，专门规划了"田园林盘农耕消费区"，明确提出，以加快建设新时代更高水平"天府粮仓"为契机，坚持三次产业融合发展，实施农产品精深加工专项工程。支持建设一批优势特色产业集群和农业产业强镇，创新"有机农产品＋绿色餐饮""特色农产品＋伴手礼"发展模式。鼓励市场主体参与推进川西林盘保护修复、宜居宜业和美乡村建设，打造示范田园，发展"民宿＋康养""乡村＋医美""农村＋电商"等融合业态。支持"天府蓝网"建设，探索研究流域管理特许经营模式，引导社会资本参与流域治理，打造具有国际范、天府韵的亲水消费场景。

学习并借鉴成都的经验，将广大的京郊农村地区纳入国际消费中心城市建设规划，推出一批超大城市乡村消费新场景，对于贯彻落实"大京郊服务大城市，大城市带动大京郊"的方略有着重要参考意义。

（一）"钱"从哪里来

资金从何处来一直是消费场景建设场域的根本问题，来源一般包括政府财政投资、土地产权抵押融资、企业投资以及村民自筹等方面。同时，采取集中项目资金推动消费场域建设，通常将土地整理项目（农用地整理）与挂钩项目（集体建设用地整理）有机结合起来，采取"统一规划、同时立项、同步实施、分别验收"的操作方式。

政府财政一直以来都是场域建设最主要的来源，主要发挥两方面的作用，一是为场域建设提供专项的补贴资金；二是为场域建设兜底。对于不能满足的资金缺口，一般采取村民自筹的方式解决，多以购房款方式，让村民以成本价格置换房屋。在实际操作中，会直接以补赔偿款和各类补贴与购房款相抵扣，最终实行多退少补。但这两种方式无疑给政府财政和农民带来了巨大的资金压力。成都市在推进"小组微生"建设的过程中，通过拓宽投融资渠道的方式吸引多方资金投入共建消费场域。

1.土地产权抵押融资

有的调查村庄采取土地产权抵押融资的方式来筹集资金，吃透产权融资政策和节余建设用地指标政策，解决资金筹集问题。其中郫都区唐昌镇战旗村成立村集体资产管理公司，崇州市白头镇五星村、黎坝村采取成立土地股份合作社作为融资主体。

（1）集体资产管理公司与土地股份合作社。由村民自筹资金组建成立村集体资产管理公司，作为土地综合整治项目建设和融资主体，统一运作。通过在村民中推举产生股东代表，并由股东代表制定并通过公司章程，组建公司董事会、监理会。土地股份合作社是在村委会的倡导下，以群众自主自愿为核心，以集体建设用地折资入股方式组建起来。合作社设成员大会，由全体社员组成，为合作社最高权力机构，制定合作社章程，规范内部管理。

（2）"小证"全部换为"大证"。农户自愿向国土部门提出申请，承诺自己及后代永久放弃宅基地使用权，将宅基地使用权变更登记为集体建设用地使用权。再注销各农户单独的集体建设用地使用权证，办理主体为村集体经济组织的统一的集体建设用地使用权证，完成抵押贷款准备工作。

（3）以集体建设用地使用权向银行抵押贷款。村集体资产管理公司或土地股份合作社用本村集体建设用地使用权向银行进行抵押融资，在最短的时间内筹集到所需资金。

（4）指标收益偿还贷款。在筹集到所需资金之后开展拆旧建新、宅基地复垦等工作，待项目完成验收之后，用节余出的集体建设用地指标进行交易，用取得的收益偿还银行贷款。

2.引入社会资金

以集体建设用地使用权抵押融资的方式筹集资金的规模有一定的局限，如何利用市场化手段配置资源，获取更多的建设资金，成了各村创新探索的关注点。

（1）引进企业出资。企业利用自有资金与银行贷款结合政府财政投入、村民自筹资金等进行旧房拆除与新房建设以及宅基地复垦工作。在项目验收通过以后，企业与农民共同协商节余出的集体建设用地指标收益分配。

（2）集体经营性建设用地入市交易。利用集体经营性建设用地入市改革的机遇，探索构建市场交易服务体系，通过集体经营性建设用地出让、租赁、入股等方式显化土地资产价值，获取最大限度的新村建设所需资金。例如战旗村借助郫都区作为全国集体经营性建设用地入市改革试点县的历史机遇，将原属村集体所办复合肥厂、预制厂和村委会老办公楼共 13 亩闲置集体土地，以每亩 52.5 万元的价格出让，收益超 700 万元。敲响四川省农村集体经营性建设用地入市"第一槌"，从此打开了社会资本、民间资金有序进入战旗土地落户的大门，成为农村集体建设用地金融创新成功范本。

（二）"地"从哪里来

通过土地综合整治，通常有确权先行、增减挂钩、政策指导三个步骤，逐步取得新消费场景所需用地。

1.确权先行

为了让土地变为资本，推动农村资产资本化及各生产要素的自由流动，成都市于 2008 年开始农村产权制度改革。确权颁证是农村产权制度改革的一个主要内容，通过对农户的土地、房屋、林权等进行测量、公示，明确农村集体建设用地、农用地、房屋所有权及集体建设用地使用权、农用地承包经营权，并颁发相应权证，通过此次确权颁证对农地使用权的完整性进行了全面梳理，并对集体经济组织和集体组织成员进行重新界定、承包权进行长久固化及宅基地进行确权。确权颁证工作使得农村产权基本明晰，利益主体明确，解决了农户之间的纠纷问题，在新消费场景综合建设过程中，也依据产改取得的成果，将产权面积作为拆旧建新标准，以保障农民的合法权益。确权颁证也为农村资源的便捷流转提供了产权保障，因此也是拓宽新农村建设资金来源的基础。

截至 2010 年 6 月，成都市共向全市村组集体颁发集体土地所有证 33806 本，向农户颁发土地承包经营权证 1783681 本、林权证 649260 本、集体土地使用证 657959 本、房屋所有权证 1571225 本。

推动农村产权流转是农村产权制度改革的又一主要内容，包括土地承包经营权流转、集体建设用地使用权流转、农村房屋产权流转。2008 年，为了让土地变为资本，推动农村资产资本化及各生产要素的自由流动，成都农村产权交易所（以下简称农交所）正式挂牌运营，成为全国第一家农村产权交易机构。农交所通过搭建农村产权交易服务平台，实现农民的土地承包经营权、林权、集体建设用地使用权等在市场原则下的有序流转。

农交所制定一系列流转配套办法、交易规则，连接各区县农村产权交易分所，旨在搭建市、县、乡三级农村产权流转信息发布和组织交易的综合型平台。全市三级农村产权交易机构实行"六统一"的管理模式，即统一交易规则、统一交易鉴证、统一服务标准、统一交易监管、统一信息平台、统一诚信建设，逐步形成税费一致、信息共享、统一的产权交易服务体系。

农交所在农户自愿的前提下，实现农村土地经营权、林权、农村集体经济组织股权、农业类知识产权等农村产权的交易，形式包含转让、出租、入股、抵押融资等，实现产权交易市场化、规范化。外出务工的农民可以将土地经营权拿到农交所去交易，既增加了农民收入来源，也避免了农地抛荒现象。更重要的是，新农村综合体建设可以将结余出的指标拿到农交所挂牌交易，也可进行抵押融资，为新农村建设筹集到更多的资金。

2. 增减挂钩

成都市作为城乡建设用地增减挂钩试点，充分运用城乡建设用地增减挂钩政策，积极争取增减挂钩指标及规划实施建设项目，充分释放土地级差收益，筹集新村建设所需资金。

2008年5月12日汶川地震后颁布的国土资发〔2008〕119号文件允许灾后重建区县设置项目，打破了指标使用的区域限制，为灾后重建带来了较大的指标数量，在一定程度上支持了成都市新农村建设。

2009年，在总结"5·12"汶川地震灾后重建经验的基础上，成都市将增减挂钩与土地整治相结合，形成农用地整理与建设用地整理"统一规划、分别立项、同步实施、分别验收"的土地综合整治新机制。

2010年，进一步创新完善了土地综合整治的运行机制，形成了"政府引导、农民主体、镇村组织、市场运作"的独特模式，充分发挥了农民的主体作用和市场配置资源的基础性作用，调动了农民群众和社会资金参与土地综合整治的积极性。2013年，成都市在"4·20"芦山地震后，充分运用灾后重建支持政策，通过释放农村建设用地的潜在价值提升了指标的价值。这一时期成都市的新农村建设发展较快，很大程度上是受益于此项政策支持。成都市运用增减挂钩政策，在有力地促进灾后重建的同时改善了农民群众的生产生活条件，使其享受到了城镇文明建设成果。

成都市的土地整理也与壮大集体经济相结合。通过土地整理，把新增耕地留给集体经济组织，由集体经济组织统一经营和发包，并预留一部分集体建设用地，壮大集体经济组织实力。

3. 政策指导

2014年，成都市总结提炼示范点位建设经验，出台《关于推进小规模、组团式、生态化新农村综合体建设的指导意见》，设定"标准"，以科学规划为基础，以都市现代农业发展为支撑，以基础设施和公共服务设施完善为重点，以川西民居特色风貌塑造为特色，成片成带地推进小规模、组团式、生态化新农村综合体建设。

（三）"人"从哪里来

资金和场地有了，那乡村消费新场景中最重要的因素——人从哪里来？主要是从两个方面，新农人入乡和老农人培育。

新村民以携带文创项目、产业进入村庄，在新村民带动和引领下，老村民也以出租房屋、村内就业、在地创业等方式获得经济收入，并积极加入到乡村发展建设中。例如，明月村操盘手陈经理及其团队在"茶山、竹海、明月窑"的产业本底上规划出了瓦窑山、谌塝塝两个老村民创业区：将艺术家院落和谌塝塝联合，改造成新旧产业和新老村民融合的微村落等。这一系列改造及建设，政府总体专项投入仅 3000 万元，其他都是由创业者、老村民、公益组织等机构共同出资建设的。

随着明月国际陶艺村项目组成立，又陆续有 3+2 读书荟、上海 i20 等公益组织进驻，从公益书馆、明月讲堂、乡建模式研究等方面推进这个村子的建设。短短几年内，村子有陶艺、扎染、明月窑特色主题民宿，篆刻等文创项目 50 多个，吸纳近百位新村民，进驻 45 个外来项目，还有 150 多名本村人也陆续返乡就业、创业，并有 30 个村民项目开始经营。

新村民进入后，营造了浓厚的文化和创业氛围，激发原住民创业的想法，甚至吸引很多外出就业的年轻人返回村庄，共同进行乡村建设。蒲江县一直坚持外引内培助推人才振兴，邀请新村民及全国具有影响力的乡建研究者与实践者到明月村开展产业、技术、文化方面的培训，年培训约 1.5 万人次。

铁牛村也是人才聚集的基地。从规划开始，铁牛村汇聚了投资、管理、教育、设计、农业等超过 60 位复合型新村民。他们从北京、上海、广州、深圳等 20 多个地方，汇聚到这里，一起在地生活、研究与实践。横跨了"60""70""80""90"四个代际，其中"80后""90后"占了 70%，还有 20% 的人具有海外留学或工作背景。为了吸纳优秀人才扎根农村，蒲江县作出探索，让非蒲江户籍的"新村民"通过法定程序参加村"两委"选举，1993 年出生、之前在广州从事创意和品牌策划工作的新农人高晓欣在 2022 年当选为村党委副书记，主抓乡村振兴。

在村委的带动下，老村民也根据各自的技能与特点，进行了专业化组织。村党委书记徐帮森有着 30 多年的乡建经验，坚持传承工匠精神和冶铁文化，带领村子里一支 100 多人的乡建艺人队伍，村中融合田园质朴与后现代简约风格的丑美生活馆，就是乡建队伍和"新村民"共创的作品。何孝成是铁牛村人，大学毕业后去了新加坡工作，2018 年回乡创建了旅游专业合作社。合作社通过租果园、鱼塘和老院落等，打造示范果园、示范鱼塘和示范民宿，通过打造核心示范区，打造新消费场景，带动全村一起发展。

（四）"场景"从哪里来

习近平总书记在 2018 年视察成都天府新区时指出，一定要规划好建设好，特别是要突出公园城市特点，把生态价值考虑进去，努力打造新的增长极，建设内陆开放经济高地。依据习近平总书记的指示，要注重公园城市和生态价值的开发和聚焦，成都的新消费场景就是聚焦农商文旅体研相结合的公园城市的乡村表达。

1.绿色生态建设

成都市在打造新消费场景的过程中，坚持运用绿色发展理念，结合当地自然条件，开展绿色生态化建设。

一是加强对林盘、湿地的保护。四川地区林盘众多，渠系纵横，自然风光得天独厚。在项目实施初期规划编制时，将生态环境保护放到优先位置，农民集中居住区安置点位尽量按照原有自然机理布局。对农民集中居住区内的树木、竹林精确测绘定位并登记造册严格保护，同时对古树名木实行挂牌保护；对项目区附近湿地水域进行保护，抓好生态创建。

二是设立稻田缓冲带。在稻田中有意识地设置过渡区域，从而达到分离农田和道路的作用。稻田缓冲带在拦截农田养分流失、去除农业面源污染方面发挥着积极有效的生态作用。

三是打造微田园景观。在建设幸福美丽新村时，充分尊重当地农民的生活习惯，同时当地政府考虑到日后的维护和管理，将新村规划设计之初的绿化植物全部换做蔬菜以及观赏性花卉，形成房前屋后"小菜园、小果园、小花园"的生态格局，方便生活的同时又美化环境。

四是开展生态化土地整治。通过研究分析项目区生态环境和生物链，从而破解土地整治工程建设与生态低碳之间的矛盾，最终实现生态整治的功能性、生态性、社会性、技能性、景观性和精神性。在工程布置上减少了坡改梯比率，对沟、渠、塘进行生态化建设，建设泥结石田间路面、耕作层剥离与生态培肥，设置农田渍水净化系统、生态宣传平台，河、溪沿线生态走廊以及生物通道、生物池和生物栖息地等，最终实现经济效益、生态效益、社会效益的有效提升。

2.注重文化挖掘

村文化是一个民族、一个地域流传下来的一种精神，是衡量一个地方文明程度的重要尺度，也是以文化软实力提升核心竞争力的重要载体。成都市在打造新消费场景中十分注重乡村旅游和社会经济的持续协调发展。通过引入具有文化传承的连锁乡村旅店，将因村民外出务工而闲置的房屋进行统一出租，村民可以获得额外的租金收入，而乡村旅店也成为当地文化的缩影。人们在享受着恬静的田园风光，品尝着富有特色的农家美食，感受着乡村人文气息的同时也更加深入地体会到当地百姓传承的一种文化积淀。

依托当地优美的田园风光，举办踏青会、骑游会等体育活动。农民不再只是面朝黄土背朝天，而是同城市居民一样可以享受到更加多姿多彩的生活。

（五）"动力"从哪里来

1.疏——加强资源整合，解决痛点

（1）整合部门力量。通过整合部门力量变农业农村部门"单兵突进"变为各部门共同管理、共同负责，形成"各炒一盘菜，共做一桌席"的工作格局，以实现城乡统筹发展战略为目标的田、水、路、林、村综合整理。

（2）整合资金渠道。坚持以规划和自然资源部门土地整治专项资金投入为主，农业、水利、交通等部门的涉农资金为辅，将中低产田改造资金、农田水利建设资金、"六小工程"资金、农村道路建设资金、农业开发资金等一并纳入专项资金账户统一安排使用（即"1+N"的资金整合模式），综合发挥各项资金的叠加效益，共同用于新消费场景建设项目。

（3）整合政策资源。创造性地将土地整理项目（农用地整理）与挂钩项目（集体建设用地整理）有机结合起来，采取"统一规划、同时立项、同步实施、分别验收"的操作方式，并集成运用相关政策。

2. 堵——规范监督管理，有序发展

（1）规范项目实施。项目实施严格执行项目法人、招标、监理、合同和公告制度等，确保项目规范操作。加强制度设计，先后制定了38项制度和规范，确保项目有序推进。强化招标管理，成立前期勘测、规划设计、招标代理、工程监理等中介机构备选库，相关工程从备选库中随机抽取并比选确定。严把工程质量关，确保工程质量和安全。加强资金监管和审计，实行项目资金专户管理、专款专用、分账核算，严格执行项目资金预算会审制、逐级审批制、现场复核制等，确保资金安全。

（2）发挥农民主体作用。成都市2008年全面推进"一核多元、合作共治"的新型村级治理机制改革，重点发挥村（居）民议事会作用，通过民主化方式推进"小组微生"建设，形成了"政府引导、农民主体、镇村组织、市场运作"的建设管理模式，不断完善的村级民主治理机制引导群众自主建设、自主管理，发挥了农民的主体作用和市场配置资源的基础性作用，调动了农民群众和社会资金参与土地综合整治的积极性。

五、发展建议

（一）紧扣市情农情，助力"四个中心"和"五子联动"，在国际消费中心城市规划建设中增加乡村消费新场景建设的内容

北京的城市发展定位是"四个中心"，农业农村要紧扣首都城市发展定位，努力做支持国家政务活动的重要空间，将古都、红色、京味文化融入乡村文化建设的创新基地、承担重大国际交往活动的重要舞台、农业强市的科技示范、研发和应用转化基地。立足"大城市带动大京郊，大京郊服务大城市"的农情，做好市民的后花园、市民的新家园、城乡融合的新乐园。以场景体系构建支撑高品质生活，在增强首都群众获得感上进阶，把场景营造作为满足人民群众对美好生活需要的着力点。要继续打造农业"中关村"、科学家小院、博士农场等科研示范基地，建设更多乡村新消费场景，来逐步满足超大城市的市民需求，同时也要持续满足入村回乡的新老村民的需求。通过北京乡村建设的活力和动力不断向天津、河北释放，带来协同发展的新动能，形成"五子联动"中的乡村意义。课题组研究总结出12大类型适合京郊乡村的典型消费场景（见表3）。

表 3　京郊 12 类典型乡村休闲消费新场景

序号	类型	活动	场景	人员	吃	住	行
1	党建	主题教育、党课学习、志愿服务、考察交流	红色教育基地、党员活动室	讲解员、宣讲员	工作餐标准乡村特色美食		大巴车
2	研学	农事体验、采摘、学农、自然教育	具有一定瞬时接待规模的农事体验场地、教室	农业专家、辅导员	自制食品	标间/宿舍	大巴车
3	康养	养生疗养、康复理疗、汤泉汗蒸	汗蒸房、理疗设备	中医、保健员	有机新鲜	大床房	观光车
4	运动	户外登山、山林徒步、乡村自行车赛，山地马拉松	符合体育赛事标准的场地设施	体育经纪人	轻食快餐		
5	团建	拓展训练、合作游戏、会议	团体活动场地、中小型会议场地	团建活动主持人	乡村特色美食、咖啡甜点	标间	
6	聚会	户外烧烤、户外休闲、室内娱乐	ktv、棋牌室、桌游物品	服务员	乡村特色美食、咖啡甜点		
7	家庭	亲子游戏、户外烧烤、户外休闲、室内娱乐	儿童游戏设施	看护人员	乡村特色美食	家庭房	自驾车
8	文艺	乡村音乐会、乡村艺术展览、乡村戏剧节	高美学价值自然环境、专业展厅、小剧场	表演、服务人员	乡村特色美食、咖啡甜点		
9	露营	野外拓展、野外烧烤、乡村渔乐、徒步登山	安全的通水通电的户外场地	露营教练、管理员	自制食品、咖啡甜点	帐篷	
10	市集	农业交流会、农产品展销、乡村手工艺品展销	中小型会展场地	会展策划人员	农家饭菜、轻食快餐、咖啡甜点		
11	萌宠	宠物运动场、宠物会所	宠物友好型商业	宠物专业服务人员	乡村特色美食、咖啡甜点、宠物食品	宠物友好型住宿	自驾车
12	婚庆	婚礼庆典、结婚纪念日庆典、其他庆典活动	户外婚礼庆典场景	婚庆策划运营人员	乡村特色美食、咖啡甜点	婚庆房	

　　上述 12 类消费场景并不能涵盖所有的消费需求，随着社会经济的不断发展，也会有新的消费场景出现。这需要乡村运营者具备敏锐的市场洞察力和产品设计力。

　　2023 年 12 月召开的中央经济工作会议提出，要推动消费从疫后恢复转向持续扩大，培育壮大新型消费，稳定和扩大传统消费。北京作为超大城市，消费层次多，需求差异大，建议针对特定需求做好供给侧改革，提升服务的专业化水平。针对党政机关和国有企事业单位的党建需求，联合组织部门推出一批乡村党建活动基地，发展红色经济；针对中小学劳动教育需求，联合教育部门推出一批乡村校外大课堂，发展研学经济；针对退休人员平时郊游需求，联合老干部管理服务部门推出一批适老乡村休闲目的地，发展银发经济；针对越来越多的宠物家庭，开发宠物友好型休闲农业园区、宠物友好型民宿，发展萌宠经济；等等。总之，要发挥京郊距离近、标准高、规范强的优势，有的放矢，发展北京特色、北京标准、北京品质的乡村休闲项目，瞄准"出不去的、跑不远的、走不开的"特定人群，和周边省市形成错位竞争。

（二）把丰富乡村消费新场景作为提升乡村营商环境，服务返乡入乡创业人员，打造"北京服务"品牌的重要内容

2023 年 11 月 6 日，北京市委、市政府下发《关于北京市全面优化营商环境打造"北京服务"的意见》，在"实施人才服务品质创优行动"中，鼓励各区"一区一策"制定青年人才、创业人才服务保障政策，持续丰富青年人才社交、消费等场景供给，打造近悦远来的青年创业营商环境。当前，返乡入乡创业在京郊大地已经蔚然成风，但是"新农人"在乡村面临着消费场景匮乏、业余生活枯燥乏味的困境，可以说他们比城市的青年创业者更加迫切地需要消费场景供给，是营商环境建设的一块短板。涉农区应该围绕"新农人"、农业中关村建设的社交、消费需求做好场景供给，从打造"北京服务"品牌的高度去认识乡村消费新场景建设，推广怀柔区大力发展"村咖"的经验做法。

（三）把乡村消费新场景建设作为"百千工程"的重要抓手，"微改造精提升"与小微消费业态引进培育发展形成有机统一

《北京市深入学习运用"千万工程"经验高质量打造首都乡村振兴样板的实施方案》提出，要树立乡村大资源、大景观的理念，走乡村建设、乡村运维管理、乡村经营融合发展之路。在当前的全市乡村振兴示范村创建工作方案中，明确要求示范创建要能通过乡村建设和特色营造相结合、"新农人"引入和新型农业经营主体自主经营相结合、主导产业和新型业态互相补充，达到聚人气、展活力、有效益、可持续的目标。在这个过程中，小微业态的培育和引进十分重要。

在具体政策推进中，各示范片区、示范村的创建方案分为"微改造，精提升"的建设方案和产业发展方案，两个方案如何衔接融合是一个突出问题。"乡村消费新场景建设"这个概念既体现了"场"的建设和"景"的营造，又明确指向了"满足消费"的结果，符合"无设计不规划、无规划不建设"的原则，恰好能够统筹"建设"与"产业"两方面的工作，有利于政策的宣贯和基层理解实施。结合"百千工程"乡村休闲综合体建设，集聚一批小微业态，打造一批乡村版奥特莱斯、乡村版蓝色港湾、乡村版北大红楼、横过来的万达广场，激活城乡消费新需求、释放经济新活力、打开农民增收新空间。

（四）加强部门协作，统筹协同推动新消费场景建设

乡村消费新场景建设涉及用地、资金、农村改革等多方面的工作，因此必须加大部门间协作力度和广度，农业农村部门要加强与市规划和自然资源委、市商务局、市文旅局、市体育局、市教委等部门的协作，聚焦产业促进乡村发展，持续推进农村一二三产业、农商文旅体教融合发展，拓展农业多种功能、挖掘乡村多元价值，创设主导产业优势突出、消费场景智慧化建设完备、线下体验消费场景活跃、农产品品牌营销有效、设施完善服务规范的乡村新消费场景。

课题责任领导：刘军萍
课题主持人：陈奕捷
课题组成员：张颖、李敏、吴国庆、李婧、乔通、赵晨、周翰文、杜斌豪、王翊嘉

北京市乡村旅游消费调查报告

　　《北京城市总体规划（2016年—2035年）》对乡村旅游发展提出了明确目标，即推动乡村观光休闲旅游向特色化、专业化、规范化转型，将乡村旅游培育成为北京郊区的支柱产业和惠及北京市人民的现代服务业，将乡村地区建设成为提高市民幸福指数的首选休闲度假区域。北京市乡村旅游发展较早，经过20余年的发展，已经成为市民户外文化娱乐休闲、乡村消费的重要阵地。然而，在当前全国各地乡村旅游业蓬勃发展、成为绿水青山转化为金山银山的"金扁担"的大好形势下，北京市乡村旅游经营主体普遍反映的、有关部门普遍认知的"乡村旅游人均消费低"成为困扰北京乡村旅游高质量发展的问题之一。为此，北京市农村经济研究中心课题组通过年鉴数据分析和样本问卷调查等方式，对北京市乡村旅游消费情况进行了较为全面客观的调查分析，以期结合消费视角的观察与政策供给的思考，为推进北京市乡村旅游提质升级提供决策参考。

一、北京市乡村旅游消费总体情况

　　本研究的"乡村旅游"概念延续了政府部门的习惯用法，包含"乡村旅游"与"休闲农业"两个业态内容。根据《北京统计年鉴》数据，2023年，北京乡村旅游接待游客2210.1万人次，营业收入36.2亿元[①]，乡村旅游收入占全市旅游收入（5849.7亿元）的0.6%，人均消费163.8元，约为全市旅游人均消费水平（1778.0元）的1/10。根据农业农村部数据显示，2018—2020年我国乡村旅游人均消费约为250—300元。从统计数据来看，当前北京市乡村旅游消费水平整体不高，与首都人民的消费需求和收入水平极不相称，仍有较大的提升空间。

　　北京市统计局于2006年开始以农业观光园及民俗旅游为口径统计乡村旅游相关数据（见表1）。课题组汇总2006—2023年的农业观光园及民俗旅游数据，从游客接待量、营业收入、人均消费水平三个维度反映北京市乡村旅游消费发展总体情况。其中，以2006—2019年数据作为样本分析新冠疫情前乡村旅游消费水平发展情况，以2020—2022年数据作为样本分析新冠疫情对于乡村旅游的冲击情况，以2023年数据来观察后疫情时期乡村旅游的发展趋势（见图1—图3）。

[①] 数据来源：北京市文化和旅游局。

表 1　2006—2023 年北京市乡村旅游发展数据统计表

年份	乡村旅游接待量（万人次）	乡村旅游收入（亿元）	人均消费（元）
2006	2193.1	14.1	64.5
2007	2614.4	18.1	69.2
2008	2703.8	18.9	69.8
2009	2990.5	21.3	71.3
2010	3328.5	25.1	75.5
2011	3511.8	30.4	86.6
2012	3635.7	35.9	98.8
2013	3750.9	37.6	100.1
2014	3825.4	36.2	94.6
2015	4043.0	39.2	96.9
2016	4547.9	42.3	93.0
2017	4337.4	44.2	101.9
2018	3939.9	40.3	102.3
2019	3458.0	37.2	107.6
2020	1877.5	25.0	133.2
2021	2520.2	32.6	129.4
2022	1787.8	32.1	179.7
2023	2210.1	36.2	163.8

数据来源：《北京市统计年鉴》。

注：年度乡村旅游接待量为《北京市统计年鉴》中该年度观光园接待人次与乡村旅游接待人次总和；年度乡村旅游收入为该年度观光园总收入（包括门票收入、采摘收入、出售农产品收入、出售其他商品收入、健身娱乐收入、垂钓收入、餐饮收入、住宿收入、其他收入）和乡村旅游总收入（包括出售农产品收入、餐饮收入、住宿收入）的总和。人均消费为当年度乡村旅游收入与乡村旅游接待量的商。

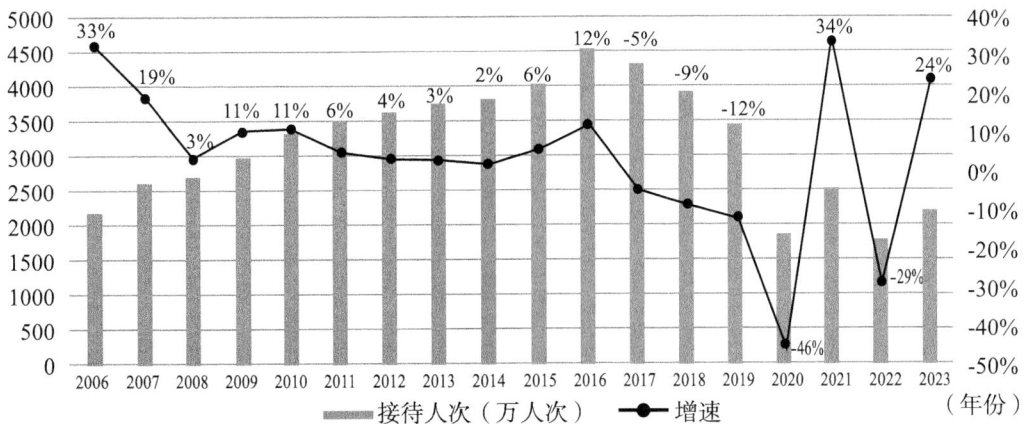

图 1　2006—2023 年北京市乡村旅游接待人次变化情况

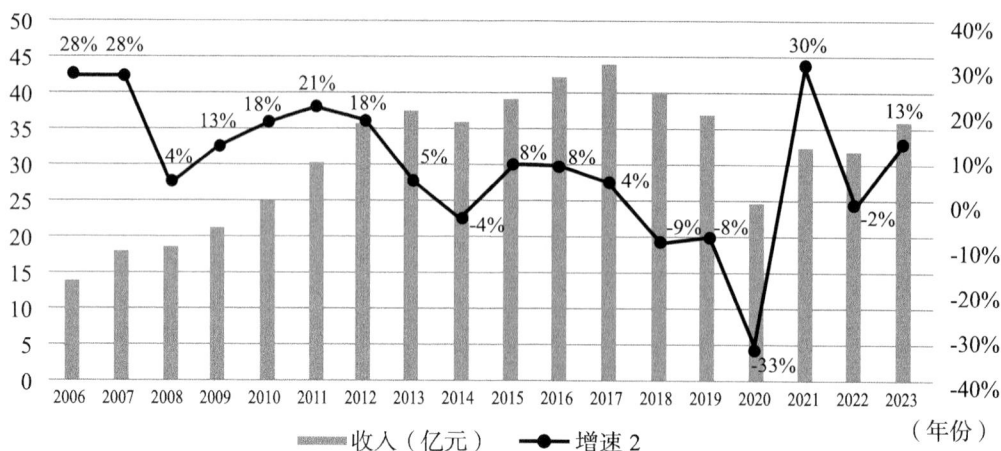

图2　2006—2023年北京市乡村旅游收入变化情况

图3　2006—2023年北京市乡村旅游人均消费变化情况

基于以上数据，北京市乡村旅游消费发展历程呈现出以下特点：

（一）2006—2016年：规模迅速扩张

在此10年间，随着经济社会发展水平不断提高，政府越来越重视乡村旅游的开发与推广，城市居民越来越向往乡村生活和自然风光，北京乡村旅游游客规模及营业收入都始终保持着稳定、高速的增长，于2009年突破20亿元、2011年突破30亿元、2016年突破40亿元关口，其中2016年接待游客超过4500万人次，成为历史最高值。人均消费由2006年的64元增长到2016年的93元，增幅达到45%，但同期北京市居民人均可支配收入翻了接近3倍，相比之下，乡村旅游消费水平增长并不显著。此外，人均消费除了在2013年短暂地达到100元外，其余年份仍在百元以下徘徊，乡村旅游"吸金"能力不强。

（二）2017—2019年：面临转型挑战

在新冠疫情发生前的三年，北京乡村旅游已出现发展"后劲不足"现象，2017—2019

年游客接待量连续下降（分别为 –4%、–9%、–12%），2018 年为自 2006 年以来内首次出现接待量及收入"双降"。这一期间，人均消费虽保持小幅上涨，突破百元门槛，但更多是由于收入降幅小于接待量降幅所致。为何乡村旅游发展态势急转，"农家饭"的味道差在了哪儿？乡村旅游在享受了十几年的发展"红利期"后，进入产业新旧动能转换的"阵痛期"，一方面是大量低水平、同质化的产品供应；另一方面是游客更高的、更多元的消费诉求，两者尚未实现精准对接，乡村旅游面临着转型挑战。

（三）2020—2022 年：遭受疫情冲击

2020 年，北京乡村旅游受新冠疫情冲击巨大，接待量同比下降 46%，收入下降 33%，出现"断崖式"下跌。随新冠疫情防控措施有力执行，2021 年北京乡村旅游市场出现反弹，游客接待量及收入分别同比上升 34% 和 30%；2022 年因新冠疫情形势反复，市民坚持"非必要不出行"，游客接待量为新冠疫情三年来最低。但是，新冠疫情三年内人均消费水平对比疫情前呈上升趋势，2022 年人均消费比 2019 年上涨 67%。

（四）2023 年至今：虽复苏回暖，但没有恢复到疫情前水平

2023 年，在"乙类乙管"的新冠疫情防控政策下，居民文化体验、休闲度假等出游需求得到释放，文旅市场加速复苏，消费加速回暖。2023 年北京乡村旅游接待游客 2210.1 万人次，比上年增长 23.6%；实现收入 36.2 亿元，比上年增长 12.8%，但收入规模没有恢复到新冠疫情前水平，且人均消费与 2022 年相比下降了 8.8%。另据北京观光休闲农业行业协会对 2024 年春节期间北京乡村旅游的监测，北京的乡村旅游消费人群在向外转移，春节期间只有 50% 监测主体营业，且人均消费与 2023 年春节相比下降了 12.4%。在乡村振兴战略的政策红利背景下，面对全国乡村旅游市场的全面开花与激烈竞争，北京市乡村旅游提质转型道阻且长。

二、北京市乡村旅游消费样本调查分析

为深入了解北京市乡村旅游消费的现实情况，把握消费需求特点，课题组于 2023 年 12 月向常居北京的市民开展了问卷调查，共回收问卷 1242 份，有效问卷 1202 份，问卷总体有效率为 96.8%。在 1202 份有效问卷中，有过北京市乡村旅游和休闲农业消费经历的样本有 839 份，占比 69.8%；没有相关消费经历的样本有 363 份，占比 30.2%。

（一）乡村旅游消费者画像分析

在有过北京市乡村旅游消费经历的 839 份问卷中，从年龄层来看，35—66 岁的消费者占比最多，达到 63.7%；25—34 岁的消费者为第二大梯队，占比为 24.9%。从性别方面来看，女性比男性消费者更多，占比为 58.8%。从收入水平来看，有 35.2% 的消费者收入范围在 5001—10000 元；其次 10001—30000 元的旅游消费者占比 32.7%。56% 的消费者接受过大专 / 本科教育。另外，数据显示在乡村旅游消费者中，企业职员和公职人员占比一半以上，达到 61.7%，见图 4。如果简单地给北京市乡村旅游消费主力画像，可以描画为：拥有高收入、高学历的中青年职业女性。

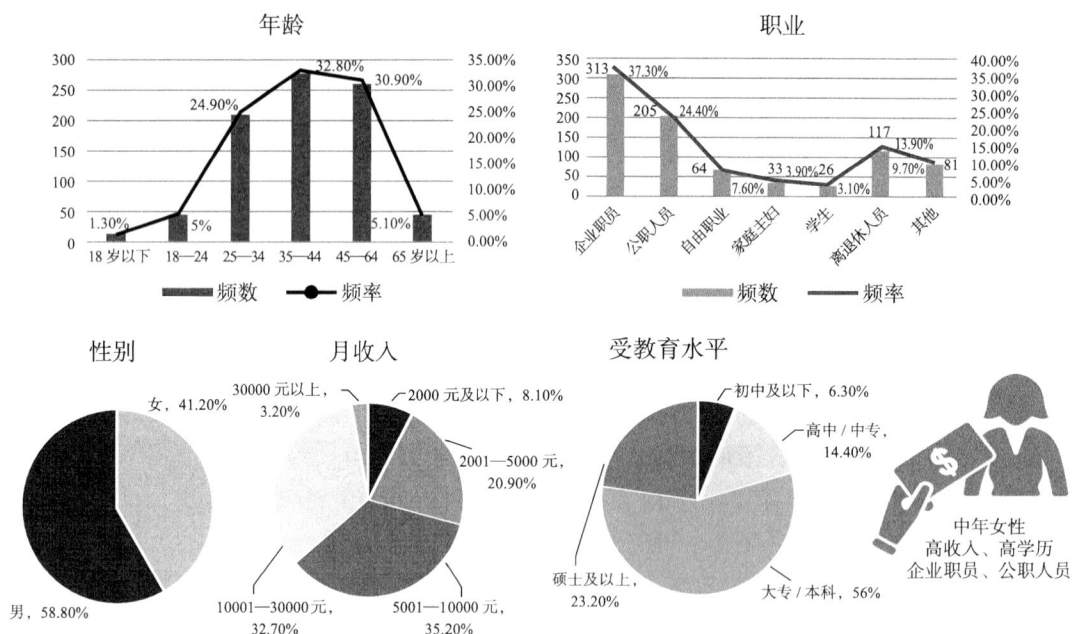

图4 北京市乡村旅游消费者画像图

（二）乡村旅游消费者出行特征

调查发现，北京市乡村旅游消费者出行呈现三种特征。一是短途自驾游，78.6%的游客采取自驾的形式出游，且50.2%的消费者偏向往返2小时以内车程的目的地；二是家庭微度假，47.3%的消费者选择家庭出游；三是就近单日游，47.6%的消费者乡村旅游和休闲农业活动呈现当天往返的特征。见图5—图6。

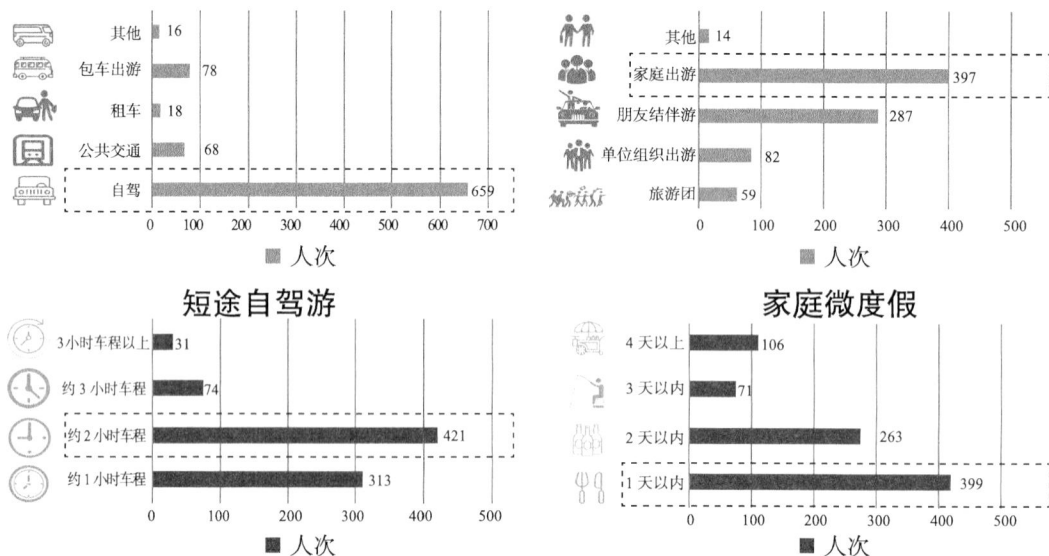

图5 北京市乡村旅游出行特征图（1）

北京市乡村旅游和休闲农业消费者区域分布

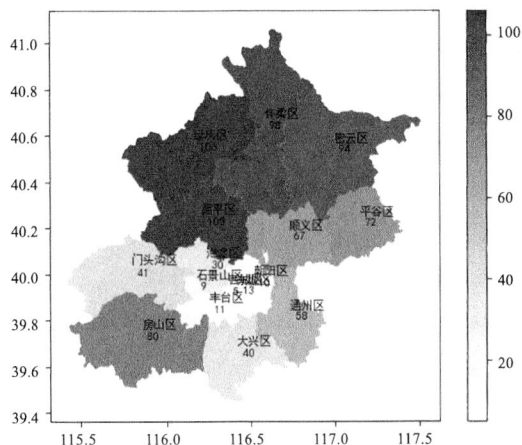

过去一年的乡村旅游和休闲农业参与次数

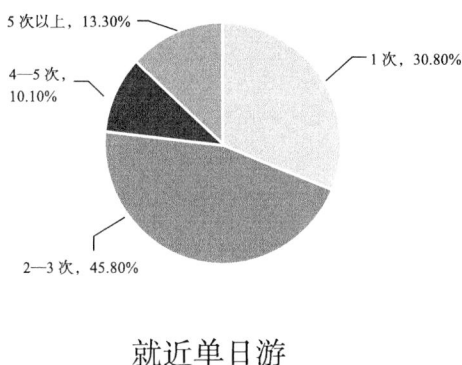

5次以上，13.30%
4—5次，10.10%
1次，30.80%
2—3次，45.80%

就近单日游

图6 北京市乡村旅游出行特征图（2）

（三）乡村旅游消费信息来源渠道

调查结果显示，北京市乡村旅游消费信息获取渠道上，整体样本中多数游客偏向于选择听取亲朋好友的推荐（63.7%）、抖音、快手等短视频平台推介（39.2%）和微信、微博等社交媒体推荐（37.2%）等，见图7。可见，口碑与社交媒体在北京市乡村旅游消费信息传播中扮演着重要作用。

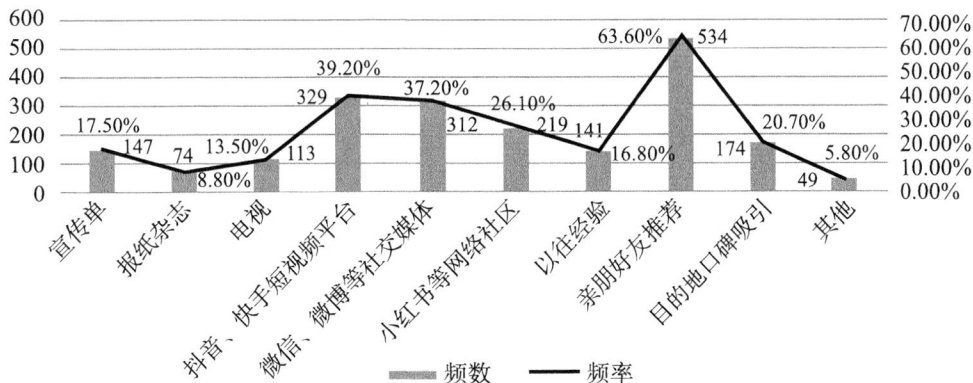

图7 北京市乡村旅游消费者信息来源渠道统计图

（四）乡村旅游参与动机分析

旅游动机是一种引导和激励人类行为的内在状态。调查结果显示（见图8），消费者进行乡村旅游的直接动机主要是"好季节和好天气""便利性的距离和交通""有假期和周末时间""当地旅游价格的性价比很高"。这些统计数据反映了北京市乡村旅游和休闲农业消费者在选择参与活动时的主要动机和关注因素。可以认为，消费者更倾向于在气候宜人的季节进行户外活动，享受自然美景。同时，距离和交通便利性对于选择乡村旅游目的地至关重要，这反映了消费者更倾向于选择离家较近、交通便利的乡村目的地。此外，拥有假期和周末时间是选择乡村休闲度假的关键因素，这可能暗示他们更愿意在节假日或周末腾出时间参与休闲农业和乡村旅游活动。消费者对旅游价格性价比的关注，表示他们更倾向于选择价格合理、性价比较高的乡村旅游和休闲农业产品和服务。

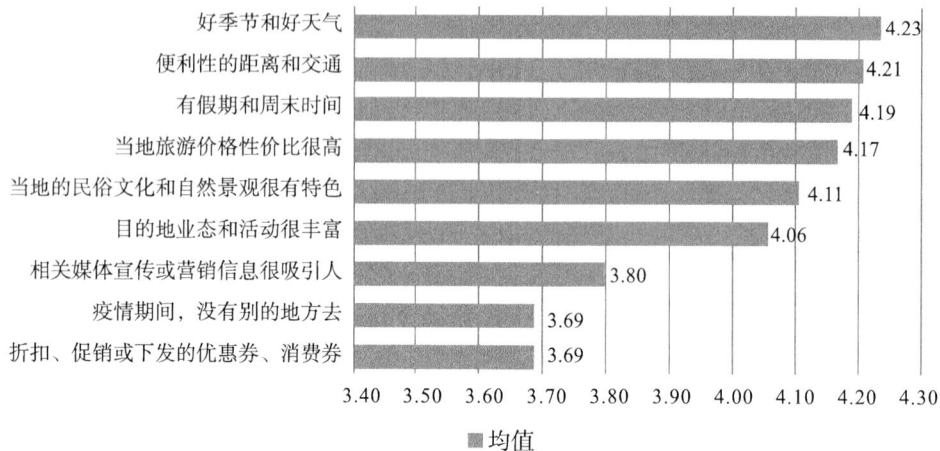

项目	均值
好季节和好天气	4.23
便利性的距离和交通	4.21
有假期和周末时间	4.19
当地旅游价格性价比很高	4.17
当地的民俗文化和自然景观很有特色	4.11
目的地业态和活动很丰富	4.06
相关媒体宣传或营销信息很吸引人	3.80
疫情期间，没有别的地方去	3.69
折扣、促销或下发的优惠券、消费券	3.69

图8　北京市乡村旅游消费参与动机图

（五）消费动机组间差异

运用主成分分析法对北京市乡村旅游参与动机的9个原始题项进行探索性因子分析，得到两个旅游动机类目（见表2）。结果显示，资源吸引与内部激励动机相较于外部驱动和营销推介动机，对吸引消费者进行乡村旅游更重要。

表2　北京市乡村旅游参与动机因子分析表

动机	题项	因子载荷	均值
资源吸引与内部激励	当地旅游价格性价比很高	.860	4.16
	便利性的距离和交通	.851	
	目的地业态和活动很丰富	.840	
	好季节和好天气	.829	
	当地的民俗文化和自然景观很有特色	.827	
	有假期和周末时间	.803	
外部驱动和营销推介	相关媒体宣传或营销信息很吸引人	.478	3.75
	折扣、促销或下发的优惠券、消费券	.452	
	疫情防控期间，没有别的地方去	.486	

利用单因素方差分析对资源吸引与内部激励、外部驱动和营销推介两类消费动机进行检验，发现在不同的人口统计学特征组间中存在着参与动机差异。

首先，不同年龄区间在消费动机方面存在显著差异。18—24岁的群体认为资源吸引与内部激励对他们的影响更为重要，针对这一年龄段的市场推广策略可以强调自然资源、个人体验等方面的吸引点。年龄越大的群体越可能受到外部驱动和营销推介的影响，说明年龄较大的参与者更容易受到外部因素（例如广告、推介活动）的影响，这可以成为市场营销策略的侧重点。针对中年和老年群体的活动和广告宣传可以更强调外部驱动因素，例如团购优惠、特别促销等。

其次，从文化程度来看，在"资源吸引与内部激励"动机方面，初中及以下文化程度的消费者在该动机维度上的平均得分低于其他两个文化程度，这可能意味着受教育水平较低的消费者不太容易受到目的地的景观、文化、业态、活动等吸引，他们相对更容易受诸如广告、优惠等外部驱动和营销推介的影响，而高中/中专和大专/本科文化程度的参与者更容易受内在激励和资源吸引的影响。政府和营销团队可能需要针对不同文化程度的群体采用不同的宣传和推广策略。

再次，从月收入角度来看，月收入在 2000 元及以下的消费者对于"资源吸引与内部激励"动机认知较低，对于"外部驱动和营销推介"感知更强，可以针对低收入群体加强外部推介活动，例如广告、特别促销等。

最后，通过比较"资源吸引与内部激励"动机维度的消费者职业方面的组间差异，家庭主妇、离退休人员认为资源吸引与内部激励对他们的影响更为重要。

（六）乡村旅游消费结构分析

从吃、住、行、游、购、娱的消费板块来看，当前，北京市乡村旅游和休闲农业消费主要集中在吃（餐饮）、行（交通）、游（门票和采摘），然而在住（住宿）、购（文创产品）、娱（体验项目）的消费不足，未来还有很大的发展空间。在乡村旅游与休闲农业消费产品选择上，时令果蔬和土特产的消费占比最多，分别占 66.7% 和 56.1%。而在纪念品（19.5%）、体验品（18.5%）的娱乐品类消费上存在严重不足。

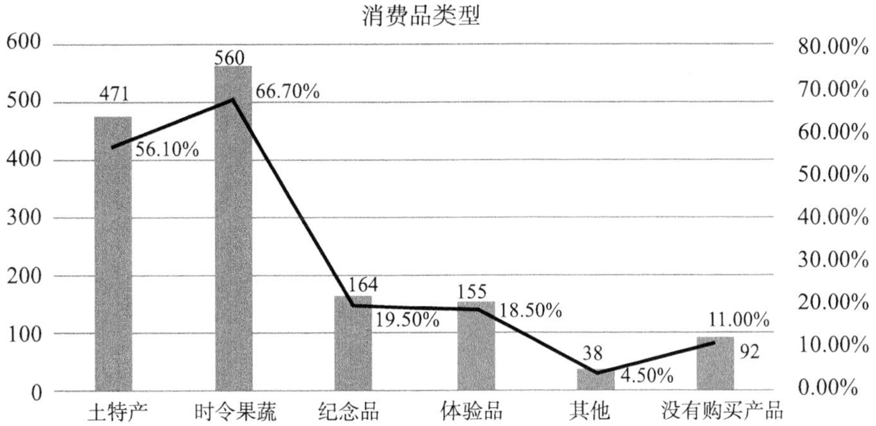

图 9　北京市乡村旅游消费内容统计图

（七）乡村旅游消费满意度

根据数据显示，现阶段北京市乡村旅游和休闲农业消费者在"当地村民热情好客程度和民风氛围"和"交通方便程度和可达性，路况和停车方便程度"方面比较满意；而在餐饮服务、业态丰富度、住宿服务、购物选择和品质以及当地的人居环境方面的满意度表现较差，尚有较大的提升空间。

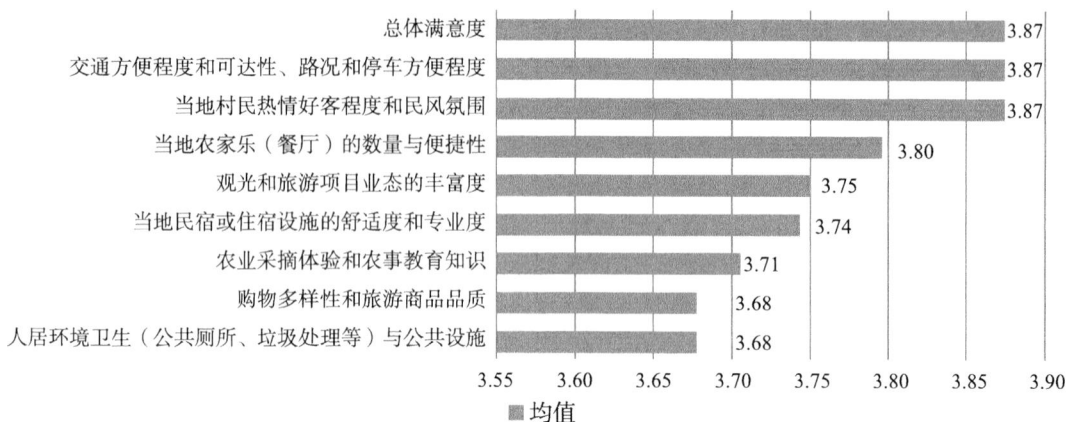

图 10　北京市乡村旅游消费满意度统计图

通过对消费者的消费水平和消费满意度进行相关性分析发现，农产品采摘消费与满意度之间存在着较强的关系，即说明农产品采摘的消费参与能带来潜在更高的消费满意度。而交通费用和餐饮消费与总体消费满意度之间不存在相关关系，说明在北京市乡村旅游和休闲农业发展中仍需积极探索在出行和餐饮方面的项目开发和内容拓展，以此来实现收入和消费者满意水平的双向发展。

（八）北京市乡村吸引力调查

关于北京市乡村吸引力感知的调查数据显示，"逃离城市的休闲和放松的机会"和"美丽的自然风景和环境"是乡村对北京市消费者最具吸引力的因素；其次是"康养和身心疗愈的整体氛围""有特色的当地美食和食材""绿色、有机或无农药的产品"和"有趣的乡村活动和农事体验"。

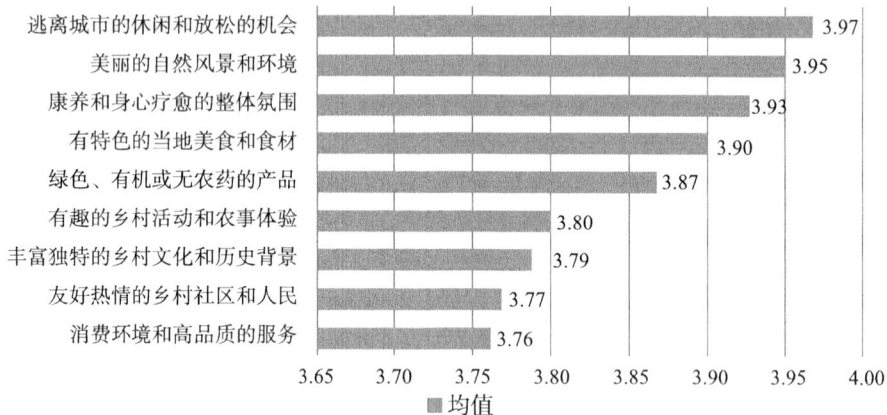

图 11　北京市乡村吸引力感知统计图

三、制约北京市乡村旅游消费水平提升因素分析

（一）游客有钱"不想花"

乡村旅游有别于景区旅游等其他旅游形式，具有短时、短途、低价、亲民等特点，更

加适合大众化消费需求。选择乡村旅游的游客多数抱着"少花钱"甚至"不花钱"的想法，追求"回归自然、返璞归真"的生活方式。

1. 游客主动消费意愿不强。根据携程、途牛等平台用户数据进行分析，游客更注重乡村旅游的"治愈"作用；样本调研也发现，"逃离城市的休闲和放松的机会"和"美丽的自然风景和环境"是乡村对北京市消费者最具吸引力的因素。由此可见，到乡村享受"发呆"的休闲假期未必非要花钱才能实现，有山有水有野趣的地方皆可成为乡村旅游的目的地，游客缺乏主动消费动机。

2. 乡村旅游"低价"印象已经形成。相对于城市旅游，乡村旅游景点地理位置较为偏远，场地租赁、人工等经营成本较低，市场需求供需矛盾较为突出，以往经营主体多采用低价策略吸引游客，乡村旅游消费"低门槛"印象已经深入人心。目前乡村旅游短途自驾、家庭单日游的消费者居多，主要集中在吃、门票等一次性消费，在目的地的二次消费占比较少，部分游客尚未适应在乡村进行"高消费"，"价格虚高""管理无序"等现象成为投诉热点。

（二）游客有钱"没处花"

随着居民消费不断升级，消费者对旅游品质的要求也在不断提高，相较于以往的农家乐，当下游客更喜闻乐见的是设计精美的民宿、体验感十足的非遗互动、源远流长的乡村文化习俗。然而北京乡村旅游供给端却滞后于需求端的变化，不能很好地满足游客需求，导致游客"有心无力"，只能"一日游"。

1. 产业链薄弱，缺乏高质量旅游产品。当前北京乡村旅游大多数仍停留在以农业为基础的"吃农家饭、住农村屋、赏乡村景"的层面，没有整合呈现出自然资源与人文资源，农业产业链前后延伸不足，乡村第一、第二、第三产业尚未实现深度融合。由于土地、规划等主要原因，农业与休闲、旅游、康养、生态、文化、养老等产业尚未形成闭环，产业协同局面尚未形成。以怀柔区为例，2021 年共有 563 个民宿，700 个院落，特色业态 61 家，其中仅有 4 家提供休闲娱乐项目，15 家提供采摘项目。此外，高端化、个性化旅游产品供应仍存在缺口，2022 年北京市共有精品民宿 699 家，而浙江省仅莫干山地区就聚集了 400 余家精品民宿，市民留宿需求得不到充分满足。

2. 文化体验发掘不足，产品同质化现象严重。游客到乡村旅游休闲，需要有看的、有吃的、有玩的、有学的、有买的、有体验的，当前乡村旅游被片面地理解为"农家乐""乡村游乐场"，或走传统景区开发路径，或盲目引入网红项目，"千村一面"，缺乏对乡村旅游开发的整体科学布局。同时，具有乡村特色的生活方式与文化体验供给不足，游客除了"逛吃"少有其他二次消费品目。以门头沟区京西古道为例，市级专项财政资金支持 1.1 亿元用于启动京西古道全线基础设施提升改造工程，但是对京西古道文化遗产的保护利用还需进一步明确路径。

3. 配套基础设施不完善，缺乏可赏愿留的田园景观。纵观发达国家和地区经验，乡村旅游和休闲农业产业通常以有明确地界范围（便于明确收费边界）的农场或园区为单元，采取农业、文化、旅游、教育等产业相互渗透、有机融合方式，发展乡村的多种业态，挖掘农业的多种功能性，建立商业盈利模式，实现乡村的多元价值。相较之下，由于农村建设用地指标有限，北京市乡村旅游的单元大多不是以休闲园区为主体推进的，而是经营个体分散在村庄中、以农房改造民宿为主要形式、依托农村景观发展的。北方村舍民房缺乏地域特色，且进入秋冬季节全无景色，村中可看可赏的景观内容非常有限，导致游客进村后，除了住一晚上民宿后，再无其他事可干，重游率较低。另外，农村地区现代服务业基础设施仍不完善，如在怀柔区琉璃庙镇附近加油需要多绕30多公里才能找到加油站。这些因素都成为游客"有心无力"、妥协"一日游"的客观因素。

4. 营销手段单一，品牌推广需进一步提升。"酒香也怕巷子深"，民宿尚且能够高效使用携程、美团、途牛等在线旅游平台（OTA），小红书、抖音、B站等新兴公共媒介进行推广，而大多数观光园仍以路边广告牌和熟人介绍为主，少有具备线上推广能力的经营单位，更无从谈起细分市场、差异化营销。因存在宣传意识不足、手段单一落后、品牌影响力差等问题，导致一些有潜力的旅游资源无人问津，阻碍了乡村旅游供给方与需求方的有效衔接，潜在客源无法在短时间内转化为现实的消费者。

（三）游客有钱"周边花"

近年来，北京市民短途出游持续"破圈"，从郊区到天津、河北，甚至到山东、安徽，都能"说走就走"。京津冀地缘相近、人缘相亲、文化一脉，2023年1—5月河北省共接待京津游客3716万人次，占全省游客总量的13%；天津位列2023年"五一"最强周边游"吸金力"第三名①。另据天津市农业农村委的监测统计，2024年春节天津市围绕"龙腾春早、乡约津郊"主题推出百余项农文旅特色活动，大年三十到正月初七8天时间，天津全市10个涉农区乡村旅游累计接待771.7万人次，综合收入达13.4亿元。面对周边同类农旅产品，北京市乡村旅游竞争力并不强，正在被动接受"蛙跳现象"，消费者跳过北京，直接到周边省份消费。

1. "轨道上的京津冀"加速完善，乡村旅游交通优势弱化。随着京张高铁、京雄城际、京哈高铁相继开通，城际铁路越织越密，京津冀半小时、一小时交通圈初具规模，空间上的"一体化"悄然变成时间上的"同城化"，再加上更多的京津冀旅游专列"上线"运行，北京市民前往本市乡村和前往河北、天津所需的时间金钱成本逐渐趋同，北京乡村旅游原有的可达性优势被弱化。

2. 三地旅游资源优势互补，相比乡村旅游可满足游客多种需求。京津冀三地文旅资源得天独厚且各有特色，互为重要客源地，东疆的日出、海河的游船、北戴河的海滩、崇礼的滑雪吸引了众多北京游客。防疫政策解除后，人们压抑的出游需求得到爆发性的释放，加上天津、河北的民宿产业发展迅速，性价比较高（根据携程网价格显示，河北、天津的民宿价格普遍低于北京30%，且风景和环境更好），当北京乡村旅游无法满足时，消费者就会"用脚投票"，津冀乡村田园成为周末及小长假的出行首选。

3. 河北天津在政策宣传上下足功夫，精准覆盖潜在消费者。在宣传方面，河北省打响"这么近，那么美，周末到河北"文旅品牌，天津以"四季欢乐游 天津常走走"为宣传

---

① 携程《2023年五一出游数据报告》显示，前三名分别为济南、苏州、天津。

语，精准拓展三地市场。在政策方面，津冀相继推出旅游包车周末可免费通行河北高速、河北省近 300 家景区酒店门票优惠、京津冀旅游一卡通不断增加合作景区等措施，让游客享受到真正的实惠，众多短途旅游潜在消费者转向周边。

四、提升北京市乡村旅游消费水平的几点建议

恢复和扩大乡村旅游消费，关系着城市居民的消费升级和农业、旅游业的高质量发展。针对当前北京乡村旅游消费水平整体不高问题，我们要抓住"三个机遇期"，即后疫情时代消费回流窗口机遇期、旅游休闲度假转型升级期和短途自驾出游方式转变期，在"七个新突破"上下功夫，破解乡村旅游人均消费低难题，助力北京乡村旅游提质升级。

（一）要在区域发展上有新突破。把北京乡村旅游发展放在京津冀协同发展、国际消费中心城市建设大局中谋划推进，在扩大京津冀旅游年票使用范围、旅游包车周末与节假日通行高速免费、放宽机关企事业单位人员离京报备等方面求突破，既要"走出去"又要"引进来"，形成京津冀文化和旅游"协同管理、优势互补、形象共树、客源共享"的发展格局。

（二）要在产业布局上有新突破。避免以个体为单位的分散平面化发展，发挥产业集群效应，将乡村旅游产业布局与三大文化带保护利用、名镇名村和传统村落开发、美丽乡村建设、非物质文化遗产传承利用等工作结合起来，构建区域联动带状片状发展体系。一是构建城市周边乡村休闲旅游区，如在一、二道绿隔地区推动发展田园观光、农耕体验、文化休闲、科普教育、健康养生等业态，建设综合性休闲农业园区、农业主题公园等，让市民出门就能享受田园风光和乡土慢生活，同时也拓展绿隔地区的增值增效空间；再如加强市场经营主体的培育，进一步盘活利用好昌平区兴寿镇草莓博览园等城市周边的存量休闲园区，实现四季有运营，提升园区经营效益。二是构建人文风景区周边乡村休闲旅游区，依托大运河文化带、长城文化带、西山永定河文化带上的历史文化资源，帮助乡村旅游引流，发展以农业生态游、农业景观游、特色农业游为主的休闲农庄、森林人家、健康氧吧、生态体验等业态。三是构建民俗民族风情乡村休闲旅游区，如在怀柔区喇叭沟门满族乡等民族聚集区发展民族风情游、民俗体验游、村落风光游等业态，开发民族民俗特色的文创产品。四是构建传统农区乡村休闲旅游景点，依托稻田、花海、池塘、水库等大农业景观，发展景观农业、农事体验、观光采摘、特色动植物观赏、休闲垂钓等业态，开发特色伴手礼等旅游产品。

（三）要在营造消费场景上有新突破。结合高收入、高学历的中青年职业女性的消费主力画像特点，围绕大都市消费者对于乡村康养、休闲、疗愈以及绿色化的消费需求特点，深入挖掘当地乡村特色，营造多元消费场景，特别重视与大自然亲密接触、参与式自然体验的消费场景打造。比如延庆区的旱船、竹马、打铁花等非遗展演体验活动广受欢迎，草莓音乐节、北京长城音乐会等文艺演出精彩纷呈，赋予旅游产品更多文化内涵、精神内核。借助 AR、VR、MR 等技术，围绕吃、住、行、游、购、娱等需求营造沉浸式消费场景，提升乡村旅游的观感和互动效果。充分挖掘"冬奥遗产""一线四矿"等项目潜力，推动在生态涵养区适宜村落地一批"特色项目＋乡村旅游"融合发展试点。加强"两

区建设"新兴领域服务在乡村旅游项目中实施，带动区域乡村旅游消费产品转型升级。

（四）要在提升服务质量上有新突破。调研显示，游客对餐饮服务、业态丰富度、住宿服务、购物选择和品质的满意度较差。建议制定符合北京发展需求、具有北京特色的乡村旅游经营管理和服务标准体系，加强对餐饮、住宿、购物、卫生、娱乐等方面的行政监管，规范市场运作和从业人员行为。另外，鼓励和支持各级乡村旅游行业协会定期组织乡村旅游经营管理标准、服务实操技能等专题培训会，在带动农民就业增收的同时，提升行业从业人员的服务意识、服务技能和服务水平。

（五）要在营销手段上有新突破。加强对大数据的挖掘与应用，结合消费需求和偏好来制定相关政策并改进服务，以更好地满足不同消费者的不同需求，促进乡村旅游的可持续发展。例如，针对"周末经济"与"工作日经济"进行差异营销，"周末经济"重点针对以家庭为单位的消费者，多推出一些适合亲子时光、情侣互动的家庭活动套餐；"工作日经济"可以重点推出一些适合商务接待、会议、谈判、娱乐的活动套餐，吸引更多的商务人员到乡村来开展商务活动，也可以针对有时间的银发族设计老人乡村旅游路线，辅以优惠的团购价格。另外，建议推出季节性活动、提供天气适宜的户外体验等方式，更好地吸引游客；在假期期间加强乡村旅游营销，最大程度地吸引那些有限假期的游客；结合北京消费券政策，支持企业提供更具吸引力的价格和优惠，提高整体竞争力。政府应该根据消费动机因素调整政策，从而更好地引导乡村旅游市场的发展。

（六）要在宣传引导上有新突破。有关部门要牵头摸底、梳理、挖掘、研究利用北京乡村文化资源，以文兴村带动乡村旅游，鼓励村庄开展农村艺术节、民宿设计展、农村摄影节、农村艺术节等文化活动；宣传文化部门加强与媒体、社交平台、第三方网络平台等合作，充分利用新媒体手段，讲好"三农"故事，持续提升北京乡村的知名度和美誉度。文旅部门与农口部门统筹打造"畅游京郊""漫步北京""北京微度假"等活动品牌，推出乡村旅游"网红打卡地"，全年分季节、分主题持续推介乡村"美景""美线""美食""美宿""美物"等旅游资源。

（七）要在制度供给上有新突破。北京市从新农村建设到"百千工程"的全面推进为乡村旅游发展奠定了良好的人居环境硬件基础，休闲农业"十百千万"畅游行动等部门政策对于引导乡村旅游蓬勃发展发挥了重要的支撑作用。目前，要重点加大对制约乡村旅游发展的专项规划、用地保障、生态涵养区产业禁限等政策制度的科学评估和精准调整。不仅要出政策，而且要确保政策能够解决问题、发挥作用。要对已经出台的点状配套设施用地管理指导意见的落地情况和实施效果进行跟踪评价，放宽对农村存量建设用地、闲置土地、林下空间等资源的使用限制要求，在严格耕地和生态保护红线保护的基础上，探索适应乡村振兴和农村一二三产业融合发展需求的农业、生态空间管控单元划分方法及传导机制。因地制宜合理安排村庄建设用地规模、结构和布局，以及配套的公共服务设施、基础设施，有效保障乡村旅游发展用地需要，优化乡村生产、生活、生态空间格局。

执笔人：刘雯、杜树雷、王佳钰、门楚乔

大兴区长子营镇小黑垡村
发展林下经济的几点建议

一、小黑垡村基本情况

小黑垡村位于大兴区长子营镇东部，东北邻京沪高速，村域面积 3300 亩左右，共有村民 583 户 1270 人，其中残疾人 150 余人。2016 年，小黑垡村被北京市定为市级低收入村。近年来，小黑垡村坚持党建引领，积极与高等院校合作共建，通过发展林下经济，到 2019 年底，该村低收入户人均年可支配收入从不到 9000 元提高到了 3.1 万元，成功实现"脱低摘帽"。

二、小黑垡村林下经济发展模式

（一）林下种植模式

1. 林菌模式

在长子营镇党委的大力支持下，小黑垡村党支部牵头成立民俗旅游专业合作社，采取"党支部＋合作社"模式，建立"农户入股＋保底分红"的利益联结长效机制，带领村民共同致富。依托村内现有的林地资源，积极与北京市种子管理站对接，依托其种植技术，形成帮扶共建。通过实地考察，在村里林地空隙建成林菌种植大棚 97 个，种植的菌类主要包括香菇、平菇、榆黄菇、木耳等，通过林下菌棚解决部分村民就业问题。

2. 林花模式

小黑垡村利用村里幼林下的空地和光照资源种植万寿菊。由于万寿菊生长周期短、经济价值高，花朵可以提炼天然叶黄素，被广泛用于食品和医药。村党支部带动村民种植万寿菊，菊花被相关企业收购，仅此一项就帮助了 50 多名村民每人增收 8000 余元。在北京市农林科学院和中国农业大学科技小院的帮扶下，增加了食用百合种植产业，进一步拓宽了村集体和农户的增收渠道，在银杏幼林下种植"赏食兼用"百合 100 万株，全年村集体林下经济增收 70 余万元，农户人均分红 950 余元。

3. 林菜模式

为进一步壮大小黑垡村集体经济，帮助村民增收致富，在北京市农林科学院和中国农业大学科技小院的共同帮扶下，由北京市农林科学院提供洋葱、胡萝卜种子，中国农业大学科技小院提供有机肥、地膜等农资以及实时的技术指导，在村里银杏幼林下种植了50亩的洋葱和胡萝卜，由于银杏幼林长得慢，林下空地和光照资源非常充足，3月中上旬开始移栽洋葱，7月中下旬再接着种植胡萝卜，形成了一年两熟的种植模式。当年林下洋葱亩产超过 6000 公斤，直接经济收入超过 10 万元；胡萝卜亩产超过 4000 公斤，经济收入超过 12 万元。

（二）林下养殖模式

小黑垡村在中国农业大学科技小院协助下，建设林下生态养殖基地，打造种养结合的生态循环模式。由于每年林地都需要一定费用除草灭虫，维护林木健康生长，所以在林下适度地散养一部分鸡和鹅，按照每亩 35—40 只左右的鸡和鹅进行适度养殖，并进行轮牧，不仅起到了除草灭虫、使生态系统达到平衡的作用，而且林下散养的鸡和鹅更健康，肉质更鲜美，营养价值更高，经济效益十分显著。种养结合的方式进一步提升了林下经济的品质，实现可持续发展。

（三）林下休闲旅游模式

小黑垡村依据当地资源特色进行科学规划，逐步形成以生态资源为基础的绿色经济发展带，切实把生态效益转化为经济效益，为农民增收提供多样化支撑。依托林间道路和空间，大力发展林下运动休闲产业，招商引资建设林下卡丁车乐园。依托林下养殖，开设亲子体验林间寻鸡蛋、捡鸡蛋等项目，吸引大批游客。

三、小黑垡村林下经济发展面临的问题

（一）产业融合发展水平低

小黑垡村目前林下经济发展以一产为主，大多停留在种植、养殖阶段，第三产业发展仍处于初级阶段，林下经济产业链条没有得到充分延伸，与文化、旅游、教育等产业融合发展不足。现有林游项目缺乏专业、全面的规划设计，难以满足当下游客对于深度游玩体验的需求，在结合文化元素、丰富体验项目、完善游玩服务等方面还需进一步提升，打造项目特色，增强互动体验，刺激游客消费热情，进而带动农产品销售。

（二）受现有政策限制较大

现有土地政策对小黑垡村发展林下经济限制较大，小黑垡村仅有少量零散分布的设施农用地，发展林下经济配套设施困难，同时由于缺少产业用地，申请加工企业登记注册和 SC 认证受阻，农产品仍停留在初加工阶段，且加工规模偏小，价值提升难。此外，农口部门出台政策主要为了实现乡村产业振兴，盘活和利用林地资源，为农民增收致富，而规自部门、园林部门出台政策主要为了保护耕地和林地资源，各部门政策出台的出发点不一致，造成"政策打架"的现象，给村集体和农户发展林下经济带来了许多困扰和风险。

（三）农业人口老龄化严重

小黑垡村青壮年劳动力因教育、就业等原因大量外流，留下的基本是 60 岁以上的劳动力，年龄偏大，文化水平较低，经营观念和方式陈旧，对林下经济的新技术、新模式接

受难度大。同时，专业农业技术人员、经营管理人员短缺，无法及时为老年农户提供系统性的培训和服务，林下经济面临人才困境。由于城乡基础设施建设、工资收入等存在明显差距，乡村发展机会受限，发展空间不足等，对人才的吸引力弱，返乡就业创业的能人微乎其微，现有人才不足以支撑林下经济高质量、可持续发展。

四、对策与建议

（一）深化外部科技合作

科技是引领乡村振兴的第一动力，林下经济发展离不开科技支撑。小黑垡村通过与中国农业大学科技小院、北京石油化工学院合作，将高校的智力资源和科技资源转化为林下经济发展的动力引擎，实现了林下资源高效利用，在带动当地村民增收方面取得了一定成效。但是，北京科研院所和高新技术企业资源优势显著，还未得到充分挖掘，需进一步探索搭建科研院所、高新技术企业与村集体的合作平台，帮助村集体引入更多外部智力资源，及时获取适合小黑垡村林下经济发展的新技术、新模式，将当地自然资源更加高效地转化为经济效益，实现乡村产业绿色、高效、可持续发展，带动农民就业，促进农民收入持续增长。

（二）建设高素质人才队伍

乡村产业振兴人才是基础。面对农业人口老龄化现状，需着力提升农民素质，通过开设农民田间学校，采用理论与实践相结合的方式，有效提升农民的生产技能和经营管理能力。面对农业人才引入难、留住难的现状，需进一步创新吸引人才下乡的形式，通过建设林下经济创业园区、试验基地等，为返乡下乡创业提供良好的平台和政策支持，提供资金、住房、保险等方面的保障，为爱农业、爱农村，想为林下经济发展、乡村产业振兴做贡献的人才消除后顾之忧，踊跃投身到乡村产业振兴当中，填补林下经济存在的人才缺口。

（三）明确产业发展思路

林下经济发展潜力很大，小黑垡村在农产品加工、农旅结合等方面仍有较大发展空间，应坚持规划先行，结合当地产业发展现状和发展目标，制定小黑垡村未来三到五年的林下经济产业发展规划，在政策允许的范围内，积极争取上级政策和资金支持。因地制宜开发利用当地生态资源，创新产业发展路径，建立"林下种、林中养、林边产、林间游"的产业融合发展模式。将林下经济与新型养老、健康养生、自然教育、户外露营、休闲运动等进行有效结合，发展"林下经济 +"，打造具有首都特色、符合首都城市定位的林下经济特色品牌。

执笔人：宋昕航、杜力军、陈雯卿

发挥首都特殊优势，创新耕地保护利用理念

——国内外大都市耕地保护利用典型做法及启示

北京市有166万亩耕地，是距离党中央最近的"人的命脉"，是基本的农业生产空间，也是重要的生态空间①，对维系首都自然生态安定、经济社会健康运行具有不可或缺的作用。借鉴国内外大都市相关经验，对于北京落实好城市总体规划，发展好都市型现代农业具有非常现实的意义。

一、国内大都市保护耕地的典型做法

（一）提高大都市政治站位，在国土空间规划体系中确立耕地空间的特殊意义和鲜明定位

《上海城市总体规划（2017—2035年）》明确指出，乡村地区是未来大都市空间和国际化大都市功能体系的重要组成部分。在此指引下，上海市持续探索"郊野单元村庄规划＋国土空间用途管制＋全域土地综合整治"三位一体、有行动的郊野地区空间治理体系，探索超大城市乡村地区空间治理和乡村振兴的新路径。

成都市树立了"农田环城"的规划思想，在规划环城生态区时明确提出将环城生态区建成"中心城区重要的生态隔离区、超大城市近郊高标准农田建设典范区、城市未来美好生活的体验空间"的三大目标。

在永久基本农田保护任务中，深圳市任务仅占全国总量的十二万分之一。但深圳市委市政府明确提出，深圳的耕地保护利用价值不能单从经济指标来衡量，其更大的价值在于发挥改革开放窗口和试验场对于全国的示范效应，要创新高度城市化地区耕地和永久基本农田保护利用模式。

（二）发挥大都市财政优势，通过有效资金奖励及促进耕地保护

2019年11月，上海市农委和市财政局联合下发《上海市农田建设项目和资金管理办法》，以项目为抓手对农田进行综合治理和保护，建设资金投资标准为：①粮食生产（毛

---

① 北京市生态安全格局专项规划（2021年—2035年）提出：强化耕地生态功能，保护土壤生物多样性，在保障粮食生产的同时，兼顾鹤类、大鸨等重要物种的保护。九大基本农田集中分布区被列入"一屏、三环、五河、九楔、九田、多廊"的市域生态空间结构。

地）：每亩不高于 1.4 万元；②蔬菜生产（毛地）：每亩不高于 3.5 万元；③经济作物生产（毛地）：每亩不高于 2.3 万元。

2022 年 11 月，杭州市出台《关于优化创新耕地保护机制促进全市共同富裕的实施意见》，加大耕地保护资金补偿力度，市级补偿标准不低于省级，并在不超出资金总量的前提下，对种植水稻的永久基本农田的补偿上浮 50%。

成都市每年从市、区（市）县两级财政的土地出让金、新增建设用地土地有偿使用费和耕地占用税中提取资金，对全市范围内享有土地承包经营权并承担农田保护责任的农户，按基本农田每年 6000 元/公顷、一般农田每年 4500 元/公顷的标准给予养老保险或农业保险补贴，不予提取现金，但有相应的增长机制；对承担未承包到户耕地保护责任的村组集体经济组织则提供现金补贴。

（三）立足大都市科技优势，为耕地保护插上"科技的翅膀"，实现信息化动态监管

深圳市通过多时相、多源、高分辨率的卫星遥感影像获取耕地现状动态数据，对耕地影像数据进行内业解译。每季度末还针对确认变更或存疑的重点图斑，运用无人机外业调查进行修正，既实现了监测空间全覆盖，又确保了监测结果的准确性。

2021 年 5 月，四川省自然资源厅出台《关于建立健全全省耕地动态监测工作机制的实施意见》，运用高分辨率卫星遥感技术，在全国率先对耕地变化情况开展双月动态监测，并计划在此基础上建立起卫星遥感"天上看"、视频监控"实时看"、田长负责"及时管"、耕地网格员"地上巡"、公众参与"随手拍"的"空、天、地"一体化全覆盖耕地动态监测新机制。

（四）突出大都市管理优势，对耕地进行精细化分类管理

上海市按照耕地的质量水平和污染程度，将耕地划分为优先保护、安全利用和严格管控三类，实施分类管理。2021 年 2 月，上海市出台了《关于本市实施国土空间用途管制加强耕地保护的若干意见》，建立数量、质量、生态、景观、文化"五位一体"的"落地化保护"体系，细分 12 种涉及耕地的国土空间开发利用行为，逐项明确适用范围、认定标准、管制依据和方式、管制权限和办理机构、管控规则、具体程序、审查材料和审查时限，规范各类占用耕地的空间用途行为，实现以审批、核准、备案、监测监管等为管制手段的全域、全要素、全过程用途管制。

深圳市参照第三次全国国土调查、地理国情普查的地物采集标准，在耕地动态监管体系中确定了精度更高的最小监测图斑参数：建设用地/设施农用地为 100 平方米、耕地/园地/林地/草地/其他农用地为 150 平方米、其他地类 375 平方米、线性地物道路 3 米、沟渠 1 米。

（五）背靠大都市消费优势，打通耕地空间、生态空间和建设空间的价值链，实现耕地空间的多种功能和多元价值

深圳市将现状耕地系统与城市生态基础设施串联，打通耕地连接邻近的山林水系、城市公园、公共空间等生态要素，形成集生产、生态、观光、体验于一体的城市多功能廊道，打造耕地"黄金项链"。

上海市在城市总体规划中明确，统筹郊野地区的农田、生态片林、水系湿地、村落等自然和人文资源，在保护保育的前提下，体现文脉和自然野趣，适度开展休憩、科普等多样化活动。

成都市在环城生态公园规划建设中，规划耕地保护空间10.1万亩，通过国土空间综合整治，耕地图斑数量由30130个优化调整到3197个，其中面积大于30亩的图斑占总面积的91%，综合打造体现现代农业、农耕文化及农商文旅体融合发展的高品质农业示范区，2022年环城生态公园内综合粮食产量突破2万吨。在守住红线、保障供给的同时，加快建设特色农事体验区、共享农庄等农业消费、生活场景，积极开展以农民丰收节、农田艺术节、农耕体验活动、认种认养活动等为主题的特色农耕文化活动，将环城生态公园打造为位于特大城市中心城区且配套完善的农业综合开发项目。

二、国外大都市耕地保护的主要做法

国外发达国家和地区在耕地保护方面值得北京关注的做法，主要是把耕地保护纳入生态环保范畴，在生态环保、可持续发展的语境下建立耕地保护的生态补偿机制。如，德国通过生态账户中生态指标的管控来实现耕地的生态质量不降低，日本通过建立生态补偿市场认证体系来实现耕地生态协同保护。

从城市定位、面积人口等方面和北京更具可比性的是法国巴黎大区①。巴黎大区在实现高度城市化后，仍保有近80%的生态空间，其中约50%为农用地。《巴黎大区指导纲要2030》明确提出，农业是巴黎大区的重要优势，不光从产业经济视角来规划农业，而是从建设一个更具活力、更加绿色和更可持续的巴黎来考虑农业的功能定位与发展，将农业空间作为增加大区景观和生物多样性，提升大区经济活力与经济多样性，提高巴黎人的生活质量，增强巴黎在未来发展中的弹性应对能力，有效应对食品安全和气候变化挑战等的重要基础，在此基础上致力于保护农业用地空间。一望无际的广袤农田，构成了巴黎大区全景图中开阔而美丽的景观面貌，构成了空间结构、环境景观、经济活动和生活方式的多样性，增强了这座全球城市的魅力与可持续发展能力。

三、对北京耕地保护制度完善的重要启示

做好耕地保护工作，不仅是率先基本实现农业农村现代化、为农业强国建设做出北京贡献的需要，也是保障首都生态安全的需要。《北京城市总体规划（2016年—2035年）》在第37条、第49条强调，要"调整农业结构，更加注重农业生态功能""调整农业产业结构，发挥最大的生态价值"，在第48条提出"加强耕地质量建设，强化耕地生态功能"。《北京市国土空间近期规划（2021年—2025年）》明确提出，"严格保护各类重要生态系统，有效发挥森林、草原、湿地、耕地等固碳作用，提升生态系统碳汇能力"，

---

① 巴黎大区，或者巴黎大都市区，是法国本土22个大区之一，与中国的直辖市概念相当，包含了巴黎省、近郊三省和远郊四省，又称为法兰西岛，面积12012平方公里，人口1220万，是法国政治、经济、文化的中心地区，也是政府、立宪机构、重要行政机关和一些国际组织的所在地。

提出要提升农田土壤碳汇能力。但是在实践中，距离规划的要求还有差距，政策还有错位。

因此，要全面确立耕地空间在首都可持续发展、服务"四个中心"建设、实现"双碳"目标中的作用和地位，把农业绿色转型放到北京都市型现代农业发展的引领位置，主动融入"绿色北京"建设当中，为耕地保护形成全新的语境，打通耕地空间、生态空间和建设空间的价值链，建设"蓝绿交织，金色镶嵌"的首都生态网络。

执笔人：陈奕捷

优化耕地空间功能布局，打造
"首善粮仓"和"都市农园"

——基于北京市耕地种植适宜性评价的发展建议

一、北京市耕地资源空间分布及利用现状特点

北京市耕地资源数量少，主要分布在南部和北部郊区以南的区域，顺义、通州、延庆、大兴和房山区有较多分布（图1）。耕地资源受北温带半湿润大陆性季风气候影响以水浇地为主，占总耕地面积的82%；旱地占总耕地面积的18%。人均耕地面积少，仅为全国的1/20、上海的2/3、重庆的1/13、天津的1/6。

北京市耕地空间利用特点：

一是近郊蔬菜，远郊粮食。东部和南部大兴、通州、朝阳、海淀、丰台等5区蔬菜种植面积北京市占比50%；西部、北部延庆、密云、顺义等8区粮食种植面积北京市占比86%。油料作物、瓜果等作物分散分布于各区。

二是农业生产点状布局，连片种植少。2021年最新的变更调查数据显示，北京市耕地保护空间图斑共5.3万个，最小面积仅0.4亩，连片程度低。受耕地细碎化影响，北京市粮食生产也非常"细碎"，有农业乡镇中80%种植粮食、82%种植蔬菜。

三是南部大面积种植蔬菜，主产地和高产区分离。北京市蔬菜播种面积为36.38%，平均2409.96公斤/亩。蔬菜主产区分布于大兴区、房山区和顺义区，但高产区集中在顺义、密云、通州和昌平4区，呈现种植高密度区与高产量区分异。

四是瓜果平原区分散种植，两大产区高播高产。西瓜和草莓是北京市的优势特色果品，尤以大兴和顺义两大主产区为著。北京市瓜果播种面积占农作物总播种面积的2.35%，亩均产3281.36公斤/亩，其中顺义区瓜果亩产3656.06公斤。瓜果作物已基本形成两大优势主产区。

二、北京市耕地空间利用适宜性评价

科学开展北京市耕地空间利用的适宜性评价，是政府管理部门系统谋划，用足用好耕

地空间发展种植业决策的重要依据。为科学评价耕地空间种植利用的适宜性，课题组从 5 个维度：耕地种植产出能力、耕地规划潜力、地形土壤适宜性、气候适宜性、耕地通达便利性，选择 13 个具体指标：（1）种植业产量；（2）种植业产值；（3）亩产；（4）斑块数；（5）斑块平均面积；（6）形状指数；（7）邻接指数；（8）土壤类型；（9）坡度；（10）积温；（11）降水；（12）农田道路通达性；（13）河网密度，构建评价指标体系。

评价结果如下：北京市种植业发展的资源环境等基础条件总体较好，适宜性高的耕地面积 68.83 万亩、占比 53%，主要分布在顺义、大兴、延庆；适宜性中等的面积 56.73 万亩、占比 43.7%，主要分布在通州、昌平、延庆、房山；适宜性低的面积 4.3 万亩、占比 3.3%，主要分布在怀柔、门头沟、昌平（见表 1）。顺义、大兴、延庆无适宜性低的耕地，昌平、门头沟无适宜性高的耕地。

表 1　各区耕地种植适宜性评价结果　　　　单位：%

行政区适宜性等级	高	中	低
大兴	19.29	8.04	0
通州	1.94	21.93	0.52
顺义	25.92	5.68	0
昌平	0	13.27	24.09
门头沟	0	2.16	29.38
房山	13.14	12.58	9.77
平谷	7.92	4.82	0.06
怀柔	1.28	9.51	36.1
密云	11.18	8.08	0.08
延庆	19.33	13.93	0
合计	100	100	100

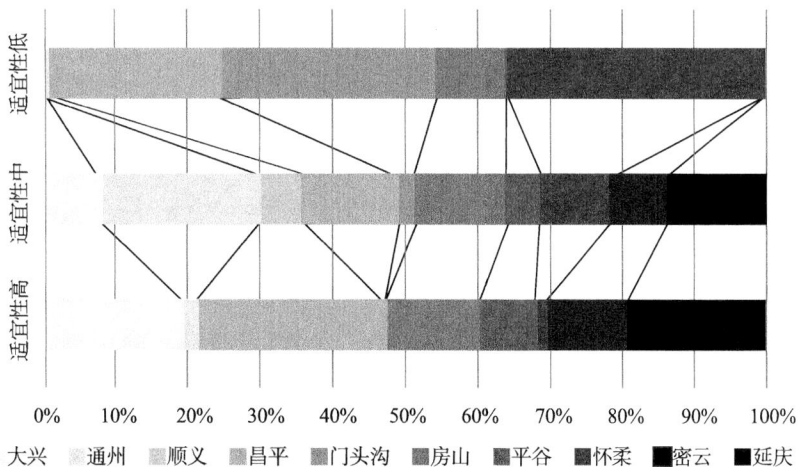

图 1　耕地种植适宜性等级各区比例

三、北京市耕地空间利用存在的问题

一是耕地资源细碎零散，不利于现代化规模种植。北京市166万亩耕地中90%都是基本农田，基本农田共有49518块，面积最小的地块在大兴青云店镇，不足0.01亩。将北京市基本农田按照规模划片，北京市5000亩以上的基本农田共有46片，面积为55.41万亩，占基本农田总面积的35.9%。北京市总体基本农田规模连片程度较弱。

二是粮、油、菜种植呈现"镇镇冒烟、村村点火"，种植集中度低。北京市有农业区均种植粮食和蔬菜，80%的有农业区种植油料作物。北京市种植粮食的乡镇占到51%，其中怀柔、密云、延庆、平谷、房山、门头沟6区种粮乡镇更是达到80%；种植蔬菜乡镇达到53%；种植油料乡镇达到32%。

三是村民种植品类意愿与耕地空间不匹配。从耕地资源总量上来看，农业农村部下达的100万亩粮食播种面积需要90万亩耕地，北京市菜篮子工程要求保供220万吨，需要66万亩菜地，再加上油料4万亩，从总量上看，完成下达任务需要160万亩，现有耕地空间能够满足，但是过去种菜的地区难以完成种粮任务指标，目前11.67万亩菜地占用永久基本农田。

四是油料生产和设施生产面临较大的升级压力。油料种植指标每年不低于4万亩，主要是油菜；如果把大豆的5.8万亩指标计算在内，大数是10万亩，但是北京没有油料加工企业，种植的大豆主要用于鲜食和磨豆浆，油菜也主要用于观赏，对于成品油料贡献基本为零。北京市16.3万亩设施蔬菜大棚需要改造和提升的占80%。

四、北京市耕地空间功能布局优化建议

一是调整耕地空间功能布局，塑造"南菜北粮"的北京印象。在整体耕地空间功能布局上，推动建设南边蔬菜产业带，聚焦大兴、通州和房山；以及北边的粮食产业带，涵盖顺义、平谷、怀柔、密云和延庆，形成北京种植业"南菜北粮"的空间格局。同时，争取调减农业农村部下达的油料种植面积指标，调减面积重点用于蔬菜生产，提高蔬菜自给率。在乡村旅游重点区域和重点村周边，可保留豆类种植，供特色旅游餐饮消费。

二是规划五类耕地空间主体功能区，供给高品质农业生态产品。坚持宜粮则粮、宜菜则菜，宜绿则绿，发挥产业集聚效应。依据种植适宜性评估结果和种植历史，课题组提出划定五类耕地空间主体功能区的设想，包括7个保障性农田集中片（延庆、顺义西、怀密、顺义东、通州、大兴、房山）、4个农田林网景观廊道（昌海、顺通、通州、通大）、1个都市农业体验环带（东、南、北六环路两侧）、3个林田村综合发展板块（燕山浅山、太行山浅山、延庆浅山）、2个高自然价值农业片区（燕山深山、太行山深山）。

三是升级农业设施，走高端工厂化农业。北京目前设施农业主要是日光温室（种植面积占比48.5%，产值占比62.8%）、大棚（种植面积占比47.9%，产值占比35.2%）、小拱棚（种植面积占比3.6%，产值占比2.0%）。北京蔬菜亩产2409.96公斤，低于蔬菜种植品种结构相近的天津亩产3000.79公斤。建议加快研发推广符合北京气候特征的玻璃智能温

室，重点普及高度机械化、精准环境控制（包括自动补光、调控，温度和湿度、通风、补充 CO_2 等）、生物技术、信息技术，同时多渠道解决配套能源（如天然气、光伏、余热利用等），系统降低运行成本，走低能耗、高效率和有机化道路，保障北京应急和高端蔬菜供给。

四是融合耕地种植空间和旅游生态空间，显化耕地空间多元价值。立足北京实际，理顺黄—绿—蓝的空间关系，落实山水林田湖草系统治理，建设"蓝绿交织，金色镶嵌"的林田复合生态空间，打造"首善粮仓""都市农园"标准和品牌，充分认识和利用农田种植业不同时间的景观价值和产品价值，推动一二三产融合，形成"高值农业"。

五是依托农业资源区划，科学制定耕地空间功能布局规划。充分重视北京市农村经济研究中心资源区划处长期开展的农业资源本底调查和区划工作成果，更加尊重自然规律和农业发展自身规律，科学制定耕地空间功能布局规划，作为下一步农业产业布局、农业种植业项目投资和政府部门精准管理的重要依据。

执笔人：陈奕捷、刘军萍、张颖

第三篇

乡村建设治理

北京农村地区养老服务模式研究

一、引言

2000 年中国进入老龄化社会，政府开始把老龄问题纳入五年规划。2006 年，《关于加快发展养老服务业的意见》明确提出要遵循政府扶持、市场推动的原则发展养老服务业，建立以居家养老为基础、社区服务为依托、机构养老为补充的养老服务体系。这是政策首次明确阐释养老服务的完整内涵，标志着养老服务性质从满足生存的救助兜底型向全方位普惠福利型转变，居家、社区、机构三足鼎立的社会养老服务模式形成。此后，国务院先后出台全面放开养老服务市场、推进养老服务发展、促进养老服务消费、建立健全养老服务综合监管制度等多个综合性政策，制定"十三五"、"十四五"养老服务体系专项规划。相关部门重点围绕土地使用、税收优惠、金融支持、设施建设、人才培育、科技发展等方面出台了数十项实施性政策措施，初步确立了以法律为纲领、国务院政策文件为基础、部门专项政策和标准为支撑的养老服务制度体系。

北京市作为首都，人口结构转变快于全国，早在 1990 年就步入老龄化社会，并于 2021 年进入中度老龄化，预计到 2035 年全市老龄化率将达到 25%[①]。为积极应对老龄社会的挑战，北京市于 2009 年就出台《北京市市民居家养老（助残）服务（"九养"）办法》提出要构建北京市城乡一体化的社会化养老助残服务体系，"十三五"以来，更是累计出台老龄政策措施 100 余项，形成了以《北京市居家养老服务条例》为基础，以促进养老服务业发展、加强老年人照顾服务、全面放开养老服务市场、推进社区养老服务驿站建设、深化医养结合、加快发展老年教育、加强老年人权益维护等政策为保障的老龄政策制度体系，着力推动形成具有首都特色的超大城市养老服务模式。在老龄化率加速增长的同时，由于在居住方式、养老观念、设施条件和收入水平等方面存在明显差异，农村老人比城镇老人面临的养老问题更为严重[②]。2020 年，北京市出台《关于加快推进养老服务发展的实施方案》，提出要补齐农村养老服务短板，完善"以院统站带点"农村养老服务模式；要推进农村幸福晚年驿站建设；制定农村邻里互助养老服务点建设规范；要改革农村养老服务

---

① 数据引自《北京市"十四五"时期老龄事业发展规划》。

② 邵宝文. 农民养老意识的培养意义及特征 [J]. 农技服务，2021(12):83-85.

补贴财政支持方式。2023 年，北京市印发《关于完善北京市养老服务体系的实施意见》，从完善三级养老服务网络、培育品牌化居家养老服务市场主体等 19 个方面提出要进一步健全基本养老服务体系，创新居家养老服务模式，完善具有首都特色的养老服务供给体系。

二、北京农村地区养老服务需求分析①

养老服务是以满足和提升老年人生活质量为目标，以生活照料、经济支持和精神慰藉为主要内容的社会服务。补齐农村养老服务短板，不仅关系到农民的切身利益，还直接关系到首都乡村全面振兴和农业农村现代化的实现。

（一）老龄化率高，需要城乡统筹的均等化养老

从老龄化率看，2020 年北京农村地区 60 岁及以上老年人口占总人口的 22.9%，较 2010 年提高了 8.2 个百分点；农村地区的老龄化率比城镇地区高 3.7 个百分点，差距较 2010 年扩大 1.2 个百分点。从老年人口抚养比来看，2020 年北京农村地区老年人抚养比为 21.0%，较 2010 年增长 9 个百分点，比城镇高 3.7 个百分点，说明 2020 年农村地区每 100 名劳动力人口要比 2010 年多抚养 9 个老人，比城镇地区多抚养 3—4 名老人。（见表 1）

表 1 北京市城镇与农村老龄人口对比

	单位	城镇			农村		
		2010 年	2020 年	增量	2010 年	2020 年	增量
总人口	万人	1685.9	1916.6	230.8	275.4	272.7	-2.7
60 岁及以上人口总量	万人	205.6	367.5	161.9	40.4	62.3	21.9
60 岁及以上人口占比	%	12.2	19.2	7.0	14.7	22.9	8.2
老年人抚养比	%	10.3	17.3	7.0	12.0	21.0	9.0

农村青壮年人口大量进入城镇地区工作和生活，导致农村的老龄化程度显著高于城市；而城区在政策供给和资源保障的优势下，服务水平远高于农村，老龄化程度和养老服务发展水平"城乡倒置"的现象日益突出，现有的养老资源分配，难以满足日益增强的农村养老需求，需要通过更合理的公共资源配置使京郊农村老人享受到更均衡的养老服务。

（一）收入水平低，需要经济实惠的普惠性养老

调查显示，54.5% 的农村老人以离退休金 / 养老金作为最主要的生活来源。虽然北京市农村居民社会保障水平不断提升，2023 年城乡居民基础养老金标准调整至每人每月 924 元，福利养老金标准调整至每人每月 839 元，但相比城镇职工养老平均领取额 4561 元，城乡居民养老金仅为城镇职工的五分之一左右。且农村地区仍有相当比例老人要依靠家庭其他成员供养（21.6%）、通过劳动收入（12.1%）和最低生活保障（5.1%）获取主要生活来源，占比较城镇地区分别高 15.4、9.3 和 4.4 个百分点（见图 1）。

---

① 本部分数据若无单独标注，则均来自《北京市人口普查年鉴 2020》和《北京市第六次全国人口普查资料汇编》。

图1中数据：城镇 0.7% 0.3% 1.4% 2.8% 6.2% 5.7% 12.1% 5.1% 1.1% 54.5% 21.6% 88.6%

图例：离退休金/养老金、家庭其他成员供养、劳动收入、其他、最低生活保障、财产性收入

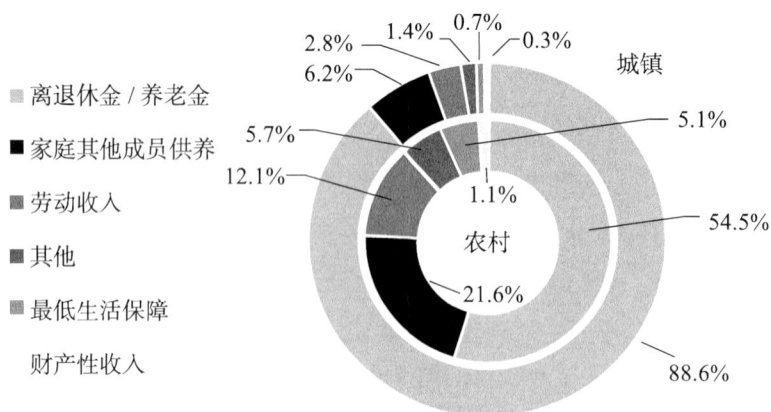

图1　2020年北京城乡60岁以上老年人口主要生活来源①

农村老人收入来源少，养老金水平低，加上经济实力和保险意识有限，购买商业性养老保险和护理保险的少之又少，大多数只能依靠自身和家庭的储蓄应对养老之需，因此对社会化养老服务的经济承受能力低，迫切需要更实惠、更具性价比的养老服务模式。

（二）家庭空巢化，需要就地就近的家门口养老

2020年，北京市农村地区有60岁以上老人的家庭共有39.9万户，占农村地区家庭户总数的38.2%。从每户老年人数量看，有一名60岁及以上老人的家庭19.7万户，占比49.4%；有两个60岁及以上老人的家庭19.6万户，占比49.1%；有三个60岁及以上老人的家庭5972户，占比1.5%。从居住情况来看，在仅有一个60岁及以上人口的家庭户中，老人独居或只与未成年人共同居住的情况占39.5%，较2010年提升6.2个百分点；在有两个60岁及以上人口的家庭户中，只有老人共同居住或只与未成年人共同居住的情况占56.4%，较2010年提升1.4个百分点（见图2）。

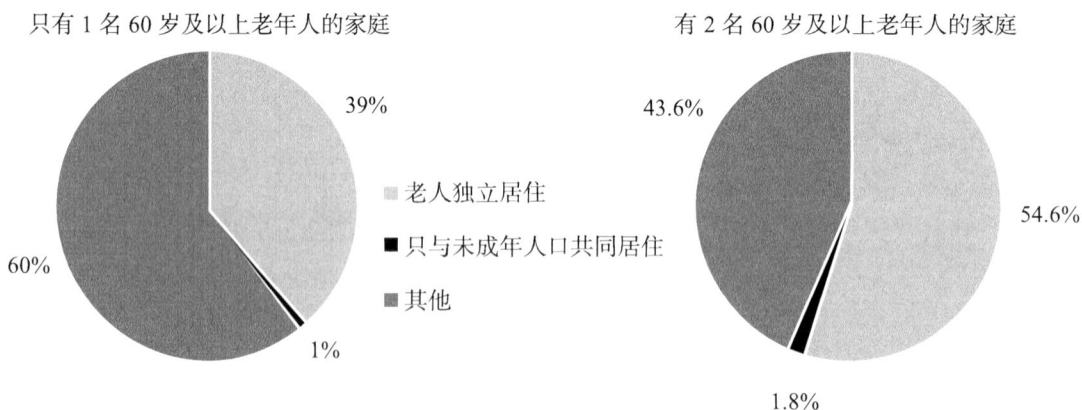

只有1名60岁及以上老年人的家庭：39% 60% 1%
有2名60岁及以上老年人的家庭：43.6% 54.6% 1.8%

图例：老人独立居住、只与未成年人口共同居住、其他

图2　2020年北京农村地区有60岁以上老人家庭的居住情况

① 本图数据来自《北京市人口普查年鉴2020》中长表抽样数据。

北京农村地区因为毗邻市区，青壮年的流动性更为活跃和频繁，导致农村老人与子女的生活空间割裂、相处时间减少，家庭养老的功能进一步弱化。但农村老人乡土情结浓烈，对熟悉的家乡、土地和亲友圈依赖性强，因此迫切需要不离开家的养老服务模式。

（三）患病风险高，需要医养结合的专业化养老

由于青壮年时常年从事重体力农事劳作，加之健康观念不强、经济条件有限，农村老人往往积累了较多慢性病、职业病。2020 年北京农村地区 60 岁以上的老年人中，身体健康的老人占比 48.5%，较 2010 年提高了 15 个百分点，依然比城镇地区低 15.8 个百分点（见图 3）。农村老人的健康状况总体得到改善，但城乡老年人的健康状况仍有差距。

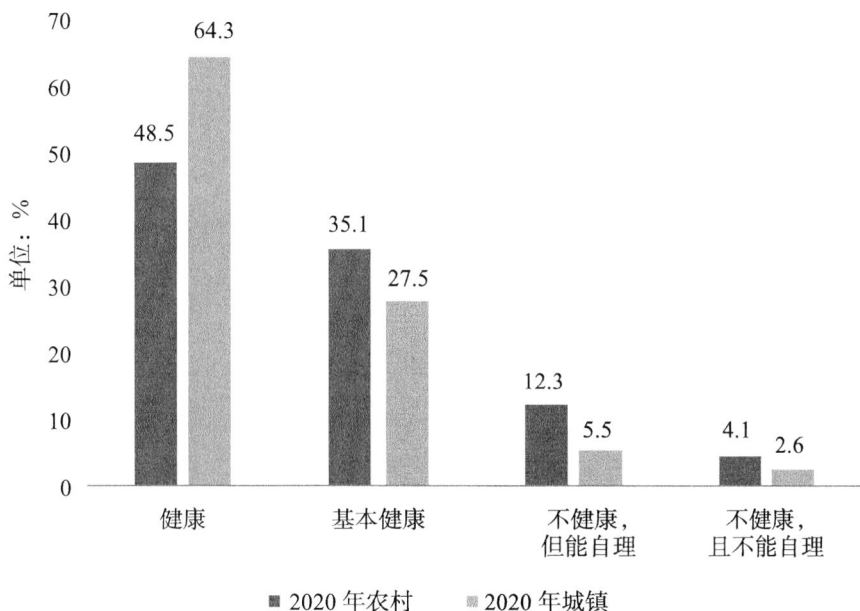

图 3　2020 年北京城乡 60 岁以上老人健康状况对比（%）

农村地区医疗资源薄弱，加上人口居住分散，交通不及城区便利，医疗服务可及性相对较差，老人慢性病患病风险日益升高的同时，也更容易受到急症重症的风险冲击。失能、失智、重残老人也需要专业的护理，因此农村老人迫切需要融入慢病管理、康复护理、重症监护、临终关怀等专业医疗元素的养老服务模式。

（四）地区差异大，需要因地制宜的在地化养老

从总量看，平原新城农村地区 60 岁以上老年人口数量最多，占据全市前五名，由高到低依次是通州（10.2 万人）、顺义（9.4 万人）、房山（7.2 万人）、昌平（6.9 万人）和大兴（6.5 万人），较 2010 年分别增长 3.9 万人、3.7 万人、2.4 万人、3.1 万人和 2.0 万人，其中通州和顺义是农村地区老年人口绝对量增长最多的两个区（见图 4）。

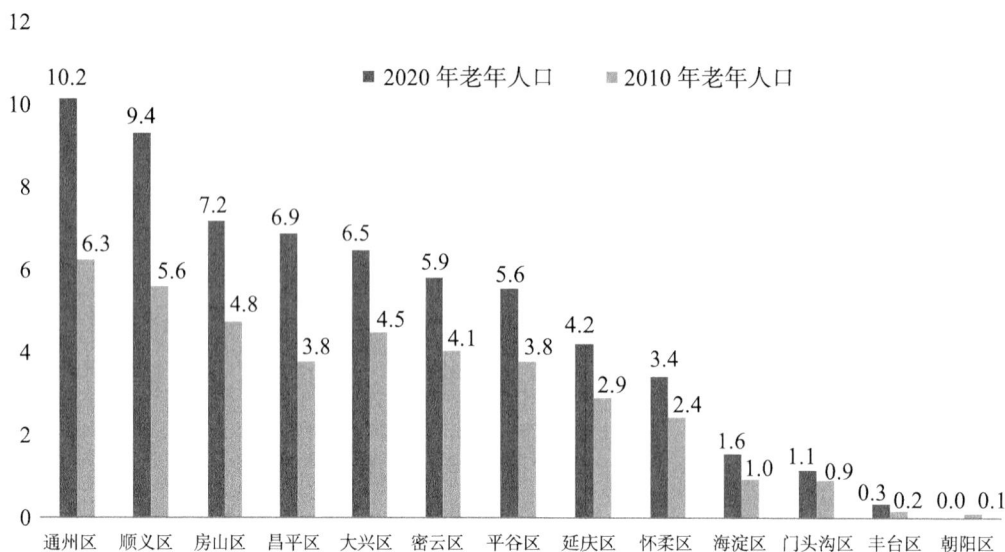

图4　各区2020年、2010年农村地区60岁以上老年人口数量（单位：万人）

从农村人口老龄化率看，位于山区经济发展水平相对落后的生态涵养区明显高于其他各区，且老龄化率均超过30%，由高到低依次是门头沟区（33.9%）、密云区（33.0%）、怀柔区（32.3%）、平谷区（31.1%）和延庆区（30.2%），较2010年分别提高12.5、13.7、11.9、11.7个和12.2个百分点，其中密云和门头沟是老龄化率增长最快的两个区（见图5）。

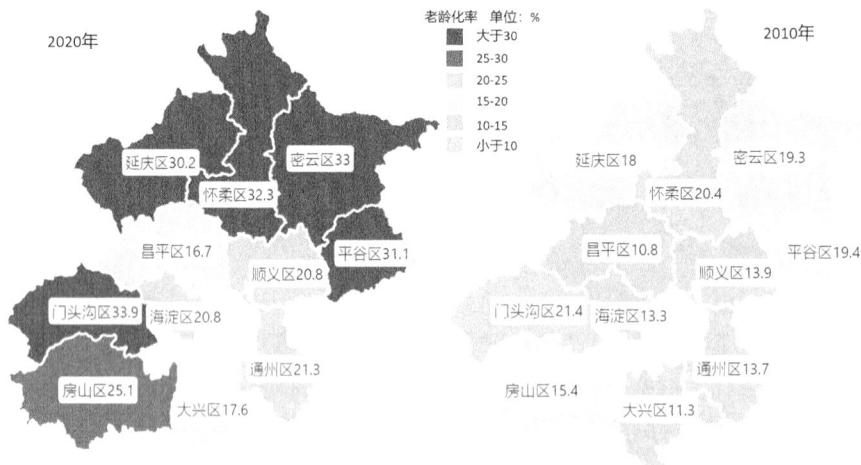

图5　2020年、2010年各区农村老龄化率变化（单位：%）

各区农村地区面临的老龄化问题不尽相同，经济实力、社会治理水平和公共服务基础设施也差异较大，推进城乡基本养老服务均等化不等于将城市养老服务发展的框架和目标复制粘贴到农村，更不等于将一种模式推及所有农村地区。比如生态涵养区的深山地区地理条件复杂、村庄分散，盲目推行日托服务和专业养老机构不仅需要耗费大量的前期建设资金和后续维护成本，而且难以满足农村老人的实际养老需求。因此需要立足于本土，整合村庄在文化、土地、房屋等方面的资源禀赋，形成尊重老人养老习惯、满足老人养老需求的在地化养老服务模式。

（五）市场需求大，需要服务城区的高品质养老

2020年北京市城市地区60岁以上老年人口343.97万人，占全市老年人口的80%，乡镇地区老年人口23.5万人，占全市老年人口的5.5%，城区老年人口是乡镇地区老年人口5.9倍。但因城区土地或租金成本高，受市场驱动，目前全市三分之二以上养老机构床位在郊区，养老机构数量上城郊的供需错配，导致城区床位紧张和郊区床位闲置现象并存，养老服务"买不到""买不起"与"用不好"的现象并存，城区老年人较难就近找到质优价廉的养老院①。

另一方面，农业农村在经济价值之外的生态价值、社会价值和文化价值逐渐被人们发现，在农业生产之外的休闲旅游、生态康养功能也逐步被开发成服务和商品。京郊农村地区具有得天独厚的自然资源禀赋，生态环境好，生活节奏慢，老年人的乡土情怀让他们对农村田园牧歌式的生活和熟人社会的人际关系有所向往，对在农村呼吸清新空气、品尝绿色食品、慢享钓鱼散步等活动的养老生活有所期待。深挖农村地区的多元价值和功能，发展提供高品质养老服务的养老事业和养老产业是城区老人对农村地区养老服务的期盼。

（六）北京农村地区养老服务主要模式

近年来，北京市积极应对人口老龄化、乡村空心化、家庭空巢化的困境，坚持以人民为中心的发展思想，落实"七有五性"和"保基本、促普惠、强精准"要求，统筹全市养老服务设施建设与规划，探索创新农村地区养老服务模式，积极构建居家社区机构相协调、医养康养相结合的养老服务体系，不断增强人民群众的获得感、幸福感、安全感。

三、分类保障的福利供给模式

北京市逐步完善分类保障的基本养老服务福利供给机制，精准摸底，将城乡特困、低保、低收入家庭的失能、失智和高龄老人，以及失能、失智、重度残疾、计划生育特殊家庭老年人纳入基本养老服务对象，从政策、资金、资源供给、服务组织等多层面保障养老服务供给，提供实现老有所养、老有所依必需的基础性、普惠性、兜底性服务。

一是"给待遇"满足老年人基本生活所需。2022年全市187.5万人参加城乡居民养老保障，91.4万人享受城乡居民养老保障待遇（其中30.1万人享受老年保障福利养老金）。2023年7月继续落实城乡居民养老保障相关待遇调整机制，将全市基础养老金从每人每月900元提高至每人每月924元，福利养老金从每人每月815元提高至每人每月839元。

二是"给补贴"保障老年人正当利益维护。自2019年10月1日起实施《北京市老年人养老服务补贴津贴管理实施办法》，建立老年人能力综合评估体系，完善困难老人养老服务补贴、失能老人护理补贴和高龄津贴补贴制度（见表3）。2021年向困难、失能、高龄老年人发放养老服务补贴津贴27.39亿元，较2020年增加了5.9亿元；月均发放87.14

---

① 数据来源：https://gov.sohu.com/a/662659324_121124517.

万人次，较 2020 年增长了 11.14 万人次。

表 2　北京市困难、失能、高龄老年人发放养老服务补贴

政策类型	政策对象	补贴标准
困难老人养老服务补贴	享受低保待遇老年人	300 元
	低收入家庭中未享受低保待遇的老年人	200 元
	计划生育特殊家庭中不符合上面两种情形的老年人	100 元
失能老年人护理补贴	重度失能老年人，残疾等级为一级的视力、肢体、智力、精神残疾老年人，残疾等级为二级的智力、精神残疾老年人中的多重残疾老年人	600 元
	残疾等级为二级的视力、肢体、智力、精神残疾老年人，残疾等级为二级、三级的智力、精神残疾老年人	400 元
	残疾等级为一级、二级的听力、言语残疾老年人	200 元
高龄老年人津贴	80—89 周岁老年人	100 元
	90—99 周岁老年人	500 元
	100 周岁及以上老年人	800 元

三是"给服务"实现老年人住得舒适安心。制定《北京市特困人员救助供养实施办法》《困境家庭服务对象入住养老机构补助实施办法》，规定所有公办公营、公办民营养老机构主要职责是供养政府基本养老服务对象，公办民营机构至少拿出 20% 床位承接五类服务对象，并取消定点机构限制，由市区财政按 1∶1 比例给予五类服务对象救助供养补贴。

表 3　北京市困境家庭服务对象入住养老机构补助标准

序号	政策对象	补贴标准
1	城乡特困中的老年人或重度残疾人	每人每月 2000 元
2	低保家庭中失能、失智或高龄老年人及重度残疾人	每人每月 3600 元
3	低收入家庭中失能、失智或高龄老年人及重度残疾人	每人每月 2800 元
4	计划生育特殊家庭中失能、失智或年满 70 周岁的老年人（含其重残的独生子女）	每人每月 2800 元
5	未享受城乡特困供养、低保、低收入待遇家庭中的重度残疾人	每人每月 1200 元

四是"给保险"探索老年人多元救助机制。为解决重度失能人员长期护理保障问题，北京从 2016 年在海淀区商业性居家失能护理互助保险探索试点起步，到 2018 年在石景山区三个街道推进政策性长期护理保险试点，再到 2020 年印发《北京市长期护理保险制度扩大试点方案》，石景山全区全要素开展试点，为 2023 年在全市扩大试点积累了经验。以长期护理保险为支撑、以养老服务补贴和重点人群兜底保障为补充的多层次长期护理制度设计方向逐渐明晰。

（一）优化布局的设施建设模式

立足以老年人群体实际需求为导向，突出养老服务的公益性，坚持就近便利精准，北京市统筹推进居家、社区、机构"三位一体"养老服务协调发展，全面建设"三边四级"①

---

① "三边"指的是老年人的"床边、身边和周边"；"四级"指的是"市、区、街、居"四个层级。

养老服务体系，通过构建市级指导、区级统筹、街乡落实、社区参与的四级居家养老服务网络，实现老年人在其周边、身边和床边就近享受居家养老服务。

一是建设功能互补的专业养老机构。充分发挥市属养老机构、区属福利机构的兜底保障作用，同时结合老年人口和基本养老服务对象的分布，优化现有养老服务设施布局。2012—2022年，北京市已建成运营养老机构从400家增长至576家，其中，公办公营机构51家、公办民营机构78家、社会办养老机构447家。养老机构集中照护床位11.2万张，社区临时托养床位1.25万张，养老家庭照护床位建设从无到有，达到3500张。农村地区已建成普通养老院70个，乡镇敬老院122个。如门头沟区通过制定和实施《门头沟区养老服务设施专项规划》《门头沟区镇级公办养老机构管理体制改革实施方案》《门头沟区养老家庭照护床位服务管理实施细则》，积极推进养老机构床位、社区托管床位、家庭照护床位"三张床位"建设，逐步健全完善"3+1+N"养老服务体系。

二是打造住养结合的养老照料服务中心。北京市制定了街道乡镇养老照料中心建设资助和运营管理办法，不断完善养老照料中心信息管理、居家助老、社区托老、专业支撑、机构养老、技能实训六大功能，充分发挥养老照料服务中心对社区托老和居家养老的辐射和拓展作用。截至2022年，全市已建成运营街道乡镇养老照料中心276家，其中乡镇养老照料中心128家。如顺义区积极推进"物业+养老"服务模式，2020年9月，顺义区首家新建小区配建养老机构马坡镇家泰养老照料中心正式运营。照料中心总面积6174平方米，床位123张，并设多功能厅、书画室、棋牌室、康复理疗室等服务设施，在为自理、半自理、不自理老年人提供集中照料服务的同时，还为周边老年人提供送餐、助洁等居家为老服务。截至目前，顺义区已陆续完成9个小区配建养老机构的项目。

三是提供精准服务的农村幸福晚年驿站。北京市制定了社区养老服务驿站建设规划、运营扶持办法、管理办法等政策文件，采取"政府提供设施、市场负责运营"方式建设农村幸福晚年驿站（城市社区养老服务驿站），就近为居家老年人提供日间照料、呼叫服务、助餐服务、健康指导、文化娱乐、心理慰藉等居家养老服务，建设"十五分钟服务圈"。截至2022年底，全市已建设运营养老服务驿站1112家，其中农村幸福晚年驿站647家。如丰台区南苑乡福海棠华苑养老驿站推出"养老育幼"融合服务模式，驿站一层为老人提供老年营养餐、康复理疗等基础服务，二层提供专业的儿童早教服务，门口便民超市提供新鲜低价的蔬果蛋奶，一站式解决老人孩子的日常生活所需，通过养老育幼服务的有效整合实现资源的最大化利用。

（二）协调联动的医养结合模式

2021年以来，北京市相继出台《深入推进医养结合发展的实施方案》《老年健康与医养结合服务管理工作规范》《关于推进医养结合远程协同服务工作的通知》等政策文件，就扩大医养结合服务供给、提升医养结合服务能力、深化医养结合机构"放管服"改革、加强医养结合人才队伍建设、建立健全支持保障体系提出要求，鼓励符合规划用途的农村集体建设用地依法用于医养结合机构建设。在市级部门的积极推动下，各区、乡镇和村都在进行积极的探索，积极构建医养康养联动服务体系。

一是平谷区探索医养结合"五种服务模式"。平谷区自2019年起，由医疗牵线，政府负责统筹、协调联动财政、医疗、民政、残联等多方资源推动医养结合工作。探索出区卫健委接手公办养老机构进行医养结合改造、社区卫生服务中心开放医养联动病房收治临终病人（马坊镇）、社区卫生服务站入驻养老机构（峪口镇）、养老院开展"互联网＋"远程问诊（东高村镇）、成立专业公司启动医护到家服务等五种模式，积极构建"区、镇街、村和家庭"四级医养联动的功能和结构体系，满足不同类别老人的医、护、养需求。

二是怀柔区北房镇构建"送医入村"模式。北房镇社区卫生服务中心为辖区内65岁以上老人建立健康档案，送医入村，为老人提供免费的健康体检服务、慢病管理、上门访视等服务，并定期组织爱心义诊、卫生健康知识讲座活动。同时通过逐步提升扩大村卫生室功能，为老人提供更便捷更丰富的医疗服务。如郑家庄村卫生室配齐了高血压、糖尿病、感冒、腰腿疼、老慢病常用药和膏药等200余种药品，现可提供问诊开药，针灸、拔罐、刮痧等多项服务，并已实现持医保卡就医实时报销，极大方便了村民就医诊疗。

三是朝阳区三间房乡推进"医养联建"模式。朝阳区三间房乡有明氏嘉养老驿站与北京罗有明门诊部共用同一场地，依托"北京双桥老罗家"300多年的传承，发挥罗有明门诊部传统中医的正骨特色，在提供呼叫服务、助餐服务、健康指导、文化娱乐等基本服务项目的同时，从筋骨预防养护、骨科疾病治疗康复、老年慢性病调理等方面，为社区老年人提供解决方案，更好为老年人提供专业服务。

（三）敬老孝老的邻里互助模式

为满足农村老年人养老服务需求，北京市从2020年开始陆续在密云、怀柔、延庆三区试点建立"邻里互助点"，选取符合条件的邻里互助员，为农村独居老年人提供养老服务，构建起农村独居老年人照料新模式。2023年11月29日，北京市民政局下发北京市农村邻里互助养老服务点建设管理办法（试行），按照"政府支持、乡镇统筹、多元参与、一村一策"的原则，就近为本土本乡老年人提供互助性养老服务。截至目前三个试点区共建设完成457个互助点，探索形成了三种邻里互助工作机制，取得了较好的服务成效。

一是密云区"以院统站带点"综合服务模式。2020年，密云区民政局制定《农村邻里互助养老服务点建设工作实施方案》，在老龄化较高的十里堡、河南寨、东邵渠、高岭和不老屯五个镇，分别选择1家社会信誉好、经验丰富的养老服务机构（养老院）作为互助点的管理机构，以村幸福晚年驿站为依托，在47个试点村共建成230个邻里互助点，优先选取热心公益的村民担任邻里互助员，开展电话问候、上门探视、基础居家服务、转介服务四类服务。据不完全统计，试点两年多来共开展电话问候16.41万次、入户探视14.02万次，根据老年人的个性化需求，开展打扫卫生、陪护服务、代买代缴应急救助等13项基础居家服务17.38万次，转介服务102次。

二是延庆区"关爱空巢"助老服务模式。延庆区自2021年在八达岭镇、康庄镇、旧县镇三个乡镇开展邻里互助试点，坚持以村党组织、村委会为主导，以关爱高龄空巢特困及残疾孤寡老人为重点，以新时代文明服务站、幸福晚年驿站、邻里互助员为依托，整合各村党员干部、乡村医生、留守妇女、普通村民、"延庆乡亲"服务队等各方力量，织密服务网络，为老人提供理发、助医、助餐、助农等基本生活照料，以及助乐、助浴、助洁、救急等个性化服务，有效解决农村老人故土难离、花钱养老意愿不高的养老困境。

三是怀柔区"结对帮扶"志愿服务模式。2021年开始，怀柔区开始在宝山镇、桥梓镇等乡镇开展农村邻里互助点试点，通过充分调动老人周边邻居互助服务的积极性，采取"一对一、一对多"结对帮扶和"志愿服务站集中服务"等形式为农村老年人开展多样化服务，积极探索以村为单位、以农村党组织为领导核心、以智能监管系统为依托、以"时间银行"为互惠激励手段的"党建引领、多元参与"的农村邻里互助养老模式。现已建成邻里互助养老服务点55个，发展志愿者500多名，

（四）就近便利的助餐服务模式

北京市从2009年开始在城区启动老年餐桌建设，2015年起在东城、西城、朝阳、海淀、丰台、石景山、房山、顺义8个区开展助餐服务体系试点建设；2018年以来，相继出台《北京市养老助餐点管理规范》《关于提升北京市养老助餐服务管理水平的实施意见》等文件，进一步加强养老助餐点规范管理，促进养老助餐服务制餐、集中就餐、上门助餐依法依规开展。目前，全市已建成运营养老助餐点1496个。

一是朝阳区"1+43+N"①助餐服务模式。从2015年8月开始，朝阳区通过96083热线、服务信息平台等形式，整合大型连锁服务商助餐资源，满足本区老年人用餐需求。2021年为进一步提升社区养老服务驿站助餐配餐服务能力，引进具有"中央厨房＋社区配送＋配餐＋送餐＋助餐"连锁经营能力的专业餐饮企业，科学布局22个街乡助餐中心，建设规范老年餐桌177个，其中，辐射多个老年餐桌的养老餐集中配送中心11个，占比6.5%；社会餐饮企业参与助餐配餐8个，占比4.5%；养老服务机构助餐配餐158个，占比89%；现已实现老年人助餐服务全区基本覆盖。

二是大兴区采育镇"五统一"②助餐服务模式。采育镇通过成立养老助餐调研小组，全方位摸清需求，合理确定助餐标准和服务对象，制定完善助餐服务制度和内容设计，形成养老助餐制度机制。由镇政府通过招投标方式聘请大兴老龄产业协会作为第三方机构进行专业化运营，对20家养老驿站按照"五统一"标准进行优化整合、统一运营管理，为驿站所在村老人提供健康营养早餐，建立镇、村、群众三级监管体系，实现全流程餐食安全监管。自2022年养老助餐以来，累计为1100余名老人提供39万人次助餐服务。

三是通州于家务乡富各庄村"区域辐射"助餐服务模式。富各庄村村委会专门成立北京福寿悦欣养老服务中心专业化运营幸福晚年驿站。2020年，富各庄村晚年驿站开始面向本村65周岁以上老年人开展助餐服务，并先后承接了本村及南刘庄村、枣林村、仇庄村、满庄村养老助餐点的供餐服务，每天为500余人供餐。驿站工作人员在供餐过程中，一点点收集老人的意见，逐步提升早餐质量、优化早餐营养搭配，通过全面落实人员管理、食品采购、加工操作、清洗消毒等餐饮食品服务安全规程，从严把好安全食品关。

---

① "1"为朝阳区养老指导中心；"43"为全区43个街道(乡镇)老年餐服务中心；"N"为各类提供老年用餐服务的服务商。
② 统一采买、统一餐标、统一制作、统一配送、统一标识。

（五）整合资源的集体反哺模式

《北京市养老服务专项规划（2021年—2035年）》指出："依托农村优势资源，大力发展乡村养老、城乡互助养老等新型养老服务模式，支持农村集体经济发展特色养老服务。"村集体是整合农村各类闲置资源和动员社会服务力量的重要主体，借助基层组织的组织动员能力，通过养老服务外包，联合地方政府、乡贤群体、农民家庭和养老服务组织，形成风险共担、分流治理的低成本、高福利的养老模式，是回应老龄化形势下农村养老服务需求的有益探索。

一是昌平区北七家镇郑各庄村的"集体自建"模式。郑各庄村独资建设可容纳1000多人的金手杖国际养老公寓。全村70岁以上的老人不到100人，其中75岁以上老人有40多名入住金手杖养老公寓，所有费用都由村集体承担。此外，郑各庄村还设立了金额达2000多万元的"宏福老年健康基金"：对达到养老公寓入住资格而未入住者，每月每人补助750元基本伙食费；为80岁以上老龄老人设立护理补助，减轻家庭护理负担，其中80—84岁老人每月补助1000元，85—89岁老人每月补助2000元，90—94岁老人每月补助3000元，95—99岁老人每月补助4000元，100岁以上老人每年发10万元的大红包。让所有老人都能享受到集体给予的养老福利。

二是平谷区镇罗营镇上镇村的"村企合作"模式。2022年，平谷区镇罗营镇选取上镇村为试点，构建了"镇、村、企、个人"四方出资的合作机制，改造荒废小学校园和"废弃果园"，由北京即刻到家服务科技有限公司统一运营，打造上镇村"幸福晚年驿站＋锦瑟上院康养民宿＋湖畔耕读园"的闭环运营模式。民宿和耕读园根据经营情况每年给村集体不低于40万元的分红，村集体将此项收入补贴给幸福晚年驿站和互助养老点，用于负担养老管家岗位补贴、康养设备购置及维护等。在确保盈利的情况下，使幸福晚年驿站19个长托床位的收费标准降至每人每月800元，极大地减轻了入住老人的经济负担。

三是延庆区康庄镇火烧营村的"共生社区"模式。2016年，火烧营村依托得天独厚的自然环境和热情淳朴的乡风民俗，吸引北京火烧营民俗文化发展有限公司前来投资。企业分别与村集体、村合作社签订土地租赁合同，开办荷府精品民宿，形成村域产业，每年促进村集体增收45万元，村合作社增收26万元，村民也通过房屋出租实现了以房增收、以房养老。2019年，村委会与民宿商定合营共建老年幸福餐桌，由村委会免费提供场地设施，负责日常水电费开销，荷府民宿提供食堂大厨、人工及食材，通过简单的成本共担机制，解决了双方的就餐需求，村里65岁以上老人一顿饭只需掏2元钱，就能吃上一份高品质的养生餐食。秉承共生、共建、共担、共享的目标，村里与民宿企业通过共营老年餐桌、共同提升环境、共谋村庄发展，打造共生社区，人与环境、村民与游客、村集体和企业结成紧密价值共同体、发展共同体，在社会治理和乡村振兴中发挥着不可替代作用。

（六）科技赋能的智慧养老模式

北京市高度重视智慧养老工作，市委、市政府印发《积极应对人口老龄化实施方案（2021年—2025年）》，提出加强应对人口老龄化的科技创新支撑，加强老年辅助技术研发推广，推动"智慧养老院"及智能养老社区建设。《北京市养老服务专项规划（2021年—

2035 年)》，也明确提出要提高为老服务的科技化水平、信息化水平，推动科技养老产业发展。依托智能化、自动化服务，可以降低人力成本；依托互联网、物联网，可以改善养老服务基础设施；依托大数据和云服务，实现实时、多源数据的整合和处理，可以优化服务流程；借助科技力量协同发力，是释放更多农村地区养老服务可能性的有效路径。

一是朝阳区推进"一键呼"智能服务模式。作为智能养老试点项目，朝阳区为全区5.3 万名 80 岁以上老人配备"一键呼"服务终端，终端接入全区 43 个街乡社区卫生服务中心以及 77 个养老机构、170 个养老驿站，每年通过"一键呼"开展各类为老服务 4 万余次。此外，朝阳区还通过建设区级养老服务信息管理平台、居家养老专业护理信息平台以及线下全场景养老服务示范中心等措施，实现了居家、社区养老供需对接精准化，增强了老人获得感、幸福感、安全感。

二是丰台区打造"党建 + 智慧"智能服务模式。丰台区民政局通过政府购买服务的方式，免费为全区有需求的 2 万多名空巢独居老年人配置"连心通"腕表设备；并将养老服务和基层党建工作有机融合，区委组织部专门印发了《关于在"连心通"工作中充分发挥基层党组织战斗堡垒作用和共产党员先锋模范作用的通知》，构建区、街乡、社区村、基层党支部、党员志愿者五级服务管理体系，组建了 319 支"连心通"党员志愿服务队，吸纳党员志愿者 7747 名。同时，依托"互联网 +"平台发展各类服务商 161 家，深度开展短期照料、康复医疗、助餐助浴、精神慰藉等特色服务，如结合"连心通"项目开展"喘息服务"试点，选取专业服务机构为 1500 名长期照料老人的家庭成员每月提供 4 天的"假期"，以缓解失能、失智老人家庭负担。

三是大兴区魏善庄镇开展"首善养老"智能服务模式。探索以 DMP 模式[①]搭建智慧云养老服务体系，打造 1 个由养老 PC 端系统、"首善养老"手机 APP、智能胸卡组成的云平台，形成"主叫服务—组织服务—服务结束—满意度评价"的服务闭环。"首善养老"APP 面向老年人的子女、社工、志愿者、村干部等开放注册，可实时查看老年人情况。同时，完善"生态圈"，升级驿站医养康复、日间照料等 6 项基础设施，安装 90 个摄像头并连接智慧养老平台，实现远程实时监管；招募商超、理发店、助餐点等近 30 家门店作为线下服务商入驻 APP，将镇卫生院、社区卫生站、村卫生室、家庭医生团队纳入平台，打造首善乐龄服务圈。

（七）专业服务的社会组织参与模式

《北京市"十四五"时期老龄事业发展规划》指出："完善居家养老服务模式，打造以社区为平台、社会组织为载体、社会工作者为支撑的居家养老社区服务'三社联动'机制。《北京市关于加快推进养老服务发展的实施方案》提出："培育扶老助老性质的公益组织，支持其参与养老服务机构建设和运营管理、养老产品开发。建立养老服务时间储蓄体系"。2023 年 9 月，北京市养老志愿服务"京彩时光"信息平台上线运行，对养老志愿服务实施全流程智能化规范化管理。并通过"社会志愿 + 时间币"服务模式，建立"今天存

---

① 需求者 Demander—中介平台 Mediator—供给者 Provider 的模式。

时间，明天换服务"的长效机制。社会组织既有公共性，又有提供差异性服务的能力，充分发挥社会组织的专业优势，提升养老服务行业整体的管理与服务水平。

一是怀柔区渤海镇六渡河村"时间银行"服务模式。2020年，六渡河村成立村志愿服务站，并建立起北京市第一家农村"时间银行"，通过建立一套反哺、鼓励的机制，实现志愿服务的可持续化发展，提升为老服务能力。志愿站由村老年协会负责日常管理，通过开展"帮助老年村民采收板栗"志愿服务活动，赢得群众的欢迎。在此基础上，依托六渡河村老年驿站、食堂、洗衣房等服务设施，拓展志愿服务岗位，鼓励志愿者为困难老人开展探访陪聊、餐食配送、洗衣打扫、理发助浴、送医送药、家政维修等系列服务，逐步实现定位准确、服务到家、老人满意。

二是大兴区魏善庄镇赵庄子村"益民社工"服务模式。在镇党委领导下，赵庄子村党支部牵头成立的北京市大兴区益民农村社工事务所，在周边四个村建立社会工作站，形成了益民社工"以所带站、驻村服务"模式。事务所针对农村老年人特困家庭"因病致贫"问题，牵头成立了"赵庄子村慈善爱心救助基金"，每年举办"慈善爱心公益节"，累计募集资金50多万元，实施救助困难100多人次。2020年9月1日，魏善庄镇赵庄子村委会与中国金谷国际信托有限责任公司进行签约，成为全国首单群众性互助慈善信托服务。在赵庄子村成功经验的基础上，魏善庄镇党委积极探索推动全镇"五社联动"养老服务模式，建立1个镇级社会工作服务中心、1个社会心理服务中心、12个村级社会工作服务站，17名专业社工入驻中心站点，培育100多名本土社会志愿者队伍，打通养老服务"最后一米"。

三是延庆区八达岭镇"助老协会"服务模式。为了让志愿服务更加高效和规范，八达岭镇里将由村民组成的助老服务队培育成为合法的社会组织机构——八达岭镇厚德润妫川助老服务协会，积极探索以慈善协会为引领、志愿者为骨干、社会组织为载体，以满足农村老人生活和精神需求为导向的"慈善＋志愿＋社会组织"助老服务模式，机构成立后，将农村助老服务队从"民兵"升级为有制度、有组织、有管理、有要求的"正规军"，可以开展宣传、培训、生活照料、精神慰藉、对外交流、接收政府部门的资助和社会的捐赠等活动，还可以承接政府的购买服务项目，协助政府动员社会力量参与助老工作，拓宽高龄特困重残空巢老人的精准救助，进一步改善农村困境老人的生活状况。在此基础上，区里通过慈善机构设立了"绿水青山助老基金"，对老年人的生活、就医、就业等方面进行救助，减轻农村老年人家庭的养老负担。

四、北京农村地区养老服务面临的主要困境

（一）基础设施建设相对薄弱

在长期"重城市、轻农村"的思想和现实影响下，农村地区养老服务公共财政投入稍显不足，这就导致农村养老服务基础设施建设落后，设施不完善。一是场地小、利用率低。农村养老服务设施建设选址、设施选择受资金和资源条件限制，缺少科学性和规范性，大多改建于闲置建筑，面积不大，又常采取封闭管理模式，导致老人户外活动受限，

不利于老人的身心健康。虽然各村镇尽力改善，如密云走马庄村将养老院选址在活动广场旁，将走廊改成玻璃房顶和外墙便于老人晒太阳，但与城区的养老环境仍有较大差距。村内设置的老年活动中心、健身广场等各类养老服务设施利用率比较低，常处于闲置状态。二是家庭适老化改造率低。2016年，北京市印发《北京市老年人家庭适老改造需求评估与改造实施管理办法（试行）》，聚焦建筑硬件，室内家具、装饰，适老康复辅助器具，智能化助老服务四方面，开展老年人家庭适老化改造工作。实施以来，改造主要聚焦经济困难、独居老人，对普通农村老人的覆盖率较低，且由于改造成本较高等原因农村老人家庭适老化改造意识不足、意愿不强。

（二）服务供给存在结构性失衡

当前农村养老服务主要以留守老人为对象，服务供给不足和质量不高现象较为突出[①]。一是需求群体庞大与服务能力不足的矛盾。一方面受资金、服务人员的限制，大部分农村地区难以承担全体老人的养老负担，优先以失能、失智、重症等弱势老人作为服务对象，但大多数农村养老组织反而因为人员数量少、专业技能不足，难以承担这些老人亟须的专业日常照料。另一方面农村医疗需求相对旺盛，但医疗资源仍然紧缺。多数村级卫生室只能提供日常开药、血压血糖检测等基础性非应急的医疗服务，乡镇卫生院在康复护理、老年病防治等方面较为滞后，多功能医疗护理床、安全呼叫系统、健康监测仪等护理设备设施配备不到位，导致现有的医疗体系并不能真正实现对农村养老服务医疗需求的有效支撑。二是需求内容多样与服务形式相对单一的矛盾。虽然北京养老服务工作一直走在全国前列，但仍未针对农村养老建立完善、高效的诉求表达机制，未有效区分农村地区和城镇地区的养老需求，导致服务供给的针对性、地域性特色不足，难以满足农村老人差异化的养老需求。比如在调研中，我们了解到身体状况较好的农村老人通常单独生活，不愿意成为子女负担，劳动意愿很强。但目前农村地区仍未形成"积极老龄化"的思想，一般性日常生活性养老服务项目较多，为老人提供就业、参与社会活动等实现自我价值的生产性服务项目较少。

（三）养老服务机构盈利困难

调查发现，北京市养老机构获得过政府补贴的比例高达82.7%，获得运营补贴的比例达67%[②]。根据《北京市社区养老服务驿站运营扶持办法》，养老驿站运营可以获得基础补贴、托养补贴和连锁运营补贴，并可在用水、用电、用气、用热等方面享受民用价格。如基础补贴部分，农村驿站实际签约服务对象少于80人，每家每月给予1.4万元补贴；超过80人，按照实际签约基本养老服务对象数量，每人每月给予180元补贴。在托养补贴部分，日间托养每人每天给予15元的托养补贴，短期全托每人每天给予30元的托养补贴，全托照料每人每月给予1000元的托养补贴。此外还有连锁运营补贴和星级养老驿站等奖励性补贴。

① 吕凤亚. 我国农村养老服务存在的问题及对策 [J]. 乡村科技,2023(1):30-33.
② 赵静. 有效提升我国养老服务供需融合水平研究 [J]. 全球化. 2023(05):83-95,134.

虽然有不同类别、各级财政的资金补贴，但养老服务机构整体盈利性较差，2021年全市盈利的养老机构占比不足10%。考虑到农村老人的支付能力和消费意愿，农村养老服务机构的收费标准明显低于城镇地区的市场价格，盈利难度更大。调研显示，经补贴后，北京市农村地区养老驿站的长期托管服务收费标准一般为每人每月1300—1500元，仅为城镇地区长期托管服务的三分之一；助餐服务价格平均为每人每天20元。运营主体普遍反映，经过政府补贴后，养老驿站仍处于基本持平或亏损状态，若补贴减少或不能按时到账，运营将难以维持。农村养老机构前期建设投入大、运营难、收益慢，而农村养老服务市场在发展过程中，缺乏畅通的投融资渠道，房租、人工等运营成本也在逐年上升，服务机构难以在公益性和商业性之间找到平衡点。

（四）服务人才队伍建设滞后

北京农村地区的养老服务市场化进程相较于城区发展较晚，在人才培养和管理方面的困境更加突显。一是高素质人才紧缺。调研发现，当前北京农村地区的养老服务行业的从业人员多数为本地村民，且以5060人员为主，整体呈现出年龄大、学历低、缺少专业技能培训等特征，服务意识不强、服务理念较为滞后，难以适应农村养老服务长期发展的需要。二是从业人员数量不足。调研走访的养老驿站，工作人员基本不超过4人，这些人通常需要负责10—20名长期托管老人的日常照料，有的还要承担村内数十人甚至上百人的助餐配餐服务或是上门巡视服务，养老服务人员工作量大、工资相对较低，导致服务质量难以提高。导致这种情况的主要原因有：其一是北京市养老服务职业教育发展滞后。仅有北京市社会管理职业学院、中华女子学院等少数院校开设养老服务相关专业，专业化、职业化、高层次的养老服务人才急缺。其二是社会对农村养老服务工作的认可度不高。相较于工作内容相近的护工、护士，养老服务和护理工作的工资低，据了解，北京的护理员月均工资为6000元，医生至少要15000元，而农村养老驿站的工作人员工资仅在4000元左右，且农村的养老服务组织地理位置偏、环境差、职业发展空间小，因此即使是专业人员从事农村养老服务的积极性也不高。

（五）多元协作机制仍在探索

一是政府缺乏有效的统一管理机制。养老服务的社会性和公共性特征，使得政府在其供给过程中处于核心地位，但实际管理中，养老服务涉及民政、商务、卫健、发改、老龄委等多个部门，多头管理给养老服务产业化发展带来了较高的制度性成本。二是市场主体参与农村养老服务的积极性不高。目前的养老服务更倾向于公立、民非机构提供的事业性养老服务，由市场主体提供的产业性养老服务缺少政策支持。政府的大力支配和调控，导致市场主体在参与服务时往往将自己定位为政府购买服务的提供者，主体意识不强，缺少创新性。此外，北京农村养老产业仍处于起步发展阶段，产业整体发育不足，行业集中度低，具备规模和品牌效应的养老服务机构尚未形成，市场在产品设计、慢病护理、心理关怀以及相关培训服务等产业链体系建设方面都与农村服务需求不相适应。三是村集体发挥作用有限。一方面，村两委很少有专人负责老年人关心关爱工作，导致对老年人的福利、扶助工作缺少组织支持。另一方面，北京尤其是山区仍有不少集体经济薄弱村，村集体没有产业，收入微薄，难以为养老服务提供资金支持。虽然近年来村集体积极谋划开拓与企业、社会组织合作，鼓励村民参与互助服务等新型养老模式，但这些养老模式尚未成熟，缺乏复制推广性。

（六）监管评价体系起步较晚

北京市在养老服务推进过程中追求体系建设，竭力覆盖养老服务空白点，但对服务质量的关注和考核力度有所不足，科学、可行、规范的服务质量监督评价体系还处在探索建设之中。养老服务标准的制定、执行、监管、反馈机制中缺乏市场导向，行业组织、市场主体等参与程度不够。同时由于多数农村地区属于偏远山区，交通不便，市区两级主管部门难以对村级养老服务组织开展常态化的现场监督检查和工作指导，服务不标准、不规范，制度规范建得好，实际服务简略化的现象也有发生。北京市对服务机构运营补贴多数是流量补贴，导致服务主体更注重服务的次数和数量，忽视服务的质量和效果。加之，养老服务从业人员也是本村村民，"乡里乡亲"的氛围下，老人对服务质量的要求会无意识地降低。再者，由于服务边界的不清晰，老人也会要求服务人员提供工作范围之外的服务，要求邻里互助员帮忙下地干活等，也会给工作人员造成负担。

五、外省市农村养老服务典型模式比较

（一）重庆：养老服务全覆盖的城乡统筹模式

为促进城乡基本养老服务均等化，重庆市多年来按照"街道、乡镇建养老服务中心，社区建养老服务站，村建互助点"要求，率先提出养老服务全覆盖模式，把社区居家养老作为养老服务体系的重要支柱予以重点推进。2022年末，全市建成街道养老服务中心220个、乡镇养老服务中心743个、社区养老服务站2912个、村级互助养老点8000个，基本实现城乡社区养老服务设施全覆盖。在乡镇一级，持续推进公办养老机构改革，开展公建民营改革试点，平均服务项目从13项增至46项，入住率从45.8%增长至68.3%。在村一级，配备5000名护老员，结对帮扶居家失能特困人员等特殊群体，探索时间银行等制度。推行"四有五助"互助模式，实现每个村有一个互助养老点、一个人定岗服务、一支志愿队伍、一套结对帮扶机制，开展集中助餐、流动助医、定点助乐、智慧助急、上门助养等五助服务。针对失能特困人员，重庆市出台《失能特困人员集中照护工程实施方案》，围绕农村失能老年人刚性护理需求，新建改建区县级失能特困人员集中照护中心60所、护理型床位8000余张。

重庆市从城乡统筹、政策统筹、体系统筹角度出发，协调城乡养老资源，统筹养老政策体系，着力发展养老服务全覆盖模式，分层、分类解决城市及农村老年人的养老需求，基本实现农村老年人"应养尽养""应助尽助"。调研中发现，北京市的养老服务体系建设也呈现类似格局——乡镇建养老照料中心、村级建老年驿站、邻里互助养老服务点。北京可与重庆交流互鉴超大城市城乡统筹养老政策体系发展经验，进一步促进农村养老服务高质量发展。

（二）上海堰泾村：社会组织打造的田园综合体模式

2016年，蒋秋艳等三位合伙人一起创办村里的养老机构，在租下闲置农村宅基地、进行适老化改造后，设置49张固定床位，成立了上海首家社会化组织打造的乡村专业养老服务机构——上海叶榭社区堰泾长者照护之家，也被周围人称为"幸福老人村"。随后老人村吸引了更多城市公益资源的集聚，并孵化出不同类型的养老公益项目："微孝早餐"公益项目每天向村里100多位上了年纪的老人免费开放；通过"爷爷奶奶一堂课""微孝农场"，建立孩子和老人代际互动，老人有价值感，孩子也有更多机会感受乡村文化和孝文化；搭建农村版综合为老服务中心，建设了"乡村文化营"、"四房十八间"等以养老为切入点的乡村公共空间；开发展陈松江土布、体验土灶烧饭等活动，邀请广大市民来体验"孝文化"，开展为老服务；利用老宅改建乡村咖啡屋，并推出"奶奶咖啡"特色产品，为乡村养老注入新的活力。

社会组织作为养老服务的第三方，通过积极挖潜土地、房屋资源，结合地域区位特点和民俗民风，对堰泾村老年群体的真实需求进行评估，对养老服务内容做出差异化调整，通过探索"家门口"的养老新模式，让老人不离乡土和乡情享受专业养老服务。同时对接和整合更适配的社会资源，通过建设乡村养老服务综合体，结合乡村养老、乡村公益、乡村体验，在实现"老有所养"的基础上，进一步实现了"老有所为""老有所乐"，是对乡村养老服务供给的有益探索。

（三）吉林双驹村：发挥内生动力的合作社养老模式①

2013年，吉林省松原市双驹村村集体以集体资产入股，村民以劳动力、土地、资金等入股，成立松原兴源种植农民专业合作社。通过与村庄完全融合，合作社成为承载社员生产生活的单位化组织，向社员提供包括养老保障在内的社区福利以及公共服务。合作社通过对全村土地进行统一规划、集约经营，配套建设了住宅、老年公寓、幼儿园、中医院等公共设施。其中老年公寓总面积6000平方米，实施宾馆式管理，内设图书室、健身室和可容纳200人的餐厅。合作社规定，凡年满70周岁的社员均可免费入住老年公寓。同时村里的中医院除满足日常看病需求外，也针对生病老人提供二次医疗补贴。此外，合作社还组织老人开展文艺活动并定期进行展演。

在财政日趋紧张的背景下，如何激发村庄内生动力，在村庄内部解决养老问题，值得我们思考。松原兴源种植农民专业合作社依托其扎根农村的优势，积极发挥经济效能，广泛参与农村公共服务供给，有效弥补了农村养老的资金供应不足，健全了农村养老保障体系；农户的养老需求、土地经营权与合作社服务供给、规模化经营的目标形成了有效衔接，用土地和劳动换养老服务的方式也强化了社员和合作社的利益联结。目前，北京市部分集体经济发展较好的村庄，也有向高龄老人发放养老金或者定额补贴养老驿站的实践。未来，有实力的村级合作社可以进一步探索扩展农村养老服务供给，增强社员和合作社的黏性。

---

① 李俏,孙泽南.合作社养老的实践形态与发展路向[J].华南农业大学学报（社会科学版）[2023-10-24].

（四）浙江大同镇：托育养老整合的"一老一小"模式

考虑到"农业人口多、行政村多、老幼占比多"的特点，浙江建德市大同镇形成了整合型托育养老服务——一老一小"幸福同堂"模式。一是做深"微平台"。建设"一站式"老幼中心，配备 1 名管理人员、3 类指导团队，每周组织 5 天老幼互动陪伴活动。结合大同卫生院二期建设，打造乡镇级"医康养"联合体；探索家庭养老床位建设，实行"家院一体"微机构运作模式。二是做精"微照护"。建立一支衔接养老和托育的人才队伍，实现养老服务机构、居家养老服务中心护理员 100% 持证上岗。强化老幼照护交叉技能培训，建立"老幼结合服务"课程培训体系，现已储备照护人员 331 人。三是做实"微场景"。实施坡道、楼梯、公厕等公共场所和困难家庭适老化、适儿化改造。开发"浙有她"特色应用场景，推广"亲情直通车"养老服务关爱系统，为老年人电视端新增视频通话、为老服务下单功能，建立智慧养老助餐服务机制，新建服务未来乡村卫生室 7 家。

"一老一小"同是"国之大者"，且解决途径具有很大相似性，建德市大同镇通过发展老幼结合服务，打破了传统的养老服务和儿童托育工作分项进行、独立发展的模式，秉承"花小钱办大事"的理念，整合现有资源，实现一体化服务优化推进养老服务体系纵深化发展。随着老龄化、少子化等社会现象进一步加深，如何统筹养老、育幼资源，大同镇"一老一小"模式提供了很好的实践经验。

（五）河南武陟：凝聚多方合力的众筹养老模式

河南武陟县通过"政府扶持、慈善捐赠、乡村补充、企业帮扶"方式众筹资金，用于慈善幸福院建设及运营。一是政府扶持。武陟县财政每年拿出 200 万元，通过以奖代补的形式发放至各村慈善幸福院，用于入住老人的生活补贴。同时，通过政府采购方式为每所慈善幸福院配备不低于 3 万元的生活设施。二是慈善募集。通过村级慈善工作站、乡级慈善分会、县级慈善协会三级慈善平台，动员社会力量参与农村养老。2019 年，募集资金达 2200 余万元。同时，武陟县通过用爱心人士名字命名，按捐资额度颁发奖牌，设立功德碑和功德墙等形式，鼓励更多爱心人士参与到慈善事业中来。三是乡村补充。推行"以地养院"模式，结合村情盘活土地等资产资源，收益固定用于幸福院的日常费用补贴。四是企业托管。鼓励爱心企业、义工团队帮扶托管、兜底慈善幸福院，全县由企业支持的慈善幸福院达 18 家。

在农村养老领域，政府唱"独角戏"、资金严重匮乏等问题仍比较突出。河南武陟县通过众筹方式，激发政府、慈善、乡村及企业四方活力，缓解了农村养老机构的建设和运营压力。在未来，如何从政府主导养老转变到社会化养老，动员社会资本、慈善力量、村域集体经济等全社会力量投入农村养老领域，河南武陟县的众筹模式具有借鉴意义。

（六）山东威海文登区：形式多样的睦邻互助＋模式

威海文登区农村常住人口老龄化比例超过 50%，文登区试点推行"睦邻互助＋"养老服务模式。一是"睦邻互助＋幸福餐桌"。互助点和幸福餐桌合建，以镇为单位招标餐饮企业，统一制作、配送餐食，互助员负责日常管护、送餐到家，老人免费就餐。二是"睦邻互助＋孝善基金"。区级设立幸福餐桌基金，镇级设立运营基金，并激励社会组织、爱心人士捐赠，累计募集各类资金近 1000 万元。三是"睦邻互助＋志愿服务"。重点从村干部、党员、网格员中优选 75 岁以下志愿者作为互助员为周边老人提供探视、居家服务、应急服务等志愿服务。为老人配备智能照护服务终端，实现上门服务可视化监管和四级响应功能。四是"睦邻互助＋医疗服务"。推动互助点与镇卫生院建立常态化联系机制，设立老人健康档案，签约家庭医生，为失能老人安装家庭病床，医护团队登门提供医疗服务。截至 2023 年初，文登区已建成睦邻互助点 225 处，建立为老志愿服务队 400 多支，提供各类服务 3.8 万次。

2023 年 11 月底，北京市出台《农村邻里互助养老服务点建设管理办法（试行）》，将互助养老作为北京市农村养老的重要途径。威海市文登区区、镇、村三级自上而下统一目标、合理共谋，以"睦邻互助"为核心，嫁接了幸福餐桌、孝善基金、志愿服务、医疗服务等各项服务，实现了互助养老服务有温度、有力量、有质量。

（七）浙江顾渚村：资源赋能的旅居养老服务模式①②

浙江顾渚村位于苏、皖、浙三省交界处，村子三面环山，且拥有以陆羽为代表的茶文化，发展成为老人旅居养老的重要目的地。一是"政府＋协会"，提高管理水平。制定生态环护与经济发展系列规划，实行工业项目环保一票否决制，持续开展公厕、医疗站、服务中心等基础设施建设和环境整治，实现乡域景区化。成立农家乐行业协会，制订养老标准规范，实施统一管理，首创农家乐星级评定制度。二是"四个统一"，打造高质量服务。提供统一叫车配送、统一配送菜品原材料、统一洗涤布草、统一推介营销等。三是"住下来＋走出去"，丰富旅居生活。在村内，顾渚村引入"花间堂"精品酒店，邀请专业机构指导农户美化庭院；重建大唐贡茶院、陆羽山庄等景点，推出禅茶文化交流会、樱桃节、"回家过年"等活动。对外与相邻市县 30 多个自然景区签订合作协议，组织旅居老人赴苏皖等地游玩，形成"吃住在顾渚，游玩在周边"的乡村大旅游格局。目前顾渚村开办民宿 485 家，每年接待游客 300 万人次。

顾渚村利用优越的区位优势和自然资源，聚焦旅居养老领域，将城区老人吸引到农村养老，在满足老人养老需求的同时，也盘活了村域经济，实现了双赢。作为超大型城市，北京也有许多老人存在旅居养老需求。同时，像怀柔、密云等生态涵养区也存在许多类似顾渚村的风景名胜村，非常适合借鉴顾渚经验，发展旅居养老服务。

（八）上海奉贤庄行镇：四位一体养老服务格局

上海奉贤区庄行镇不断探索养老服务新模式，形成"四位一体"的养老服务格局。一是"互助式"居家养老。社区居家养老服务中心通过政府购买服务形式购买居家养老和长护险服务项目；并配备 233 名服务员为辖区内 1204 名老年人提供居家养老、长护险照料等上门服务，持续为经济困难的 1080 名老年人开展助餐、助洁、助急等居家服务。二是"抱团式"睦邻爱老。利用农村闲置宅基房屋，通过基础设施改造，为独居、高龄、困难等老年人打造"吃饭的饭堂、聊天的客堂、学习的学堂、议事的厅堂"。三是"嵌入式"

---

① 王慧叶. 乡村型养老旅游目的地供给及其优化研究——以长兴县顾渚村为例 [D]. 浙江工商大学 [2023-11-07].
② 农家乐变高端度假，看旅居养老如何助力"小上海村"乡村振兴！

驿站敬老。以社区为载体,将公共服务资源下沉,辅以医疗健康、为老服务、文体教育等服务,建设"一站式"生活服务体验驿站。四是"开放式"社区助老。结合乡村振兴示范村创建,通过改建回购的厂房打造"青春里"养老社区,实现老年人"住得近、住得起、住得惯"的家门口幸福养老。

由于地区特色、年龄层次、身体素质、收入情况的差异,农村老人的养老需求也呈现多样化、多层次的特点。上海奉贤区庄行镇不断探索养老服务新模式,破除养老服务发展障碍,形成了"互助式"居家养老、"抱团式"睦邻爱老、"嵌入式"驿站敬老、"开放式"社区助老四位一体的养老服务格局。北京市乡村养老需求也呈现类似特点,可借鉴上海奉贤庄行镇多元一体发展理念,满足不同层次农村养老需求。

六、优化北京农村地区养老服务的对策建议

(一)加强统筹规划,确保养老行业的规范发展

一是形成跨部门协同机制。养老服务涉及民政、工商、卫健、村委、运营商等多个部门和主体。一方面要完善农村养老服务领域跨部门协同综合监管机制,可成立农村养老服务工作专班,负责统筹规划农村养老服务供给,并建立养老服务联席会议制度,规范养老市场秩序,坚守养老服务质量和安全红线,形成民政部门牵头、其他部门配合、社会各界参与、协同联动的高效工作机制。另一方面要畅通多部门沟通平台和协调机制,考虑建立一站式信息管理平台,通过整合需求端、服务端和管理端,实现需求的有效表达、问题的及时反馈、要求的统一下发;通过建立各个村镇养老服务组织的联系,形成资源、经验、做法的共享机制。

二是推动城乡养老联动发展。一方面开展城乡联动、区域合作,鼓励各区统筹利用城乡养老服务机构的人员、床位等要素资源,积极探索城乡养老服务一体化协同发展机制,支持有条件的城区养老服务主体与农村地区开展各类养老服务合作,推动养老服务品牌化、连锁化、标准化在农村地区的发展壮大。另一方面要持续推进京津冀养老服务一体化,依托信息化手段,推动实现京津冀三地养老服务政策、养老服务信息、养老服务资源等开放共享,推动北京养老服务政策及优质养老项目向河北省具备条件地区延伸布局,为在京老年人异地养老提供更多的选择。

三是促进养老服务标准化。制定科学合理的行业标准和规章制度,需要健全养老服务质量标准体系,有序推进等级划分与评定、服务质量、服务安全等养老服务标准贯彻落实,切实保障农村养老服务健康有序发展。同时,农村养老服务行业应形成具有各方参与的、科学的养老服务绩效指标评估体系,采取第三方评估等科学方式客观评价服务主体的质量和绩效,引导养老服务行业不断提升服务质量和服务效率。

(二)优化设施建设,缩小基础设施的城乡差距

一是设施布局网络化。我市农村地区既有平原区,又有浅山区、深山区,不同地区可供采取的养老服务模式存在差异。各区要根据本区域农村地区的地理位置、经济发展、养老需求等特点,对本区域内的农村养老服务设施进行整体谋划,合理布局。以居家养老为

基础，着力发展乡镇、村两级养老服务网络，通过新建、改造或依托现有乡镇敬老院，发展具备特困人员供养、失能老年人托养、居家上门、对下指导等功能的农村区域性综合养老服务中心，鼓励村级因地制宜发展村养老驿站、邻里互助点、老年餐桌等养老服务设施，形成具有首都特色的农村养老设施网络，不断提升农村地区养老服务能力。

二是选址设计科学化。农村老年人的社会环境，是以亲友关系和邻里互助为基础的熟人社会。在养老机构选址方面，除考虑周边景观环境外，更应该注重人文生活环境，尽量靠近主要生活区；在内部设施方面，要尽可能增设室内、室外交往空间，如增加菜地、手工劳作等劳动场地，并简化出入申请程序，尽量满足老年人外出交往的需求。在丰富老人生活，增加老人收入渠道的同时，消除老人被监管的感觉，方便老人与邻里乡亲保持交流和联系，避免老人因入住养老机构而成为农村社会的孤岛。

三是设施改造适老化。养老机构在室内的无障碍改造上，应符合相关的规范标准，增设无障碍电梯等，方便老人上下楼，卫生间要考虑留出足够的轮椅回转空间，并完善马桶、淋浴间等空间的扶手、助浴等辅助设施。在室外活动场所，考虑设置更适合老年人的健身活动器材，连续的扶手，以及随时可以坐下休息的板凳，降低老年人室外活动的难度；并重点关注不同活动空间的高度差，避免出现门槛、台阶，不可避免的地方可设置缓坡。

（三）强化市场配置，构建多方协作的服务供给

一是完善配套政策设计。要树立共建共治共担的社会治理理念，建立政府、社会、市场、家庭等多元养老供给服务机制。明确政府各部门在养老服务制度制定、政策出台、服务规范和监督管理等方面的职责，整合各部门碎片化职能，逐步健全农村多样化养老服务体系。要加快构建家庭友好型社会，出台相关支持政策，如加大力度宣传和传承孝老、敬老、养老、助老、爱老的优良传统，提升家庭照料者在就业、社会保障等方面的福利，以增强家庭照料者的动力，强化家庭养老的基础作用；要宣扬养老服务新理念，让农村老人摒弃入住养老机构，购买养老服务就是子女不孝的传统思想。

二是深化养老服务市场改革。要坚持"放管服"改革，充分发挥社会的主体作用和市场的决定性作用，全面放开养老服务市场。通过以奖代补、项目补贴、政府购买服务、承包、委托管理、联合经营等方式，为社会力量参与农村养老服务提供更自由的空间，并强化社会组织参与提供社会化服务、引领社会养老新风尚的职能，鼓励引导社会资本投资运营养老机构，开展多元化、多样性、品牌化养老服务。要全面开放农村养老服务市场，高效强化市场在配置和协调各类养老服务资源投入的决定性作用和加强维护农村养老服务市场良性运行的职能，丰富农村地区养老服务和产品供给。

三是探索多元资金支持路径。一要建立农村养老服务领域中政府公共财政的长效投入机制，统筹运用中央预算内资金、地方财政资金、福彩公益金，在分配养老服务购买项目时适当向农村尤其是深山区倾斜，加大对农村基础设施、床位升级和适老化改造等项目的财政投入；二要引导社会参与，鼓励国有企业和民间资本建设农村养老服务设施，增加服务供给；三要鼓励村级投入，推行"党建＋农村养老"，鼓励集体经济发展较好的村，建设村级养老服务设施和服务组织；四要引导慈善捐助，通过设立慈善项目，乡贤能人捐

助、冠名经营等方式，拓展资金渠道，确保晚年驿站、老年餐桌等机构的持续运营。通过政府补一部分，企业投一部分，集体拿一部分、社会捐一部分的方式，打造政府扶得起、村里办得起、农民用得上、服务可持续的农村养老服务模式。

（四）明确需求导向，实现就近就便的多元服务

一是保障基本养老服务需求。要强化托底，保障基本，着力保障农村地区特殊困难老年人的养老服务需求，重点为五保对象中的老年人，经济困难的孤寡、失能、高龄老年人，计划生育特殊困难家庭老年人及为社会作出重要贡献的失能、高龄老年人提供供养、护理、照料等服务，履行好政府托底保障职能。要统筹区域内公办公营、公办民营及民办养老机构资源，优先保障农村基本养老服务对象的养老需求。

二是大力发展普惠养老服务。北京农村地区老年群体结构复杂，不同健康状况、经济状况、年龄段的老人会存在不同的养老服务需求。要牢牢抓住积极应对老龄化的契机和养老服务产业化的趋势，深挖农村养老服务的市场需求，充分考虑各地区农村老人及家庭的服务需求、经济条件、购买能力，吸引康复理疗、家政服务、精神慰藉、医疗保健、远程教育、技能培训等养老服务单位入驻，并结合本地的文化风俗和资源禀赋开展"价格合适、服务优质"的社会化养老服务项目，提供大部分老人可以承受的普惠性养老服务，实现多数老人享受均等化养老服务。

三是满足多元化养老服务需求。当前，随着经济社会的发展，我市老年人群养老需求从生存型被动养老向品质型主动享老转变，为了满足对消费和品质生活的多元需求，养老产业应注重人群细分，要区分低龄的活力人群、中高龄的自理以及半自理人群、高龄医护刚需人群的多元化需求。如对于低龄老人，可以改变以"养"为主的政策思路，将生活领域的"保障"延伸至生产领域的"老有所为""老有所用"；部分有能力有意愿的老年人希望获得更具专业性、实用性的知识，可以依托村党群服务中心、综合养老服务中心、长者之家等，开设手机电脑操作、新型农业技术等课程，助力老人适应数字化现代化生产生活。

（五）发挥集体作用，推进人人参与的互助养老

一是弘扬孝道互助文化。加强党的领导，充分发挥农村基层党组织对养老工作的领导作用。要弘扬传统德孝文化，教育引导人们自觉承担家庭责任、树立良好家风，巩固家庭养老基础地位。通过将法定赡养义务和德孝理念纳入村规民约、推树孝星典型、修建"德孝墙"等途径，营造良好的尊老、敬老、孝老氛围。要弘扬互助文化，建立现代农村互助共同体。通过大力弘扬农村集体主义和互助互爱精神，让村民积极参与到农村基层治理和养老服务活动中来，助力农村社区互助共同体建设。

二是加强互助组织建设。推广怀柔、密云、延庆等区"互助养老"模式。要盘活存量资源，提升农村互助养老设施的功能。如支持以老人自愿为前提，将分散供养的特困人员、空巢独居老人的自有住宅改造成为小型幸福院；提倡村民以自家居住地为中心开展邻里互助；倡导有意愿共同居住的分散老人实施集中养老。通过给予资源倾斜的方式，设计相应的监管标准，吸引互助养老趋向规范化，建设多样化互助组织。如整合妇女组织、基层老年协会、党员志愿服务队、低龄老人，组建村民志愿服务队；以"以奖代补"、承接政府购买服务项目、给予水电或租金优惠等形式，鼓励民间互助养老组织发展；试点探索"服务＋生活＋供销"一体化经营的农民合作社。

三是探索互助积分制度。出台规范性文件，推动互助养老服务规范化、标准化、专业化发展，把老有所为同老有所养结合起来，充分发挥低龄老人和志愿者的作用。将农村互助养老护理员纳入各地养老护理员的培训计划，提高互助养老的服务质量。利用运用互联网、大数据、区块链等技术，探索建立跨村镇、跨行政区乃至全国的时间银行互助积分管理平台，建立政府背书、各村参与的更具公信力的通存通兑标准，促进家庭成员间实现养老服务资源的跨地域存储使用，构建更广泛的服务积分流通网络，从而激发更多人力资源参与为老服务的热情，缓解农村养老服务人员不足、专业度不高的问题。

（六）整合要素资源，保障养老服务的持续升级

一是深化医养融合。一方面要探索医养、康养深度融合。鼓励农村地区养老机构设置医疗机构、支持基层公办养老机构与乡镇卫生院采取多种形式进行合作。对于不具备条件设置医疗机构的养老机构，鼓励与周边医疗机构签订合作协议，建立绿色通道，优先提供巡诊、接诊转诊、康复指导、远程支持等服务。另一方面要关注农村老人的心理健康。建设口袋公园、小广场，方便组织老年人开展广场舞、健身秧歌、太极拳等文体活动；举办健康大课堂、纠纷调解室等，帮助老年人了解健康知识、排解内心的烦恼。

二是强化科技支撑。要基于首都超大型城市科技资源，利用互联网扁平化、交互式、快捷性优势，畅通沟通渠道，推进政府决策科学化、社会治理精准化，不断提升养老服务的质量和效率。可以充分利用"互联网＋"模式，推进信息管理平台建设，进一步畅通养老服务供需交流渠道，推动服务数据互联共享，完善养老服务资源调配机制，加强养老服务的质量控制和效果评价。可以充分利用大数据技术，挖掘相关信息、细分老人需求、探测需求热点，准确把握老人的养老服务需求。可以以物联网技术为基础加强智慧社区建设，为老人提供更多更贴心的智能化养老服务。

三是加强人才培养。加快建设适应新时代首都老龄工作需要的专业技术、社会服务、经营管理、科学研究人才和志愿者队伍。用人单位要切实保障养老服务人员工资待遇，建立基于岗位价值、能力素质、业绩贡献的工资分配机制，提升养老服务岗位吸引力。大力发展相关职业教育，开展养老服务、护理人员培养培训行动。加大向农村养老事业的政策倾斜力度，对在养老机构举办的医疗机构中工作的医务人员，要参照执行基层医务人员相关激励政策。广泛开展农村"志愿家庭"计划，扩大助老结对帮扶力度。依托志愿服务终端平台建设，促进助老志愿服务阵地化。

课题负责人：刘军萍
课题组组长：徐建军
课题组成员：万敏波、余君军、代阳阳
执笔人：余君军、徐建军、万敏波、代阳阳

乡村治理的"五种模式"探析

——以顺义区 19 个镇 20 个村的典型做法为例

近年来,顺义区广大农村基层党组织认真学习贯彻习近平新时代中国特色社会主义思想,充分发挥党组织领导核心和党员先锋模范作用,积极推进党建引领乡村治理示范村建设,在 19 个镇 20 个村基本形成了一村一主题、一村一策略、一村一招数、一村一品牌的鲜明特色,不断增强了乡村治理实效,有效凝聚了乡村善治力量,为高质量推进首都乡村振兴进行了积极的探索,积累了宝贵的经验。

一、党建引领模式

(一)模式定位

习近平总书记指出:"办好农村的事情,实现乡村振兴,基层党组织必须坚强,党员队伍必须过硬""要重视农村基层党组织建设,加快完善乡村治理机制"。农村基层党组织是党在农村全部工作和战斗力的基础。适应新的形势任务,如何及时调整工作职责、优化履行职责方式,以改革创新精神推进党建工作,使党建工作更好地融入和服务中心工作,避免"两张皮",是广大农村基层党组织必须面对的重大课题。

(二)模式要点

一是党建引领棚改。仁和镇临河村"让党组织在重大任务中唱主角",在推动临河棚改中通过建立项目党组织、推行"四证四账"管理法、落实党建责任制等,让"党旗插起来、党徽戴起来、承诺亮起来",创造了临河速度,打造了民心工程,该村党支部被评为 2021 年度北京市先进基层党组织。二是党建引领防疫。南法信镇东杜兰村以"党员积分制"为切入点构建"六环联动"乡村治理格局,通过党员户挂牌、设立党员先锋岗、实施"三带头"行动,鼓励党员在疫情防控等乡村治理实践中发挥作用。三是党建引领拆违。杨镇沙岭村拆违从党员干部抓起,村党支部书记和两名支委率先拆除自家违建后再做其他村民工作,全村全部按期完成拆违任务。杨镇政府组织在沙岭村召开拆违现场会,收到"以点带面、整体推进"实际效果。四是党建引领村域发展。木林镇业兴庄村推行"五好"党建工作目标,以红色党建引领绿色发展,通过建强班子、抓好队伍,推动在经济发展、环境整治、农民增收、为民服务等方面取得较大进展,呈现出村庄和谐稳定、村民安居乐业的良好局面。

（三）模式小结

近年来，顺义区注重把疫情防控、棚户区改造、"疏整促"、"煤改电"等重点任务，纳入到全区"大党建"工作格局当中，做到党建资源前置、党建工作先行、党员干部带头，真正达到了党建工作引领推动中心工作，又通过中心工作检验党建工作成效、锤炼党员干部作风的目的，实现了党建工作与中心工作的深度融合、互促共进。

二、和谐善治模式

（一）模式定位

习近平总书记要求："要创新乡村治理体系，走乡村善治之路""健全自治、法治、德治相结合的乡村治理体系，是实现乡村善治的有效形式"。面对利益主体多元化、利益诉求多样化和繁重复杂乡村治理任务，如何通过民主、法治、协商、引导、群众参与的方式开展工作，建立实现、维护和发展群众利益的新方式、新途径，对党组织动员和整合社会的能力提出了新挑战。

（二）模式要点

一是规范村规民约。高丽营镇一村、南彩镇小营村把村规民约作为村中建设的一部"小宪法"，并通过"五个十佳示范户""村规民约星级户"评选和"考评制"手段，促进村规民约的落地执行，使村域治理取得实效。二是强化民主协商。北石槽镇二张营村探索建立"大家来协商"村民议事厅，发挥村级议事协商机制作用，通过坚持需求导向、细化工作举措、优化工作流程，及时解决了一批村民急难愁盼问题，进一步提高村级治理水平。三是探索治理机制。北务镇北务村通过建立村务治理六项机制，即用保障机制强化责任、用互评机制治理环境、用约束机制规范建房、用竞争机制繁荣文化、用价格机制促进节水、用激励机制调动参与，凝聚起乡村治理新活力。

（三）模式小结

近年来，顺义区以指导规范各村建立村规民约为抓手，通过开展村规民约样板村建设、在乡村治理中推行积分制等措施，指导全区426个村普遍建立村规民约。同时，广大农村基层党组织注意在实践中培养、树立、宣传乡村治理好做法、好典型，以点带面，有效带动提升了全区农村整体治理水平，逐步健全完善了党组织领导下的乡村治理体系和治理机制。

三、赋能创新模式

（一）模式定位

习近平总书记强调："农业的出路在现代化，农业现代化的关键在科技进步和创新""农业增长必须更多依靠科技进步、走内涵式发展道路"。在新形势下，如何把农业农村短板转化为首都高质量发展的增长极，如何把首都科技教育及绿色资源优势转化为"三农"发展的新动能，如何把农业科技实践创新转化为提高农民实用技能和科技素质的新路径，是实现首都乡村振兴需要重点思考的问题。

（二）模式要点

一是坚持科技赋能。龙湾屯镇柳庄户村把科技小院建在"分享收获农场"上，打造科技小院与新农人培育有机结合的"样板间"，致力于生态农业的实践和推广，传播健康生活方式和农耕文明。同时通过"分享收获"电商销售平台，拓展科技小院绿色有机农产品的销售渠道。二是坚持农旅结合。李桥镇后桥村发展都市型现代农业，积极探索建立"公司＋基地＋合作社＋农户"模式，通过"土地认养"、"以租养民"运营方式，建成集科普、采摘、休闲于一体的多元化乡村发展新典范，村集体收入从五年前的300万元提高到现在的1000万元，村民人均可支配收入由五年前的2.5万元提高到现在的3.2万元。三是坚持绿色发展。赵全营镇忻州营村以生态环境治理为切入点打造绿色名片，通过治理坟岗乱葬、治理污水沟渠、治理烧煤烧柴、治理挤街占道四大行动，兴建两条"乡村特色街"和四个"乡村主题公园"，使该村从环境脏乱差村到如今的国家森林乡村、北京市卫生村、首都绿色村庄、首都文明村。四是坚持智慧管理。后沙峪镇回民营村探索"智慧型社区"管理模式，通过安装智慧型系统、推进智慧型停车、创建智慧型楼道、实施智慧型管理，为新冠疫情防控期间实施精准防控打牢基础、做出贡献。

（三）模式小结

近年来，顺义区广大农村基层党组织面对统筹乡村振兴和新冠疫情防控的繁重任务，立足"大城市小农业""大京郊小城区"的市情农情，充分发挥首都科技、教育、绿色等资源优势，探索"三农"创新赋能之路，持续抓好农业转型增效、农村整治增绿、农民稳步增收等各项重点工作，走出了一条具有顺义新城特色、示范引领京郊乡村振兴的发展新路。

四、崇文树德模式

（一）模式定位

习近平总书记提出："要传承发展提升农耕文明，走乡村文化兴盛之路""乡村振兴，既要塑形，也要铸魂，要形成文明乡风、良好家风、淳朴民风，焕发文明新气象"。在新形势下，针对农村人口空心化、乡土人情淡薄化、传统礼仪庸俗化的困境，基层党组织如何发挥弘扬主旋律作用，大力推动移风易俗，树立文明乡风，让历史悠久农耕文明在新时代展现其魅力风采，具有特殊重要的现实意义。

（二）模式要点

一是挖掘乡土文化。北小营镇东乌鸡村探索形成"鸡有五德、村有五美"的乡土文化，按照"求真务实、以人为本、共建和谐"的工作理念，坚持把文化兴村作为一条主线，通过营造文化氛围、规范干部行为、提升村民素养、绿化生态环境、制定村庄规划等推动各项工作，取得较好成效。该村荣获首都文明示范村、北京市民主法治示范村。二是传承乡土技艺。张镇张各庄村认真挖掘当地传统民间艺术底蕴，开展了"张镇非遗民歌传唱""棕榈草编制技艺传承""重要节日秧歌队巡回演出"等活动，为承续传统文化、推进乡村建设起到积极推动作用。三是厚植乡土人情。李遂镇赵庄村举办"九九重阳百家宴"，以弘扬感恩政府、怀念乡愁、尊崇孝道的村域文化，从外埠、从市区、从机关学校、从农业园区走来的 300 多位村民，见证赵庄村有史以来第一次百家宴，让村民重叙故土乡情，重拾邻里感情，增强归属感、幸福感。四是展示乡土风采。牛栏山镇芦正卷村注重展示"张家胡同巾帼风采"，发挥妇女在乡村振兴中的作用，在全村妇女中响亮地提出"打造美丽街巷、助推美丽乡村"口号，进而把张家胡同内的 14 户妇女组织起来，率先在遵守村规民约、实施垃圾分类、美化居家环境等方面开展劳动竞赛，相继评选出"巾帼风采""最美家庭"等先进典型并予以公示。

（三）模式小结

近年来，顺义区广大农村基层党组织以弘扬"乡土顺义"文化、凝聚群众共同奋斗为主题，通过依托深厚的历史文脉，注重从乡野风情、乡村建设、乡风民俗、乡亲乡情等方面挖掘历史文化传承，展现淳朴淳厚的民风、独具特色的乡土文化，打造乡村建设的情感地标和精神家园，树立乡村移风易俗、乡风文明、文化振兴的新形象，凝聚广大农民群众共同创造幸福生活。

五、服务民生模式

（一）模式定位

习近平总书记指出："为民造福是立党为公、执政为民的本质要求""进一步提升养老、医疗、教育等公共服务水平，让农民就地过上现代文明生活"。当前，广大农村基层党组织要针对群众最关心、最直接、最现实的利益问题，补齐民生短板弱项，促进社会公平正义。

（二）模式要点

一是多谋民生之利。大孙各庄村吴雄寺村党支部在注重发展集体经济、增强造血功能同时，积极"走出去、请进来"加大招商引资力度，通过发展特色产业释放就业增收"内生动能"，入驻六家企业共解决农民就业 150 余人，月工资在 5000 元以上，促进了农民增收致富，增强了村党组织凝聚力。二是多解民生之忧。北石槽镇西范各庄村全力办好"幸福晚年驿站"，兴建图书阅览室、书法绘画室、授课培训室、康复休息室等活动场所，配备健身器材、文具棋牌、健康检测等服务设施，组织开展绘画、刺绣、编织、戏曲等活动，提供免费修脚、理发、测血糖、测血压等服务，满足老年人的物质文化精神需求。三是补齐民生短板。天竺镇楼台村积极探索"六位一体"流动人口服务模式，按照"资源整合、抱团取暖、各司其职、务求实效"的原则，共同承担流动人口服务管理责任，为提升乡村治理水平奠定坚实基础。四是提高民生绩效。马坡镇荆卷村党支部认真对待村民拨打"12345"热线，做到凡是对反映问题未解决的即时上会研究对策，凡是能办到的即时采取措施解决。由于高度重视村民诉求、解决疑难问题，村党支部书记荣获 2021 年度北京市接诉即办工作先进个人荣誉称号。

（三）模式小结

近年来，顺义区广大农村基层党组织把服务群众作为基本任务和开展工作的切入点，在围绕"七有五性"推进农村地区公共服务方面发挥带动示范作用，积极通过培育服务组织、完善服务设施、组织服务队伍、创建服务载体等方面的探索实践，切实加强群众就业、养老、生产、生活、学习等方面的服务，不断增强基层党组织联系服务群众功能，逐步健全基层党组织把握诉求、利益协调和扶危济困工作机制。

执笔人：徐建军

北京市平谷区安固村数字乡村治理调查报告

乡村治理是国家治理的基石，是乡村振兴的基础保障。长期以来，一些地方在乡村治理工作中普遍存在着信息不对称、村民参与不足、工作效率不高、考核难以量化等突出难题。2020年1月，《数字农村发展规划(2019—2025年)》（农规发〔2019〕33号）明确将"建设乡村数字治理体系"作为推进管理服务数字化转型的五大目标之一，使乡村治理数字化成为国家智治的重要组成部分。2021年以来，在平谷区夏各庄镇党委、镇政府的支持和指导下，安固村率先探索数字乡村的建设与应用，建立"党建引领、全网覆盖、协同联动、科技支撑"的"微网格"治理新模式，改进了乡村基层治理效能，实现乡村资源优化整合和多元共享，有效实现了乡村治理的数字赋能，具有显著的推广示范价值。

一、主要做法和特点

安固村，村域总面积1421.96公顷，户籍人口4776人，党员184人，是平谷区人口最多的村庄之一，近年来面临着"接诉即办"诉求集中、人口众多管理难度大、村民参与公共事务不足等突出焦点难点。2021年8月，村党总支与平谷区联通公司合作，开发了以具有实用性、可持续性、协同性的"1+1+1+4+N"为主要运行模式的数字乡村基层治理平台。

（一）系统研发和集成应用数字乡村基层治理平台，贴近和满足乡村治理的实用性需求

安固村数字乡村治理平台注重解决实际问题，从供给导向转变为需求导向，把基层治理与服务相结合，把数字乡村平台建成专门管理服务平台，村支部书记带领"两委"干部主动参与到研发工作过程中，整合大数据、GIS地图、人工智能等数字技术，切实构建起了数字赋能的智慧化高质量乡村治理体系，推动乡村公共服务智能化、精细化和专业化建设。

"1+1+1+4+N"治理模式，主要包括"1"张实景数字乡村图，"1"个数字乡村时空数据服务平台，"1"个数字乡村大数据中心，"4"大体系（党建引领体系、精细化乡村治理体系、特色产业发展体系、公共便民服务体系），"N"个智慧应用。

该平台结合村庄五区（林地保护区、运动休闲区、生态果园区、村民生活区、农业种植区）实际，设有党建引领、三务公开、书记信箱、未诉先办和矛盾调解、微网格、乡村

治理、美丽乡村、政务服务、随手拍等 9 大板块,其中有 30 个功能模块与村干部和农户紧密相关,实现了美丽乡村建设、乡村综合治理、产业发展等社会治理功能的集成应用。数字技术重塑了服务流程,提供线上线下联动服务,用数字化进一步增强了服务性,不断提升基层治理效率。

一是在线办理突出便捷化。平台开发的"政务服务"模块,涵盖农户、城镇居民等日常办理事项及证明开具、医疗报销等线上填报、线上审批等功能,涵盖 8 大类 44 个在线办理事项,实现村里的事情村里办,让百姓通过数字化重塑的公共服务流程,轻松实现"掌上办事""指尖办事",深化了"少跑腿""零跑腿"向村庄延伸。

二是全程服务凸显综合性。聚焦村民出生、入学、就业、医疗、教育等,展示村民办理事项的详细说明,包括该事件的名称、主体人、办理时间以及办理方式等信息,实现全程跟踪服务。

三是全流程闭环处理实现动态反馈。该平台采用信息技术和智能化手段,对影响国家安全、社会稳定、经济发展和人民平安等各类社会问题和不稳定因素进行全面整合,对村内发生的各类社会问题和不稳定事件信息的采集、统报、分析、排查、交办、处理、反馈、监督等全过程跟踪管理。通过乡村数字治理平台,形成乡村问题建议"收集—交办—办理—反馈"闭环处理机制,全流程跟踪反馈事件处理,实现实时掌握村情民意。

(二)乡村治理层级与数字平台层级有机融合,形成合力,增强平台运行的可持续性

安固村打造的数字乡村基层治理平台,让基层党组织成为凝聚党员群众的"主心骨",让党员干部成为推进社会发展的"领头羊",凝聚全村党员群众力量,擘画基层治理"同心圆",推动基层党建工作与中心工作、日常工作有机融合,让党旗始终在基层阵地高高飘扬。

目前,安固村通过该平台,形成了"村党总支、村委会抓总,两委干部包片,网格员包网格责任户"的三级网格治理架构,实现党总支统领网格内所有成员进行协同共治。安固村结合村庄走势共划分 32 个网格,党总支书记统筹协调各方,处理重大疑难问题;8 名村两委担任网格长,推动"上情下达"和"下情上知";每个网格长带领 2 名网格员开展工作;每个网格员管理负责 40—50 户,网格员是该架构的神经末梢,负责本网格的环境治理、矛盾排解、舆情上报、接诉即办工作,切实落实到人到户;同时积极发挥党员的先锋模范作用,将党员定在网格上,每个网格配备 3 名党员,与网格员共同议事,构建网格党支部,推动基层治理向纵深发展。

安固村创新的"两委"垂直化管理的网格员包户制度,通过明确各网格职责、厘清网格职责边界,督促各网格保质保量完成工作任务,有效降低了行政成本、提升了基层治理能力。

(三)"数字技术"打通多元主体参与的便捷渠道,降低监督反馈成本,提高了治理的协同性

微信等新媒介技术突破了时间和空间限制,让政府、村民、在外务工人员、乡贤等主体都有机会参与其中,合力创造了丰富而有效的治理场景,为村民共建、共治、共享找到了有效途径，大大提高了村民的参与性和积极性，进而形成有效的基层社会治理和稳固的基层社会秩序。

该平台搭建的"党务、村务、财务"公开模块，落实群众对村情的知情权，村民随时可以线上了解村内党务、村务、财务变化情况，加强村民对党务、村务、财务的监督力度。一方面，通过数字治理平台建立公开透明、实时动态的监督机制，多渠道公开村庄小型工程、小额资金、小微权力等村级事务，增加信息公开透明度，破除信息垄断情形。另一方面，以数字化建立自觉能动的监督机制，为村民提供更为直接、快捷和全面的数字监督渠道，引导村民主动参与监督，精准监督规范"小微权力"运行，提升基层治理法治化和规范化水平，增强村"两委"公信力。该平台搭建的"随手拍"板块，是全体村民与数字化管理系统之间的一个桥梁。村民可以随时将发现的问题、投诉建议、问题咨询等信息用手机登录随手拍软件，编辑问题后上报到数字乡村系统监督中心，书记收到村民上报的问题后可以及时回复、反馈村民，实时处理问题；村民则可通过数字乡村展示平台及时查看监督中心处理后的回复意见及咨询，有效地激活乡村治理的内生动力。

二、主要成效

安固村数字治理平台运行两年多来，切实提升了基层党组织的战斗力，也激发了村民内生动力，促进了"人人有责、人人尽责、人人享有"的乡村基层治理共同体建设。

（一）"12345工单"快速、大幅度下降，干群关系的黏性增强

2021年11月，村信息大屏正式调试，全天候、多方位实时监控村内各重要点位，助力新冠疫情防控及日常安全管理，同时，以微缩地图的方式全景呈现村内1600余户家庭情况，实现网格治理可视化。打造有温度的线上服务窗口，受理百姓意见和建议，进一步拓宽党同人民群众联系的渠道，倾听群众心声，接受群众监督，促进作风转变，优化经济社会发展环境。自网格数字化平台试运行以来，推动村内事务在"网格内"协调，在"村庄里"解决，安固村"12345市民热线"由最高峰时单月接件172件降至月均33件。

（二）发挥微网格作用，破解一系列治理痼疾和难题，形成乡村治理"网格化"的生态运作机理和模式

安固村"微网格治理"形成金字塔型的"村—网—格—户"四级架构，进一步优化传统基层治理的管理服务模式，既确保各项政策措施能在最基层、最小微单元落地落实，又推动了基层治理精准化、精细化和数字化。坚持格格有"长"、格格有"责"，激活网格化管理"神经末梢"，紧密联系群众、广泛动员群众、精准服务群众，提高基层治理水平。一是解决"信息不对称"难题。网格员定期走访入户，熟悉和掌握所辖网格区域内的户籍人口、常住人口、流动人口、空巢老人、孤寡老人、残疾人、留守儿童、商业网点等基本信息，经常性、及时性地将网格内全体村民详细信息上报村管理员，确保信息准确、有效和完备。二是解决"工作效率不高"难题。网格员在日常入户巡查中，及时了解所辖区域内村民诉求，及时上报事件，结合接诉即办工单，及时入户劝导、协助解决，做好对村民

的服务工作并跟踪事件办理情况和及时反馈。特别是在疫情突发之际，创造了"当天采集、当天上报"的高效率纪录。三是解决"考核难以量化"难题。制定实施"日巡查、周调度、月考核"的常态化管理制度，做到周周总结、月月考核、年年评比，让村内治理工作看得见、摸得着、管得住、效果好。四是"微网格"缩短了村民交互的距离。让各类信息的传递不脱节、不走样，确保村"两委"及时掌握村民思想动态，积极为群众解决身边的小事、难事，实现网格事务"事事有回应、件件有落实"。

（三）转变了治理理念，注重治理的人本化

为更好释放数字技术的治理效能，安固村将传统乡村管理理念转变为数字乡村治理理念，激发乡村发展活力。村党总支坚持以人为本的价值导向，在引入数字技术时，立足当地村庄社会结构、风俗文化及村民生产生活习惯，实现技术的"在地化"应用，避免陷入"表面数字化"的陷阱。充分考虑村民的实际需求和使用体验，聚焦村民需求和回应，将村民视为终端用户，重视情感治理，提升公共服务供给的精准度。

三、推进数字赋能乡村治理的几点启示与对策建议

安固村依托数字化乡村治理平台，设置"1+1+1+4+N"模式，通过提升基层治理能力和治理水平，进一步建设人人有责、人人尽责、人人享有的基层治理共同体，推动乡村社会有效治理，对数字技术赋能乡村治理提供了有益启示。

（一）数字赋能成为提升乡村治理能力的客观趋势和要求

传统的社会治理、矛盾纠纷、重点人群管控和帮扶、人居环境监管、平安乡村等乡村治理工作，主要靠人工管理、线下协同，效率低、信息不通畅、协作不方便，三务公开透明度不高。安固村数字乡村建设实践证明，数字乡村治理具有客观必然性。一是中央对数字乡村治理进行了明确的部署和要求。2021年7月印发的《中共中央 国务院关于加强基层治理体系和治理能力现代化建设的意见》提出，实施"互联网＋基层治理"行动。2022年4月，中央网信办等五部门印发《2022年数字乡村发展工作要点》提出，新时期推进数字乡村建设要在探索推广数字乡村治理新模式上下功夫。2023年4月，中央网信办等五部门印发《2023年数字乡村发展工作要点》强调，提升乡村治理数字化水平，包括加强农村党务政务村务信息化建设、增强农村社会综合治理数字化能力、完善农村智慧应急管理体系。二是京郊数字乡村治理尚存在进一步大幅度提升的空间。2021年8月发布的《北京市"十四五"时期乡村振兴战略实施规划》（京政发〔2021〕20号）强调，推动乡村治理智能化、智慧化，构建以人、地、物、组织为核心的全市乡村治理基础信息数据库，搭建互通共享的乡村治理服务管理应用平台。《北京市加快推进数字农业农村发展行动计划（2022—2025）》（京政农发〔2022〕90号）指出，数字乡村发展水平由2020年的44.9%提高到74.5%，说明京郊乡村治理仍然有较大的提升空间。

在数字乡村战略背景下，利用数字技术创新治理手段、改变治理结构、提高治理效率已成为全面提升基层治理体系和治理能力的必要途径，反映了治理能力提升的客观要求和趋势。

（二）要解决"块"的问题，尽快实现区、镇、村三级联网运行的新场景

乡村治理现代化是在产业、资源、要素充分流动，城乡融合发展的历史背景下推进的，仅在一个村的"孤岛"内实现，不利于形成更广范围的整合效应，因此，离不开区、镇、村各级之间的协调和配套。数字乡村治理由村上升到乡镇，再进一步上升到区级，有利于形成更广范围、更深层次的多元主体的公共参与，以沟通、协商、合作的方式达成乡村有效治理高质量发展新局面（见图1）。

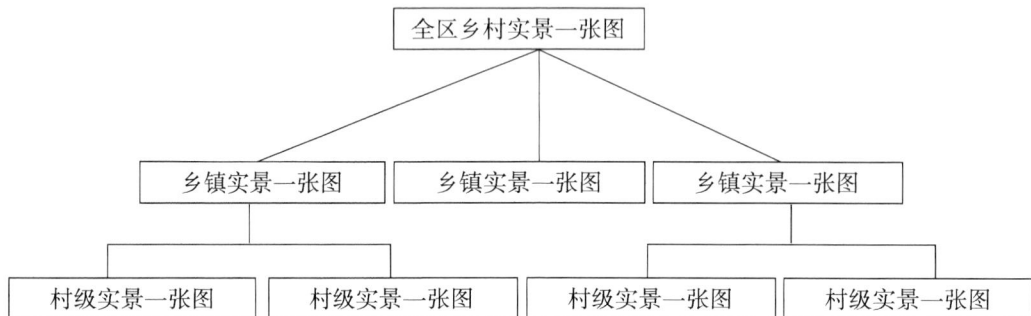

图1　数字乡村实景一张图的三级应用

（三）要解决"条"的问题，打造数字乡村综合服务平台，实现"一网统管"

《北京市加快推进数字农业农村发展行动计划（2022—2025）》（京政农发〔2022〕90号）指出，推进乡村治理数字化，实现精准、透明、高效，通过建设"乡村治理一张图"提升乡村治理数字化水平。目前各部门涉农项目大都为各业务部门独立规划设计，各委办局分散建设信息化系统，横向业务之间缺少互联共享、标准不统一，各自考虑自身需求，导致了数据分散、标准不一，业务上难以形成合力和共同发展的问题，从而造成数字乡村治理服务与管理运营的支撑数据无法共享、业务无法协同，也没有完整统一的业务视图统揽全村发展态势，无法对安固村建设、运营和管理进行集中统筹，因此需要为基层组织建设统一城乡融合运行管理中心。遵循上级政府宏观规划，立足已有数字治理平台资源，借助大数据、人工智能、云计算等技术建立数字乡村综合服务平台，实现横向与纵向数字联动治理，推动市、区、乡（镇）、村四级数字资源的有效流通。一是在纵向上，以村数据信息为基石，以乡（镇）数据信息调度平台为中枢，以区大数据指挥平台为中心，以市部门的专业化数据信息网络为延伸，分步分批实现数据资源的集合，形成四级数据融汇平台。二是在横向上，完善工作机制，明确职责定位，构建专业化、标准化、规范化的数字治理工作流程，建立涵盖研判、决策、实施、监测、评价、反馈的全流程数字治理工作链条。三是横纵结合，依托数字乡村综合服务平台，对区域内各类场景进行统筹更新、统一监测、一体管理。基层政府通过平台实现对村庄内各类事项的"一网统管"，精准挖掘村民诉求，推动公共服务精细化供给，将事后处置变为事前预控，为科学、精准施策提供重要支撑。

（四）要充分发挥农民主体作用，提升数字乡村治理效能

根据数字乡村区域真实地形及建筑状况，进行三维场景仿真模型建设，匹配标准的地理坐标体系（经度、纬度、海拔），把监控视频、物联感知与乡村党建宣传、经济发展等各项工作数据集成展示，并进行数字乡村大数据挖掘和业务应用，关键在于拥有活跃的农民参与度，达到真实场景的时空有机融合，可视化时空数据融合，可以有效解决政府、科技公司、农民三者之间互动与协作不充分、不均衡矛盾。如对政府部门考核指标与农民对指标数字的真实诉求不匹配、企业助推与农民需求不匹配、企业赚取利润而数字乡村建设主体参与平台建设机会有限等问题。既要注重政府治理效果，又要适应农村情境；既要重视理性技术嵌入，又要满足农民现实需求。

（五）要积极培育数字人才，补齐最突出的短板

数字乡村建设对于掌握信息化的基础知识、农业专业知识的复合型人才存在着刚性需求。但是，数字乡村建设是最近几年才大规模启动的，很难储备合适的人才，对推进工作形成现实阻碍。安固村有一位曾在北京电视台工作过因身体原因返乡的知识青年，负责进行运行维护，解决了一系列技术性难题。为此，有必要下大力气培育本土数字化人才。一是结合"数字下乡"活动，在政府部门的支持下，建立多元化数字素养提升体系。通过联合高校、企业、社会组织等单位，开设固定的培训课程，举办系列讲座活动，向村民普及互联网基础知识及实用技能，全面提升乡村人员数字素养。对于有意向、有能力深入学习的，可联合网信部门、互联网企业，组织开展授课培训、田间培训和一线实训等，为乡村培育一批具备互联网思维和信息化应用能力强的"新农人"。二要丰富人才引进渠道，激活数字乡村"源头活水"。制定符合当地实际发展需求的人才引进政策，畅通数字化人才下乡渠道和服务形式，完善相应的激励政策和生活保障措施，着力提升政策的延续性和可操作性，为吸引数字化人才服务乡村并长期扎根基层奠定坚实基础。提升数字战略思维，通过建立数字乡村志愿实习实训基地等平台，将大学教育、职业教育与数字乡村建设相结合，充分发挥科研院所、高等院校、社会企业等单位在乡村数字化人才培养中的协同作用，培育一批具有数字化专业知识且愿意返乡服务的大学生人才队伍，为数字乡村发展注入持续发展动力。

执笔人：段书贵、陈雪原、刘瑞乾

北京中心城区农村集体经济职业经理人现状

——基于朝阳、海淀、丰台的问卷调查和个别访谈

乡村振兴，关键在人。习近平总书记多次强调要推动乡村人才振兴，强化乡村振兴人才支撑。农村集体经济职业经理人作为专业人才，通过与农村集体经济组织或集体企业签订聘用合同或劳动合同，为集体提供专业化经营管理服务，一定程度上弥补了集体经济的人才缺口和经营管理短板。报告结合朝阳、海淀、丰台22份乡镇级调查问卷、129份村级调查问卷和个别访谈，分析当前北京中心城区农村集体经济职业经理人现实需求和困难，提出意见建议。

一、集体经济职业经理人的现实需求

（一）城市化地区有必要加强集体资产经营管理

随着城市化进程推进，北京中心城区大部分集体土地被征用，农民转居上楼成为新型城市居民，集体资产经营带来的分红成为失地转居农民财产性收入的重要来源。2022年全市农村集体账面资产总额超过1万亿元，居于全国首位。其中，朝阳、海淀、丰台三个中心城区的集体账面资产占全市六成以上，且相对于其他区而言，集体资产运营的市场化需求更加突出。受访组织中，村级集体资产总额1亿元及以上的占65%，乡镇级集体资产总额20亿元及以上的占32%。面对规模庞大的集体资产，管好用好集体资产、促进资产保值增值、提高集体分红收入对于实现农民带资进城具有重要意义。

（二）集体资产经营管理需要专业化人才

一是集体经济组织普遍存在领导班子老龄化、管理能力不足、缺少经营管理人才等问题，在管好用好大规模集体资产方面存在一定困难。受访组织负责人平均年龄为51岁，最大的为69岁，60岁及以上的占12%；领导班子成员最大年龄为56岁及以上的占65%；领导班子成员任职前有经营管理工作经历的占60%。但集体内部缺少资产经营管理专业人才仍然是制约集体经济发展的重要内部因素，13%的受访组织认为其是发展壮大集体经济面临的首要问题。二是集体经济组织负责人既负责资产的运营，又负责资产的管理，既是"运动员"，又是"裁判员"，存在"小官巨腐"风险。同时大部分村级集体经济组织负责人、村党组织书记、村主任实行"一肩挑"，村干部既要承担大量上级部门交办的事务

性工作，还要管理各类村务，很难有足够的精力真正投身于大规模集体资产的经营管理。三是"村账镇管"制度实施中，镇级财务人员主要负责村级集体经济组织数据的核算和监管，缺少专门的集体资产管理人员，对村属企业资产及经营情况监管不到位。

（三）职业经理人有能力管好用好集体资产

职业经理人在到集体经济组织或者集体企业任职前普遍有较丰富的经营管理和市场化运营经验，或者对政策较了解，有利于提高集体资产经营管理效益和规范化水平。受访组织现有职业经理人中来自其他集体经济组织或集体企业管理人员的占 48%，来自社会企业管理人员的占 35%，来自政府部门或事业单位工作人员的占 13%。已经聘请职业经理人的受访组织认为，职业经理人发挥的作用首先表现为"提高集体资产经营效益"，占 61%；其次表现为"提升集体资产和集体企业经营管理的规范化水平"，占 17%；再次表现为"带来现代化经营管理理念"，占 17%。海淀区东升镇由镇级统一调配人员到各村担任经理层副职以上管理岗职务，既提高了村级集体资产的经营管理水平，也有利于交流经营管理经验。其中，东升博展股份经济合作社所属的北京中关村东升科技园，聚集了众多科创、生物医药等高精尖企业，通过引入职业经理人用专业化职业化水平与企业对接并实现收益，2022 年园区产值 328 亿元，是 2010 年开园时 18 倍，极大带动集体资产增值和股东增收。

二、集体经济职业经理人存在的问题

（一）对职业经理人作用认识不足

已经聘请职业经理人的集体经济组织占比较低，部分集体经济组织将当前集体资产规模小、没有经营性产业等同于不需要职业经理人，对资产经营管理缺少长期规划。151 个受访集体经济组织中，当前已经聘请职业经理人的 23 个，仅占 15%，当前没有职业经理人但有需求的 26 个、占 17%，当前没有职业经理人也没有需求的 102 个、占 68%。现有职业经理人中 96% 在乡镇级或村级集体企业工作，4% 在乡镇级或村级集体组织工作。不需要职业经理人的主要原因，首先是认为内部人员能够满足集体资产经营管理需要，占 29%；其次是集体资产规模小，占 27%；再次是没有经营性资产，占 25%。

（二）集体经济组织内部对职业经理人不信任

一些集体成员不放心将集体资产交给外部人员经营管理，认为不能对资产经营情况进行有效监管，担心集体资产被侵占或者流失损害自身利益，过多地插手具体经营管理环节，"不放权"导致职业经理人难以开展工作。一些集体成员求稳，职业经理人带来的新颖的经营理念和经营方式不被理解和支持，各项措施难以落到实处。当前没有职业经理人也没有需求的受访组织不需要职业经理人的主要原因中，"对职业经理人不信任"和"担心职业经理人经营管理不当造成集体资产损失"的占 9%。受访组织建议"集中开展培训，在集体经济组织或企业内培养具有现代经营理念的经营管理人才"的占 20%。

（三）集体经济吸引力不足，对接渠道不顺畅

现有职业经理人主要引入渠道，首先是社会公开招聘，占 43%；其次是其他集体经济

组织或集体企业推荐，占30%；再次是市、区、镇相关部门协助对接，占13%；少数为熟人介绍及其他。当前已经聘请职业经理人的受访组织认为引入职业经理人过程中存在的主要问题，首先是"集体经济组织及企业发展前景等吸引力不足，难以招来人才"，占25%，其次是"对接渠道不畅，难以找到合适人选"，占19%。当前没有职业经理人但有需求的受访组织表示，未引入的原因中"集体经济组织及企业发展前景等吸引力不足，难以招来人才"居于首位，占58%。受访组织对引入职业经理人的建议中"建立职业经理人信息平台、畅通对接渠道"的占10%。

（四）部分职业经理人能力与现实需求有差距

集体经济职业经理人既要面对以人情关系为基础的乡村社会，又要面对现代的市场经济环境，还要熟悉复杂的集体经济内部运行机制和经营管理制度，这些都对从业人员提出了更高的要求。但目前，高校没有设立农村集体经济发展相关的系列课程，集体经济职业经理人专业培训路径不多，即使是有企业经营管理经验的人员，到集体经济组织担任管理人员也需要花费较长熟悉情况和制度要求，再制定发展规划，导致职业经理人能力与现实需求不完全匹配，短期内难以看到成效。当前已经聘请职业经理人的受访组织认为引入职业经理人过程中存在的主要问题中，"引入的职业经理人实际发挥作用与预期不符，效果不理想"、"职业经理人对集体经济不了解，适应时间长"，占比分别为15%、13%。

（五）激励机制不足

当前已经聘请职业经理人的受访组织认为引入职业经理人过程中存在的主要问题，居于第三位的是"薪酬等激励不足，难以留住人才"，占17%。现有职业经理人的薪酬机制中，"较高的薪资水平"占43%；其次为"基本工资＋集体经济收益提成"，占39%，"股权激励"占4%。其中，较高的薪资水平是相对于集体经济组织或集体企业其他管理人员而言，难以达到同等规模的社会企业管理层水平。一些集体成员不关心集体资产经营好坏、只在意每年分红多少，认为职业经理人的薪酬影响股东的分红，不同意聘请职业经理人或支付合理的薪酬。当前没有职业经理人也没有需求的受访组织不需要职业经理人的主要原因中，担心"职业经理人薪酬过高影响集体经济组织成员或股东增收"的占5%。受访组织建议"建立股权激励机制，留住人才"的占16%。

三、引入集体经济职业经理人的意见建议

（一）加强集体经济职业经理人制度顶层设计

受访组织认为"加强顶层设计，制定统一的准入准出、激励、考核等机制"是引入职业经理人的首要需求，占49%。集体经济职业经理人作为新兴职业，要加强政策层面引导，结合区域、集体经济发展情况等差异，从人才引入、管理和待遇等角度制定既有统一性又有差异化的支持，在实践中不断完善准入准出、股权激励、监督考核等制度设计。鼓励集体资产规模大、集体经济市场化经营管理需求较强的集体经济组织引入集体经济职业经理人，更好地发挥专业人才在发展壮大集体经济中的作用。如海南省支持能人以自有资金入股或参股，担任集体经济组织职业经理人；天津市支持各类人才入股农村集体经济项

目，并作为职业经理人参与村集体经济组织经营管理。

（二）增进集体经济组织成员对职业经理人的信任

一是帮助集体成员树立市场化经营理念。通过专题培训、案例宣传、考察交流等方式，使集体成员充分认识到加强集体资产市场化经营管理的重要性和必要性，了解社会企业专业化经营管理人才的市场定价机制和报酬实现形式，逐步引导建立有利于集体经济职业经理人融入的环境。二是明晰集体经济组织和职业经理人的权责。集体经济组织保留并有效行使集体资产所有权和使用的决策权，监督职业经理人的行为，保证集体资产不被侵占或流失；赋予职业经理人集体资产的经营权，实行与资产经营管理成效相挂钩的薪酬机制或股权激励机制，使其切实承担起集体资产的保值增值责任。

（三）外部引入与内部培养相结合打造职业经理人队伍

一是加大专业化人才培育力度。利用高校或农业职业院校办学资源，开设农村集体经济通识课程和职业经理人特色课程，系统培育爱农业、懂技术、懂市场、懂经营、懂管理的院校人才。二是拓宽人才引入渠道。建立职业经理人信息平台，由区级政府部门根据乡镇、村集体经济组织需要，通过公开招聘形式"因岗选人"，统一招录、统一培训。三是加强内部培养力度。实施集体经济职业经理人培育计划，充分挖掘集体经济组织股东子女、返乡创业大学生、青年干部等经营管理后备人才，或从集体经济组织和集体企业招聘的从事财务管理、市场销售、网络销售等专业人才中择优培养。四是加强学习交流。充分结合外部引入的职业经理人具有现代化、市场化经营管理理念和经验的优势，和集体内部人员熟悉内部运行机制的优势，通过集中培训、合作交流等形式，促进双方相互学习和借鉴，打造复合型专业人才队伍。

（四）强化集体经济职业经理人激励和保障机制

一是探索建立职业经理人准入机制，从发展意识、市场意识、诚信意识、合规意识、风险意识等方面开展综合评价，把好"入口关"。二是探索建立集体经济职业经理人绩效考核机制和信用评价机制，实行负面清单管理，畅通"出口关"。三是引导集体经济组织和职业经理人构建紧密的利益联结机制，建立"基本工资＋福利津贴＋收益提成"薪酬体系，将职业经理人收入与集体资产经营效益挂钩，充分调动职业经理人尽快适应集体经济资产经营管理需求和强化资产经营管理的积极性。四是鼓励有条件的集体经济组织建立股权激励机制，在集体股中设置一定比例贡献股，或通过增资扩股方式使符合条件的职业经理人成为股东，享有收益权但没有决策权。如海南省、天津市允许将当年村集体收入增量的 10% 用于奖励有突出贡献的能人；海南省允许能人通过法定程序充实到村"两委"或村级集体经济组织领导班子。

执笔人：王洪雨

推进准物业化管理，优化乡村治理机制

——村庄人居环境管护的秦城样本解读

随着京郊城乡一体化进程的深入推进，村庄功能空间结构分化趋于完成，健全完善保留村地区人居环境管护机制成为一项现实而紧迫的重要任务。《北京市深入学习运用"千万工程"经验高质量打造首都乡村振兴样板的实施方案》要求，鼓励村集体经济组织牵头组建物业公司、劳务合作社等承接建设及管护工作，健全长效管护机制。2022年以来，昌平区在兴寿镇秦城村试点"准物业化管理"，优化和完善"五种机制"，推动乡村治理和服务重心下移，找到一条"政府＋社区"的低成本长效管护新路子，带动乡村生活环境面貌全面提升，百姓获得感、幸福感显著增强，具有广泛的借鉴和推广价值。

一、基本情况

秦城村位于昌平区兴寿镇西北，北接燕山山脉，南邻京密引水渠，属于浅山区。村庄面积6.6万平方米，18条主街道、77条胡同，常住人口3000余人。村内户籍人口占六成，共1804人，其中，农户1166人、非农户638人，外来常住人口占四成，主要是务工人员500余人，买房、租赁户700余人。村集体经济主要来自华夏陵园每年260万元的租赁收入。

2022年，区级人居环境自查11次，秦城村得分分别为：79分、81分、68分、72分、85分、91分、84分、69分、82分、77分、93分，平均分80.09分，其中5次考核为不合格（80分及以上为合格），在全区246个村中排名靠后，是典型的人居环境整治"后进村"，主要表现为：一是乱扔生活垃圾，物品乱堆乱放；二是涂写、张贴小广告，城市"牛皮癣"随处可见；三是随意停车，堵塞村内交通"毛细血管"，也带来潜在安全隐患；四是财政管护资金使用缺乏科学性、合理性。

2022年1月，昌平区被农业农村部、国家乡村振兴局评为2021年全国村庄清洁行动先进县。为巩固农村人居环境优化提升成果，推进长效管护水平和质量提升，2022年10月，昌平区农业农村局联合兴寿镇政府，在秦城村探索以政府购买服务的方式，物业公司对人居环境整治、美丽乡村建设、垃圾分类等进行长效管护的"准物业化"管理机制，走出了"整治—反弹—再整治—再反弹"的怪圈，取得了立竿见影的效果，仅用3个月的时间，秦城村由全区人居环境整治"后进村"蜕变为"先进村"，吸引全区镇（街）主管镇长带队参观学习，准物业化管理工作渐入佳境。

二、主要做法

（一）坚持党建引领，健全层级权责清晰的"金字塔"管护机制

打造以准物业化管理为主体的"金字塔"式网格化治理平台，将人居环境整治、美丽乡村建设、生活垃圾分类等工作纳入网格，坚持党建引领，健全层级权责清晰的"金字塔"管护机制（图1）。秦城村股份经济合作社注册成立物业公司，受兴寿镇政府的直接领导，行使物业公司管理人员的任免权，物业公司不以营利为目的。村干部作为包片人员参与督导管理，出现问题随保洁人员一同处罚，包片干部有权建议换人，但没有减免处罚的权力。物业公司劳务人员由村民以"户"为单位派一名农户代表自愿报名，首批农户代表采取抓阄上岗，考核评分未达标的立即待岗培训，继续按序号排名，等待再次上岗。对尚未被物业公司聘用但有参与意愿的村民，专门设置了监督举报机制，对发现并举报的问题经物业公司核实无误后进行公示，向首位举报者奖励罚款金额的50%。

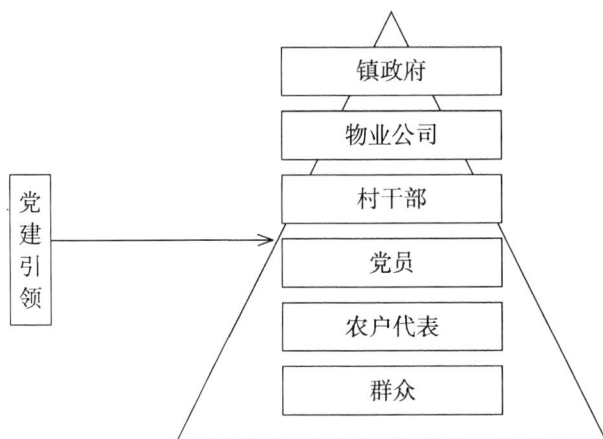

图1 层级权责清晰的"金字塔"管护机制示意图

（二）坚持上下联动，完善镇、村、户全覆盖的"一盘棋"管护机制

2023年，围绕昌平区委、区政府"能力提升年"主题活动，结合美丽乡村建设、人居环境整治等工作，研究制定《兴寿镇农村人居环境整治试点实施方案》《兴寿镇农村人居环境整治试点管理办法》，坚持上下联动，完善镇、村、户全覆盖的"一盘棋"管护机制（图2），以农村集体重大事项民主决策"十步工作法"为指导，确定管理方案的合法性，将人居环境管护的各项规定予以明确，并纳入新修订的村规民约。"十步工作法"认定的村规民约，得到派出所等部门的认可，捍卫村规民约的严肃性。兴寿镇政府直接委派物业公司经理，负责秦城村人居环境整治相关工作。一是"村街镇管"，物业公司与农户代表签订管护合同，进行包片管理，责任到户，建立检查扣分和轮岗培训机制。

物业公司依据每天巡查结果及得分情况，计算农户代表的扣款金额，月末汇总后进行管护补助结算。二是"包街到户"，农户代表所负责片区，执行"门前三包"（包卫生、包秩序、包整洁）制度，充分发挥家庭、邻里裙带关系的作用。科学使用管护资金，管护所需资金由镇政府下拨，村委会统筹使用。

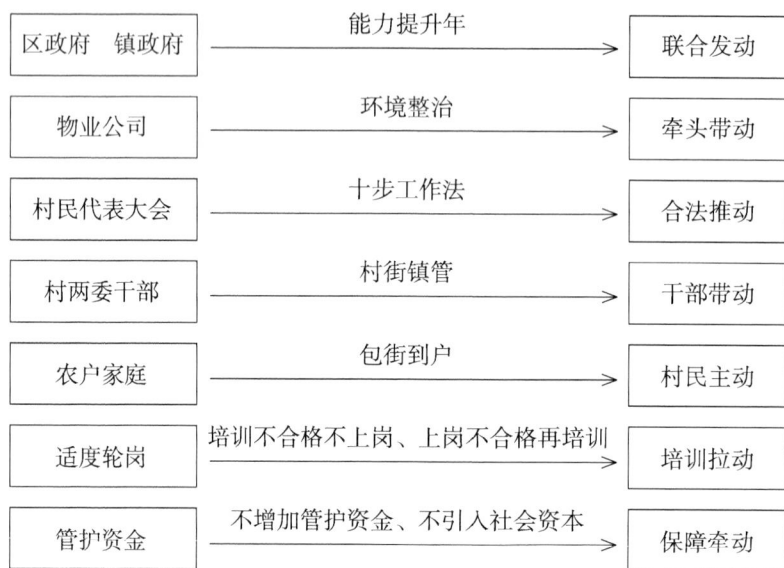

区政府　镇政府	能力提升年 →	联合发动
物业公司	环境整治 →	牵头带动
村民代表大会	十步工作法 →	合法推动
村两委干部	村街镇管 →	干部带动
农户家庭	包街到户 →	村民主动
适度轮岗	培训不合格不上岗、上岗不合格再培训 →	培训拉动
管护资金	不增加管护资金、不引入社会资本 →	保障牵动

图2　镇、村、户全覆盖的"一盘棋"管护机制示意图

（三）坚持规范管理，构建全责任链的"一条龙"管护机制

依据村域面积，以道路为界限，划分为14个片区（不含秦城家园小区），并对片区进行编号，构建区镇政府、物业公司、管片干部、农户代表等全责任链的"一条龙"管护机制（图3）。14个片区分别由14名农户代表负责清洁，7名农户代表负责垃圾清运。按照镇政府统筹部署和要求，村物业公司设经理1名、副经理1名，日常负责对接管片干部和农户代表，每天进行数据汇总、情况通报、片区巡查等工作。

管片干部由村"两委"干部兼任并抽签确定所负责片区，共有7名，人均两个片区，负责安排小组内农户代表的具体工作，并根据农户代表工作表现，直接在小组内进行调换。管片干部上岗后，对应的组别、片区不得调换，如果工作不合格，在3名组员一致同意的情况下，可上报村委会申请予以更换。

农户代表负责片区内全部公共区域和公共设施的清扫保洁、杂物清理以及对村民违反环境卫生的行为进行监督提醒。农户代表采取自愿报名的形式，抽签决定序号，前28名农户代表执行培训上岗制度，后续人员依据序号接受培训，培训合格后递补上岗。上岗后农户代表对应的组别、片区不得调换。农户代表无法出勤的，向管片干部提出申请后，安排其他人员替班，替班人员造成的问题，由原班人员承担责任。

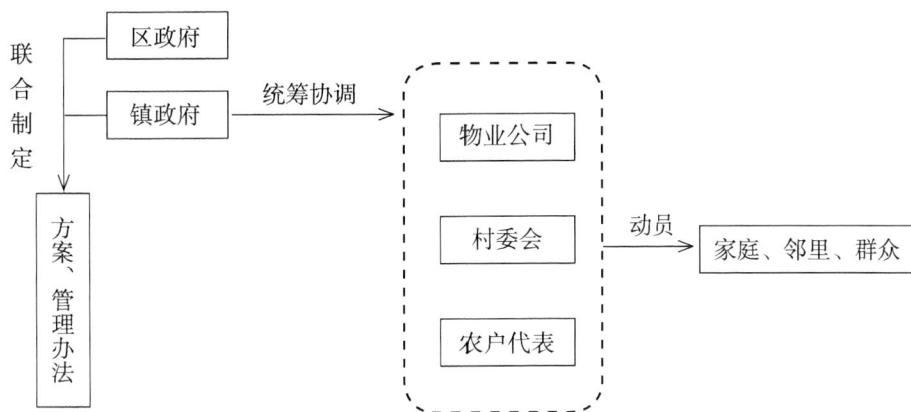

图 3　全责任链的"一条龙"管护机制示意图

（四）坚持岗前培训，建立与岗位动态轮换相挂钩的"专业化"管护机制

坚持岗前培训、轮岗等制度，体现服务管理"专业化"（见图 4）。管片干部、农户代表上岗前必须接受区级巡查人员、镇政府、村委会、物业公司组织的岗前培训。培训分为理论和实操两部分，理论课主要根据市级农村人居环境考核标准，对村域内的问题通过幻灯片展示方式逐个进行讲解。实操前，物业公司将考核标准印制成手册，农户代表人手一册，手册中案例的图片全部采用村内实地照片，配上详细的扣分项目及扣分标准，让大家一目了然，并便于随身携带查阅。实操时，讲解人员带着管护人员到各片区进行实地考核，现场发现问题现场讲解，确保每名农户代表清楚问题所在、扣分标准是什么、具体工作职责是什么。考核评分未达标的立即待岗培训，继续按序号排名，等待再次上岗，并通过补助报酬额度来控制后备轮岗人员数量。

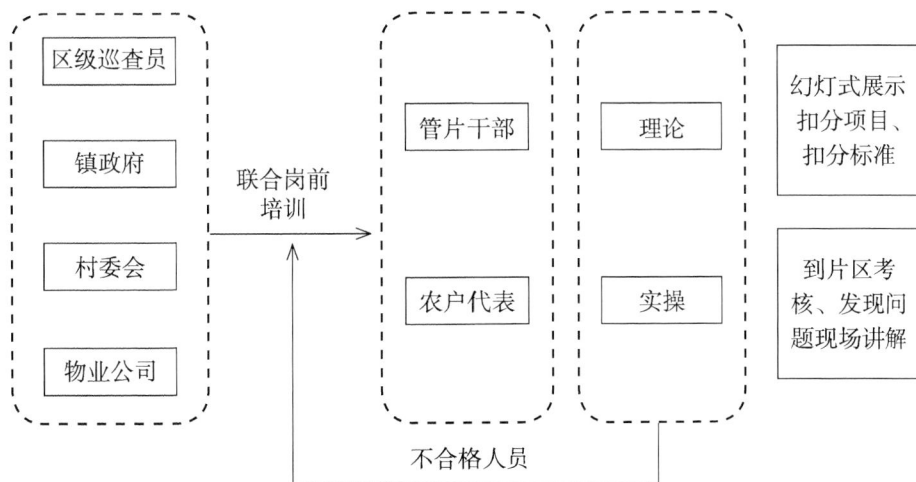

图 4　与岗位动态轮换相挂钩的"专业化"管护机制示意图

（五）坚持奖惩制度，实现顺畅反馈"无死角"的"闭环式"管护机制

方案实施后，巡查人员按照考核标准进行不定时考核打分，将问题照片和考核结果报送镇政府，主管镇长进行审核并签字确认，下发至物业公司。物业公司当天传达给管片负责人，再由管片负责人通报给农户代表，农户代表必须在 24 小时内将问题整改到位，实现"考核—反馈—整改—再提升"的闭环管理（图 5）。月末由镇政府给物业公司下发一份汇总盖章的检查结果，物业公司依据检查结果扣除罚款后支付相应补助费用。当天达到退出标准的人员，管片负责人直接上报物业公司进行人员调换。日常巡检结果，每周通报村书记，严重问题随时通报。农户代表的补助费用由物业公司上报主管镇长审核签字后发放。

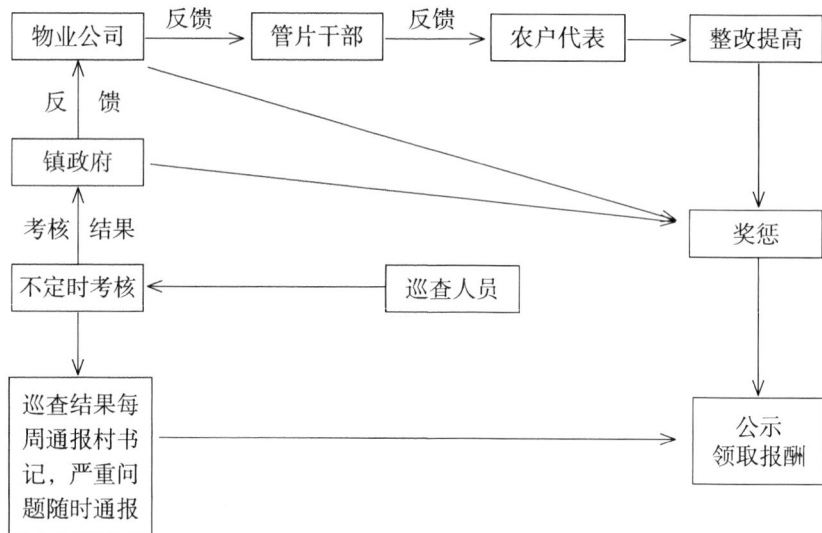

图 5　顺畅反馈"无死角"的"闭环式"管护机制示意图

三、取得的成效

（一）推动了人居环境由"短期整治"向"长效治理"转变

实行"准物业化管理"以来，秦城村积极发挥党建引领作用，激发群众内生动力，"村街镇管""包片到户""门前三包"等制度得到有效落实，村民房前屋后干净整洁成为常态，实现了环境整治由短期不定时整治向常态规范管护转变，乡村环境面貌实现大变样，从"一时美"向"时时美"、"一家美"向"处处美"转变。同时，准物业化管理促进村民形成科学、健康、文明的生活方式，进一步提升了村民的精神面貌，不断改变群众落后思想观念，摒弃陈规陋习，提高群众思想道德水准，潜移默化中培育出良好家风、淳朴民风、文明乡风。

（二）推动了管护工作由"被动应付"向"主动作为"转变

物业化管理实施公平上岗、实时轮岗、公平考核、奖惩制度等，进一步激发了村民参与环境整治的内生动力，使村民能主动、自觉、自发地参与到人居环境管护工作中。包片到户后，每户都有一个家庭成员作为主要保洁人员，参与清扫、保洁等工作，家庭其他成员也可以做一些辅助性工作，比如年纪较大的老人，虽然无法参与清扫，但可以参与监督，使家庭劳动成果保持下去。甚至家里的孩子也可以帮忙捡拾树叶、烟头、白色垃圾等，培养孩子的环保意识。农户代表在增加收入的同时，也让村民享受到物业管理的贴心服务，激发了群众参与、支持准物业化管理的积极性。

（三）推动了乡村治理由"政府管理"向"群众自治"转变

村庄长效管护表面看使环境干净了，深层次是乡村治理方式的转变。准物业化管理，涉及区镇政府、村级组织、农户家庭，也包括党员、村干部等多类型主体之间的协同配合，丰富拓展了村级组织服务群众的形式和功能作用。具体体现在：一是基层党组织发挥战斗堡垒作用，党员干部的执行力、战斗力和号召力进一步增强。二是既把实质上的"脏乱差"整出来，又把群众思想的顽疾根除，让广大群众树立新思想、新意识、新习惯。三是融合以村规民约为主导的自治，探索实践"秦城好人积分榜"的德治，以人居环境管护过程中矛盾纠纷调处为代表的法治，营造公平公正、守望相助的乡村人文环境。

（四）推动了管护资金由"投入多见效慢"向"投入少见效快"转变

秦城村所需管护资金由镇政府下拨，村委会统筹使用，主要来源于美丽乡村基础设施管护资金、环卫清扫人员补贴资金、垃圾分类专项资金。其中，美丽乡村基础设施管护资金限用于农户代表补助、路面垃圾清运等事项。物业化管理既不增加管护资金、不引入社会资本参与，也不以营利为目的，管护资金主要用于发放农户代表报酬。据测算，秦城村路面和停车场面积一共为66187.34平方米，划分成14个片区后，每片约合4727.67平方米，相当于7亩地。而新方案实施后，农户代表补助每月最高2000元，年收入可达2.4万元，基本相当于8—10亩"自留地"的收入，能够满足村民家庭日常基本生活开销，对大部分常住农户家庭具有较大吸引力。按照28户参与环境管护，每户每年2.4万元计算，总计67.2万元，相较往年不仅没有增加管护费用，反而有所节余，可用于清洁工具的购置和点位治理。同时，资金支付和扣分、扣款都能做到公开、透明、规范、清晰，有效杜绝了资金挪用、乱用问题，让管护资金直接到达管护一线，"小投入"变为"大提升"。

四、启示与建议

近年来，市、区、镇各级财政资金投向农村，将更多的农村公益性事业由村集体经济组织承接，应是今后积极探索的大方向。从京郊实践来看，村庄的管护服务方式主要有四种类型：一是"政府＋社区＋市场"模式，海淀区上庄镇罗家坟村以财政资金和村集体经济投资为基础实施准物业管理，区财政承担70%，镇、村共同承担30%；二是"政府＋市场"模式，门头沟区清水镇实施的物业托管，资金来源为政策资金及相关帮扶资金，村民参与度不高；三是村社社区模式，平谷区松峪乡黑豆峪村、顺义区仁和镇河南村以自营物业方式开展服务，一般村很难有这样的经济实力；四是"政府＋社区"模式，秦城村管护服务经验做法具有低成本、简便易学、适应范围广、社会效益高和可持续等优点，建议通过试点方式予以借鉴和复制推广。

（一）分类试点，推动物业服务向乡村治理延伸

2022年5月，中共北京市委、北京市人民政府印发《关于加强基层治理体系和治理能力现代化建设的实施意见》指出，"支持引导社会力量参与基层治理，街道（乡镇）可依据相关政策法规通过委托或聘用等方式引入物业服务企业做好兜底性物业服务工作"，为京郊探索物业化管理的乡村治理模式提供了政策支持和方向指引。实施和美乡村建设是一项重要的历史任务，也是改善乡村、造福农民的"德政工程"。如何搞好美丽乡村建设管理，尚无统一的模式，京郊各地应结合实际，因地制宜，探索客观有效的方法和途径。根据"大城市带动大京郊、大京郊服务大城市"的城乡融合发展之路，以规划保留村为重点，分城乡结合部、平原和山区三种类型村，探索借鉴推广秦城准物业化管理新模式，切实改善村容村貌，强化基层社会治理，努力形成常态长效、可复制推广的工作机制，让"小物业"实现"大治理"。

（二）完善机制，保障乡村物业可持续发展

一是区、镇（乡）级政府积极整合公共财政投入资金，统筹整合不同渠道获得、不同部门管理的资金，从"各炒一盘菜"到"共办一桌席"，将分散资金聚拢使用，促进资金使用效用最大化。目前，京郊物业服务资金来源主要分为两大类：一种是财政资金；一种是村集体资产入股。如，海淀区上庄镇罗家坟村准物业化管理的经费来源，区财政承担70%，镇、村共同承担30%；门头沟区清水镇实施的物业托管服务，资金来源为政策资金及相关帮扶资金；昌平区兴寿镇秦城村物业服务资金来源，为美丽乡村基础设施管护资金、环卫清扫人员补贴资金、垃圾分类专项资金；顺义区仁和镇河南村物业服务资金来源，为村集体资产入股、收取的垃圾清运费、车辆占位费等。从北京郊区农村的实践来看，制约农村物业化管理的主要难点仍然是资金保障问题，需要统筹整合各类分散资金，促进资金使用效用最大化。二是鼓励以公司化运营为导向，将物业服务公司作为村集体经济发展平台，通过开展多样化的经营性服务项目增加收入，确保物业公司财务可持续。从北京郊区的实践来看，不同村庄的物业服务范围不同，比如，以财政资金为基础实施准物业管理的海淀区上庄镇罗家坟村，服务范围涵盖保洁、垃圾清运、村庄绿化养护、公共安全、社会治安、控违、设施管护等4类15项；门头沟区清水镇实施的物业托管，服务范围为村庄环境卫生治理及维护、秩序维护、护林防火、公共设备设施维护、孤寡老人居家服务、村民代办服务等；昌平区兴寿镇秦城村物业服务范围为环境卫生、堆物堆料、乱停乱放、小广告治理等。再比如，以自营物业方式开展服务的平谷区松峪乡黑豆峪村，物业服务范围为基础设施养护、环境卫生管护、消防安全、治安管理、接诉即办等；顺义区仁和镇河南村物业服务范围为环境卫生、绿化管理、公共设施维护、消防安全等。随着近年来全市城乡一体化步伐不断加快，各级财力、物力、人力投入向农村大幅倾斜，农村卫生、医疗、养老、残疾人等各项社会事业发展进入了快车道，在农村"两委"社会管理职责日趋繁重、复杂的新形势下，大力发展农村社会化服务组织，将更多的农村公益性事业委托给社会服务性机构管理，开展多样化的经营性服务项目增加收入，应是今后积极探索的新路子。三是探索建立农村物业管理付费机制，按照"谁受益、谁付费"原则，通过村规民约适当向村民及外来人员收取一定的物业服务费，逐步增强村民参与公共环境管护和乡村治理的责任意识。四是要坚持因地制宜，大胆创新。坚持一切从实际出发，综合镇村发展水平、经济承受能力、农民可接受程度等因素，精准施策、靶向发力，分类探索方法路径，建立与村庄实际相匹配的物业化管理模式。五是数字乡村的建设与应用。建立"党建引领、全网覆盖、协同联动、科技支撑"的"微网格"治理模式，建立物业管理"一张图"，推进乡村资源优化整合和多元共享，实现乡村治理的数字赋能。

（三）党建引领，为乡村物业发展提供坚强组织保障

一是强化党建引领。抓好乡村环境长效管护表面上是环境卫生管理，实质上是衡量农村基层党组织治理能力和治理水平的重要内容之一。秦城村"两委"党员干部全部纳入网格化管理，采取"两委"干部通过包片深度参与环境管护，出现问题随保洁人员一同处罚，通过春风化雨、润物无声的教育引导，把党的工作触角延伸到群众生活的点点滴滴，不仅美化了乡村环境，还密切了党群干群关系。因此，要切实发挥农村基层党组织战斗堡垒和党员先锋模范带头作用，以强有力的基层党建促进治理能力提升。二是要广泛动员群众参与。农村人居环境改善中最可持续的支持力量无疑是身在其中的村民主体，特别是要注重农村熟人社会这一特征，在农村人居环境长效管护中的作用，满足村民对美好环境的需要，增强村民的获得感和幸福感。镇村两级要充分尊重农民意愿，提高村民参与物业化管理的自觉性、积极性，切实让大家都动起来、比起来、干起来，紧紧依靠群众建设自己的美丽家园。积极探索从支持局部试点开始，形成由点及线、由线及面的推进机制，凝聚各方合力助推人居环境长效管护工作走深走实。三是要注重常态长效。农村人居环境管护不仅需要各方的努力，更需要长期的管理维护才能取得实效，坚持以自治自管为基础、以质量实效为导向、以村民满意为标准、以监督考核为约束，加快促进和美乡村物业化管理运行规范化、制度化。四是要完善对农村物业服务的监督考核机制，通过将管护经费拨付与考核结果挂钩，保证农村物业服务质量。

执笔人：段书贵、陈雪原、孙梦洁

党建引领村级自施工程"全过程人民民主"的生动实践

——以平谷区镇罗营镇上营村"十字街改造"项目为例

在国家乡村振兴局、北京市农业农村局和平谷区委区政府、区农业农村局的支持与指导下，镇罗营镇于 2022 年 6 月代表北京市成功获批中央彩票公益金支持欠发达革命老区乡村振兴项目。区、镇两级党委、政府在上营村十字街改造提升项目中，积极探索"全项目村级自施 + 全过程人民民主 + 全链条工程监督"新模式，充分发挥基层党组织引领作用、农民主体作用和职能部门监督作用，"三位一体"保证项目稳步推进，以打造乡村振兴示范样板为目标，以人居环境整治为突破口，全面推进宜居宜业和美乡村建设。

一、项目简介

国家乡村振兴示范区建设村级自施项目主要涉及上营村、大庙峪村、下营村、上镇村四个村。上营村是镇罗营镇中心村，十字街是镇域重要交通枢纽。此次改造提升项目涉及东西向 1900 米、南北向 400 米，分两期实施。一期是上营村村级自施工程，主要施工内容为局部地面破除、道路拓宽、防渗化粪池改造等，涉及沿街农户 128 户，施工面积约 4700 平方米。二期是由北京城建集团八公司承建的市容市貌提升工程，主要施工内容为人行道铺装、墙面真石漆喷涂、坡屋面提升、排水管道疏通、口袋公园建设、广告牌匾统一等。

二、主要做法

（一）发挥党建引领作用，明确全项目村级自施的目标方向

1. 坚持从需求出发，畅通民意诉求渠道。镇罗营镇贯彻以人民为中心理念，坚持群众需求问题导向。2022 年春节前夕，全镇开展"送福到家"暨民情大走访活动，镇、村两级干部深入探民情、访民意，起底百姓身边问题并形成民情台账。经汇总，问题集中在农民收入低、农旅产业不强、人居环境差、十字街道路拥堵、缺少综合性展销市场、村内基础设施维修不及时等方面。镇党委、政府围绕这些核心问题统筹布局全镇工作，编制项目

申报书，在成功申报示范区项目后，优先考虑利用中央彩票公益金解决民生问题。

2. 出台制度文件，规范村级自施工程。依据中办印发的《乡村建设行动实施方案》第十九条关于完善农民参与乡村建设机制的规定，制定了《平谷区关于改革创新推进乡村振兴示范区项目建设及资金管理使用的意见》，强调"强化党建引领群众参与，创新联农带农富农机制，鼓励村党支部以集体经济组织为主体带领农民承接项目"，提出"对于可依法依规不用履行公开招投标程序和政府采购程序的项目，优先安排由项目所在地村集体带领农民自施"。在镇党委、政府领导下，出台了《项目资金管理办法》《村级自施工程管理办法》等制度文件，成立乡村振兴项目专班，加强对村级自施工程的统筹和领导。

3. 镇村反复研究，细化项目任务要求。一是严格按照镇级"三重一大"、村级"四议一审两公开"程序决策实施，由村集体带领村民承包项目，坚决杜绝转包现象发生。二是由上营村股份经济合作社作为村级自施工程的施工主体，村委会为施工质量的自控主体，施工合同经过法务审定，严格遵守工艺规程，合理编制并执行进度计划，确保工程质量。三是施工材料全部由村集体采购，必须有出厂合格证，按规定抽样送检。施工设备全部租用本镇自有设备，确保配置高效、维修人员到位。施工人员全部为本地村民，优先使用技术工种，确保劳动力充足、高质，达到施工技术要求。

（二）尊重农民主体地位，落实全过程人民民主的核心理念

1. 民主协商。针对乡村建设中普遍存在的农民参与度不够、利益联结不紧密、部分政府工程与农民迫切需求脱节等问题，在镇党委领导下，在项目谋划环节进行充分民主协商。一是人大代表协商。组织区、镇人大代表充分发挥代言作用，依托"平谷民声"机制和微网格群，将重视排水、拓宽路面、增设红绿灯及小微绿地等合理需求，以代表建议等途径加以反映，推动镇级"民主会商"等机制开展共商共议，明确项目实施方向。二是党员、村民代表协商。上营村组织召开党员大会、村民代表大会，广泛征集大家对人居环境整治点位意见，现场统计 10 个整治点位，经表决，80% 以上党员、村民代表选择十字街改造项目。三是组织村民广泛协商。在确定十字街整治点位后，针对十字街基础条件、现状问题、百姓需求、改造方向等，通过调查问卷征求 1031 人对十字街改造具体内容的意见，汇总成调查报告，通过更深入地吸纳村民合理意见建议，切实做到全过程尊重民意，把民心工程做实做细。

2. 民主决策。主要体现在保障农民参与决策。一是建设方式决策。上营村严格履行"四议两公开"程序，高票通过"由村集体带领老百姓承接十字街地面局部破除工程"。二是改造内容决策。村民代表大会根据问卷调查报告，决定优先选择雨季积水、道路狭窄、缺少绿化等半数以上村民反映的问题进行改造。三是改造方案决策。包村组和设计公司沿十字街挨户上门征求设计意见，由村民直接决策选择设计方案。针对有异议的村民，镇村协商出具统一解决方案，通过对房屋进行安全鉴定、保障三年房屋意外险和人工破除等方式解决村民后顾之忧。

3. 民主管理。主要体现在项目建设环节鼓励村民投工投劳，后期管护环节鼓励受益者管理。一是民主用工。引导村民主动报名参加村级自施工程，由村组织负责从 100 多名村

民中综合考虑建设经验、身体状况等因素，择优选择59人参与建设。二是后期管理。推行"受益农民认领管护"自管方式，细化"门前三包"管护事项，将绿化管护责任明确到村民。

4.民主监督。主要体现在工程质量监督和后期养护监督。一是实施过程监督。在十字街施工过程中，沿街每户都是监督者，自发提出完善意见100余处。二是后期管护监督。成立由村干部、村民代表和党员代表组成的质量安全监管小组，全过程监督，不仅监督施工工程质量，还监督项目建成后管护情况。

（三）坚持依法合规办事，提升全链条工程监管的实际效果

1.项目程序监管。主要体现在管理规范。一是管理监管。规范图纸设计、工程量清单、预算评审、合同签订等前期手续，帮助上营村制订自施工程施工方案，紧盯施工进度，保障项目按时竣工。二是绩效监管。对预算执行偏差、管理漏洞、风险点等，及时采取措施予以纠偏止损。

2.施工质量监管。主要体现在工程安全质量和建设效果。一是监理监管。守牢质量安全底线，每日进行安全质量巡查，销账问题20余处，确保工程质量等级不低于合同约定承诺，施工成本增加不超过合同约定工程造价。二是设计监管。一方面负责与村民沟通十字街改造设计意愿；另一方面配合十字街施工图纸变更及深化，保障施工效果。

3.资金使用监管。主要体现在资金前期预算和后期使用。一是评审监管。严格把关村级自施申报事项，各预算子科目审减幅度2%—42%，优化资金使用效率，合理节省财政开支。二是审计监管。提前预警，对资金管理办法提出10余条修改意见。全过程驻场，追踪每笔资金使用程序和目的，纠正错误5处。三是纪检监管。不定期检查施工现场和资金使用，不断敲警钟、防腐败，为示范区建设保驾护航。

三、取得成效

十字街改造提升项目通过"全项目村级自施＋全过程人民民主＋全链条工程监督"模式，达到了"三减三升三保障"的实际效果，是完善农民参与乡村建设程序和方法的探索，是在乡村建设中引导农民深入开展美好环境与幸福生活共同缔造的生动事例。

（一）"三减少"提升项目建设效率

1.减少了项目建设程序。村民自建由上营村股份经济合作社作为实施主体直接组织群众实施，项目资金按照筹工筹劳、以奖代补等方式或直接拨付至村集体经济组织，结算标准以评审为准，减少了招投标程序，整个项目前期工作缩短两个月以上，实现项目资金下达即开工。

2.减少了项目建设成本。村民自建将有限的项目资金全部用在工程建设和发放劳务报酬上，没有转包施工单位挣施工利润，没有项目管理费，没有招投标代理费，劳务报酬发放无须缴纳税金，建设成本至少节约30%以上，切实发挥了资金的最大效益。

3.减少了项目协调时间。村民自建由村集体经济组织、村民自行建设，谁来务工、谁来管理、谁来监督由群众说了算，减少了协调施工单位时间；群众在家门口就业，改善自身生产生活环境,对项目支持度高,为项目施工提供便利,减少了协调群众的时间。

(二)"三提升"强化基层治理能力

1.提升了村级组织凝聚力。十字街改造提升项目使村级组织带领村民成为设计者、建设者、管理者和受益者。整个项目所有施工问题都由村级组织协调村民解决,在项目施工最艰难时期,上营村从党员干部抓起,村书记率先将自家占道建筑拆除了再做村民工作,推动了项目施工的顺利进行,提升了村级组织话语权和凝聚力,全程未出现12345工单,实现"零上访、零事故、零违纪"。

2.提升了群众参与意识。充分发挥群众力量、群众智慧,召开村民代表会议,通过村民决定项目建设实施。同时制定村民自施工程实施方案,完善领导小组及协调工作组、工程质量监督组、村务(资金)监督组分工,责任到人。按照"小会带大会、小会定原则、大会定事项"的工作方法,推动村民自建各项工作顺利开展,真正把建设权、话语权、监督权、治理权交到群众手上,实现原来的政府主导、村民被动接受转变为村民做主、政府监管服务,切实将以前的"政府做、群众看"转变为如今的"政府指导、群众为自己做事",进一步激发村民共建共治的主人翁意识。

3.提升了乡村经营水平。在项目设计阶段,在镇域范围内统筹考虑乡村建设与乡村产业、乡村治理互促互进问题,把尊重农民与服务农民相统一,精心设计与因地制宜相结合,镇域推动与村级探索相联动,进行系统谋划、整体推进。在项目施工阶段,聚焦"一切为了项目,一切服务项目,一切围绕项目",压实责任、倒排工期,推动项目建设有序进行。在项目综合利用环节,提前考虑各项目间互补互通关系,集中解决谁来经营、怎么经营、业态如何引进、村集体经济如何发展等问题,不是简单的头痛医头、脚痛医脚,而是在品牌先行、运营前置理念指导下,进行"多规合一"的高位谋划、高效落实。

(三)"三保障"提高为民服务水平

1.保障了群众民生福祉。十字街改造提升项目切实解决了农民迫切需要解决的问题,通过改造地下管道、路面找齐等解决了长达20多年的雨天道路积水问题;通过路面破除、挪移整合电线杆实现道路拓宽,解决了十字街交通拥堵问题;通过修建防渗化粪池、增设口袋公园等,提高了村民生活质量。老百姓高度赞许、大力支持工程改造,主动退让宅基地(最宽处达6.7米),多次感谢镇政府及上营村"两委"班子为民办实事。

2.保障了群众就近就业。项目建设过程中,村集体充分发动群众,就地组织有劳动能力的常住人口参与工程建设,保障了项目实施进度。每位参与工程的村民,根据其对应的工种与干活的时间,都能拿到相应的工资,每人每天少则100元,多则300元左右,出机械设备的也能获得相应报酬。通过十字街改造提升项目,充分发挥了民智民力,实现了联农带农富农,打造了可复制可推广示范样板。

3.保障了工程质量效果。聚焦"人民工程为人民"目标,依托村委会配备的施工管理人员和监理公司的专业工程师,采取"双控"方式加强施工质量控制管理。通过配备专业技术人员、充足劳动力、高效施工设备以及每周工程例会等措施,加强进度控制管理。通过项目实施全程聘请专业会计师事务所进行资金使用监督把关,施工材料"三证"齐全才能进场，加强资金风险管理。通过编制应急处置预案、加强施工人员安全教育管理、设置现场安全警示牌等，加强安全文明施工管理。

四、经验启示

上营村十字街改造项目实现了高标准、巧设计、精提升的实际效果，也是平谷区镇罗营镇国家乡村振兴示范区建设的集中缩影，示范区整体创建工作通过国家乡村振兴局、财政部验收评估并获 A 级最高标准。平谷区镇罗营镇国家乡村振兴示范区建设锚定打造首都乡村振兴示范样板目标，突出"红色绿谷桃源"特色，探索构建党建引领、科学规划、制度创新、农民主体、多元业态的首都乡村振兴新模式，全力打造北京市践行"两山"理论示范点、国家乡村振兴示范区。上营村十字街改造提升项目的实践探索，乃至平谷区镇罗营镇国家乡村振兴示范区创建的成功经验，对全市实施"百千工程"、推进乡村振兴具有较强的典型示范意义。

（一）坚持党建引领，建强组织凝聚乡村振兴新合力

一是筑牢建强"硬堡垒"。镇罗营镇注重强化党组织的政治引领、思想引领、组织引领，将国家乡村振兴示范区建设、疫情防控、村级集中办公等重点任务，纳入全镇"大党建"格局当中，做到党建资源前置、党建工作先行、党员干部带头，通过党建工作引领推动重点任务，又通过重点任务检验党建工作成效、锤炼党员干部作风，实现了党建工作与中心工作的深度融合、互促共进。二是选优育强"领头雁"。镇罗营镇党委制定《强化干部"严管厚爱提能"实施方案》等镇级"1+14"制度性文件，配齐配强政治过硬、本领过硬、作风过硬的乡村振兴"领头雁"，通过选派优秀干部回村任职、第一书记帮扶、制定人才回乡计划、村书记季度述职、建立村级后备干部库等措施，健全完善农村基层干部"选、储、育、管、用"全周期培养机制。三是聚力打造"人才库"。镇罗营镇以国家乡村振兴示范区项目建设为契机，成立乡村振兴专家咨询委员会，带动创建 1 个乡村振兴学院、4 个博士农场、6 个科技小院，吸引 30 余名教授、博士入驻示范区，吸引人才回流300 余人，形成了创新创业的聚合力，为乡村高质量发展充分赋能。

（二）坚持科学规划，空间统筹绘就和美乡村新蓝图

一是落实城市总规要求。镇罗营镇结合国家乡村振兴示范区项目建设，提出"产业富农、人才助农、文化强农、生态兴农、组织带农"重要目标，按照城镇化社会结构转型的规律和趋势集中优化配置农村土地资源，落实北京市新总规"以区为主体制定集体建设用地规划和实施计划，以乡镇为基本单元统筹规划实施"的要求。二是制定镇域分区规划。镇罗营镇立足镇域村落分化演变的客观规律和要求，从城镇化、新村化和空心化三个维度，优化城乡空间功能的规划布局，构建"一带（石河生态休闲发展带）、一核（镇政府综合服务核心）、三区（农科文旅片区、特色林果片区、绿色长城片区）"的空间发展格局。三是制定村域发展规划。借鉴和巩固"百师进百村"成果，注重因地制宜、分类施策、突出重点，根据各村基础条件、现状特点、资源禀赋和现实需求等，从村庄产业发展、生态修复、基础设施、乡村治理等方面加强规划设计，帮助村庄解决发展中存在的难点问题，助力村庄形成鲜明的示范效应，在更高起点上推进乡村振兴战略实施。

（三）坚持制度创新，群策群力激发乡村发展新动能

一是完善乡镇统筹的科学决策机制。镇党委、政府分别作为决策主体和管理主体，通过对重点任务和重大项目的决策、组织、协调、落实，发挥实施乡村振兴战略的"主心骨"和"引路人"作用。镇联社作为产权主体，通过政社功能分开、乡村两级治理边界分开、产权方与经营方分开，实现"乡组织村、村组织户"统筹推进项目实施。二是营造城乡统筹的良好营商环境。引导国有企业、高校、科研院所和社会力量等发挥资金、技术、人才和品牌优势，采取多种形式参与乡村建设行动，全方位开展与乡村两级集体经济组织的对接帮扶和深度合作，加快农村集体产业转型升级。三是完善政策统筹的"三资"监管体系。组建镇级集体资产监督管理委员会，进一步明确镇政府和镇联社之间的监督与被监督关系。将存量积累性资产、中央专项彩票公益金投资、市区财政资金投入等形成的资产，特别是经营性资产，按照具体项目类型分类确权或登记到镇联社，构建乡镇级集体经济组织持有的资产池。依托镇级集体资产，与社会资本联合组建项目主体，促进镇域主导产业链向高端化转型升级。

（四）坚持农民主体，共建共治打造乡村建设新模式

一是坚持问题导向。镇罗营镇针对乡村振兴项目建设中"上边干、群众看""替民做主、群众不满"现象，通过切实提高基层党组织的凝聚力、引领力，着力破解让群众能"找到组织、信任组织、依靠组织"的难题，主动把群众团结在党组织周围，带着群众抓紧干、有效干、务实干、一起干。二是进行实践探索。镇罗营镇将上营村十字街改造提升项目，优先交由村级组织带领村民全过程自建自施，践行全过程人民民主，工程村民建、问题村民解、报酬村民得、建后村民管，让村民成为乡村建设的设计者、建设者、管理者和受益者，做到了自己的家园自己爱、自己建、自己管、自己护，实现了将"示范工程"打造成"廉政工程"。三是及时总结提升。通过认真总结"十字街改造"的成功案例，推进镇罗营镇国家乡村振兴示范区项目建设。"建前"反复协商，在规划编制、方案审查阶段充分征求群众意见，摸底群众迫切需求，建立诉求台账，根据集中反映的问题明确项目建设重点。"建中"引导群众参与，探索规范村级工程管理，从项目程序、施工质量、资金使用三方面全程跟踪监管。"建后"发挥持续效益。实施履约监管，保障村民利益，明确政府及各方主体责任，落实在规划建设、运营管理、环境保护、安全生产等各个方面。在镇罗营镇国家乡村振兴示范区建设"共建共治"机制推动下，乡村治理效能明显提升，相关经验入选2023年全国基层社会治理创新典型案例，接诉即办月度排名3次全市第一，半数以上村庄实现零诉求。

（五）坚持多元业态，产业升级挖潜富民强村新路径

一是打造消费新场景。延伸建成石河慢行系统，布局19个休闲体验场景，推广全国一村一品镇罗营红果与北京食品文化结合开发特色糖葫芦，进入全国两会、央视春晚并广受好评。二是推进产业融合。依托镇罗营镇特色资源，通过研发多条旅游线路、运用革命历史纪念展、恢复百年花会、引进体育公司市场化运营赛事、举办环长城100国际越野赛，坚定不移地走绿色发展和农文旅融合发展道路，推动全域旅游初具雏形。三是加强品牌营销。以"支部＋合作社＋农户"方式，打造蜜梨基地，运营"梨花小镇"，注册"山水镇罗营"全品类商标，培育"小蜜梨"国家地理标志，提升农产品附加值。镇罗营镇通过开展国家乡村振兴示范区创建，村集体收入同比增长 63%，示范区全覆盖消除经济薄弱村。农民人均所得增长 8% 以上，远超全区平均速度。

执笔人：徐建军、万敏波、余君军、代阳阳

大兴区刘村"小哥之家"：闲置农宅盘活利用助力超大城市城乡结合部综合治理

人民城市人民建，人民城市为人民。大兴区黄村镇刘村①属于典型的城乡结合部地区，原以发展"瓦片经济"为主，基层治理矛盾突出。为满足城市服务功能，结合城市更新行动，2022年7月，黄村镇采取"银政合作集散式存房"的模式，在刘村建设了北京首个新就业群体房屋出租项目——"小哥之家"，既解决了小哥的居住需求，又补齐了基层治理短板，还推动了城乡结合部地区的就地城镇化，成为超大城市城乡结合部治理的生动案例。

一、农宅利用产业化，激发乡村经济发展活力

基于城乡结合部的功能定位，黄村镇②通过统一规划布局，利用闲置民宅资源，逐步将原有的"瓦片经济"转变为"以产增收"，实现闲置农宅利用产业化。一是因地制宜发展特色住宿产业。刘村地处大兴区西北部，与中心城区接壤，紧邻南六环，交通便利，原以发展"瓦片经济"为主，翻建行为多、安全隐患大，基层治理矛盾突出。与此同时，大兴新城地区约有8000余名快递配送人员，存在居住难问题。

在此背景下，黄村镇结合刘村发展规划，建设了"小哥之家"项目，帮助新就业群体实现了"住有宜居"。此外，黄村镇还分别在霍村、三间房村规划建设了"建设者之家""高端人才公寓"等项目，系统性将村域闲置民宅转化为住宿产业项目。二是因势利导建设特色服务产业链。以"小哥之家"等住宿产业项目为核心，黄村镇探索发展了就职、培训等产业，逐步形成"小哥产业"链。通过有组织、有规模地引进相对稳定的租住人群，实现了以人养人、以人养产业。三是因人施策完善特色服务产业配套。结合小哥衣食住行等日常需求，按照现代服务业全产业链思路，有序布局便利店、社区食堂、美容美发等生活性服务业；引导商户组成"快递外卖小哥服务联盟"，针对外卖小哥定制爱心优惠卡。同时，针对小哥群体工作特点，建设三级服务网络，实现用餐、饮水、充电、避暑、如厕等需求全解决。

---

① 含刘一村、刘二村。

② 黄村镇未上楼村庄共29个，西片区涉及14个村，均通过土地资源整理实施；东片区涉及15个村，其中海子角2个村通过棚改上楼解决，剩余13个村中前大营村、西庄村2村原址保留，进行美丽乡村改造，狼各庄东、西2村已在大兴新城街区控规中考虑上楼，剩余刘村组团的9个村成为未来城镇化的重点区域。

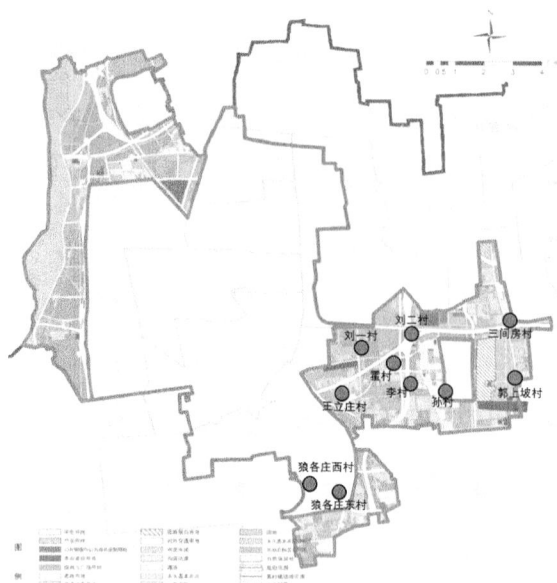

图1　黄村镇东片区地图

二、农宅盘活组织化，提高乡村资源利用质量

为避免"户自为战"的无序对外出租，黄村镇成立联营公司，统一回收闲置民宅，带领村民抱团进入市场、与社会资本对接，提高农宅盘活利用组织化程度。一是统一主体。为统筹调动各村资源，减轻项目推动阻力，在镇党委领导下，村民集体表决通过，黄村镇东片区10个村共同出资成立联营总公司——北京兴业安民物业管理有限公司，每村成立以村委会为主体的物业子公司，作为本村出租房屋管理的实施主体。二是统一回收。由村民提出房屋托管申请，联营公司。

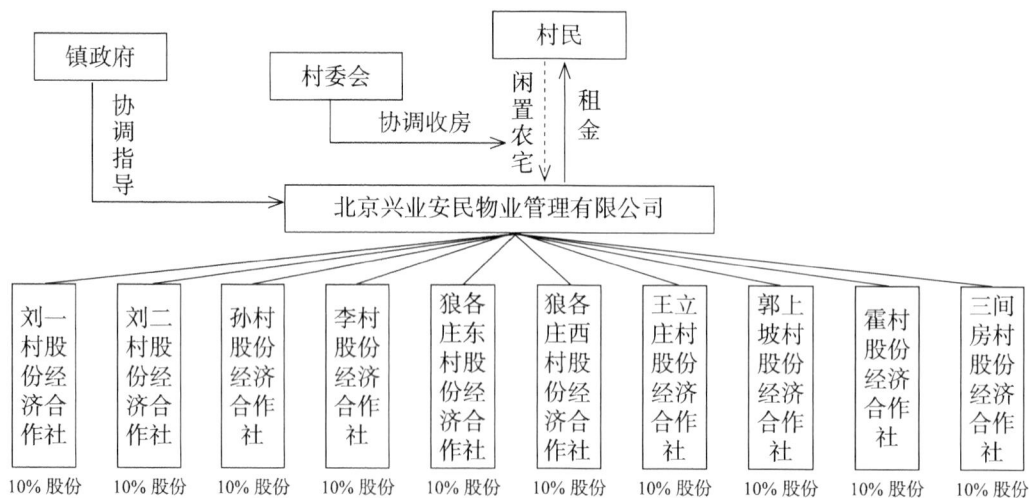

图2　农宅回收示意图

根据房屋安全鉴定结果与村民签订房屋托管协议。协议为期八年，保障了项目的稳定性。同时，为调动村民积极性，房屋托管租金定为 600—800 元 / 月·间不等，每四年租金递增 5%，保障村民在房屋空置期也有房租收入。三是统一改造。通过对托管房屋院落进行安全排查及加固改造，消除村民自建房屋安全隐患。一方面，通过电气采暖工程改造、拓宽安全通道、增加消防设备、清理液化气罐等，消除消防隐患；另一方面，通过危房改造、抗震加固改造、门窗改造、外墙保温等，消除房屋建构结构安全隐患。截至目前，刘村共托管 170 个院落、2086 间房。

三、农宅设计现代化，改善乡村人居环境

北京建信集团以趸租方式，从联营公司手中获取民宅使用权，并邀请专业团队设计，保障小哥在"住有所居"基础上，实现"住有宜居"。一是建设"宜居之家"。聘请清华专业设计团队，按照"一院一策"原则对闲置民宅进行专业化设计，差异化推出员工宿舍、单间公寓、院落套房等多种房型，匹配不同住宿需求。在室内设计方面，房屋内标配全套家电、全屋地暖、独立卫浴等，可拎包入住；公共空间还配套建设了母婴室、洗衣房、共

改造前　　　　　　　　　　　　改造后

图 3 "小哥之家"改造前后对比图

237

享厨房等，全方位满足小哥的居住需求。二是建设"和谐之家"。打造约 300 平方米共享空间——"小哥会客厅"，规划服务区、活动区、党建区，设置影音室、减压室、党支部活动室等，丰富快递外卖小哥的日常生活。三是建设"绿色之家"。引入光伏建筑一体化理念，不仅解决了原有房屋供电不足的痛点，也降低了能耗，助力打造绿色村庄租赁住房新生态。

四、农宅管理社区化，提升乡村治理效能

邀请专业物业机构乐乎集团对"小哥之家"进行社区化管理，聚焦环境管理、安全管理、房屋管理、工程管理、便民服务、停车秩序管理等领域，不断规范村庄秩序、降低安全隐患，提升乡村治理效能。一是智慧化管理。每个院落都嵌入数字人居空间管理平台，实现对出租房屋社区化、模块化、智能化的专业管理。逐步推动出入登记智能化、居住人员信息化，帮助村集体动态掌握出租房屋台账，摸清村庄自建房及出租房屋底数，把外来人口名单匹配到房屋。二是安全化管理。一方面，物业机构安排专人，实现水电用量监测化、安全排查常态化，大幅削减安全隐患。另一方面，"小哥之家"产权清晰、合同规范，确保小哥住得安心、住得放心，越来越多小哥成为刘村新"村民"。三是物业化管理。庭院配备服务管家和公共保洁，线上可一键呼叫，同时采用线上签约、缴费，方便快捷。此外，由物业公司对外来人口及车辆收取公共资源占用费、停车费，实现物业化管理。四是人性化管理。提供"技能培训直通车""权益保护大讲堂""集体生日会""免费体检"等个性化服务，建设"小哥—党员—党支部—镇党委"问题反馈"直通车"，推动解决小哥现实问题。目前"小哥之家"已投入使用房屋 529 间，吸引 500 余名小哥入住，入住率约达到 80%。与此同时，"小哥之家"的暖心服务增强了小哥们的幸福感和归属感，在日常生活之余，形成了 100 余名小哥志愿团队，在村庄日常运维中发挥巨大作用，进一步增强了基层治理效能。

执笔人：代阳阳、徐建军、万敏波、余君军

第四篇

农村金融

"整村授信"服务模式研究

　　党的二十大报告中提出要"健全农村金融服务体系"。2023年6月16日,中国人民银行、国家金融监管局、证监会、财政部、农业农村部联合发布《关于金融支持全面推进乡村振兴 加快建设农业强国的指导意见》(银发〔2023〕97号),指出要"提升农村基础金融服务水平",支持"持续开展'信用户'、'信用村'、'信用乡(镇)'的创建",并"鼓励金融机构与政府融资担保机构合作,开展整村授信、整村担保"。所谓"整村授信",指的是以整个村庄为单位,实施集中管理和批量信贷的新模式。这种方式是由银行业金融机构与地方政府及村集体经济组织紧密合作的结果,目的是确保所有符合条件的农户都能够覆盖到全面的金融服务,并对他们进行统一的信用评级。按照户籍和长期居住原则,实现对辖区农户全覆盖,将贷款申请建档变为广覆盖建档,凡是符合授信要求的农户,不因其暂时无信贷需求而不予授信,以保证授信充分性和农户平等使用信贷权利。这一模式成功地解决了农户由于缺乏抵押品而不能从银行获取贷款、难以获得普惠金融服务的问题。在这种模式下,那些具备良好信誉及口碑,拥有优良家风的农户可在不需要提供任何抵押或担保的情况下得到信贷资金,即把农户的"信用"这种无形资产有效地转化为了有形资产,形成信用对抵押物的替代作用(董晓林等,2017)。该模式打通了农村金融发展的"最后一公里",提高了信贷资金的可得性,有助于农村普惠金融的发展、信用体系的完善和社会治理能力的提升。

一、"整村授信"与农村信用体系建设、乡村治理的关系

　　乡村治理构成国家治理结构的基本环节,而这一结构的核心在于地方层面的管理。农村信用体系是整个社会信用结构的重要部分,它在国家治理体系及其现代化能力提升中扮演着关键角色。建立完善的农村信用体系是推进治理能力现代化的关键;同时,提高治理能力也是发挥农村信用体系作用的前提。乡村与城市相比有其独特性,尤其是其根深蒂固的"亲密社区文化"。在这种文化背景下,长期的邻里相助促成了坚实的信任基础,从而衍生出了"社区信用"的观念。农村信用体系是一个涉及多方面要素的综合金融框架,包括信用法律规定、政府角色、自治机构、经济实体、信贷工具、信用评估标准、普及信用知识的教育、信用纪律及其恢复措施等。这些元素相互依存,互相影响,共同促进了农村信用体系的稳定性和持续发展。

农村信用体系作为社会信用体系的重要部分，是推动农村中小微企业融资和优化农村金融服务的关键，是构建健康的地方信用环境和促进金融发展的核心要素。此外，农村信用体系在融合自治、法治和德治这三大治理方面发挥着至关重要的作用。在自治方面，通过公开透明的管理方式和建立村级信用档案，增强了村民在乡村治理中的参与度和对信息的获取能力。在法治方面，通过引入信用管理工具并在行政执法中设定标准和规范，它帮助村民提高法治意识。在德治方面，该体系通过普及诚信教育，提升了村民的个人品质，从而为乡村治理创造了更加和谐的环境。

在构建农村信用体系的过程中，"整村授信"模式作为一种创新实践，被广泛应用。这种模式是一种包容性强的信贷策略，它将整个村庄作为授信对象。"整村授信"模式运转的核心是商业银行基层支行网点、基层政府和村"两委"及基层农户之间互联互通、相互支持，即"三基联动"。在"整村授信"实务中，银行信贷员扮演的是"驻村金融官"的角色，他们不仅要承担信贷员进行信用评定、发放贷款、收回贷款的职责，还要同乡镇基层政府人员、村"两委"班子成员密切沟通，了解农户的信用口碑，甚至还会部分参与村级事务，包括村规民约、邻里关系等，以及密切党群干群关系、巩固金融扶贫成果、金融知识普及宣贯等等，因此，银行信贷员事实上促成了基层政府、村"两委"、商业银行和农户的无缝衔接，发挥了桥梁和纽带的作用。"整村授信"模式的运转，实现了银行员工向村干部助理的转变、由村管理的"旁观者"向"亲力者"转变、由乡村振兴的"助力者"向"推动者"转变，强化了金融信贷支农、兴农和乡村治理的融合发展。

2023年10月底召开的中央金融工作会议明确提出，金融要为经济社会发展提供高质量服务，同时强调要全面加强金融监管，有效防范化解金融风险。未来，金融机构可通过"整村授信"模式，一方面建立村域授信体系，另一方面针对风险增量提供制度基础，重构中国乡村的治理体系，进而降低系统性金融风险。

二、北京市等四省市"整村授信"开展情况

北京市、浙江省、广东省和黑龙江省结合实际特点，因地制宜开展"整村授信"，取得了一定成效。本文以实地调研的银行机构为例，梳理了以上四省、市的有关"整村授信"的经验做法。2023年6月，中国邮政储蓄银行北京分行在顺义区北小营镇东乌鸡村首次落地"整村授信"，截至2023年12月末共在32个行政村落地"整村授信"，累计放款984.7万元；浙江省安吉农商银行于2001年推出以深化农村信用工程、延伸农村金融服务为主要内容的"诚信彩虹"信用工程，打造"无感授信、有感反馈、按需用信"体系，截至2023年5月底建档农户家庭15万户，辖内覆盖面达到100%，农户贷款授信和用信分别达到100%（剔除负面清单）和45%，发放农户信用贷款余额超98亿元，占全部农户贷款比例超六成；广东省农信联社于2021年在省委实施乡村振兴战略领导小组办公室的指导下，组织全省农商行学习浙江省"整村授信"模式，创新开展"无感授信、有感增信"，截至2023年6月，全省农商行已派驻3.05万名乡村"金融特派员"对1.62万个行政村开展"整村授信"，信息建档3977万户，授信金额3136亿元；黑龙江省人民银行

齐齐哈尔市中支于2019年应用"信用户""信用村""信用乡（镇）"评定结果，组织辖内金融机构开展"整村授信"工作。截至2023年8月，兰西县农村信用合作联社累计入户走访农户30756户，对符合条件农户授信16179户，金额10.79亿元，发放贷款8600户，用信率53.16%，评出信用村16个、信用户1200户。通过调研对比分析以上四省、市的经验做法，主要呈现以下四个方面的特点：

（一）农村商业银行和邮储银行具有物理网点和基层服务人员众多的优势，是提供"整村授信"服务的主力银行

北京市由邮储银行北京分行推动落地"整村授信"服务工作。自2021年起，邮储银行北京分行开展信用村建设。2023年，邮储银行北京分行开始在信用村的基础上进行深化提升，通过与中国邮政北京公司（以下简称"邮银协作"）共同将部分产业形态较好、金融需求较为旺盛的信用村提高授信覆盖的广度与深度，提升至"整村授信"。邮储银行开展"整村授信"工作具有先决优势，"整村授信"过程中，邮储银行可充分发挥中国邮政北京公司遍布北京城乡的邮政金融网络和丰富的客户资源的优势，基层的邮政便民综合服务站、投递员、支局长等群体熟悉村情民风，可快速锁定适合开展"整村授信"的信用村。广东省由省农信联社统筹，省内农商行精选万名热爱农村事业、熟悉金融业务的基层干部员工作为金融特派员，实施"万名乡村金融特派员人才下乡进村"工程，充分利用农村地区基层干部员工众多的优势，由金融特派员推动"整村授信"工作在全省范围内落地。黑龙江省与浙江省同样是由省联社统筹规划，辖内农村商业银行按照省联社出台的工作方案开展"整村授信"工作。服务农村的主力银行以物理网点和基层服务人员众多的优势，推动了当地"整村授信"工作的落地。

（二）"整村授信"模式加深政银合作，发挥基层政府桥梁纽带作用

北京市以邮储银行北京分行为例，在开展"整村授信"工作时得到了信用村"两委"的大力支持，主要做到了"做好宣传，做好服务，建立信任"三件事。村"两委"前期做好充分的全村动员，将"整村授信"这件惠民的好事向村民们广泛宣传，争取获得村民支持，中期配合管村信贷员进村入户调查村民的家庭基本情况、收入情况、财产情况，并在信用和村民口碑上做整体把握。村"两委"与金融机构、村民双方均具有强关系（张宁等，2023），在"整村授信"的全过程中起到了桥梁纽带的作用，做村民与金融机构之间对话的传递者、协调者，帮助双方建立信任的基础。广东省以江门农商行为例，采用"三一制"（村内退休干部、村主任、德高望重村民三类人，每类人评议一轮）的外部评议模式，经过三轮严格审议和复议后，筛选出符合准入条件的初始白名单，在评议阶段引入外部评议，通过选择具有威望、办事热情、了解村情民意、为人公正的不同年龄段村民、村委干部，组成评议队伍进行"背靠背"评议，"原汁原味"地反映村民真实情况。浙江省以安吉农商银行为例，在开展"整村授信"工作中，由村民代表大会投票选举产生了村级信用小组，根据村级信用小组调查采集的农户信息由数据模型测算预授信额度，经村级信用小组评议后进行调整，形成最终授信额度。黑龙江省以兰西县农村信用合作联社为例，建立了"班子＋支行行长＋村委干部＋客户经理"四级联动配合的"整村授信"模式。

在开展"整村授信"工作中，由熟悉情况的村干部带领基层客户经理对农户、种植养殖大户、家庭农场、专业合作社等客户群体逐户上门走访，摸清各类客户群体备春耕生产资金需求情况，现场开展评级授信工作。综上所述，推进"整村授信"工作离不开基层政府的支持，以上四省、市在开展"整村授信"工作中积极构建政银合作平台，并推动镇、村干部积极参与其中，发挥村集体人头熟、情况明的优势，助力农民信用信息采集。

（三）"整村授信"授信体系充分体现对特色农村信用体系的探索

浙江省安吉农商银行采用"无感授信、有感反馈、按需用信"的授信模式。其中，无感授信指农户无须提供材料、无须填各类表格、无须参与，就能方便快捷获得 3 万元以上的基础授信额度，对不良社会行为负面清单人员，取消基础授信；有感反馈是指在完成无感授信的基础上，成立由客户经理、村民组长组成的宣传小分队，采取多种形式，让更多的农户了解、知悉贷款政策，享受政策红利。增信部分是从 23 个维度对农户进行授信测算，在传统定量指标的基础上，增加了邻里关系、个人绿色信用、社会贡献等定性指标的"综合评价调整系数"。浙江省则加大对社会治理正面典型的激励和负面典型的惩戒，如通过嵌入定性和定量因子，从定性因子方面增加见义勇为、美丽家庭等群体的授信额度，从定量因子方面增加绿色信用积分高、贷款履约记录好等群体的授信额度。广东省江门农商行在充分学习浙江省"整村授信"模式后，采用"无感授信、有感增信"的授信模式，授信由基础额度和增加额度构成，评议标准与浙江省类似。黑龙江省兰西县农村信用联社设计了"5221"评价体系（"5"指信用状况占 50 分，"2"指金融关系占 20 分，"2"指管理经验占 20 分，"1"指发展前景占 10 分，总分 100 分）核定农户的信用等级。评分在 81 分及以上的农户可通过纯信用的方式获得贷款，其他准入农户则可以通过成年子女保证方式获得贷款，不需要提供抵质押物。以上三省的"整村授信"授信体系均融入了对村民信用、产业发展展望等因素的评价，充分体现了对农村特色信用体系的探索。

（四）"整村授信"以挖掘乡村产业优势为前提，精准配套金融产品

邮储银行北京分行将"整村授信"工作重点落在乡村产业发展上，以提供经营性贷款为主，重点支持村内的主导产业发展，针对北京市各个涉农区的产业特色配套相关金融产品开展"整村授信"。例如，为已经落地"整村授信"的顺义区东乌鸡村从事玉米种植的村民提供贷款，用于购买种子、化肥和苗木；为信用村提升中的门头沟区爨底下村村民重点解决民宿旅游产业的资金需求，对"吉祥客栈""驿清晨客栈"在内的 12 户缺乏抵质押物的民俗户提供房屋翻修、扩大规模的资金支持。通过民宿质量提升帮助下爨底下村民俗户收入实现翻番。广东省江门农商银行以霞村"整村授信"为例，重点为村内主导产业鱼塘养殖业提供生产经营贷款，在霞村出现极端高温导致鱼苗成活率下降、鱼塘养殖业自上而下出现了资金紧缺的情况时，及时为海大饲料荷塘片区经销商和其下游鱼塘养殖户逐一走访及时提供了惠农贷款。浙江省安吉县农商行以孝源村"整村授信"为例，为从事本地白茶产业、毛竹与板栗特色产业的村民提供生产经营贷款，用以满足采茶人工成本、再加工以及茶旅项目建设的资金需求。黑龙江省兰西县农村信用合作联社则根据农村人口的不断外流，单一农户多将土地流转他人，农村土地种植模式逐渐呈现规模化、集约化，传统单一农户贷款需求日益萎缩，规模种植生产经营资金需求日益增长的趋势正在引导辖内农村商业银行在开展"整村授信"的工作中重点满足规模种植户的贷款需求。以上四省、市以"整村授信"为抓手，重点支持当地主导产业与特色产业的发展，加大对农村产业的金融服务力度。

三、"整村授信"模式的流程与风控介绍

从目前我国"整村授信"建设实践来看，"整村授信"一般涉及地方政府机构、当地的人民银行支行、金融机构等多方主体。鉴于我国农村地区具有多样性和差异性，各地农村特征不尽相同，因此在开展"整村授信"时，各地需要根据自身的实际情况进行有针对性的制度设计。尽管如此，在"整村授信"制度的设计以及流程设置的思路方面，各地仍有很多相似之处，包括由各地金融机构收集目标农村的信息，随后进行评级，并最终确定信用额度。"整村授信"与传统贷款业务相比，具备主动化和批量化的特点，其贷款业务办理流程与传统贷款业务流程有较大区别。但从整体操作流程来看，依然涵盖传统贷款流程的四个核心步骤，即贷前调查、贷款审批、贷中审查和贷后检查。具体在实施"整村授信"工作的过程中，首先进行农户基础信息的采集与建档，即在"整村授信"工作开始之前，对于客户开展初步的审查和调查，确保信息的准确性和完整性。随后，进行"整村授信"额度的测算及发放，经过严格的贷款额度审批后，为客户提供所需的资金支持。在授信村的客户管理环节，需要尤其重视贷中审查，密切关注客户的经营状况及还款能力，以确保资金使用的合规性和风险的可控性。最后，实施"整村授信"风险控制，通过贷后检查及时发现并解决潜在的风险问题。

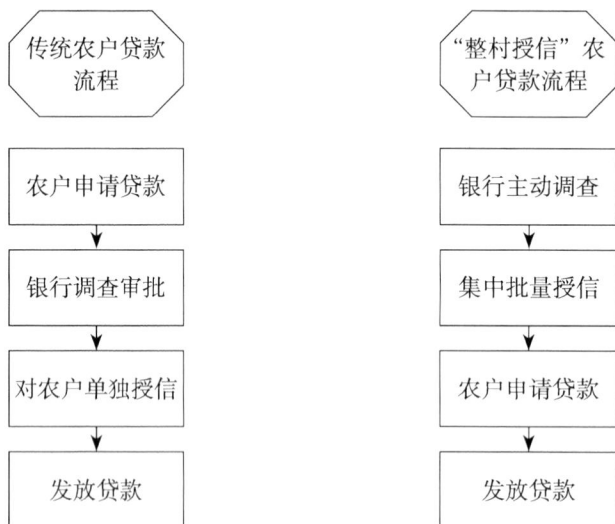

图 1 传统农户贷款与"整村授信"农户贷款流程对比

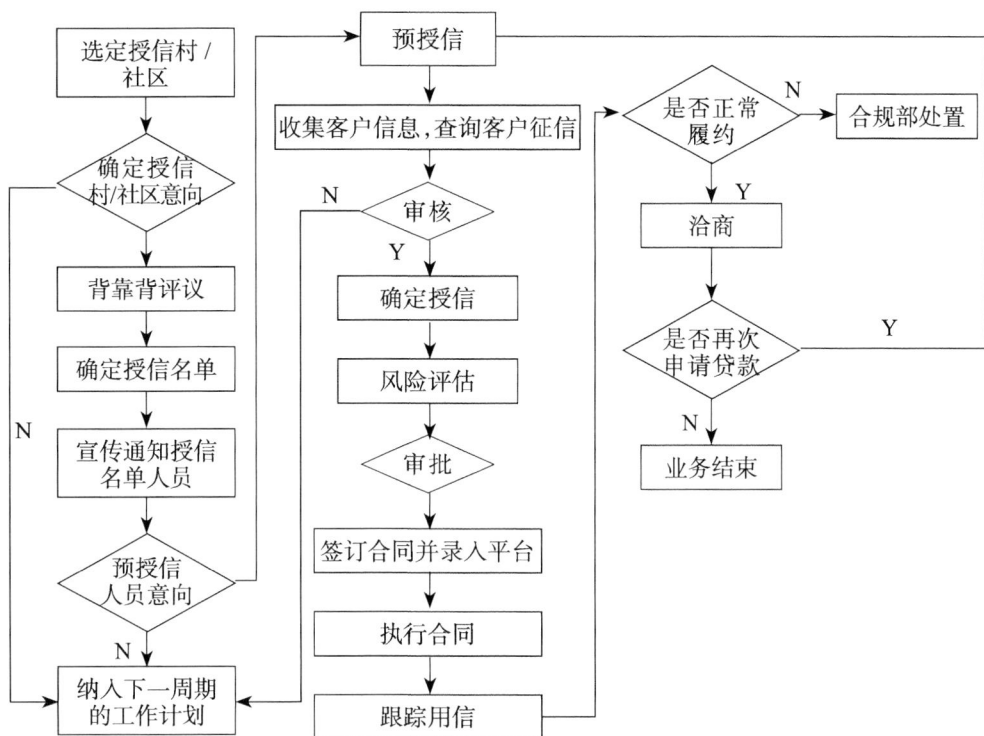

图 2 "整村授信"的业务操作流程

"整村授信"工作步骤环环相扣、相互促进、稳步推动，为农户提供更便捷、安全的金融服务。以下将按照"整村授信"各流程的操作顺序，对其中的重点环节逐一进行介绍。

（一）在贷前与乡村基层治理协同

在"整村授信"的贷前调查环节，要突出农户信用对于获取贷款的作用，鉴于农户个人信用在社会关系层面的重要体现（刘鹏林和朱俊丰，2022），需从信用履约、家庭人口结构、财务状况、评级小组综合评价等方面，对辖内农户进行信用状况综合评价。而农户的基本信息和信用状况，左邻右舍比银行的信贷员更清楚。因此，充分发挥乡村基层在贷前调查环节的重要作用十分必要。

在农村信贷项目中，"整村授信"模式下，基层乡村组织在贷款审批前的调研工作扮演着关键角色。利用农村地区居民间的密切关系和日常交往，这些组织深入了解和利用村委会的资源优势。为确保信息的准确性，村委会成员主动帮助银行工作人员上门收集并验证农户的个人信息，包括家庭成分、经济状况和个人品行。此外，村里的尊敬长者如资深党员、模范人物、退伍军人、前干部和资深农民等被邀请加入信用评估团队，与当地干部、扶贫工作者和银行支行负责人一起进行信用评估。这个团队综合考虑申请人的教育背景、诚信度和社区安全等因素，对申请贷款的农户进行评分和信用等级划分。根据这些评分，农户被分配到不同的信用额度级别，以确保信用评估的公正和透明。不同信用等级的农户将根据自身情况获得不同额度的无抵押和无担保贷款。这些贷款的一个特点是没有严格的还款时间限制，允许农户根据自己的产业发展周期灵活安排还款计划。这种灵活性有利于满足农户在各个发展阶段的资金需求，促进农村经济的持续发展。根据信用等级的不同，农户还可以享受优先服务、优惠政策和产业补助等多种福利。将信用等级与农户的个人利益挂钩，有助于鼓励农户规范自己的行为，增强诚信意识，从而为乡村和谐发展营造良好环境，推动治理能力现代化。同时，为了促进乡镇发展，金融机构携手乡（镇）政府和村级领导团队共同签订了一份名为"党建共创战略合作协议"的文件，旨在建立一个有效的政银合作框架。该框架的主要目的是将金融资源与政府支持有效地结合起来，共同支持乡村振兴。在此框架下，每个乡（镇）都将指派一位党委成员担任金融组织代表，而每个村庄也会指派一位村书记或村主任作为金融协调代表，同时，每个组织还会有一名专门的金融联络人。金融机构方面，客户经理或支行行长将作为金融"村官"，深入乡村，与村干部共同参与乡村治理。这种分层的管理结构旨在确保政府和金融机构能够有效地了解并满足农村的各种服务需求，使得金融资源能更加精确地服务于农业、农村和农民。这种紧密合作的模式不仅为乡村发展注入新的动力，也是推动农村经济持续繁荣的关键。

（二）在贷中将信用转化为可量化的"特殊资产"

农户信用的核心价值体现在其对将来收益的预期上。拥有高信用评分的农户，因其出色的信用记录，更有可能持续获得金融支持。信用价值是一个包含多个维度的体系，它不仅仅关乎经济方面的收益，还涉及伦理、规则遵守及社会价值等多个层面。

1.信用的价值体系四要素

信用在经济领域的价值主要表现在拥有高质量信用的经济实体能获得实质性的经济利益。政府在农村地区增加了对农业的金融支持，并持续优化农村信用系统的发展。这意味着信用的价值不再仅仅局限于伦理和社会层面，而是扩展到了经济领域。例如，农民借助良好的信用背景，能够以更优惠的利率获得贷款支持，这样不仅降低了筹资成本，还能增加经济收益。信用的伦理价值是经济价值的内在延续和外在补充。它是经济活动中不可或缺的一部分，就像是经济价值的一个自然延伸和必要补充。在乡村治理中，信用价值的融合不只是为了经济利益，更重要的是，它在不知不觉中提升了我们对信用的道德和价值观念。在中国的乡村地区，村民对信用评价和道德伦理的重视是由来已久的。村干部通过激励诚信行为和惩罚失信行为，有效地提高了信用的伦理意义。因此，在建设农村信用体系时，伦理价值和法律约束相得益彰，共同构成了一套有效的双轨信用准则。这套准则旨在通过伦理道德和法律法规的双重作用，促进健康的信用体系发展，并确保信用体系的稳定和公正。信用规则的价值通过不断的传承和认同，成为农村社会价值的一部分，并为形成统一的乡村治理体系奠定了基础。

从更广泛的视角来看，信用的社会意义可以从两个维度进行探讨：宏观和微观。在宏观范围内，信用的价值体现在其对社会基本行为规范的影响，以及它在减轻社会关系中不确定性方面的作用。而从微观角度出发，个体信用成为他们在社会中实现个人价值的基石。一个人的良好信用不仅是他站稳社会地位的基础，而且是社交互动的入场券和实现个人目标的关键。总的来说，信用价值的这些层面紧密相连，相互补充，共同构建了一个关于乡村信用价值的全面而统一的理论体系。

2. 构建诚信为主的信用评价体系

传统银行贷款模式常常要求借款者提供如抵押物证明、充足的收入流证明等多种文件，这种模式对于乡村中的低收入群体来说，通常是一个不可逾越的障碍，因为他们往往无法满足这些条件（参考何广文等，2018 年的研究）。然而，一个将信用视为核心评估因素的新型贷款评级制度，能显著提高信用的比重，使之成为评级决策的关键。这种以信用为核心的评估方式不仅降低了农户获取贷款的门槛，而且还摆脱了传统模式对"重资产"的依赖。如此，一个优良的信用记录就能成为获得贷款的关键资本，实现了"良好信用即可轻松贷款"的目标。近年来，随着国家对乡村信用体系建设的积极推动，中国的乡村地区在这方面已经取得显著成效。乡村信用体系的发展不仅在道德和社会层面发挥作用，更扩展至经济领域，如获得信贷资源等。在这一新框架下，农户可以依靠良好的信用记录持续获得贷款支持。乡村信用体系将精神和物质、道德和经济紧密联系起来，使金融资源更倾向于拥有"信用资产"的农户。在现代乡村信用体系的指导下，良好的信用不仅是涉农经济体的"无形资产"，更是推动农村经济发展的关键因素。

3. 信用变资产的实现路径

基于信用的价值分析及我国乡村地区发展的实际情况，在与乡村治理结构有效衔接的背景下，通过"熟人社会"等非正式制度安排，农户的信用资质能够以量化、可视化的方式转化为"特殊资产"，从而获取银行等金融机构信贷支持。

信用变资产需要两方面作为支撑：首先，开展信用评级。农户信用得分的高低和信用得分对应的信用等级，需要通过信用评级来决定。因此，乡村地区需建立完善的农户信用评级组织体系。建议由政府牵头，人行参谋，银行作为评级主体，并协调村干部、村民代表等人员统一开展农户信用评级工作。信用评级指标需根据家庭基本情况、资产状况、诚信评价等量化评分，实行信用评级动态管理，定期根据农户情况变化更新信用等级。农户依靠信用等级获取信贷资金支持，要求强化对信用评级机构的监管，确保信用评级结果真实、透明，公正的信用评级结果是信用变资产的现实基础。因此，或可将农户信用评级结果报送当地农业主管部门审查备案，以实现农户信用评级结果的公开透明和社会认可，强化评级结果的公信力。其次，信用变资产需要信用评级结果的实际应用。如果农户的信用评级结果难以在现实中使用，农户的信用价值则难以体现。在实际操作中，部分地区出现较多银行间互不认可农户信用等级的现象，这可归因于各家银行信用评级标准和风控制度的差异。实现区域内农户信用评级结果的共享共用，是实现农户信用价值运用的途径之一。要充分发挥乡村信用体系建设过程中"政府主导、人行推动"作用，建立辖内农户信用评级统一标准，在政府层面形成农户信用评级结果共享机制，提升农户信用价值的运用程度。

（三）在全流程做好信贷风险管控

做好"整村授信"全流程的风险管控，需要从强化事前风险防范、建立风险补偿金、稳妥处置不良贷款三方面协同推进。首先，对于事前的风险防范，商业银行总行层面要形成"统一授信、审贷分离、分级审批、权责分明"的信贷运行机制，实行贷款行业管控和客户限额的交叉控制，严控新增大额贷款，杜绝多头授信和关联互保，从源头上杜绝新的"出血点"。科技上要推进信贷风险预警系统建设，全面推广客户风险反欺诈和关系图谱功能，实时甄别、预警客户欺诈行为，建立信贷业务风险监测系统，通过设置停牌预警线，对贷款不良率触线机构进行停牌整改。支行层面要遵循分级授权、分层审批的原则，综合客户类型、贷款品种、授信额度、风险管控水平等因素，审慎授权涉农支行（网点）的信贷审批权限，合理把握营销获客与风险防控的平衡点。

其次，金融机构要与相关部门联合建立风险补偿金和贷款保险机制。以银行为例，建议银行与各县区财政局、乡村振兴局等相关部门签订《贷款风险补偿基金合作协议》，建立贷款风险补偿金，各机构按照当地金融条件放大贷款规模，当信用贷款出现损失后，按照一定比例由政府部门和银行共同承担贷款损失。此外，鼓励银行与保险公司合作，推行助农信贷保险产品，由财政资金向农户补贴保费，保险公司按照保本微利的经营原则，最大限度为金融贷款提供保险服务。

最后，金融机构要形成稳妥处置不良贷款的持续性工作机制。建议金融机构与当地政府相关部门联合成立"农村不良贷款清收小组"，深入各乡（镇）清收不良贷款，形成全民抵制恶意逃废债行为的高压态势。此外，要区别对待不良贷款，对确因非主观因素不能按期偿还贷款的农户，应帮助其办理贷款展期或转贷；对通过追加贷款能帮助农户渡过难关的情况，应追加贷款扶持，避免因债返贫。

四、推广"整村授信"面临的问题

（一）缺乏相关政策和文件指引

我国目前面临的一个主要挑战是信用相关的法律法规更新缓慢。虽然有国务院的《征信业管理条例》和中国人民银行的《征信机构管理办法》《个人信用信息基础数据库管理暂行办法》等法规，但这些法规不足以支撑当前信用体系建设的快速发展。特别是随着信用信息收集范围的扩大，覆盖了电信、租赁、雇用及身份欺诈等多个经济社会方面，现行法律尚未对不同类型的信用信息做出明确的区分和处理规定。此外，由于缺少高层次法律的指导，信用监管的基本制度和规范标准还未形成完整体系。这导致了地方和部门间的信用监管标准不一，监管政策各行其是、缺乏系统性。以北京市为例，关于信用制度和信用体系的地方性法规、指导性文件相对较少，尤其是关于"整村授信"业务的规范性文件和指导方法还未发布，这种缺乏明确政策和文件指导的现状不利于"整村授信"业务的实施和落地。

（二）信息孤岛问题依然存在

在我国农村地区，信息孤岛现象相当普遍。为了铺设一个全面的信用信息网络，金融机构等需要汇集信用相关的综合数据。目前，这些与农业相关的信用信息分布在不同的金融机构、网络企业、国有企业以及政府部门。这种数据分散现象导致了一个普遍的问题：

机构之间缺乏数据共享意愿，恐惧和能力不足，从而导致海量数据分散在不同的系统和机构中，形成所谓的"信息孤岛"。

许多机构视数据为关键资源，认为数据是获取客户和市场竞争力的关键。他们认为共享数据可能会削弱自己的竞争力，因此在数据共享上持保守态度（Jones and Tonetti，2020；李三希等，2023）。而从"不敢共享"的角度来看，信用数据可能涉及个人隐私、商业秘密，甚至国家安全等敏感信息。因此，数据共享可能会带来法律风险，这在实际操作中成了数据共享的障碍。当前，我们面临的一个主要问题是法规体系的不完备性，特别是在数据合法使用方面存在不明确的区域。考虑到数据共享的限制，不同机构因发展阶段和规模差异而面临数据接口不一致的问题，进而导致数据无法有效互通。这一点在阻碍数据开放共享的同时，也造成了数据资产的碎片化和技术层面的障碍。以金融服务于农村地区为例，金融机构依赖乡村的基本信息数据来定位客户和扩展服务。然而，由于现有的征信系统不能完全涵盖银行的所有贷款客户（王馨，2015），加上农户信息的不完整和不精确，以及数据收集和维护的高成本和低质量，金融支农服务的质量和效果受到了影响。政府部门虽然掌握了大量的农户数据，但出于合规性和部门利益考虑，这些数据很少被提供给金融机构，从而导致信息孤岛的问题依旧存在。即便在某些地区建立了乡村信用征信平台，但各部门对该平台的数据维护和更新缺乏积极性，使得平台数据逐渐失去其使用价值。

（三）信贷风险分担机制尚不完善

目前，针对信贷风险的分担机制存在一定的不足之处。在传统模式下，信贷风险主要由商业银行等贷款机构承担。政府为了激励这些机构支援农村地区及经济较弱的群体，采取了风险补偿金和担保基金等措施与银行共同分担风险。然而，这些措施在设计上往往采取固定比例，缺乏灵活性和对各方权责、利益平衡的考量。特别是在县级政府财力不足、筹资能力有限及风险补偿受限的情况下，商业银行往往持谨慎态度，缺乏积极参与的动力。此外，目前农村信贷和保险机构间尚未形成有效的配套合作，如融资与保险机制。农业信贷和保险产品的种类相对有限，与实际需求不完全吻合，这也限制了农业保险在为信贷提供风险保障方面的效果。因此，乡村信贷业务的风险分担机制亟须改进。

（四）乡村人群对与金融机构建立的信用关系重视不足

从调研情况来看，大多数农户还秉承着农村传统、非正式的信用制度，"有借有还、再借不难"的信用价值意识在农民群体中根深蒂固。同时，在农村"熟人社会"的环境下，一旦农户发生失信行为，伴随的是农村邻里间闲言碎语的快速传播和断绝信贷关系的惩罚，致使农户的失信成本较高，这也是农村民间借贷发展迅猛、还款率较高的重要原因。然而，农村地区非正式信用机制与薄弱的现代征信制度形成两极分化，农户非常看重民间非正式借贷所形成的信用关系，而对与金融机构建立的信用关系则重视不足。农户对交往密切的熟人，农户能清楚意识到良好的信用记录是再次借贷的基础；但面对银行等金融机构时则无法意识到信用价值的重要性，信用意识亟待提高（崔晓芳，2023）。

（五）金融机构服务能力需提升

一方面，部分银行科技信息化程度低，信息准确性较差。从针对银行业金融机构的调研情况来看，商业银行的科技信息化程度较低。部分银行仍依靠信贷员进村入户的方式采集农户信用信息，相比自动化的信息收集系统，速度较慢，获取信息存在一定的时间差。另一方面，农村金融资源供给质量不足。首先，农村高素质金融人才供给不足。农村金融机构大多分布于农村地区，工作条件、基础设施等硬件相较分布于城市的金融机构比较落后，现有金融制度安排和福利保障使农村地区较难吸引并留住高学历、工作经验丰富的优秀金融人才。其次，农村金融服务供给不足。科技力量的薄弱使得农村金融的服务方式相比城市较为落后，繁杂的贷款手续使农户难以得到优质的金融服务，部分落后地区难以触达便捷的移动金融终端，农户办理金融业务需付出较大的时间成本。再次，农村金融创新供给不足。农村金融机构的业务范围较为狭窄，除金融结算和少数乡（镇）开通了代收水电费等中间业务外，代销国债、基金等科技含量稍高的金融业务在农村地区较为匮乏，难以满足农村多层次的金融需求。

五、推广"整村授信"的对策建议

（一）建议明确"整村授信"工作的主管部门和支持协同部门，加强农村信用体系建设

有关"整村授信"项目，建议明确主导和协助部门的角色。为加强农村信用体系，应深化各相关部门之间的责任划分，确保角色清晰。首先，建议设立一个农业部门主导的定期协商机制，创建一个常态化的策略制定平台，协同制定乡村信用发展的核心政策。鼓励地方机构进行信用评估，包括信用户、信用村和信用乡镇，以实现对农村地区信用等级的全面评价。此外，应指导金融机构将农业主体的管理经验和发展潜力纳入特色信用评估体系，从而推动农村金融服务从传统的以抵押为主向更多元和创新的方向发展。其次，政府各级部门应提升政策重视程度，确立乡村信用体系建设的战略规划，明确在农户信息收集、处理、共享和监管等环节的具体职责和目标。各单位应将其责任具体化，并与政府绩效考核相结合。最后，建议由工信部门领导，建立农户信用信息共享平台，解决银行与农户间的信息不对称问题，提高对信用良好农户的精准支持。通过统一的数据接口和在保护隐私的前提下，建立农户信用信息间的共享机制，这将增强信息透明度，促进金融资源的精准配置。

（二）建议通过政银联动建立"三农"综合信息库，银行利用科技手段做好"整村授信"工作全生命周期管理

各地的农村信用体系建设仍有待优化和提升，政府的数据平台和金融机构信息平台缺乏共享机制，因此，建议通过形成"党建引领、政府主导、人行协助、多方参与"的方式打通农村数据孤岛，加强多方数据整合，建立可供多方实时更新和使用的"三农"综合数据库，建立"金融机构申请——农户授权——信息库调取相关词条——数据不出库只出结果"的数据库使用原则。通过完善农村信用体系，降低"整村授信"因信息不对称带来的系统性风险。金融机构在"整村授信"建设过程中，要充分发挥金融科技对信用体系的支

撑作用,将大数据、机器学习等金融科技手段应用于"整村授信"的全生命周期之中。在传统模式下,收集农户信用信息主要依赖人工操作,这不仅成本较高,而且更新效率有限。此外,旧式征信系统在数据整合和实时更新方面存在明显短板,使得对农户信用风险的评估大多依赖过时数据。然而,随着互联网和移动通信基础设施的不断优化,乡村地区的信息采集条件得到显著改善。特别是大数据和区块链技术的发展,为收集和处理农户信用信息提供了新的可能。农村网络消费人群的增长也为这些技术的应用奠定了数据基础。在构建"整村授信"体系的过程中,大数据技术以其快速处理和低学习成本的特点脱颖而出。而区块链技术则在共享和保护信用信息方面展现出其独到之处。

(三)强化乡村信用主体的信用意识

一是要认识到培养乡村信用主体信用意识的重要性。通过多渠道、多媒体资源等提升对"整村授信"的宣传力度,培养农民自主信贷意识。对于有意参与"整村授信"的农民,商业银行应立即进行评估,对合格者实施成功授信并发放"整村授信"贷款,以提高农户对金融机构的信任度。二是需要激发那些尚未参与"整村授信"的个体内在的动力。为了实现这一目标,可以提供更多关于财富增收技能的培训,同时通过分享更多成功的致富案例,让这部分人看到不同的致富途径,提高他们对于收入增长的希望和动力。此外,为了确保这些个体拥有切实可行的资金投资方向,金融机构的贷款资金支持也显得尤为重要,只有这样,农民才能更快地实现过上更好的生活。

(四)重视信用修复机制建设

信用的恢复不仅关乎失信者能否迅速摆脱负面效果,也对"整村授信"计划的实施产生深远影响。为了确保信用恢复机制的有效性,必须明确规定其适用的特定对象和修复的具体内容。首先,关于适用对象,不是所有失信行为都符合信用恢复的条件,仅适用于那些失信程度较轻或普通的案例。其次,在信用修复内容上,应包括两方面:一是修复因失信行为而破坏的社会关系和秩序,这可能要求失信者采取纠正措施,如支付罚金或滞纳金等;二是对失信者个人的修复,通过普及信用知识、优化乡村信用环境等方式,增强其诚信意识,引导其主动形成对诚信的法律理解。

(五)完善信用奖惩机制

建立健全乡村信用体系,推进"整村授信",解决农户融资难、融资贵的问题需要采集农户大量的基础信息,对农村百姓的配合程度要求较高。向农户传递"守信激励、失信惩戒"的信息能够使农户认识到信用对于获得贷款、促进生产发展、实现脱贫增收的重要性。对于金融领域而言,对待信誉高的农户,不仅要实行一些优惠政策如增加信贷额度和降低贷款利率,还需对那些故意失信的人士实施道德上的谴责,并采用更为严格的手段限制他们获得贷款的机会,必要时甚至通过法律手段进行制裁,这是为了彻底遏制不守信用的行为。与此同时,农村信用体系的奖惩机制亟待完善,致力于培养一种积极的信用文化,即重视信用为荣,忽视信用为耻。这样可以鼓励农民自觉遵守良好的信用规范,比如"借贷守时,再借不难",从而推动乡村信用体系的健康发展。此外,金融机构可将农户的信用度与其所在村庄或乡镇的整体信用评级相联系。这意味着,一个农户的不良信用行为可能会影响到整个村庄的信用评分。如果一个村庄或乡镇的违约率超过了既定标准，金融机构可以暂停向其提供贷款，直到违约率下降并保持在一定水平一段时间后，才能恢复贷款。通过这种方式，对守信行为给予奖励，对失信行为实施惩戒，使社会各界都能在乡村信用体系建设中有所收获，并将这种成效转化为实际的成果。

课题负责人：张英洪、陈奕捷
课题责任人：林子果
课题组成员：陈艺曦、刘冉
执笔人：林子果、刘冉

"政银担"农房贷款实施路径研究

农房改造建设是乡村振兴和生态宜居的重要内容，也是实现农村经济高质量发展的重要方面。中央和地方各级政府高度重视农房改造工作，相继出台多个政策予以指导。2021年，住房和城乡建设部、农业农村部、国家乡村振兴局联合印发了《关于加快农房和村庄建设现代化的指导意见》（建村〔2021〕47号），从提升农房设计建造水平等12个方面对农房和村庄建设工作提出要求。2023年，中国人民银行、国家金融监督管理总局、证监会、财政部、农业农村部《关于金融支持全面推进乡村振兴加快建设农业强国的指导意见》（银发〔2023〕97号）指出要"建立完善多层次、广覆盖、可持续的现代农村金融服务体系"，"优化和美乡村建设金融服务"。

乡村振兴离不开金融的支持，农房改造的金融需求尤为突出。北京市作为首都，有着特殊的城乡结构和发展需求，其农房改造工作也有其自身的特点和规律。为了深入了解北京市农房改造工作进程，推动北京市农村建设、乡村振兴工作全面展开，调研组深入北京市部分地区进行问卷调查、座谈采访、入户调研等实地调研方式，对北京市农房改造现状进行了全面分析。本文旨在总结北京市农房贷款的供需现状及遇到的瓶颈，并提出有针对性的解决方案——"政银担"农房贷款实施路径。

一、基本情况

（一）"政银担"模式介绍

1. "政银担"模式的内涵。"政府＋银行＋担保"（以下简称"政银担"）模式是指政府、银行和担保公司多方协作，共同为农户提供信用担保贷款的创新模式。"政银担"模式中，政府是支持政策的制定者，也是信息的提供者和监督者，政府的参与有效缓解了借款人和金融机构之间的信息不对称，并起到了监督还款的功能；银行是贷款的发放者和金融服务的提供者，同时也参与贷款的审批授信环节，合理把控贷款环节的金融风险；担保公司是风险的分担者和管理者，担保公司的参与放大了商业银行信贷规模，更大程度地满足不同金融主体的多种需求，同时也通过风险承担降低银行面临的信贷风险，进一步扩大了金融服务的覆盖群体。由此可见，该模式下，政府、银行和担保公司三方共享信息资源，共同管理信用风险，权责分明、优势互补，有效提高金融服务的广度，支持难以获得传统贷款的借款人获得信贷。

2．"政银担"模式的特点。"政银担"模式克服了传统金融业务中商业银行独立承担风险的贷款困境，有效缓解了农村地区因缺乏信用信息和合格抵押品而导致的农村信贷市场的低效问题，具有风险分担、政策导向、杠杆效应和普惠金融等特征优势。一是"政银担"模式实现了政府、银行和担保公司的有机结合，构建了三方风险共担的机制。政府通过出资设立担保基金，承担部分风险损失；同时，担保公司为贷款提供担保，成为信用贷款的主要风险承担者。这种风险共担的机制，不仅降低了以往商业银行单独承担风险的压力，也提高了整个农村金融体系的稳健性。二是"政银担"模式具有较强的政策导向性。2015 年，国务院出台《关于促进融资担保行业加快发展的意见》（国发〔2015〕43 号），将"三农"融资担保界定为准公共品，将其纳入普惠金融体系，鼓励构建省级、地市级政府性融资担保机构。据此，地方融资担保公司不断强化农村金融责任担当，在推动地区经济发展、促进金融服务发展等方面发挥积极作用。三是"政银担"模式具有杠杆效应。通过政府出资引导，可以撬动更多的银行资金和社会资本进入担保领域，放大担保资金规模，进一步满足农村经营主体的融资需求。

3．"政银担"模式的应用。实践中，国内农村"政银担"模式创新步伐加快，形成了如四川省"政银担企户"五方联动财金互动工程、山东省"政银担 + 产权交易中心"贷款模式，以及安徽省"4321"新型"政银担"合作模式等。其中，安徽模式是发展较早、较为典型的模式：这种合作模式将原本由融资担保公司承担全额代偿风险、政府补贴融资担保公司的传统模式，转变为多方共担风险的模式。由地市级担保机构、省再担保机构、合作银行、地方政府分别按照 40%、30%、20%、10% 的比例承担信贷风险，即"4321"，减轻了融资担保公司的风险压力，提高了其为农村金融提供融资担保服务的积极性和能力。

（二）"政银担"模式的意义

1．缓解信息不对称，弥补银行和担保机构信息不足的问题。受限于交易双方天然存在的信息不对称难题，"政府 + 银行 + 担保"的创新模式有效打通了传统授信模式的信息壁垒。一则基于地缘、人缘优势的信用信息甄别机制，基层政府可以低成本准确获取农户信息；二则基于政府认证的信号传导机制，政府通过推荐借款人同时向银行和担保机构传递了积极信号；三则基于社会关系的监督和激励约束机制，基层政府可以通过手中的行政权和信息公开权约束借款人积极还款。

2．缓解小微企业和"三农"的融资难、融资贵问题。通过政府参与金融授信，优化合约流程、降低交易成本。一则政府批量推荐借款人并提供资料，降低了银行和担保机构的信息搜集成本；二则政府对借款人的监督又节约了银行和担保机构的监督成本；三则政府监督有效降低了借款违约率，且政府提供的协助追偿、协助共同设立反担保物处置渠道或机制等服务也有效降低了违约处理成本。

3．完善风险分担机制，有效防控金融风险。"政银担"模式建立了多层次的风险分担和补偿机制，形成了政府、银行、担保公司、再担保公司等多方共担风险的良性格局，有效分散了单一主体的风险，提高了风险应对能力。一则发挥政策性融资担保机构的风险分担作用，既缓解商业银行信贷风险，又扩大信贷业务规模；二则通过再担保进一步分散担保机构承担的金融风险，降低自身风险敞口，提高"政银担"模式的可持续性；三则适当引入政府参与风险补偿，充分发挥"财政＋金融"模式对国家重点领域的引导作用。

二、北京农房贷款供需情况分析

（一）需求分析

1. 宏观层面分析。政策导向＋发展目标，农房改造贷款需求持续增长。北京市作为首都，其农村住房条件与城市住房条件存在较大差距，农村住房普遍存在老旧、破损、不安全、不节能等问题，亟须进行改造提升。根据《北京市国民经济和社会发展第十四个五年规划纲要和2035年远景目标纲要》，北京市将实施乡村振兴战略，加快推进农村人居环境整治，实施农房建设质量提升工程，有序开展提升改造，保留乡村特色风貌。同时，《北京市"十四五"时期乡村振兴战略实施规划》提出，到2025年，全市农村人居环境整治任务全面完成，美丽乡村建设取得重大进展。因此，在政策导向和发展目标的推动下，北京市农户对于农房改造贷款的需求将持续增长。

进一步地，《北京市2022年国民经济和社会发展统计公报》显示，2022年北京市共有乡村人口近271.5万人。结合调研组对北京市农业融资担保公司昌平分公司进行的座谈调研，2023年下半年，昌平区计划改造农房的农户约3000余户。与此同时，调研发现农户具有隐藏真实想法的倾向，只有确定了资金来源并做好一切建房准备工作的农户才会对外公布建房计划。因此，以上数据只能反映计划2023年下半年开工建房的农户，可能遗漏了短期内有建房意愿但存在资金困难的农户、长期内有建房意愿但尚未制定明确建房计划的农户。由此可见，北京市农房改造需求非常旺盛。

2. 微观层面分析。消费观念升级，农房改造需求更为迫切。不同的消费观念会影响农户对于农房改造的动机、目的和方式。根据调研了解，目前多数农户农房改造的目的是提高生活质量，他们出于"原有房屋老化"、"子女结婚"、"家庭人口增多"等因素，希望通过农房改造提高住房条件和居住舒适度。同时，也有部分农户更重视经济效益，希望通过农房改造增加住房价值和收入来源。无论是自住还是他住，更高的农房质量要求必将引出广阔的资金需求。

另一方面，农户收入水平尚不足以覆盖农房改造资金，引出农房改造贷款需求。根据《北京市2022年国民经济和社会发展统计公报》，2022年北京市城乡居民人均可支配收入分别为84023元和34754元，城乡居民收入比为2.42：1。虽然北京市农村居民收入水平在全国处于较高水平，但与城市居民相比仍有较大差距。同时，调研数据显示，农房改造所需资金在几十万元到近百万元之间，这与农村居民收入相去甚远，多数农户无法完全使用自有资金完成农房改造，资金缺口较大。由此，农房改造需要借助金融机构的贷款支持。

（二）供给分析

1. 农房改造贷款供给总量不足。数据显示，2022年末，北京市贷款余额97819.9亿元①，其中涉农贷款余额 4401 亿元②，涉农贷款占比 4.50%；而同期全国涉农贷款占比为 23.02%③。北京农房贷款的供给更是少之又少。调研数据显示，全市有北京农商银行、北京农担、新华村镇银行、北京银行四家金融机构推出了五款农房贷款产品，分别是新居民（消费）贷、新居民（经营）贷、乡村宜居贷、安农贷、万院计划，其中仅有三款支持自住房建设。以北京市农村融资担保公司的"乡村宜居贷"产品为例，截至 2023 年 8 月末，该产品农房担保贷款累计担保发生金额 4170 万元，服务北京农户 135 户，占比最高的昌平区也仅为 80 户，农房改造存在巨大的供给缺口。可见，当前北京市农房改造信贷供给相对不足，契合农户特点和需求的信贷产品有待丰富。

2. 农房改造贷款供给效率不高。尽管金融机构在信贷申请渠道、审批流程等环节进行了简化创新，但调研了解到，还有绝大多数农民认为获取金融服务的路径过于复杂，授信效率仍有待提升。此外，由于提供农房改造贷款的机构多为地方性金融机构，与股份制商业银行、国有银行等相比面临较大的资金成本压力，再加上农村地区产品宣传推广需要耗费较大的人力物力，导致这些金融机构在产品服务上不具有竞争优势，经济效率也有较大提升空间。

三、"政银担"农房贷款的主要做法

（一）加强政策端保障，引领农房改造规范发展

北京市积极响应国家乡村振兴、农房改造工作号召，高度重视市内农房改造工作，相继出台了一系列政策予以引导和支持。2020 年，北京市人民政府印发《北京市人民政府关于落实户有所居加强农村宅基地及房屋建设管理的指导意见》（京政发〔2020〕15 号），从村庄规划、申请条件、建设管理等层面对北京农房改造进行了规范。同年，北京市农业农村局与北京市规划和自然资源委员会、北京市住房和城乡建设委员会联合发布《关于进一步加强和规范农村宅基地及建房审批管理的通知》（京政农函〔2020〕59 号），规范农房改造审批建设，提出农民申请宅基地建房或者利用原宅基地进行翻、改、扩建等都需要经过村民申请、村委审核、乡镇政府审批程序。2021 年北京市农业农村局、北京市发展和改革委员会、北京市财政局、北京市规划和自然资源委员会、北京市住房和城乡建设委员会联合发布的《北京市农村住房质量提升试点建设工作方案》（京政农发〔2021〕97 号）提出，在农房建设过程中要有效整合政府资金与社会资本，强化资金支持。

同时，各区级政府也相继出台多项政策建议，为区内农房改造建设工作做出规范性引导与保障。以昌平区为例，2021 年，昌平区政府印发了《农村宅基地及房屋建设管理

---

① 资料来源：《北京市 2022 年国民经济和社会发展统计公报》，https://www.beijing.gov.cn/zhengce/zhengcefagui/202303/t20230321_2941262.html.

② 资料来源：《北京地区金融机构 2022 年通过利率下降向实体经济让利超 400 亿元》，https://jrj.beijing.gov.cn/jrgzdt/202302/t20230213_2915626.html.

③ 资料来源：《2022 年四季度金融机构贷款投向统计报告》，https://jrj.beijing.gov.cn/jrgzdt/202302/t20230206_2912168.html.

办法（试行）》（昌政发〔2021〕5号），专门对本区农房改造建设予以规范。昌平区还制定了《北京市昌平区农村宅基地制度改革试点工作清单》，对农村宅基地、农村房屋各项方案任务进行了具体规划，并匹配工作组进行牵头推进，深化政府参与农房改造的权能与作用。

（二）创新银行端服务，为农房改造引入金融活水

一是配套定制金融产品，满足农房改造多样化需求。根据调研，各地金融机构在提供农房改造贷款时，都结合当地发展情况，创设农房改造贷款产品，提高了贷款供给适配性。以昌平区为例，北京市农业融资担保有限公司联合北京农村商业银行股份有限公司，创新推出了"乡村宜居贷"农房担保贷款，该产品具有"政银担"模式的典型特征。一方面，"乡村宜居贷"，要求农户提供《农村宅基地和建房（规划许可）审批表》或其他能够证明权属及改建合法性的政府证明材料，充分利用了政府对农房改造审批的准入信息；同时，根据调研了解，该产品的客户经理还会尽可能通过村委会、村集体等方面对农户的信息进行全方位的搜集，进一步利用政府提供的信息降低农户与金融机构的信息不对称。另一方面，政策性担保公司的参与有效缓解了传统商业银行在农村领域"不敢贷"的难题，通过银行机构和担保公司的充分沟通协作、权责分明，发挥好贷款提供者和风险分担者的职能，有效扩大了昌平区农房贷款范围，加速当地农房改建进程。

二是加强宣传引导，提高金融服务覆盖率。根据调研组对北京市部分地区走访调研，农村居住人群以老年人为主，他们具有分散性、封闭性的特点，缺乏获得金融服务和产品的机会，也缺乏理解和使用这些服务和产品的能力，普遍存在金融排斥现象。对此，地方金融机构采取多种措施以缓解这一现象，扩大农房贷款覆盖广度。昌平区积极组建专业服务团队，深度把握当地深厚的资源优势和客户关系，加强对农民的宣传教育和技术指导。此外，通过加强客户互动，构建服务反馈机制，不断优化产品和服务，提高客户满意度和忠诚度，促进当地金融支持农房改造贷款工作顺利展开。平谷区内部分金融机构则采取扫街宣传的推广方式，下村下户整村走访，扫遍了全区超200多个行政村，加强农户对新华村镇银行金融产品与服务的认可与信赖，填补平谷区金融服务盲区。

三是优化服务流程，提升金融服务质量。针对农民金融素养不高的问题，金融机构在服务流程方面进行了优化和创新，提升了金融服务的质量和效率。以昌平区"乡村宜居贷"为例，据调研，当地农担公司和银行机构为便利农民申请农房贷款，简化了贷款申请材料和审批流程，逐渐打消农户嫌贷款操作麻烦、缺乏时效性等问题，提升客户的获贷体验。调研了解到，"乡村宜居贷"的审批一般一周内即可完成，授信流程较为高效。

（三）发挥担保端职能，放大农房贷款业务

一是提供信用担保，扩大服务范围。由于农户信用状况不佳，缺乏合格抵押物，导致难以获得银行机构的信贷支持，农房改造贷款供给不足。而"政银担"模式下，担保公司通过对农户进行信用评估，为农户提供适合其还款能力的信用担保，缓解了农户融资难题，有效扩大金融服务范围。如此，不仅可以满足农户的农房改造需求，也可以促进农村信用建设，提高农户信用等级，为农村金融发展打下良好的基础。担保公司参与的实践表明，"政银担"模式可以有效扩大农房改造贷款的规模，惠及更多的农户。根据调研，北京市农业融资担保有限公司昌平分公司在向昌平区农户提供农房改造贷款时，均采用信用担保的方式为农户提供贷款，同时，反担保措施也采取信用形式，从而最大限度地降低农房改造贷款的服务门槛。据统计，截至2023年8月，北京市农业融资担保有限公司昌平分公司已向昌平区80户农户发放农房改造贷款，是北京市农业融资担保有限公司发放最多农房改造贷款的分公司。

二是分散融资风险，降低贷款成本。商业银行一般以高利率弥补高风险贷款可能产生的违约成本，挫伤农户申请金融服务的积极性。担保公司的引入能够分散商业银行的经营风险，降低对农户的利率要求，从而达到降低贷款成本的效果，为农户提供更低价优质的金融服务。调研组在昌平区访谈的5户农房改造贷款案例，北京市农业融资担保有限公司昌平分公司联合北京市农村商业银行北京分行为当地农户农房改造提供了价格低、规模较大的贷款服务。一方面，调研了解到，五个农户的农房改造施工总价款由低到高分别为43万元、48万元、50万元、58万元、80万元，而"乡村宜居贷"的贷款额度最高可达50万元，基本能满足施工总价款。另一方面，"乡村宜居贷"的贷款期限较长，除一家农户因不想支出过多利息而采取5年期外，其余农户均采取10年期贷款期限，且这些贷款的借贷成本相对低廉，贷款利率均为4%，担保费率为0.6%。

四、开展"政银担"农房贷款遇到的瓶颈

目前，还有一些亟须突破的瓶颈制约了"政银担"农房贷款的发展。根据开展"政银担"农房贷款的主要做法，分析出面临的主要瓶颈，分别是信用风险较高而且化解途径有限，信息流动不畅导致交易效率较低和服务水平较低，产品灵活性较差。

（一）信用风险较高，化解途径有限

农房贷款信用风险较高，然而现有"政银担"农房贷款产品缺乏有效的信用风险化解途径。由于拟改造的农房用于自住、难以成为合格的抵押品，因此农房贷款具有较高的信用风险。尽管"乡村宜居贷"等"政银担"农房贷款产品通过引入担保机制的方式在一定程度上降低了信用风险，但是由于缺乏进一步化解信用风险的有效途径，农房贷款的准入门槛依然较高，在实践中只覆盖了相对优质的农村客户。由于农村客户普遍具有年龄偏大、还款资金来源单一、无可提供反担保物、资产较少、抗风险能力较弱等特点，因此担保的引入不能充分降低其信用风险。尽管在申请条款上没有标明，但实践中"乡村宜居贷"仍以客户是否拥有稳定的工资性收入作为贷前审查的主要标准。虽然"乡村宜居贷"将"拥有稳定工资性收入"的条件放宽到借款人子女等直系亲属，但仍排斥了大多数的潜在客户。此外，金融机构也难以通过提高贷款利率和担保费率的方式降低信用风险。现有的"政银担"农房贷款的利率和担保费率之和为4.6%，已接近北京商品房商业贷款4.75%的利率，更高的资金使用成本难以被农户所接受；目前"政银担"农房贷款

的最长期限为十年，低于最长二十五年的商品房贷款期限。因此，难以化解的信用风险阻碍了"政银担"农房贷款的推广。截至 2023 年 8 月末，"乡村宜居贷"累计服务北京农户仅 135 户。

（二）信息流动不畅，交易效率较低

农户与金融机构之间信息流动不畅，严重的信息不对称阻碍了交易效率的提高。一是金融机构获取农户信息渠道有限。信用风险较高的农房贷款尤其需要金融机构获取充分的农户信息以进行贷前审查。然而农户具有分散性、封闭性、信用信息不完善等特点，很多农户依然是"信用白户"，与金融机构之间存在着严重的信息不对称，金融机构获取农户信息的渠道比较有限。目前，除传统的信息获取方式外，现有的"政银担"农房贷款产品通过获取政府审批的建房文件在一定程度上补充了农户贷款用途的信息，但对于农户的还款能力等信息仍缺乏有效的获取渠道。二是农户获取"政银担"农房贷款产品信息的渠道有限。农户对了解"政银担"这种新型的贷款模式有着天然的信息需求，然而目前"政银担"农房贷款产品的宣传渠道比较有限，制约了产品的推广。因此，信息流动的不畅通加剧了信息不对称，造成了市场效率的低下。据"乡村宜居贷"的工作人员介绍，目前最大的问题是"产品找不到客户，客户也找不到产品"。

（三）服务水平较低，产品灵活性差

现有的"政银担"农房贷款产品存在服务水平低、产品灵活性较差的问题。农房贷款较高的信用风险和难以提高的利息费用导致其商业利润较低。在缺乏有效的商业激励下，金融机构难以提高"政银担"农房贷款的服务水平，并导致产品灵活性差、可覆盖的潜在客户群体小。具体而言，在缺乏利润驱动的前提下，金融机构深入农村开展工作的频率显著降低。这一方面不利于已有客户获得更多贷后服务；另一方面也不利于金融机构了解潜在客户的需求，并进行个性化的产品定制。然而，由于缺乏金融知识、老龄化、缺少稳定工资收入等因素，农村客户相比城镇客户更需要贷后服务和个性、灵活的贷款产品。较低的服务水平和僵化的产品设计限制了"政银担"农房贷款在农村地区的推广。

五、政策建议

通过分析开展"政银担"农房贷款遇到的瓶颈，提出在现有"政银担"农房贷款产品的基础上加强政府参与、建立风险共担机制、完善制度设计，充分发挥"政银担"模式"共同参与、优势互补、权责统一"的比较优势，切实提高"政银担"农房贷款的可得性和普惠性。

（一）加强政府参与，突出比较优势

"政银担"模式相对其他贷款模式的核心比较优势是政府的参与和功能的发挥。现有"政银担"农房贷款中，政府的作用仅在于通过建房审批文件提供了有限的农户信息，本文认为政府应从以下方面加强参与，充分发挥"政银担"农房贷款的核心优势。一是做好模式的协调者。政府应牵头协调好政府、银行、担保三方的合作关系，帮助三方明确各自的权利、职责和义务，理顺"政银担"模式的运作机制，提高"政银担"模式的运行效

率。二是做好信息的提供者。政府应发挥自身的信息优势，降低农户与金融机构之间的信息不对称。政府应加强数据整合和数据开放，帮助金融机构获取更多农户信息。例如在贷款合约签订前，政府可以批量提供贷款人相关资料以降低银行和担保机构对交易对象及其相关信息搜集的难度。基层政府应基于地缘、人缘优势，用更低的成本获取准确的农户信息，通过向银行和担保机构举荐合格借款人等方式降低信息不对称。三是做好风险的化解者。首先，政府应加强对银行和担保机构的监督，确保农户能够高效地获得贷款和担保；其次，政府应借助自身优势与银行和担保机构共同开展贷后监督以及配合违约后的追偿工作，从而降低金融机构的监督成本。

（二）建立风险共担机制，降低信用风险

建立政府、银行、担保三方共同参与的风险共担机制有利于降低农房贷款的信用风险。建立风险共担机制是强化三方责任的主要途径。然而，现有的"政银担"农房贷款的信用风险高度集中于担保机构，银行有可能因为有担保机构的"兜底"而产生道德风险；担保机构也缺乏分散化解风险的有效途径，例如北京农担在"乡村宜居贷"产品中主要采用信用反担保的方式，高度依赖借款人的个人特质。建立风险共担机制可以将政府、银行、担保三方利益紧紧地捆绑在一起，在真正为建房农户提供融资服务的同时降低风险，实现多方共赢。具体途径如下：一是银行应完善贷前审查工作，并加大对担保机构的信息披露，从客户准入源头端降低信用风险。二是担保机构应根据不同客户的实际情况采取差异化的反担保措施，在满足借款人需求的前提下尽可能降低信用风险。担保机构应根据不同借款人的特征灵活使用多种反担保措施，例如应对有合格抵押品的农户采用抵押反担保、质押反担保，并适当降低担保费率，对缺少合格抵押品的农户采用信用反担保。三是政府可以通过直接承担部分违约风险的方式减轻担保机构的代偿压力，如设立风险补偿基金等；也可以通过间接的方式对担保机构承担的风险进行补偿，如提供税收优惠、费用补贴等，从而切实降低金融机构的经营成本和贷款风险。此外，建立风险共担机制应在坚持平等互利、合理让步原则的基础上合理确定风险分担比例，政府应在考虑自身政治目标的同时尊重银行和担保机构合理的商业目标；三方要树立大局意识和服务意识，在自身利益方面做出适当的让步，承担起应有的社会责任。

（三）完善制度设计，明确三方权责

现有"政银担"农房贷款模式中，政府、银行、担保的合作缺乏正式制度的规范，三方的权责尚未明晰。例如，"乡村宜居贷"中，北京农商行和北京农担虽然建立了较为紧密的合作关系，但缺乏明确的制度安排，尤其在权责分配方面缺少明确的协议规定；政府与银行和担保机构之间也未从制度上建立明确的合作关系。目前金融机构仅通过非正式制度等获取了政府提供的有限帮助，现有"政银担"农房贷款并未从正式制度层面将政府纳入进来。三方关系在正式制度方面的缺失可能为"政银担"模式的失效埋下隐患。由于缺少与政府合作的制度安排，政府所发挥的作用十分有限且难以持续。

因此，应加强现有"政银担"农房贷款产品的制定设计，具体包括合作运营制度、合作考核及退出机制等，明确政府、银行、担保三方的权责范围，理顺三方的协作关系，使

"政银担"农房贷款的平稳运行具备正式制度保障，确保"政银担"能够发挥"共同参与、优势互补、权责统一"的优势。

　　课题负责人：张英洪、陈奕捷
　　课题责任人：林子果
　　课题组成员：陈艺曦、黄丽
　　执笔人：林子果、黄丽

北京市农村金融服务顾问体系
建设试点工作报告

乡村振兴的推进，离不开金融"活水"的浇灌。党的二十大报告提出"全面推进乡村振兴，要完善农业支持保护制度，健全农村金融服务体系"。这就要求对金融服务乡村振兴进行全新思考、深入剖析，探索适合农业农村特点的农村金融服务体系。农村金融一直是整个金融体系中的薄弱环节，金融机构对这一领域的服务覆盖面小、渗透率低。因此，北京市农村经济研究中心（以下简称农研中心）谋划了北京市农村金融服务顾问体系建设试点一期和二期工作。通过对北京市农村金融服务体系的探索研究，从新制度、新方法、新队伍上下功夫，发挥金融机构在金融资源、人才团队、专业能力等方面优势，为涉农经营主体开展金融顾问的服务，切实畅通融资渠道，提升金融服务可得性，提高金融服务满意度，增强农民金融意识，改善农村金融环境，实现金融服务下沉到基层。通过两年的试点工作实践，基本形成了一个由政府组织统筹、北京农村产权交易所（以下简称北京农交所）具体实施、金融专家与金融机构高度参与的农村金融服务顾问体系。使得试点地区的农村金融顾问服务理念逐渐深入人心，农村金融产品不断丰富，农村金融服务覆盖率、可得性持续提升，涉农经营主体获得感、满意度持续增强，切实为农村的产业发展、金融机构业务在农村的下沉、助力乡村振兴贡献了力量。

一、试点工作背景和目标

2021年，北京市人民政府印发了《北京市"十四五"时期乡村振兴战略实施规划》（京政发〔2021〕20号），要求"完善农村金融服务设施，增强农村金融有效供给"。一直以来，农村金融服务的供给侧和需求侧之间存在信息不对称问题，迫切需要建立一个有效的服务体系来连接政府、金融机构和涉农经营主体，为涉农经营主体提供更丰富、灵活、便捷的金融服务。为此，农研中心开展了北京市农村金融服务顾问体系建设试点工作。通过在制度、方法、队伍等方面加强建设，提高农村基层对金融服务的满意度；通过让农村金融服务变被动为主动，解决供需两端错配问题；通过搭建一个完整的服务体系解决农村金融服务"最后一公里"的难题，从而提高涉农经营主体的融资获得感。

在试点一期工作中，通过搭建一座信息对称桥梁、打造一个金融顾问队伍、聚集一批农村金融服务专家、沉淀一批涉农经营主体、形成一个可复制的服务体系、探索建立一个可持续运营的信息化服务平台，初步构建起"农村金融服务顾问体系"运行模型。此外，农村金融服务顾问通过为试点地区1000个涉农经营主体开展顾问服务，采集各类涉农经营主体的生产、经营、资金和服务需求等数据，分析检验服务模式的可行性，深度挖掘了"陪伴式服务"的价值。

在此基础上，为了进一步丰富北京市农村金融服务顾问体系"血肉"，完善顾问体系建设工作和运行机制，切实做好涉农经营主体金融培育工作，强化农村金融数字化建设，提高专家和金融顾问服务能力，真正形成高质量"陪伴式"服务，在试点一期工作的基础上制定了《北京市农村金融服务顾问体系建设试点二期工作方案》。试点二期工作以"1+N"工作目标为切入点，延伸农村金融服务体系建设"末梢"，通过逐步落实"提升获贷能力和服务满意度，突出农村金融服务实效；加强队伍建设，提高农村金融服务质效；提升涉农经营主体的金融素质，进一步推动金融教育工作；通过机制引领，建立乡村振兴的金融创新体系；打造农村金融顾问数字化服务平台，助力北京数字乡村金融建设""N"个子目标，助推实现"完善金融服务体系，强化农村金融服务能力建设"1个总目标。此外，为了高质高效推进试点二期工作走深走实，在完成"N"个既定子目标的基础上，试点二期在外埠经验交流、金融机构走访、顾问工作推广等方面开展了相关工作。

二、试点二期工作主要做法

（一）融汇先进理念，共谋金融服务高格局

1.学习浙江"千万工程"，完善"北京模式"

"千万工程"是浙江省把党的创新理论转化为"三农"工作生动实践的先行示范。为了更好地学习浙江农村金融实践经验，把北京市农村金融服务顾问体系建设试点工作打造成北京学习浙江"千万工程"农村金融服务样板，试点工作组前期赴浙江省深入开展调研工作。通过与浙江省农业农村厅、浙商总会金融服务委员会、各金融机构座谈，了解了浙江省金融顾问制度建立的背景、运行机制、综合服务模式等，走访了安吉县示范村深入了解实践情况，归纳总结了其优秀的经验和做法，形成了《"金融顾问"引水开花，服务实体经济提质增效——浙江省金融顾问工作调研报告》。

通过调研对比浙江省金融顾问制度，能够发现北京市农村金融服务顾问体系建设试点工作在体系模型搭建、顾问工作职能、人员队伍建设、工作机制建立、配套设施保障、农村数字化建设等方面取得了一定的成绩，方向和建设内容没有出现失误和偏差，并结合北京地区农村金融环境发展现状，精准探索出了适用于北京农村地区的金融服务顾问体系建设模式，能够成为首都学习浙江"千万工程"农村金融服务样本，为北京市的"百村示范、千村振兴"工程贡献金融服务力量。

2.走访金融机构，助力试点工作高效发展

试点二期工作伊始，为充分发挥优秀团队示范引领作用，激发金融顾问服务热情，增

强金融顾问的职业荣誉感，持续推动试点工作向纵深发展，农研中心与北京农交所逐一走访各金融顾问派出机构，通过开展"荣誉送上门"活动，做好一二期承上启下衔接工作。活动现场，一方面为优秀团队、优秀顾问颁发了奖章，对金融机构和金融顾问在试点一期工作中的成果给予肯定；另一方面通过分享试点一期工作数据采集结果，围绕农村金融现状以及农村金融创新工作开展深入交流。本次活动的举办进一步明确了试点二期工作目标，各金融机构纷纷表态将大力支持试点二期工作，秉承农村金融服务顾问体系建设试点工作初心，当好政策宣传员、信息搜集员、融资服务员，做深做实农村金融服务。

（二）补短板强弱项，高标准完成工作目标

1. 提升获贷能力和服务满意度

（1）构建两大服务机制

为深化农村金融服务能力，夯实试点工作基础，确保顾问服务顺畅运行，北京农交所在试点一期的工作基础上，先后构建了服务信息匹配和服务信息反馈两大机制，通过机制引领金融顾问在试点二期工作中开展服务工作。服务信息匹配机制是指金融顾问在服务过程中按照"一一对应"原则，将试点一期服务过的涉农经营主体信息返还给原金融顾问，结合前期调研需求继续开展"一对一"服务，做好金融服务延伸，提高金融服务质量。服务信息反馈机制是指通过系统建立台账，将金融顾问服务过程及问题形成记录，实现动态监测与跟踪。这种方式可以及时详细获取反馈信息，对顾问服务质量及服务过程中存在的问题及时掌握，为后续强化农村金融服务能力奠定基础。

（2）丰富金融服务"工具箱"

为深入开展高质量"陪伴式"服务，充分利用政策性、数字化金融工具，为涉农经营主体提供有力度、有温度、有精度的服务，北京农交所进一步丰富了金融顾问服务的工具。一是加强了信息化部署工作。试点二期顾问服务工作本着"一一对应"原则，将试点一期金融顾问服务过的涉农经营主体名单及信息导入试点二期信息系统中，金融顾问登录信息系统后，可快速查看试点一期服务过的涉农经营主体情况，直接通过信息系统开展信息采集工作；二是设计了信息采集问卷及服务跟踪表。一方面通过开展服务收集涉农经营主体相关信息，为政府出台政策、金融机构创新产品提供底层数据支持；另一方面通过开展服务满意度调查，了解涉农经营主体对服务的需求和建议，激励金融顾问提升专业技能和服务质量；三是丰富了试点工作宣传方式。一方面是通过完善宣传折页内容和设计，调整表现形式，以最直观、最通俗易懂的形式向涉农经营主体开展宣传；另一方面是延续试点一期《政策与产品汇编》制作方式，将涉农金融政策更新。通过升级《政策与产品汇编》，便于金融顾问和涉农经营主体了解最新政策。

（3）切实增强获贷能力，提升多方满意度

试点工作开展以来，始终秉持"以高质量陪伴式金融顾问服务为核心"的服务理念，将涉农经营主体的获贷能力和服务满意度作为检验服务的重要标尺，通过了解需求、解决难题，努力打通金融服务"最后一公里"。健全机制建设是提升获贷能力和服务满意度的基础，通过用好各种工作机制，扎实推进农村金融服务工作。一是为涉农经营主体提供精准"陪伴式"服务。服务开展期间，以信息化平台为抓手，通过采集、分析涉农经营主体相关信息数据，了解其偏好和需求，精准提供政策宣贯、融资服务、财务知识管理、经营规范引导、金融知识普及等全流程陪伴式服务，提高涉农经营主体满意度；二是疏通信贷堵点。在竞争日益激烈的金融市场中，金融机构需要面对来自同行业的竞争压力。深入开展高质量"陪伴式"服务是吸引留住涉农经营主体的有效手段。试点工作开展以来，金融机构的信贷经理以金融顾问身份，从涉农经营主体需求角度开展"陪伴式"服务，通过疏通信贷堵点，助力金融机构拓展信贷业务。经各金融机构反馈，试点工作开展以来，通过顾问服务累计完成 302 家涉农经营主体的信贷投放，金额约 23921.5 万元；三是服务试点地区重点工程。为进一步丰富试点地区重点项目的融资渠道，围绕试点地区重点工程项目开展顾问"会诊"服务，建立定期反馈机制，形成政府、金融机构、涉农经营主体三方联动，各金融机构通过发挥互补作用，有针对性、目的性的提出综合解决方案。北京农交所组织各金融机构的金融顾问深入调研平谷区熊儿寨乡花峪村"四座楼博士"农场项目，对生产经营型"博士"农场在生产、经营、管理等方面的资金需求及融资现状进行了梳理总结；同时，召集各金融机构的金融顾问代表对"博士"农场的特性、发展方向、还款能力等展开讨论，汇总了适合"博士"农场的金融产品，最终形成了《北京市农村金融顾问服务"博士"农场项目工作方案》。该方案获得了平谷区农业农村局的高度认可，不仅为服务"博士"农场项目提供了金融支撑，而且为平谷区政府推进重点工程提供了支撑，形成了有效抓手。

2. 加强农村金融服务队伍建设

（1）健全专家及金融顾问运行管理机制

为补足试点一期工作管理机制不足的短板，使农村金融服务专家与农村金融顾问队伍向专业化、规范化发展，在试点二期工作开展过程中，通过走访部分专家及金融顾问，了解专家及金融顾问在开展服务工作中的具体实施内容以及支持举措等，对专家及金融顾问的招聘条件、权利义务、奖惩措施、退出条件、议事规则等方面进行了深入研究，形成了《北京市农村金融服务顾问专家及顾问运行管理方案》，保障了金融顾问对涉农经营主体提供顾问服务的连续性、完整性，激励了金融顾问和专家开展工作的积极性。

（2）凝聚人才合力，做好安全保障措施

试点一期工作开展过程中，组建了一支专业的农村金融顾问队伍，由 20 名专家和 108 名金融顾问组成。为进一步扩大服务范围，满足涉农经营主体的服务需求，试点二期工作开展过程中，金融机构积极补充金融顾问人员数量，壮大人员队伍，由 108 名增加至 123 名。其中，建设银行平谷支行增加了 10 名，北京农商行平谷支行增加了 5 名。此外，为了防范金融顾问在开展服务过程中可能产生的安全风险，经市农研中心与保险机构沟通，由北京人寿保险公司为每位农村金融顾问赠送一份工作期间的人身、医疗和疫情险，确保金融顾问服务工作顺畅运行。每位顾问获得保险产品的赔付金额为：意外伤害和新冠感染身故每人 30 万元，意外伤害医疗险每人 3 万元。

（3）树立榜样力量，打造卓越团队

为更好地助力农村地区金融机构深耕本地资源，激发金融顾问的积极性和创造力，提高金融顾问团队的工作效率和质量，试点工作中，收集了顾问服务典型情况，形成了优秀经典案例，并将案例实际通过培训、座谈、经验分享等多种形式在顾问队伍中进行推广宣传，进一步提升金融顾问的专业服务能力，增强团队信心。例如，来自农担公司的金融顾问得知民宿客户有资金需求时，第一时间开展相关服务，为客户排忧解难。通过发挥政策性担保优势，最终为民宿客户解了燃眉之急，并收到了客户的感谢锦旗；来自北京农投公司的金融顾问，结合客户对农产品、民宿最新政策的需求当场进行反馈解读，针对不确定的政策，通过查找资料、与同事沟通，以最快速度反馈给客户。客户对华雪源的服务表示很满意，并将这种"家庭医生式"顾问服务推荐给有相同困惑的涉农生产经营主体；再如，围绕平谷区"博士农场"融资需求开展调研，通过政府银行联动、整合金融资源，为区域重点工程项目扩宽融资渠道，缓解融资困境。

（4）双向培训，打开金融顾问新视野

因农村金融存在涉及面广、风险较高、政策性强、管理较难等特点，导致专业的农村金融人才相对匮乏。因此，人才队伍的建设离不开农业知识的普及。试点工作开展以来，通过信息反馈形式帮助顾问和专家更好地了解"三农"。一是从宏观方面，通过采集涉农经营主体信息数据，汇总金融需求、发展需要、融资需求等，将底层数据反馈至专家、金融机构，帮助他们更多地了解首都"三农"实情，为更精准、更深入地提供农村金融服务奠定基础。二是从微观层面，金融顾问在开展服务过程中，通过了解涉农经营主体的生产经营信息、资产投入状况、行业领域情况等，实现对每一个涉农经营主体的精准把脉，让专家和顾问更全面的了解每一个涉农经营主体的状况，从微观方面形成服务"共情"，实现服务与被服务主体的"双向培训"。金融顾问不仅要成为广大涉农经营主体身边的"贴心人"。同时，涉农经营主体也要成为金融机构、信贷经理乃至专家在农村领域的"引路人"。

3. 提高涉农经营主体金融素质

（1）发挥人才效应，普及金融知识

加速培育农村金融人才、提高涉农经营主体金融素养是试点工作目标之一。金融顾问在开展服务过程中，充分发挥金融知识普及作用，为各类涉农经营主体答疑解惑，传递金融政策、产品、财务管理、贷后管理等知识，从而提高涉农经营主体金融素养。经统计，试点二期工作中，金融顾问共开展金融政策介绍服务958次，金融产品介绍服务949次，财务管理咨询805次，贷后管理咨询64次，其他金融服务1046次。服务信息统计表如下：

表 1　服务信息统计表　　　　　　　　（单位：次）

服务类别	家庭承包农户	家庭农场	农业大户	农业企业	合作社	合计
金融政策介绍	366	270	165	62	95	958
金融产品介绍	363	278	154	56	98	949
财务管理咨询	300	256	134	36	79	805
贷后管理咨询	21	14	14	5	10	64
其他金融服务	420	294	173	59	100	1046
合计	1470	1112	640	218	382	3822

以上数据可以看出通过金融顾问长期开展"陪伴式"服务，可有效增强农民金融素养，提升金融风险防范意识，促进农村金融市场健康发展。

（2）发挥组织能力，开展线下服务对接会

北京农交所发挥自身优势，将农村产权交易与金融顾问工作相结合，积极协调各金融机构的金融顾问，组织多场线下服务对接会。一是发挥桥梁作用，配合区农业农村局，协调各金融机构召开了"博士农场"金融服务对接会，通过介绍为"博士农场"开发的特色金融产品，对项目进行研讨，进一步助推"博士农场"赋能乡村振兴；二是依托农村产权交易四级网络服务建设，发挥协同优势，组织邮储银行、农担公司的金融顾问分别在平谷区马昌营镇双营村、顺义区木林镇大韩庄村村委会召开了服务对接会。围绕产权交易场景下，为开展农业生产的农业经营主体提供金融顾问服务，以期实现提升涉农经营主体的金融素养，普及涉农金融政策和金融产品，进一步推动农村金融服务顾问服务农业实体经济发展；三是在平谷区大兴庄镇西柏店村村委会，组织各金融机构的金融服务顾问分别在西柏店村村委会、农担公司平谷分公司召开了现场服务对接会。运用在村委会摆放金融顾问服务易拉宝、发放政策汇编、金融产品宣传折页等方式，向前来参加培训的农民、涉农经营主体讲解金融产品内容、涉农金融政策、金融诈骗防范技巧等，进一步提升农民、涉农经营主体的金融技能。勘察调研西柏店村的食用菊特色产业，推动创新金融产品，进一步丰富农村金融产品的"餐桌"。四是组织金融顾问服务的农业经营主体开展座谈，倾听涉农经营主体诉求，总结共性问题，并逐一分析解答，通过提供小规模精准服务以期实现北京市农村金融顾问服务高质量发展。

（3）发挥数字化优势，延长培训链条，开拓农村金融线上培训

为进一步推进农村金融服务顾问工作的数字化能力建设，北京农交所搭建了农村金融顾问数字化服务平台，目的是通过数字化服务平台赋能金融顾问服务高质高效服务。首先，平台的应用与推广将通过北京农交所四级网络服务实现落地。由于四级服务网络扎根在农村，当老百姓有金融需求的时候，网点服务人员可以帮助其登录平台查询金融相关信息；也可通过平台进行需求反馈，平台将需求抓取后，推送给顾问人员，以便及时开展服务，拓展金融服务覆盖面；其次，传统的线下培训往往受时间地点限制，导致培训成本高覆盖面小。金融服务顾问数字化平台可实现线上培训功能，专家、金融顾问通过录制短视频的形式将政策要点、法律常识、产品特点等内容简明扼要讲解，通过线上开展实时培训

将金融知识传递给涉农经营主体。这种培训形式不仅打破了培训空间限制，同时也可以通过在线提问等功能进行互动交流。此外，平台可实现培训回放功能，作为培训方式的一个补充，解决了因时间冲突等问题未及时参加培训难以获取信息的问题。

4. 建立乡村振兴的金融创新体系

随着乡村振兴战略的实施、金融产品创新需求不断增加。试点二期工作从调研需求出发，通过金融顾问了解金融服务开展中遇到的疑难问题与阻力，联合金融机构从机制搭建、产品创新、思路开拓方面下功夫，开展了一系列工作。一是搭建金融产品创新联动机制。北京农交所组织各顾问机构负责人在平谷区顾问服务中心召开金融产品创新研讨会。会上，就创新机制建设内容、服务政府重点工程的举措、如何满足顾问服务中挖掘的融资需求进行讨论，形成了涉农金融产品创新的方向共识，完成了《北京市农村金融顾问产品创新联动机制》；二是联合推进涉农金融产品创新。北京农交所组织各金融机构一起开展试点地区重点工程项目调研，通过组织研讨，同心协力为"博士"农场项目解决融资问题，形成《北京市农村金融服务顾问服务博士农场项目工作方案》，并实现 1000 万元贷款发放；此外，北京农交所通过共享"交易鉴证"信息，激活"交易鉴证"金融属性，联合邮储银行共同创新的"鉴证贷"产品在平谷区实现首笔项目落地，成功为养殖户胡某某发放 50 万元经营性贷款；三是拓展金融产品创新思路。在金融顾问专家带领下，农投公司、北京农交所与邮储银行共同组建项目小组，通过政策调研、召开研讨会等方式，对集体资产股权质押进行了创新，初步形成了《集体资产股权质押融资方案》。此外，针对农房改造金融产品存在的弊端，北京农交所与平谷新华村镇银行积极探讨，建立合作意向，尝试将通过农村产权交易平台流转作为风险防控路径。

5. 打造农村金融顾问数字化服务平台

结合金融顾问试点一期工作前期实践，基于政府主管部门、专家学者、金融顾问以及涉农经营主体四个服务主体，本次打造农村金融顾问数字化服务平台主要将其功能定位于信息采集、宣传推广、对接匹配、问题反馈以及农事服务五个方面。基于这五个功能，初步完成了金融顾问专题频道理论设计。经试点二期工作开题评审中专家提出的优化改进措施，后续对平台功能及应用进行调整，形成了最终方案。

北京农交所技术团队根据平台功能设计最终方案，有序开展技术实施工作。系统开发过程中，首先，设计了系统逻辑构架图，本着实用原则，与开发团队进行多次商讨，最终确认应用层、数据资源层、平台层、基础设施层的内容；其次，北京农交所组建项目小组开展了美工设计工作，提高了网站页面视觉效果和用户体验。网页遵循简洁明了的展现形式，在色彩搭配、图片和图标使用、字体选择、导航结构、页面布局等方面精心设计，以此提高用户的浏览感受；再次，为了丰富信息表现形式，网页内容展示将集合文字、数据以及视频素材。通过采集金融顾问产品介绍视频，嵌入会议回放、专家介绍、金融产品模块，使涉农经营主体更直观汲取相关内容。此外，随着金融顾问服务范围的扩展，诸多涉农经营主体反馈农产品销售渠道缺失，希望通过金融顾问服务能够解决农产品滞销问题。为此，农村金融顾问数字化服务平台增加了"农事服务"专栏，该专栏将涉农经营主体所生产的农产品以及提供的服务进行宣传展示，帮助涉农经营主体扩宽销售渠道，提高销售收入。

目前农村金融顾问数字化服务平台已上线，未来可用于北京农交所四级网络服务体系中，也可应用于村级服务人员。例如，村级服务人员接到涉农经营主体金融需求时，即便村级服务人员不懂金融，也可在农村金融顾问数字化服务平台页面中直接查找相关信息或将需求问题在线发送至金融顾问，反馈给涉农经营主体；如金融顾问无法解决涉农经营主体需求时，可将需求问题提交给专家或其他金融顾问，持续为该涉农经营主体进行服务。

（三）探索推广农村金融服务顾问模式

北京市农村金融服务顾问工作没有囿于试点规定的目标，在稳步推进一二期工作，顺利完成各项任务指标的基础上，积极探索在全市其他区域推广农村金融服务顾问工作，拓宽金融顾问服务范围，让更多的涉农经营主体获取"陪伴式"服务。

1. 依托北京农交所产权交易四级服务网络，助推金融服务扩大服务范围

首先，在农村产权交易的先进乡镇顺义区木林镇推广农村金融服务顾问工作。近两年，顺义区木林镇土地流转面积近万亩，该区域聚集了各种涉农经营主体，为了更好地服务这些涉农经营主体，满足其金融需求，在该区域探索推广了农村金融服务顾问工作。一是与顺义区木林镇政府达成合作意向，为全镇范围内有需求的涉农经营主体匹配金融顾问，形成工作联动机制。二是在顺义区农村经济管理站、木林镇政府和大韩庄村村委会的支持下，北京农交所借助于顺义区木林镇的农村产权流转交易四级网络服务点，通过发挥桥梁纽带作用，积极协同农担公司顺义分公司及其派出的农村金融顾问在顺义区木林镇大韩庄村村委会召开了北京市农村金融顾问服务现场对接会。会上，通过快速匹配金融顾问为8户涉农经营主体普及涉农金融政策和金融产品，解答涉农经营主体的各类金融问题。本次现场服务对接会的召开不仅提高了涉农经营主体的金融获得感，而且畅通了融资渠道。农村金融服务顾问工作在木林镇的推广取得了实效，在金融顾问的帮助下，成功为北京义农农产品产销专业合作社取得了200万元经营性贷款，解决了合作社"燃眉之急"。

目前，北京农交所依托顺义区经济经营管理站正在积极筹建木林镇乡村振兴产业发展支撑服务基地，拟通过引入可视化平台功能应用、金融服务、法律咨询、资产评估等专业化第三方服务，实现更为有效便捷的全方位服务。北京市农村金融服务顾问体系建设作为深耕乡村普惠金融的有效模式，可通过乡村振兴产业发展支撑服务基地推广普及，"零距离"开展金融顾问服务，真正实现金融服务下沉。

2. "政交银"携手聚合力，开辟金融服务"快车道"

乡村振兴的基础是产业振兴，产业振兴离不开金融支持。在北京市农业农村局的指导下，密云区经管站、北京农交所、北京农商行密云支行发挥各自优势，通力合作，共同建立了密云区农村产权流转交易服务中心，探索了"党建引领＋政府搭台＋企业唱戏＋金融服务＋经营主体"集体资产资源经营管理模式。金融服务作为集体资产资源经营管理的有效支撑，应在金融产品创新和提升金融服务水平上加大支持力度。经与密云经管站、北京农商银行密云支行沟通，拟将金融顾问体系纳入密云区农村产权流转交易服务中心，高效

践行服务涉农经营主体就是服务发展的理念，通过为涉农经营主体提供解读金融法律法规政策，帮助涉农经营主体制订融资计划，优化融资机构，降低融资成本等一系列服务，进一步深耕农村普惠金融，优化农村金融生态环境，助推乡村振兴。

三、试点工作主要成效

（一）金融顾问服务完美呈现，工作成果获赞誉

试点期间，金融顾问出色地完成服务工作并获得了良好的反馈。满意度调查中涉及工作态度、专业能力、政策传递、工作及时性等内容。经统计，试点二期工作综合满意度为99.87%，与试点一期工作综合满意度相比较，提高了0.79%。试点一期和试点二期服务满意度统计表如下：

表2　服务满意度统计表　　　　　　　　　单位：%

类别	试点一期				试点二期				满意度提升比例
	不满意		满意		不满意		满意		
	计数	比例	计数	比例	计数	比例	计数	比例	
工作态度	3	0.27	1110	99.73	1	0.09	1140	99.91	0.27
专业能力	5	0.45	1108	99.55	1	0.09	1140	99.91	0.45
政策传递	9	0.81	1104	99.19	2	0.18	1139	99.82	0.81
解决融资需求	10	0.90	1103	99.10	——	——	——	——	——
工作及时性	7	0.63	1096	98.47	2	0.18	1139	99.82	1.53
平均值		0.61		99.21		0.13		99.87	0.79

经了解，服务满意度高的原因主要为：一是得益于招募了一批高素质人才，切实能帮助涉农经营主体解决问题；二是农村金融顾问服务属于公益性服务，对于涉农经营主体来说无成本负担。同时，数据也反映出农村金融服务内容覆盖面依然不足，涉农经营主体需求依然迫切。

（二）形成农村金融服务顾问体系建设"北京模式"

近年来，以浙江省为首的部分省市均陆续开展金融顾问工作，并取得了积极成效。北京市作为国家首都，战略定位决定了其农业农村发展具有自身特殊性，发展农村金融要在遵循"大城市小农业、大京郊小城区"市情农情和乡村发展规律的前提下，提升涉农经营主体的金融服务可得性。因此，搭建一个适合北京农村生态环境的金融顾问体系至关重要。

本次试点工作坚持规范为本、制度体系建设先行的理念，通过强化顶层设计，细化实化工作内容，确保试点工作唯实唯先、行稳致远。试点工作初期，结合涉农经营主体各种金融需求，搭建了一个由政府主导，北京农交所组织，金融专家与金融机构高度参与，金融顾问实施的农村金融顾问体系建设模型。北京农交所作为本次试点工作的实施主体主要是基于其性质属于非营利性机构，自身不开展信贷业务，与其他金融机构不产生竞争关系；且自身拥有四级服务网络体系，长期将服务扎根在农村基层，可将农民与金融机构进

行有效链接；且通过农村产权交易平台更有利于农村金融顾问体系建设推广。因此，由北京农交所作为实施主体为试点工作开展提供了有效支撑和保障，这也是北京市农村金融顾问体系模型独特之处。经过两年试点工作的探索实践，验证了该体系在实现金融服务下沉、提升金融服务可得性、提高金融服务满意度、改善农村金融环境、增强农民金融意识方面切实可行，形成了独一无二的农村金融服务顾问体系建设"北京模式"。

（三）切实满足被服务主体信贷需求，累计信贷余额突破两亿元

试点一期，通过对 1112 户涉农经营主体开展调研，发现 821 户有融资需求，金额合计为 27760 万元至 72450 万元区间。试点二期，通过金融顾问深入开展"陪伴式"服务后，满足了 302 户涉农经营主体的融资需求。经统计，被服务主体的户数投放比例为 36.78%，累计投放信贷金额合计 23921.5 万元，成效非常显著。如按照涉农经营主体最低融资需求取值，涉农经营主体需求满足率达 86.17%；如按照涉农经营主体最高融资需求取值，涉农经营主体需求满足率达 33.02%。投贷信息汇总表如下：

表 3　投贷信息汇总表（数据来源于金融机构）

2022 融资需求		
需求总量（家）	低需求总额（万元）	高需求总额（万元）
821	27760	72450
2023 投贷信息		
投放数量（家）	投放金额（万元）	
302	23921.5	
完成比例		
投放比例	需求满足率（低）	需求满足率（高）
36.78%	86.17%	33.02%

经过两年来试点工作的开展，通过持续为试点一期 1000 户涉农经营主体开展"陪伴式"服务，部分涉农经营主体融资问题得到有效解决。

（四）持续发挥顾问队伍调研优势，深入发现农村金融服务的问题

试点二期工作延续试点一期的问卷调研机制，以期为深入发现农村金融破冰前行深化服务的问题提供真实的数据信息基础，为学者研究、政府决策提供依据。因数据分析的能力有限，挂一漏万，从海量的调研问题中寻找观察到的问题，希望通过多方的努力进一步解决农村金融面临的问题。同时，我们还将调研问卷形成数据分析专册，供专家、政府和相关机构研究。

1. 农村融资需求依然旺盛

为了更好地满足涉农经营主体金融需求，更有效的支持金融机构信贷业务落地，提高农村地区金融服务获得感，试点工作期间，通过采集涉农经营主体的融资需求、融资用途形成数据积累，以数据对接方式与金融机构进行共享，促进金融产品创新与调整，以此提高农村金融的适用性。试点一期调研融资用途方面，主要从宏观方面进行了分类，包括农业生产、子女上学、婚丧嫁娶、维持生计、看病等需求。试点二期信息采集工作在试点一期基础上，进一步挖掘涉农经营主体生产经营信息，通过调查农业发展中场景模式，模拟融资需求，以此推动金融机构创新金融产品，提高农村金融服务能力。经统计，涉农经营主体在建设大棚等农用设施提高产量和流转土地扩大经营面积方面需求最大，需求比例分别为53.20%和50.66%，其中农户和家庭农场占比最高。农业发展需求表和农业发展需求图如下：

表4 农业发展需求统计表

需求类别	农户	家庭农场	农业大户	农业企业	专业合作社	总计	比例
流转土地扩大经营面积	228	145	72	39	94	578	50.66
流转房屋增加经营收益	142	81	47	9	15	294	25.77
购置农机具提高生产效率	142	81	47	9	15	294	25.77
建设大棚等农用设施提高产量	230	157	92	45	83	607	53.20
提高农产品加工能力实现增收	112	89	29	37	46	313	27.43
装修升级房屋改善居住条件	21	74	3	10	10	118	10.34
无	23	11	6	9	2	51	4.47

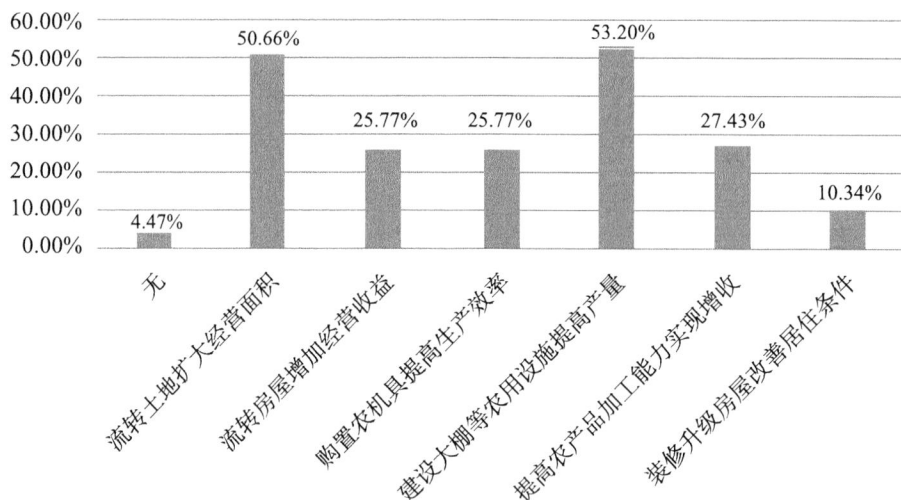

图1 农业发展需求图

2. 民间借贷比例有所下降

结合试点一期和试点二期采集的民间借贷行为数据，可以看出民间借贷比例虽有所下降，但依然存在。与试点一期数据相比较，试点二期采集的民间借贷情况，农户下降了10.85%，家庭农场下降了37.88%，农业大户下降了16.92%，农业企业下降了38.79%，专业合作社下降了28.95%。民间借贷行为统计图如下：

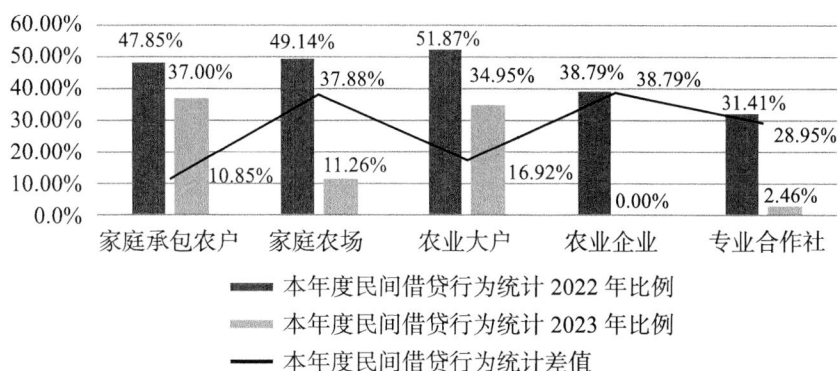

图 2　民间借贷行为统计图

3. 融资成本变动较小，高息比例普遍降低

与试点一期融资成本相比较，可以发现试点二期融资成本低于 4% 的各类涉农经营主体中，只有合作社的占比增加了 13.59%，其余涉农经营主体占比均有所减少；融资成本在 4%—8% 之间的涉农经营主体中，仅合作社占比降低了 28.34%。融资成本高于 8% 的涉农经营主体均有所下降。融资成本对比表和对比图如下：

表 5　融资成本对比表

类型	4% 以下			4%—8%			8% 以上		
	2022 年	2023 年	差值	2022 年	2023	差值	2022 年	2023	差值
农户	44.98%	42.51%	2.47%	36.53%	46.26%	-9.73%	11.42%	3.52%	7.90%
家庭农场	42.04%	28.81%	13.23%	37.29%	67.55%	-30.26%	9.15%	0.33%	8.82%
农业大户	34.59%	32.26%	2.33%	30.27%	58.06%	-27.79%	25.95%	2.69%	23.26%
合作社	68.38%	81.97%	-13.59%	31.62%	3.28%	28.34%	0.00%	0.00%	0.00%
涉农企业	61.04%	51.95%	9.09%	37.66%	25.97%	11.69%	1.30%	0.00%	1.30%

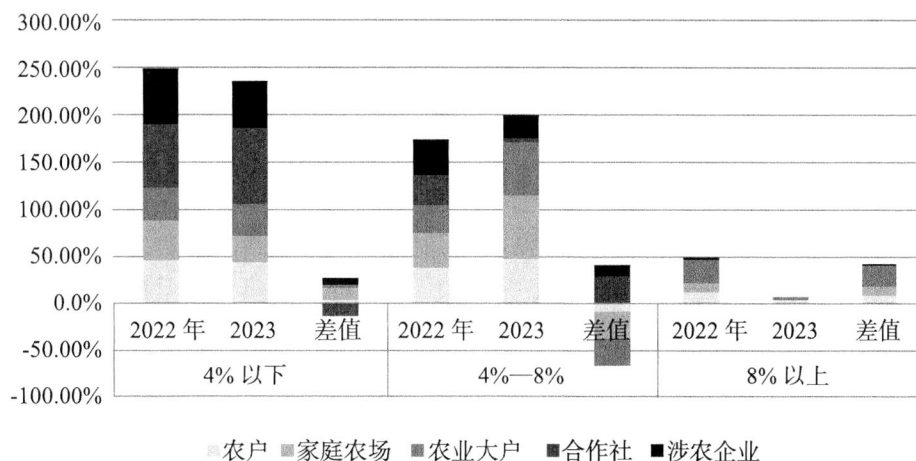

图 3　融资成本对比图

4.财务管理服务有待提高

为提高涉农经营主体对金融服务的满意度，检验财务管理对农村经济发展的必要性，试点二期调研问卷设计中，加入了金融顾问提供财务管理服务的必要性反馈。经统计，认为通过金融顾问服务有效提高财务管理能力的占58.88%，未采纳金融顾问意见的占19.18%，金融顾问未提供财务管理建议的占12.99%，无财务管理需求的占8.96%。财务管理服务统计图如下：

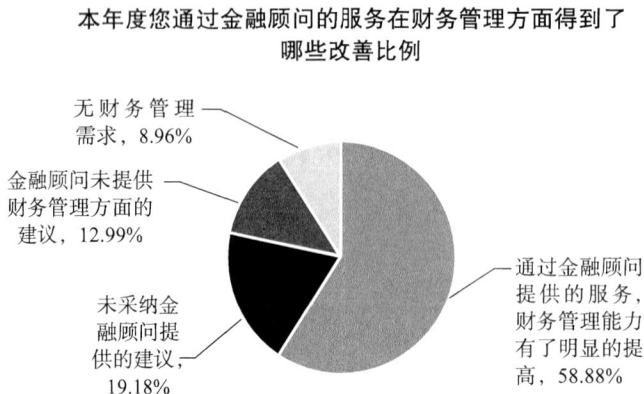

本年度您通过金融顾问的服务在财务管理方面得到了哪些改善比例

无财务管理需求，8.96%

金融顾问未提供财务管理方面的建议，12.99%

未采纳金融顾问提供的建议，19.18%

通过金融顾问提供的服务，财务管理能力有了明显的提高，58.88%

图4　财务管理服务统计图

基于以上调研数据，可以发现超过一半的涉农经营主体认为财务管理服务有效；但仍存在金融顾问未提供财务管理服务和未采纳金融顾问建议的情况，故还需引入更多资源、更多服务来提高涉农经营主体的经营能力。

（五）农村金融顾问数字化服务平台建设有序推进

坚持科技赋能，是金融支持乡村产业振兴的必由之路。试点二期工作初期，北京农交所建立数字化思维，组织专家、金融顾问通力合作，发挥"1+1>2"放大叠加作用，认真分析农村金融发展堵点、痛点、难点，摸清政府、金融机构、涉农经营主体需求，深入挖掘应用场景资源，搭建了农村金融顾问数字化服务平台。一是利用科技赋能金融产品创新。基于前期调研反馈信息，农村地区金融仍然苦于没有适合的抵质押物获取融资，且金融机构传统的风控模型限制了农村金融发展。本次农村金融顾问数字化服务平台的搭建通过采集大量涉农经营主体底层信息数据，利用大数据为不同类型的农村用户精准"画像"，帮助金融机构有针对性地设计信贷模型，开发纯信用、低利率、可循环的小额贷款，有助于提升农村金融服务可得性；二是利用科技赋能提高农村金融素养。在两年的试点工作中，北京农交所通过传统的线下培训模式，利用四级服务网络体系开展进村培训等活动，让金融服务更接地气。但是，全面提高农户金融素养仅靠线下培训无法实现，构建"线上 + 线下"相结合培训模式，是促进农户增收的有效方式。本次农村金融顾问数字化服务平台的搭建通过线上培训开通金融产品介绍、金融防骗小妙招、最新政策讲解等功能，推动数字科技与金融培训深度融合，有助于打造乡村金融人才，促进农村金融发展；三是利用科技赋能提升服务效能。当前，数字科技已然成为农村普惠金融高质量发展新引擎。本次农村金融顾问数字化服务平台的搭建通过坚持问题导向，运用数字化技术，拓展金融服务渠道，扩大服务半径，降低服务成本，优化服务模式，打造了产品丰富、交互智能、流程高效的数字金融服务体系，提升了普惠金融的下沉深度、覆盖广度。

（六）乡村金融人才培育得到有效解决

乡村要振兴，人才必先行。农村人才是农业发展中最宝贵的资源，农业现代化和农村经济发展的成功与否，很大程度上取决于农村人才的素质和数量。如果农民、涉农经营主体具备丰富的农业知识和金融技能，能够为农业生产、经营提供有效支持。因此，试点工作开展过程中，对农村金融人才的双向培育工作始终贯穿其中。一方面，通过"线上＋线下"相结合培训模式，为涉农经营主体开展培训，以金融知识带动农村发展；另一方面，将涉农经营主体的专长、特点进行反向培训，帮助金融机构、专家们更多地了解农村。金融顾问不仅要成为广大涉农经营主体身边的"贴心人"。同时，涉农经营主体也要成为金融机构、信贷经理乃至专家在农村领域的"引路人"。北京市农村金融服务顾问体系建设不仅仅是解决农民融资难、融资贵问题，而是通过金融顾问这只高素养队伍，将农村的生产、经营、融资等一系列信息进行全面普及，使他们成为行走在田间地头的"小百科"。

（七）农村金融产品创新初见成效

1. 发挥联动效应，提高创新能力

《北京市农村金融顾问产品创新联动机制》设立后，为更好地发挥金融产品创新联动效应。农研中心、北京农交所与平谷区农业农村局开展座谈，对于支持平谷区"博士农场"重点工程项目发展的背景及意义、各项政策支持情况、融资情况等进行沟通交流，并前往"博士农场"开展调研。为加快金融产品创新速度，提高整体效率，北京农交所与各金融机构积极发挥协同效应，通过召开金融产品创新研讨会，分享政策及调研信息，讨论"博士农场"经营特点，推动各金融机构提供与之相匹配的金融产品。会后，北京市农业融资担保有限公司平谷分公司（以下简称"农担公司平谷分公司"）快速响应，研发了适用于"博士农场"的"农场保"金融产品。该产品在无抵押的情况下可获得50万元至200万元的贷款，在增加反担保物的情况下授信额度可提升至1000万元，贷款期限最长可达3年。截至2023年11月末，该产品已成功投放4笔，累计投放额度1250万元。

2. 打破信息孤岛，共防金融风险

北京平谷新华村镇银行充分挖掘金融顾问采集的数据价值，结合涉农经营主体的融资需求，研发出一款适用于农房改造的金融产品。该产品贷款期限长、纯信用且以家庭收入作为还款来源。截至2023年11月底，累计投放100余笔，投放金额约5000万元。在金融产品创新研讨会上，该行负责人也提出该产品的弊端：一是自然灾害带来的房屋损失；二是房屋出现出租、转让时无法了解掌握相关信息，可能造成现金抽逃挪走其他用途的情况。了解到这一情况时，北京农交所积极发挥补位作用，提出可将用于农房改造的贷款信息通过平台进行记录，防范资产转让。目前，北京平谷新华村镇银行与北京农交所已达成初步合作意向，进一步完善合作方案。

四、存在的问题

（一）在更大范围内推广的政策支持力不足

经过两年的探索实践，北京市农村金融服务顾问试点工作在北京市农业农村局和国家金融监督管理总局北京监管局的支持下取得了积极成效。基于两年试点工作的显著成果和有益经验，下一步农村金融服务顾问工作可尝试在全市进行推广。为了后续推广工作中能够更好地发挥农村金融顾问的作用，为农业农村发展提供更加充足和有效的金融资源和服务，政府的支持不可或缺。一是农村金融服务顾问在全市开展推广需要政府主管部门的支持；二是推广工作不可能一蹴而就，金融服务乡村振兴是长期根本性任务，需要有持续稳定的政策和资金支持；三是金融顾问服务的内容不仅局限于解决融资问题，服务范围要不断拓宽，服务质量要不断提升，这就要求金融顾问有强大的动力，目前金融顾问激励措施的缺乏，一定程度上影响金融服务质量的提升。

（二）金融产品创新联动效应仍需进一步优化

试点工作开展初期，北京农交所在北京市农村金融协会的支持下，组织各金融机构会员单位开展农村金融服务顾问工作，参与顾问体系的金融机构级别包括银行分行和支行、担保公司分公司以及保险公司支公司。在金融产品创新联动工作中，了解到部分银行创新金融产品均需上报至分行、总行，保险机构创新金融产品需上报至银保监局。审批权限与烦琐的上报流程将不利于金融产品创新，易打消支行开展业务的积极性。试点二期工作中，由于北京平谷新华村镇银行和农担公司平谷分公司为二级服务机构，产品创新上报流程较短，因此，针对不同涉农经营主体快速出台了相适应的金融产品。但是，其他金融机构由于流程过长，审批权限较低，一定程度上影响了金融产品创新效能。

（三）由于投入有限，农村金融服务数字化建设需要不断完善

目前，农村金融顾问数字化服务平台已初步搭建完成并正式上线运行。但是，由于前期试点经费有限，只能最大程度的初步完成数字平台的搭建，随着金融顾问工作的不断推广，涉农经营主体需求不断增加，农村金融顾问数字化服务平台功能和内容仍需进一步完善。例如，一是随着信息化不断发展，大家的生活习惯更趋向于用手机来进行操作，目前，平台功能仅能实现 Pc 端登录，在操作便捷性上存在一定的滞后性。二是在解决农产品销售问题上，平台初步搭建了"农事服务"频道，通过手机查阅信息仍不便捷。三是数字化平台需要更强大的底层数据库和管理功能支撑。因此，需要进一步加大投入，随着科技的发展不断升级和完善，以此满足各类主体的应用需求。

五、下一步工作思路与建议

（一）加大政策支持，完善激励机制，全面推广农村金融服务顾问体系建设"北京模式"

一是试点工作形成了一个由政府主导、北京农交所组织、金融专家与金融机构高度参

与、金融顾问实施的农村金融服务顾问体系。通过两年的探索实践，该模式在北京农村金融环境领域有效可行。后续应继续围绕该模式开展推广工作，建议明确政府主责部门，在政府主导下开展工作；二是通过前期调研浙江省金融顾问制度，了解到浙江省政府出台了《关于在全省实施金融顾问制度的指导意见（试行）》通知。该政策在开展金融顾问服务工作中发挥了重要指导作用，不仅推动了金融机构组建金融顾问团队，同时建立了风险投资机制和科技保险体系试点，加强了政策支持和政府监管。基于试点一期和二期工作的开展情况，建议后续推广北京市农村金融服务顾问体系建设工作时，政府出台相应政策给予支持，借助政策加大推广力度，凝聚政府、金融机构及各类涉农服务机构的力量，缓解北京市农村融资难、融资贵、金融服务可得性低等问题，确保农村金融服务顾问体系建设"北京模式"健康发展；此外，农村金融顾问数字化服务平台需要不断完善，考虑到技术人员与平台开发的成本，建议政府在资金上给予一定支持；三是金融服务工作的实施离不开金融机构、金融顾问，为其提供合理的机制保障，通过正向激励、反向约束，充分激发金融顾问队伍的服务原动力，争当服务"领头羊"。在后续推广工作中，建议围绕顾问服务的成绩进行有效评分，以此建立服务信用体系。对于优秀人员建议社保局给予落户、购房等方面的支持，纳入金融机构的人才提拔范畴等；对于严重违规行为的应剔除金融从业资格。

（二）加强创新协作，用金融活水"贷"动乡村振兴

为进一步完善农村金融服务体系，提升农村金融服务覆盖面及普惠性，为全面推进乡村振兴注入更多金融活水，北京农交所与各金融机构、担保公司应积极协作，发挥各自优势，合力创新农村金融产品。一方面，北京农交所应结合自身懂农业、懂农村、知农民的优势，通过信息共享等方式，协助金融机构和担保公司创新金融产品；另一方面，金融机构应积极推动涉农金融产品和服务创新工作，解决由于无抵押物、存款少且管理不规范造成的融资难问题。同时，建议金融机构调整金融产品创新审批权限或优化审批流程，加速推进金融产品创新，用金融活水"贷"动乡村振兴。

（三）进一步加大财政支持力度，推进农村金融服务数字化建设

随着互联网、移动支付、大数据、人工智能等技术的不断发展，数字化服务已经成为农村金融服务的重要组成部分。不断提升数字化服务能力是提高农村金融服务能力的关键。数字化建设应遵循扩大服务覆盖面、提高服务效率、降低服务成本、增强风险管理能力和推动农业现代化发展等目标导向，有效地提升农村金融服务整体水平，满足涉农经营主体和农村经济发展多元化金融需求。下一步，需要进一步加强财政支持力度，持续投入，结合农村金融发展趋势与需求，完善农村金融顾问数字化服务平台功能。多方面、多维度加大信息数据采集，通过数据积累支持农村信用体系建设。

项目组负责人：张英洪、陈奕捷

项目组责任人：林子果

项目组成员：陈艺曦、黄丽、刘冉、霍苗、陈哲、姚琪、李婕

执笔人：林子果、陈艺曦、姚琪、李婕

农业保险政策的北京实践探索

农业保险是农业风险管理的重要工具，对促进农业农村发展具有重要的"安全网"作用。为落实中央要求，以及转移分散农业风险和降低农业生产不稳定性，各地纷纷出台扶持政策发展农业保险，提高政府干预和管理农业保险的能力。北京也不例外。北京市政策性农业保险制度自2007年建立以来，紧密结合都市型现代农业发展特点和风险保障需求，着力加强制度建设，不断规范市场运行，已经成为保障农民利益、保护农业生产、维护农村稳定的"减震器"和"稳定剂"。

一、北京农业保险政策的实践做法

第一，建立健全农业保险制度。一是强化事前管理，开展保险机构遴选，制定《北京市政策性农业保险承保机构遴选工作方案》，通过公开遴选的方式确定保险公司，夯实农业保险工作基础。二是规范事中运行，制定《北京市政策性农业保险补贴资金管理办法》《北京市政策性农业保险统颁条款》，明确保费补贴标准，统一保险工作要求，指导保险公司有序开展保险业务。三是加强事后监管，建立第三方审计机制，通过审计检查，监督保险公司业务开展，确保依法合规。

第二，强化组织资金保障和科学决策。一是成立北京市政策性农业保险协调小组，建立完善市区财政部门、农业主管部门分工协作的农业保险管理机制。二是强化保费财政补贴力度。市区两级财政保费补贴之和最高比例达90%，其中市级财政补贴50%，区级财政累加补贴20%—40%。三是充分发挥专家智力支撑作用。依托首都高校和科研院所众多、行业专家众多的优势，建立政策性农业保险专家库，就农业保险政策制定、制度建设和承保理赔相关技术升级等重点工作进行充分研讨论证，确保决策科学。

第三，提升科技在农业保险中的应用。一是率先打造农业保险信息化管理平台，实现保险公司业务数据与政府主管部门的实时连接。推动"农险e采集"，率先全面启动承保全流程电子化改革试点。二是基于大数据技术发展，拓宽农业保险可保范围及产品类型，推出天气气象指数保险产品。三是加强风险评估和预警机制的建立。农业农村部门牵头推进气候气象部门与各保险公司合作，利用核心数据对农业生产中的风险进行全面分析和预测，及时发布风险预警，促进保险和防险深度融合。

第四，打造适度竞争的市场环境和提升保险保障水平。一是坚持颁布《北京市政策性农业保险统颁条款》。较其他省市，北京相对农业资源较少、经营农业保险的公司较多（7家），为规范参保公司行为，避免恶性竞争，引导保险公司提升服务水平，北京在全国率先颁布政策性农业保险统颁条款并坚持每年修订。二是不断扩大保险保障范围。目前，已覆盖北京市 13 个郊区和首农食品集团等国有涉农企业，市级政策性险种由 2007 年的 12个增至 2023 年的 44 个，主要农产品品种实现全覆盖。其中，农业传统生产类保险有粮食、蔬菜、果品、家禽、牲畜、渔业等 31 个，农业财产险有设施农业、果树树体、密植园树体、农机，价格指数保险有生猪价格指数，农业保险从覆盖自然风险向市场风险拓展。除此以外，还支持试点了蜂业气象指数、生鲜牛乳目标价格、温室草莓寡照、桃种植保险附加产量损失等创新险种，进一步满足农户保险保障需求。

二、北京农业保险政策存在的主要问题

北京市十几年来积极探索农业风险管理路径，大力加强农业保险科学化管理，保障水平持续提升。2022 年北京市政策性农业保险保费收入 7.8 亿元，保险金额 158.6 亿元，支付赔款 6.1 亿元，分别比农险建立初期增长了 12 倍、10 倍和 20 倍。截至 2022 年，北京市政策性农业保险累计保费收入 77.2 亿元，支付赔款 63.4 亿元，简单赔付率 82.2%，为北京"三农"发展提供有力的风险保障。农业保险深度接近 7%，农业保险密度 2885.2 元 / 人，位居全国前列。然而，面对全面推进乡村振兴、率先实现农业农村现代化的新要求，以及日益增长的多元化风险保障需求，北京农业保险仍然面临一些亟待解决的问题。

第一，保险产品种类仍需优化。与产业发展协同度有待加强，对重要农产品保障力度以及现代种业的发展保障需要进一步强化；对新型经营主体保险需求的服务水平相对滞后，目前仍以传统种植、养殖品类为主，多元化保险产品体系亟须建立；保险产品大多以直接物化成本为主，与都市农业的高投入、高产出相比，在满足农业经营主体需求方面有待进一步提高。

第二，农业保险投保率较低。据相关部门测算，小麦、玉米投保率约 40%，蔬菜投保率低于 20%。承保保险公司普遍缺乏乡村服务站点触达性不高，农业收入占农户家庭总收入较低并逐年减少，以及对农业保险认知不足是投保率较低的原因。

第三，农业保险与现代科技深度融合不足。科技与业务结合有待加强，农险科技服务的覆盖面有待提升，农险科技服务领域有待拓宽。目前科技服务主要应用于传统的农险承保和理赔环节，科技在防灾防损措施、地方农业生产条件改善、新技术推广等惠民工程的运用有待进一步拓宽。数据共享难，不同部门或上下级之间存在信息数据难共用、信息交换难共通、信息运用难共享、信息处理难协同等问题。科学技术应用不充足。

三、优化农业保险政策的建议

应坚持农业保险发展理念，充分发挥保险风险识别、风险保障、风险管理的优势，进一步优化相关政策，推进农业保险高质量发展。

第一，加强统筹规划，完善农业保险体制机制。一是进一步强化农业保险协调小组办

公室的职责。建立长效机制，全面推进农业保险的整体设计、协调推动、监督管理和理论研究等事宜。二是整合部门资源，推动农业保险从简单的险后补偿向险前预警、险中响应转变。深化气候气象部门与保险公司的合作，强化产前预警；建立农技推广部门等技术部门与保险公司合作的常态化机制，促进险中减损，并增强理赔定损的公信力。三是注重农业保险与产业发展相协调、与农业农村发展政策相配合。开发与北京都市现代农业发展规划相匹配的产品，构建地产优质农产品收入保障体系，提供全方位的农业保险保障，推动农业产业升级和提质增效。

第二，强化考核管理，提升农业保险保障水平。一是加强保险公司绩效管理。建立村上报、镇抽查、区核查、市级按比例抽查的绩效考核机制，开展保险公司年度考核评价，考核结果与承保资格相挂钩，督促保险公司不断提高服务水平。二是优化农业保险市场经营环境。坚持适当竞争原则，稳定保险公司预期，增强承保公司完善乡村服务站点等基层服务体系的动力。三是不断完善创新的多元化农业保险产品体系，持续推进"提标、扩面、增品"。采取"以奖代补"等正向激励措施，支持各区和保险公司开展农业保险创新试点，发展更多满足市场需求的农业保险产品，提供差异化、定制型、综合型风险管理服务，让更广泛的农业经营主体享受适当、有效、可及的农业保险服务。

第三，增强科技应用，农业保险服务更精准高效。一是完善农业保险数据基础建设，实现农业保险全方位信息化、智能化和线上化，有效管理"三农"数据资产。二是建立农业保险数据共享机制，加快构建农业保险大数据资源的跨部门共享机制，依法依规共享气象灾害、农村土地确权数据、流转数据和农业遥感等信息。建立起政府部门、保险机构与第三方企业之间的业务融合与联动机制，实现多方的互利共赢，打通农业保险科技创新应用的数据共享通道。三是大力推动农业保险科技发展。推动科技智慧化农业保险建设，建立以互联网为基础、以数据网络为基础的智慧化保险产品和服务模式。

第四，加大宣传力度，扩大农业保险覆盖面。一是市区主管部门应利用网络、报纸等媒体，通过组织宣传、典型事例、示范引导等方式，强化农业保险政策宣传。二是保险机构应充分运用自身服务网络，在加强农业保险政策宣传的同时，深入基层向农户宣传并解释保险条款，加深农业生产经营主体对农业保险的了解和熟悉，帮助农业生产经营主体了解农业保险政策，培育农业生产经营主体现代风险防范意识，提高参保的主动性、积极性和连续性，不断扩大农业保险覆盖面。

执笔人：杜成静

整村授信"贷"动乡村振兴

——邮储银行北京分行推行整村授信的调查与建议

一、基本情况

中国邮政储蓄银行北京分行（以下简称邮储银行北京分行）成立于 2007 年 11 月，依托百年邮政品牌和服务网络，在首都地区发挥对"三农"和实体经济等领域的金融支撑作用。该行凭借独特的"自营＋代理"模式，始终坚持以习近平新时代中国特色社会主义思想为指导，全面贯彻党的二十大精神和中央农村工作会议精神，积极落实北京市委市政府、监管机构关于服务"三农"、支持乡村振兴的各项部署，牢牢践行服务"三农"、服务城乡居民、服务中小微企业的战略，为北京地区 2023 年全面推进乡村振兴、加快农业强国建设提供了有力金融支撑。充分发挥遍布北京城乡的邮政金融网络优势，通过整村推进、主动评级授信等方式，推出信用村、信用户服务，支持乡村产业发展。

自 2021 年起，邮储银行北京分行开展信用村建设，无论行政村规模，信用户达 30 户即可评定为信用村。2023 年是邮储银行北京分行深化提升年，通过与中国邮政集团有限公司北京分公司（以下简称邮政北京公司）共同制定"75521"的目标，将部分产业形态较好、金融需求较为旺盛的信用村提高授信覆盖的广度与深度，提升至整村授信。其中，"7"是指邮政北京公司采集不少于 70% 的村内户数信息吸纳为邮政会员（一户吸纳一人且年龄在 18—60 岁之间）；第一个"5"是指邮政北京公司在触达农户基础上，有不少于 50% 的农户在网点开户；第二个"5"是指邮储银行北京分行在已开户的农户基础上，为不少于 50% 的农户人工授予信贷额度；"2"是指邮储银行北京分行在主动授信农户基础上，有不少于 20% 的农户将授予的信贷额度激活，达到可以随时使用的状态；"1"是指邮政北京公司在本村至少建成 1 个综合便民服务站。

2023 年 4 月以来，北京市农研中心对广东省、浙江省和黑龙江省整村授信特色做法进行调研，对比京内外乡村资源禀赋、产业发展、金融环境的差异，于 2023 年 6 月，与邮储银行北京分行共同推进北京市首个整村授信工作在顺义区北小营镇东乌鸡村落地。同时，邮储银行北京分行也是目前北京市唯一成功落地整村授信的金融机构。截至 2023 年 8 月底，邮储银行北京分行共有 526 个服务网点，其中 60% 的服务网点设立在京郊，共建成 295 个信用村，信用户近 5000 户，在 32 个行政村落地整村授信，累计放款 984.7 万元。

二、主要做法

（一）邮银协同化

2023 年中央一号文件提出要"加强农业信用信息共享"。这为邮储银行北京分行与邮政北京公司（以下以"邮银"代指邮储银行北京分行与邮政北京公司）发挥协同优势助力整村授信提供了政策支持。整村授信工作中最基础、最繁杂的工作便是获取农户的支持和真实的农户信息。金融机构难以融入农村的熟人社会是金融服务较难深度渗透到农村金融基础薄弱环节的重要原因。邮银创新开展整村授信协同推进的工作机制，既提高了工作效率，又降低了服务成本，协同工作体现在以下三个方面：一是邮银协同帮助邮储银行北京分行快速融入农村的熟人社会。邮政北京公司具备遍布北京城乡的邮政金融网络优势和丰富的客户资源，借力其邮政便民综合服务站、投递员、支局长等群体熟悉村情民风，可快速锁定适合开展整村授信的信用村，帮助邮储银行北京分行快速建立与农户的联系与信任。二是邮银协同锁定整村授信重要客群，形成内部客群生态圈。农村的种养殖户是邮政北京公司重要的物流客群，通过邮银客户信息共享，自然延伸对物流客户的金融服务，可极大降低对邮储银行北京分行的获客成本，激发其开展整村授信工作的动力。三是邮银协同发挥商流、物流、资金流、信息流"四流合一"优势，深化各板块在农村的联动。邮银立足自身主营业务，整合邮政、金融、电商、物流资源，以"互联网＋"农产品出村进城工程为目标，打造"产业＋金融＋寄递＋电商"融合发展的生态服务圈，打造服务乡村的综合服务商。

（二）支持差异化

邮储银行北京分行将整村授信工作重点落在乡村产业发展上，以提供经营性贷款为主，重点支持村内的主导产业发展，针对北京市各个涉农区的产业特色配套相关金融产品开展整村授信。例如，为已经落地整村授信的顺义区东乌鸡村从事玉米种植的村民提供贷款，用以购买种子、化肥和苗木；为信用村提升中的门头沟区爨底下村村民重点解决民宿旅游产业的资金需求，为"吉祥客栈""驿清晨客栈"在内的 12 户缺乏抵质押物的民俗户提供房屋翻修、扩大规模的资金支持，通过民宿质量提升帮助爨底下村民俗户收入实现翻番；为信用村提升中的顺义区柳庄户村村民重点解决"红色文化＋绿色生态＋休闲农业"产业布局的资金需求，例如为国家级示范社北京吉祥八宝葫芦手工艺品产销专业合作社提供 150 万元资金支持并帮助其销售特色农产品。除此之外，邮储银行北京分行也结合"一村一品"，在整村授信过程中重点推介"大桃贷"等多种贷款产品精准对接乡村产业，助力乡村产业兴旺。

（三）管理数字化

2023 年 4 月 13 日，中央网信办、农业农村部等五部门联合印发的《2023 年数字乡村发展工作要点》中指出，要利用数字技术改善农村普惠金融服务。邮储银行北京分行与邮政北京公司在整村授信过程中实现了系统上的互联，邮储银行北京分行已形成"整村授信村庄名单确认、扫村打卡、信贷额度申请、整村授信成果检测"的全流程线上化管理，发挥数字化在农村金融中的充分应用，提高银行的服务水平和管理效率。以上四个流程对应内部考核平台、移动展业数字"三农"APP、线上营销平台和信用村可视化管理平台四个操作平台。其中，内部考核平台规定仅可添加信用村作为整村授信的村庄名单进行考核，确保整村授信严格在优质的信用村中开展，从源头上保证了整村授信的工作质量；移动展业数字"三农"APP则监督了银行工作人员能够真正深入到农村基层开展工作，制定了在移动展业数字"三农"APP进行打卡的规则，仅管村客户经理可以发起该村的扫村打卡，开展整村授信工作要由管村客户经理带队，其他信贷客户经理、个金人员共同协同开展；线上营销平台则是农户线上申请贷款的渠道，农户无须下载手机银行和持有邮储银行卡，便可以在银行工作人员的指导下点击链接，实时自主完成贷款申请和签署额度合同，真正做到了让信息多跑路，农民少跑腿；信用村可视化管理平台则可以监控和查看整村授信"75521"目标的达标情况，即将优化的二期系统将上线集中扫村成效查看功能，更加方便对整村授信的集中管理。

三、几点建议

（一）推进整村授信与农村基层惠民服务网点协同，实现金融和其他助农服务联动

邮储银行北京分行在推进整村授信过程中，依托邮政集团的平台实现邮银协同推进工作，充分挖掘并利用了邮政便民综合服务站的网点优势，在整村授信工作推进中节省了大量的时间成本。据了解，北京农商银行在农村地区设立多家"乡村便利店"，配备了多功能自助终端机、点钞机等设备，为农户提供基础金融服务；北京银行在农村地区设立"富民直通车"金融服务站，配备智能助农服务终端，农户可以办理多项常见个人金融业务；建设银行北京分行在县域乡村指定合作商户服务点布放银行卡受理终端设备或"建行裕农通"APP，围绕"存贷汇缴投"为县域乡村客户提供特色助农取款、专享聚财、裕农保险等30项产品功能；工商银行北京分行与多方共同在农村地区设立"兴农通"农村普惠金融服务点，具备金融服务、科技兴农、扶助农产品销售、农资农具销售、生活用工业品下乡等五大功能。建议北京市各金融机构依托设立的农村基层惠民服务网点协同开展整村授信工作，将整村授信工作与助农服务相结合，为乡村基层提供更广泛更便利的服务。同时，将农业农村部开展的新型农业经营主体"信贷直通车"活动丰富至整村授信的工作中，重点关注如何满足北京市农村地区集体经济组织和新型农业经营主体的金融需求。

（二）重点关注整村授信村的用信情况，助力乡村特色产业发展

邮储银行北京分行与邮政北京公司的整村授信工作提出"75521"工作目标，对农户信息采集、开户、授信、激活均已制定评定标准，但是暂未将其他农业经营主体纳入整村授信服务范围，并未对用信情况制定工作目标。衡量整村授信工作是否真正惠及农户和其他农业经营主体关键是要看他们的使用意愿与使用需求。因此，建议由人民银行北京分行主导，北京市农业农村局协助，制定北京市整村授信的认定标准，突出集体经济组织和新型农业经营主体在整村授信中的重要地位。同时，引导金融机构对用信情况进行内部监测和考核。针对北京市不同涉农区配套整村授信金融产品，加大对平谷大桃、密云蜂蜜、怀柔板栗、昌平草莓、通州樱桃、门头沟京白梨、延庆有机农业等特色产业资金支持力度，研发专属特色农产品贷款，助力做强乡村特色产业、发展"一村一品"示范村。

（三）通过政银联动建立北京市"三农"综合信息库，降低整村授信系统性风险

邮储银行北京分行通过建立信用村、评定信用户和开展整村授信等形式构建内部农村信用体系。北京市农村信用体系建设仍有待优化和提升，政府的数据平台和金融机构信息平台缺乏共享机制，金融机构也难以抓取新农合数据、农业补贴数据、机械补贴数据、公安数据等为农户授信进行增信。因此，通过形成"党建引领、政府主导、人行协助、多方参与"的方式打通农村数据孤岛，加强多方数据整合，建立可供多方实时更新和使用的"三农"综合数据库，建立"金融机构申请—农户授权—信息库调取相关词条—数据不出库只出结果"的数据库使用原则。通过完善北京市农村信用体系，降低整村授信因信息不对称带来的系统性风险。

执笔人：张英洪、林子果、刘冉

多方协同共"担"乡村宜居重任

——北京农担"乡村宜居贷"农房担保贷款的调查与建议

一、基本情况

农房改造建设是乡村振兴和生态宜居的重要内容，也是实现农村经济高质量发展的重要方面，中央和地方各级政府高度重视，相继出台多个政策予以指导。2021年，住房和城乡建设部、农业农村部、国家乡村振兴局联合印发了《关于加快农房和村庄建设现代化的指导意见》（建村〔2021〕47号），从提升农房设计建造水平等12个方面对农房和村庄建设工作提出要求。2021年，北京市农业农村局、北京市发展和改革委员会、北京市财政局、北京市规划和自然资源委员会、北京市住房和城乡建设委员会印发的《北京市农村住房质量提升试点建设工作方案》（京政农发〔2021〕97号）提出，"在农房建设过程中要有效整合政府资金与社会资本，强化资金支持"。2023年，中国人民银行、国家金融监督管理总局、证监会、财政部、农业农村部印发的《关于金融支持全面推进乡村振兴，加快建设农业强国的指导意见》（银发〔2023〕97号）指出，要"建立完善多层次、广覆盖、可持续的现代农村金融服务体系""优化和美乡村建设金融服务"。

乡村振兴离不开金融的支持，农房改造的金融需求尤为突出。以调研的昌平区为例，农房改造需求巨大，《昌平区2022年国民经济和社会发展统计公报》显示，2022年末，昌平区户籍人口30.5万户，68.5万人，其中农业人口16.8万人（占比24.5%）。2021年，昌平区政府印发了《农村宅基地及房屋建设管理办法（试行）》（昌政发〔2021〕5号），专门对本区农房改造建设予以规范。根据北京农担昌平分公司估算，仅2023年下半年，昌平区约有3000余户农户计划改造农房，且大量农户计划在未来几年后进行改造，潜在需求大。"乡村宜居贷"等农房改造金融产品在昌平区得到良好的推广和应用，截至2023年8月末，"乡村宜居贷"农房担保贷款累计担保发生金额4170万元，服务北京农户135户，占比最高的昌平区多达80户。基于此，课题调研组考察了昌平区的农房改造现状和"乡村宜居贷"农房担保贷款在昌平区的开展情况，以期总结"乡村宜居贷"农房担保贷款的路径和经验，针对尚存的问题提出下一步工作建议。

二、主要做法

"乡村宜居贷"具有"政银担"模式的典型特征，产品运作中政府、银行、担保多方协作，共同"担"起了乡村宜居的重任。该产品考虑了农村客户的实际情况和农房改造贷款的痛点、难点问题，且该产品贷款条件优惠，充分体现了农村金融的普惠性和金融支持乡村振兴的使命担当，对其他农村信贷产品也具有借鉴意义。

（一）多方协同，发挥"政银担"模式的典型优势

政府、银行和担保多方协同的"政银担"贷款模式有效地打破了农户与金融机构之间的信息壁垒，降低了农房贷款的准入门槛，是解决农房改造资金问题、提升农村金融服务水平和推动乡村振兴的重要抓手。"乡村宜居贷"农房担保贷款实现了多方协同和信息共享：一是利用政府提供的信息，"乡村宜居贷"要求农户提供《农村宅基地和建房（规划许可）审批表》或其他能够证明权属及改建合法性的政府证明材料，充分利用了政府对农房改造审批的准入信息；"乡村宜居贷"产品的客户经理还会通过村委会、村集体等方面对农户的信息进行全方位的搜集，从而利用政府提供的信息降低农户与金融机构的信息不对称；二是银行机构和担保公司充分沟通协作、权责分明，各自发挥好贷款提供者和风险分担者的职能。

（二）信用担保贷款、子女增信，解决农村信贷痛点、难点问题

农房改造贷款面临三大难题：一是拟改造的农房绝大多数用于自住，无法产生未来现金流入；二是农民缺乏合格抵押品；三是农房产权所有人多为农村的中老年群体，缺乏稳定的收入来源。针对前两大难题，"乡村宜居贷"采用纯信用的贷款方式和信用反担保措施；针对第三大难题，"乡村宜居贷"允许成年子女作为共借人或保证人。为从微观需求层面深入了解"乡村宜居贷"的开展情况，调研组重点访谈了五个成功通过该产品完成农房改造的农户，其基本情况见表1。

重点访谈的五个农户中，成年子女发挥了重要的增信作用：一是核算借款人家庭总收入时，部分借款人无稳定工作收入或收入较低，故产品允许将已婚成年子女的收入也囊括在内；二是允许子女、配偶成为共借人或保证人，且农户可以选择信用反担保或配偶及子女信用反担保。信用贷款、子女增信的制度设计契合了北京乃至全国农户的实际，直击农村信贷的痛点、难点问题，是该产品得以成功开展的重要原因。

表1 昌平区"乡村宜居贷"访谈农户基本情况表

单位：万元

借款人	家庭收入	家庭收入类型	施工总价款	贷款金额	授信担保额度	贷款期限（月）	银行利率（%）	担保费率（%）	保证人	共借人	反担保措施	政府翻盖手续
农户1	27.1（含子女收入18.6）	工资性收入	48	33.6	30	120	4	0.6	借款人配偶	借款人女儿	子女及配偶信用反担保	有
农户2	10.5（含子女收入）	工资性收入	80	24.26	24	120	4	0.6	—	—	信用反担保	有
农户3	10	工资性收入	50	38.22	38	120	4	0.6	—	—	信用反担保	有
农户4	4.6	工资性收入	58	17.76	17	120	4	0.6	借款人配偶	—	信用反担保	有
农户5	17.2（保证人收入）	工资性收入	43	34.64	30	60	4	0.6	借款人儿子、儿媳	—	子女及配偶信用反担保	有

（三）贷款条件优惠，彰显金融支持乡村振兴的担当

"乡村宜居贷"的贷款额度、贷款期限、贷款成本等多个贷款条件较为优惠，充分体现了农村金融的普惠性，彰显了金融支持乡村振兴的责任担当。一是贷款额度大。"乡村宜居贷"的最高贷款额度50万元，五个农户的农房改造施工总价款由低到高分别为43万元、48万元、50万元、58万元、80万元，农户们表示，"乡村宜居贷"的贷款额度完全能够满足自家的贷款需求，基本不存在借多贷少的情况。二是贷款期限长。"乡村宜居贷"最高贷款期限10年，除农户5因不想支出过多利息而采用5年期外，其余农户均采用10年期还款，较长的贷款期限有效降低了农户的还款压力。三是贷款利率、担保费率优惠。五年期、十年期的贷款利率均为4%，担保费率均为0.6%，资金使用成本相对降低。

三、几点建议

（一）进一步降低信息不对称，扩大产品的惠及群体

"乡村宜居贷"准入的关键条件是借款人家庭是否有稳定的收入，访谈的五个农户均有稳定的收入来源，且以工资性收入为主。尽管产品将稳定收入的条件放宽到借款人子女，但还是限制了大量农户的准入。造成这种困境的根本原因仍是金融机构与农村客户的信息不对称，尽管目前银行机构和担保公司能够从基层政府获得农户的部分信息，但所得信息非常有限且以收入、资产等硬信息为主，农户在村里的声誉等软信息依然难以获取，这极大地限制了产品市场的开拓。建议从多方发力，进一步降低金融机构与农户的信息不对称，降低农房担保贷款的准入门槛。一方面，金融机构应从自身发力，加大客户经理的走访、考察力度，对申请贷款农户的信息进行更加全面地收集和多方位地考察；另一方面，加强金融机构与政府的合作，进一步利用好政府在农房担保贷款中的信息提供者作用。

（二）加强金融知识宣传，降低农户的自我金融排斥

在昌平区3000余户计划改造农房的农户中，绝大多数具有资金需求，而仅有10%的农户计划申请银行贷款。调研中发现，相比于"乡村宜居贷"产品，更高比例的农户倾向于民间借贷，主要原因是农户缺乏必要的金融知识，对较为复杂的贷款条款难以理解甚至有抵触情绪。在访谈中也发现，在申请贷款的农户中，大多数本人或子女受过良好的教育且在村外从事非农业工作，具有一定的金融知识，愿意申请贷款且能够理解贷款条款。因此，在农房改建中，要提高银行贷款比例，金融机构、基层政府和村集体应加大农村的金融知识宣传力度，破除因金融知识不足而产生的农户自我金融排斥。

（三）提高服务水平，解决农户的后顾之忧

"嫌麻烦""担心还不起"是许多农户拒绝申请银行贷款的重要原因。金融机构应加大服务力度，采取适合农户的服务模式，提高服务水平，打通金融服务的"最后一公里"；要多站在农户的立场上思考问题，解决农户贷款的后顾之忧，让农房担保贷款惠及更多有需求的农户。例如，针对农村中老年人多、对贷款理解有困难的现状，可以让更多金融机构客户经理深入农村，用农户听得懂的方式与农户面对面交流，加强农户对贷款的理解，并根据农户的实际情况，推荐适合、切实可行的贷款方案，解除农户对于"用不起""还不起"的后顾之忧。

执笔人：黄丽、陈艺曦

第五篇

他山之石

"'大三级'套'小三级'"：现代化大农业的主体与组织结构

——以北大荒农垦为例

一、引言："龙头"缺位下的"小农户＋小农服"双重困境

2022年10月，党的二十大报告提出"加快建设农业强国，扎实推动乡村产业、人才、文化、生态、组织振兴"。2023年9月，习近平总书记在黑龙江省哈尔滨市主持召开新时代推动东北全面振兴座谈会上，提出以发展现代化大农业为主攻方向，加快推进农业农村现代化[①]，从提高粮食综合生产能力、建设现代化良田、把农业建成大产业等方面作出重要部署。同年10月，习近平总书记在江西考察时再次提出："坚持产业兴农、质量兴农、绿色兴农，把农业建设成为大产业。"[②]

2004—2014年，我国粮食及重要农产品成本的上升速度出现了明显加快，亩均和每50公斤成本均超过世界主要农产品生产国（杜鹰，2020）。2021年，中国农产品进出口贸易额达3042亿美元，其中，出口仅844亿美元，进口则高达2198亿美元，贸易逆差高达1354亿美元，进口农产品已达中国重要农产品供给总量的40%，但在价格谈判、摩擦处理和规则制定方面缺乏话语权（张红宇，2023）。农业竞争力的下降势必恶化农业的比较效益，进一步导致农业种植者粗放经营，甚至抛荒现象的发生。"谁来种地？"的问题关乎国家粮食安全、农业强国建设以及城乡融合发展等一系列具有全局性的重大战略问题，日益成为社会各界广泛关注的焦点。

农民不愿种地的直接原因是农业比较效益低（Otsuka，K，2013），而根源在于长期以来"规模小、组织散、效率低"的小农生产方式。2024年3月6日，习近平总书记在看望全国政协十四届二次会议的民革、科技界、环境资源界委员，并参加联组会时指出，要

---

① 哈尔滨新闻网，"推动东北全面振兴，习近平总书记作出新部署"，https://baijiahao.baidu.com/s?id=177661778590588 7188&wfr=spider&for=pc.

② 光明网，把农业建设成为大产业（全面推进乡村振兴），2023-10-29 07:40，https://baijiahao.baidu.com/s?id=1781044 614900744612&wfr=spider&for=pc.

"培育发展新质生产力的新动能"。培育发展农业新质生产力的新动能，就是要通过全面深化农业经营体制改革，构建适应现代化大农业发展要求的制度体系与治理体系，把农业建设成为大产业。需要在家庭承包经营为基础，统分结合的双层经营体制基础上，健全和提升"统"的新的有效实现形式，发展现代化大农业。

40多年来，我国农业经营体制在完成了家庭联产承包责任制基础上，大致沿"农户"和"集体"两条线索向加强"统"的方向持续演化。

随着家庭联产承包责任制改革的完成，农地所有权与经营权得以分离，农户家庭成为一级独立的市场经营主体。"包产到户"和"包干到户"的生产队由1980年的占比50%，迅速上升到1982年6月的86.7%[1]。在"社"一层，中央要求的政社分设在多数地区改革过程中没有真正得到落实，大多数乡镇简单解散了人民公社，而没有保留集体经济组织。由于缺乏村与村之间的有效利益联结和统筹载体，形成了"村村点火、户户冒烟"的发展体制格局。2022年，我国户均耕地仅有5.77亩，远低于世界银行公认的30亩的标准，实质上是一种生产极度分散化的"超小型农户"。

1983年中央一号文件首次提出"农业社会化服务"，围绕农户农业生产需求，提供各类社会化服务，解决"统"的弱化问题，并逐渐形成一条以"农业社会化服务主体＋农户"为基本框架的农业经营体制改革路径。如，20世纪90年代山东省率先开启了"公司＋基地＋农户"的农业产业化实践探索。由于农户与公司利益关系不紧密，一些地方实践中形成二者互伤的"负和博弈"。2007年颁布《农民专业合作社法》后，较好地解决了利益共同体问题。但是，农民专业合作社或联合社往往类似"放大了的小农户"，仍然存在规模不经济问题，一些地方出现了"空壳社"套取财政资金现象。

党的十八大报告首次提出"新型农业经营体系"，党的十八届三中全会进一步明确为家庭经营、集体经营、合作经营和企业经营四种主要形式。2017年，中央印发《关于加快构建政策体系培育新型农业经营主体的意见》，要求探索以农户家庭经营为基础、合作与联合为纽带、社会化服务为支撑的立体式复合型现代农业经营体系。但是，由于缺少一个龙头企业引领，难以形成"1+1>2"的结构优化效应。全国农民专业合作社、服务型企业、集体经济组织、农业服务专业户、供销社等全国各类社会化服务组织107万个，服务营业收入总额1820.3亿元，均值仅为17.1万元/个。其中，服务型企业平均营业收入相对较大一些，也仅有123.2万元。[2]由此，形成了"小农服"困境。此外，由于向小农户提供服务的交易费用较高，农业社会化服务主体具有内在排斥小农户的倾向。

另外一条改革路线，是农村集体经济组织体制不断加强"统"的功能。20世纪80年代的北京市顺义区（原顺义县）率先在全国开展农地适度规模经营。近年来，又出现了贵州安顺市塘约村集体领导合作社、毕节市大方县鸭池镇联社"两包一干"、山东烟

① 中共中央党史研究室，《中国共产党的九十年（社会主义革命和建设时期）》，中共党史出版社，2016年6月第1版。
② 农业农村部农村合作经济指导司编，《2022年中国农村合作经济统计年报》，中国农业出版社，2024年1月第1版。

台实行的党支部领办合作社等新鲜经验。此外，以苏南模式为代表，发展乡镇企业，吸纳了当地大量的剩余农业劳动力，并对农业生产环节进行了反哺，进而通过农村居民点的集并整合加快了农村社会结构转型。

上述两条加强"统"的线路，均是在农村地区内部进行资源整合，未能从根本上跳出"小农生产范式"，难以形成现代化大农业的组织体制支撑。打破"小农服"困境，发展现代化大农业，需要探索更高层级、更广范围的统分结合双层经营体制。关键点是从农村地区外部引入更强有力的"龙头"企业，进而对农业经营体制进行根本性的改造。特别对于资源相对匮乏、处于市场竞争弱势地位的粮食主产区，更需要通过外部资源引入来改善处境，打破低水平循环的困境（Ray，2001）。

二、迈向中国式现代化大农业的改革逻辑

关于改革开放以来深化农业经营体制领域改革的研究文献较多，主要围绕如何构建和完善社会化服务体系而展开[1]。郭晓明、温国强（2023）认为，农业社会化服务是实现中国式农业现代化和促进小农户与现代农业有机衔接的关键途径，并提出了农业社会化服务的供需双重阻滞问题，而农村集体经济组织应成长为本土性农业社会化服务的供给主体。曹铁毅、邹伟（2023）基于"家庭农场服务联盟"的案例分析，从农业社会化服务的需求和供给两个维度，提出通过农业社会化服务体系"双重组织化"节约供需双方交易成本的发展路径。反映了当前理论界对加强农业经营体制"统"的方面的共同认知。作为一门历史科学的政治经济学，要研究清楚生产和交换的每个个别发展阶段的特殊规律（恩格斯，2009），需要进一步明确当代中国农业农村发展的阶段性特征，才能更加清晰地揭示迈向现代化大农业组织体制的改革逻辑、路径与方向。

（一）阶段判断I：大冢启二郎关于国家食物自给率下降的"第三阶段"

日本农业经济学家大冢启二郎基于亚洲、非洲一些人口稠密类型国家的实证研究，发现一国在工业化过程中，农业发展一般都要经历"粮食短缺、部门间收入不均等、国家食物自给率下降"三个阶段[2]。通过种、药、肥以及农机等领域的技术革命，全球多数国家和地区已经摆脱了粮食短缺的困境，进入第二个阶段，即农业部门与非农业部门收入差距诱致下的农业劳动力非农转移，出现农地抛荒或粗放经营问题。日本、韩国等亚洲高收入国家随着农业比较优势下降，谷物大量进口，国家食物自给率下降，已经进入了第三个阶段。

中国作为世界上最大的粮食生产国、消费国和世界第一人口大国，已经经历了改革开放初期农业产量的快速增长与温饱问题的解决、城乡收入差距持续扩大并逐渐缩小的前两

---

[1] 党的十一届三中全会后，以人民公社制度为基础的计划经济特征的农业服务体系已经难以有效解决分散农户家庭经营的产前、产中、产后各环节所面临的问题。1983年中央一号文件中，首次出现"社会化服务"的提法。1991年党中央、国务院《关于1991年农业和农村工作的通知》中正式提出"稳定完善以家庭联产承包为主的责任制，建立健全农业社会化服务体系"。发展农业社会化服务体系首次被提到了与稳定家庭承包经营同等重要的高度。2008年，党的十七届三中全会提出要建立新型农业社会化服务体系。
[2] Otsuka,K, Food insecurity, Income inequality, and the Changing Comparative Advantage in World Agriculture, Agricultural Economics,2013,44:1-12.

个农业发展阶段。随着中国进入中高收入国家行列[①]，国家食物自给率下降对未来经济社会可持续发展形成严峻挑战。我国热量自给率从 2000 年的 96.7% 下降至 2019 年的 76.9%，而日本、韩国近 20 年来分别从 40% 下降到 37% 和 50% 下降到 43%。我国热量自给率的绝对水平明显高于以上国家，但下降速度明显要快得多。

这意味国家粮食安全的战略地位将日益凸显，提高土地产出率，拥有最现代化技术手段和经济实力的国有农业经济应当走向农村，切实承担试验示范和引领农村地区农业现代化的历史重任。

（二）阶段判断 II：农村社会结构快速转型期接近尾声，功能区空间结构日益明晰

后工业化时期的来临。2022 年，中国国内生产总值中第二产业的比重为 39.9%，五年来保持相对稳定，且远低于第三产业比重 52.8%，已经整体上进入后工业化发展阶段[②]。

城镇化速度已经趋缓。城镇化率年度增幅由 2019 年的 1.21 个百分点持续下降到近三年的 1 个百分点以内[③]。表明全国性的大规模城镇化已经趋于尾声，国土空间利用结构、产业结构乃至社会结构将逐步趋于定型状态。

农村地区内部空间功能日益专业化。改革开放 40 多年来，经过快速的工业化、城镇化等社会结构变动，农村人口和劳动力在城乡间、村庄间获得充分流动，少部分村庄成为人口流入区（城镇化地区），大部分村庄成为人口流出区（空心化地区），村庄之间呈现"好、中、差"的俱乐部收敛性特征（陈雪原，等，2023）。根据在黑龙江省佳木斯市等地调研，一些村庄空心化率[④]已经达到 70% 左右。其中，"差等生"一般属于人口流出地区，主要功能将会向粮食主产区或生态涵养区演变。为此，"我国发展必然是一个'并联式'的过程，工业化、信息化、城镇化、农业现代化是叠加发展的[⑤]"，应按照城乡一体化新要求，整体、系统地优化不同专业类型地区功能、产业与空间布局。当然，"促进农民增收，难点在粮食主产区和种粮农民[⑥]"，也是发展现代化大农业的最薄弱地区[⑦]。

（三）阶段判断 III："大国小农"的人地关系资源禀赋趋于固化

农地流转率提升趋缓，人多地少的资源禀赋结构逐渐定型。中国人多地少的资源禀赋结构有着深厚的历史根基，难以随着劳动力转移而发生根本性的改变。2000 多年前的商鞅变法，围绕"农战"思想，增加税赋，加强中央集权，制定多子继承、外来人口赐地

---

① Glawe & Wagner（2020）将 2000—7250 美元界定为中低收入区间、7250—11750 美元作为中高收入区间，发现中国在 2015 年或 2016 年已经进入中高收入阶段。

② 2022 年，北京市第二产业占比 15.9%，上海市为 25.67%，已经率先进入后工业化时期。

③ 2021 年为 0.81 个百分点，2022 年增幅为 0.5 个百分点，2023 年为 0.94 个百分点。

④ 村庄空心化率 =1-（村庄常住人口 / 村庄户籍人口比重）。

⑤ 习近平，"推动新型工业化、信息化、城镇化、农业现代化同步发展（二〇一三年九月—二〇二一年八月）"，摘自《论"三农"工作》，中央文献出版社，2022 年 6 月第 1 版。

⑥ 习近平，"在农村改革座谈会上的讲话（二〇一六年四月二十五日）"，摘自《论"三农"工作》，中央文献出版社，2022 年 6 月第 1 版。

⑦ 按照功能和产业形态划分，乡村地区一般可以分为城镇化地区、纯粮食地区、林果业地区和生态涵养地区。相对于其他三类地区，纯粮食地区底子最薄，产业优质资源最弱，是推进乡村全面振兴的最薄弱环节。

开荒等系列制度，后经历朝沿袭，逐渐形成了我国人多地少的资源禀赋结构。自21世纪初发生的劳动力短缺的"民工荒"，尽管已经持续了近20年，小农经济占主体的局面仍未能根本打破。截至2022年，全国农户承包经营耕地面积15.69亿亩，汇总农户2.72亿户，人口10.1亿人，户均耕地5.77亩，农地流转率，即土地承包经营权流转面积占承包地面积比重为36.73%。2008年为8.8%，至2015年的33.4%，年均上涨3.5个百分点。而2021年与2015年相比，年均只提高了0.56个百分点。这意味着农地流转进一步提升的潜力基本上已经耗尽，农户手里将稳定自持2/3的农地。

兼业经营固化了土地产权关系的碎片化。2022年，全国经营耕地规模在30亩以下的农户数占比为95.8%[①]，经营规模在10亩以下的农户占比85.3%。这样的土地规模不足以养活一家人，只得兼业经营。但是，农民大多数进城后未能市民化，农地资源作为福利保障自然难以彻底退出，2.96亿[②]农民工被称为社会结构转型中的"夹心层"，使得他们"潜在的消费需求难以释放、城乡双重占地问题很难解决[③]"。从而，牵制了农地经营规模的扩大，制约了农业机械化、标准化、集约化水平。要"根据各地基础和条件发展，确定合理的耕地经营规模加以引导，不能片面追求快和大，更不能忽视了经营自家承包耕地的普通农户仍占大多数的基本农情[④]"。

"大国小农"经济中的"大国"优势。与日本、越南以及撒哈拉南部非洲国家等国土面积较小、人口稠密的资源禀赋单一特征不同，我国农业兼具规模性、多样性、差异性等"大国"典型特征。一是产业规模、经营规模的优势。作为全球最重要农产品产出大国，中国的粮食、肉类、水产品等重要农产品产出总量连续多年位居全球首位（张红宇，2023）。分散的小农经济，大范围生产决策却高度同步（钟甫宁，2023），对于托管等各类社会化服务需求，累加起来容易在一个相近的时空环境下形成规模性的市场需求。二是体现在资源禀赋结构特征的不平衡性。福建、广东、浙江代表了中国人均耕地较少的省份，分别为0.84亩、0.89亩、0.92亩，而黑龙江、内蒙古、吉林、新疆，人均耕地分别为8.45亩、7.16亩、4.96亩、4.28亩，与美国人均耕地10.5亩的水平已经比较接近（张红宇，2023）。特别在黑龙江、新疆、宁夏等边疆垦区"人少地多"的资源禀赋特征更为突出，并已经基本建成了现代化大农业，成为我国现代化大农业的代表和示范引领农场地区传统农业改造的"龙头"。

（四）改革路径：迈过"三道坎儿"

对于小农经济，提升农业竞争力的常规思路就是要扩大农地经营规模，提高农业机械化水平，进而引入现代农业技术，提升土地单产与产品品质。解决农村地区"小田变

---

① 农业农村部政策与改革司编，《中国农村政策与改革统计年报（2022年）》，中国农业出版社，2023年10月第1版。

② 2022年数据。

③ 习近平，"推进农业转移人口市民化（二〇一三年十二月十二日）"，摘自《论"三农"工作》，中央文献出版社，2022年6月第1版。

④ 习近平，"深化农村土地制度改革，既要解决好农业问题也要解决好农民问题（二〇一四年九月二十九日）"，摘自《论"三农"工作》，中央文献出版社，2022年6月第1版。

大田"，推进农业规模经营，不能照搬照抄国外经验，单纯强调地权稳定性，刺激农户自由流转的方式达到规模经营（王兴稳，钟甫宁，2008）。但是，认为可以通过推进农民大规模非农化转移，来实质性改变农村地区人多地少的资源禀赋条件（钟甫宁，纪月清，2009），事实证明也难以行得通。要立足"大国小农"的刚性约束，将规模经营的重心在土地规模基础上延展到产业规模，进而像制造业的全球产业链一样进行不同层次上的分工和协作，构建充分弹性的农业产业组织体系（钟甫宁，2021）。由此，中国式现代化大农业之路要迈过"三道坎儿"。

第一道坎：劳动力转移、职业农民培育与乡村养老。随着新世纪初民工荒现象不断蔓延，刘易斯转折点已经来临（蔡昉，2008、2022；Cai，2008；陈金永，2010；张晓波，等，2010；卿涛，等，2011），农村整体意义出现剩余劳动力短缺已经持续了近二十年，尽管还有相当规模的低效率的劳动力有待转移（章铮，2011；汪进，钟笑寒，2011）。这意味着农业将逐步由劳动集约向资本集约转变，获取新的经济增长源泉，需要扩大农地规模，改善经营管理，但是，面临着"小农户"与"小农服"的双重困境。因此，要统筹考虑农村三类人：对于非农就业转移农民，结合就业机会，加大培训力度提升其非农就业技能；对于愿意种地的农民，要培养其成为农机手、种养大户等职业农民；对于农村老人，要通过互助养老、提升医保水平、老年餐桌等提高其生活质量。

第二道坎：农地碎片化整理。土地制度历来是农业发展的基石，"小田变大田"应作为农业现代化的前置条件。顺应农工商一体化的农业社会化服务体系演化的趋势要求（郭玮，1992），选择适宜的组织主体来降低碎片化农地的整合成本，进而，大幅度降低"龙头"企业链接乡村地区各类经营主体的交易成本，形成不同类型组织间的一体化整合，最终完成小农生产方式的系统性重构和升级。专业户、农民专业合作社或一般社会企业不具备规模性的空间区域特征，不便于承担土地资源整合的任务。基于北京郊区新型农业经营主体调查发现，66.60% 的被调查农户认为土地流转给村集体利益最有保障，认为是专业合作社的占 12.41%，龙头企业的占 10.45%。同时，36.46% 的农户表示村集体经营的可持续发展能力最强，认为是合作社的农户占 26.90%，种养大户的占 20.71%，家庭经营的占 15.93%（陈雪原，孙梦洁，王洪雨，2018）。土地集体所有制在降低细碎化农地流转过程中具有天然的制度比较优势（郜亮亮，纪月清，2022）。

第三道坎：产业化"龙头"引领。2016 年中央 1 号文件强调要积极构建现代农业产业体系、生产体系、经营体系。类似 ADM、邦吉、嘉吉、路易达孚四大粮商，要有能够全产业链运营的"龙头"组织，引入现代科技要素，整体性地重构农业产前、产中和产后以及一二三产业间的全产业链分工协作，提升农服体系的组织化程度，完成全产业链与生产基地之间的整合，发展产业化大农业。《北大荒农业集团推广"双控一服务"模式创新农业经营管理体制实施方案》中，明确提出要顺应垦区集团化改革新形势，大力推行"双控一服务"①，实现集团化专业分工，构建起更高层次、更宽领域、更大范围的现代农业统

① 农业投入品统一供应、主要农产品统一经营、全程数字农服。

分结合双层经营体制。

可见，"'谁来种地'这个问题，说到底，是愿不愿意种地、会不会种地、什么人来种地、怎样种地的问题。[1]"关键还是要"加快创新农业经营体系，解决谁来种地问题，发展适度规模经营[2]"，即在进一步加强"统"的方面巩固和完善农村基本经营制度。

三、北大荒现代化大农业的主体及其组织架构

（一）北大荒农垦[3] 率先在垦区建成中国式现代化大农业

2010 年，原农业部印发了《关于认定黑龙江垦区国家现代化大农业示范区的通知》，标志着垦区现代化大农业的建成。2016 年 5 月，习近平总书记在黑龙江省考察调研时指出"要深化国有农垦体制改革，以垦区集团化、农场企业化为主线，推动资源资产整合、产业优化升级，建设现代农业大基地、大企业、大产业，努力形成农业领域的航母。"[4]2020 年，北大荒垦区完成了由行政型管理到市场型管理的转型，构建了"集团总部 + 分公司（产业公司）+ 国有农场"的三级组织架构，现代化大农业呈现出新的发展局面。主要表现在以下三个方面[5]：

农场土地规模不断扩大。2023 年，北大荒垦区人均耕地 33.7 亩，是美国人均耕地面积的 3 倍多。同年，北安分公司将规模家庭农场进一步整合成 438 个，平均经营面积提升到 9000 余亩，远远超过了 2022 年美国家庭农场平均面积 2535 亩的水平。

劳动生产率进一步提升。通过"统"得到位，农业技术集成、新技术推广应用和标准化作业等现代农业措施能够得到普及。以旱田为主的北安分公司达到了管理区生产性人员 1 万亩 / 人的管理效率。

土地产出率持续提高。以水稻面积为例，由 1978 年的 24.1 万亩扩大到 2022 年的 2267.2 万亩，扩大了 93 倍，传统的旱作区变成了稻作区，实现了"以稻治涝"。粮食单产也从 1978 年的 204.4 斤 / 亩提高到 2022 年的 988.3 斤 / 亩，提高近 4 倍。建三江七星农场示范区核心区面积 5000 亩，全部采用了本田标准化改造，改造前共有 700 多个格田，平均每个格田 7 亩。改造后只有 150 个，平均每个格田 32 亩，扩大到原来的 4 倍多，达到了增地、增产、节本的多重效果。建三江已累计改造水田 100 万亩，增加有效插植面积 3.7

① 习近平，"在中央农村工作会议上的讲话（二〇一三年十二月二十三日）"，摘自《论"三农"工作》，中央文献出版社，2022 年 6 月第 1 版。

② 习近平，"加快转变农业发展方式（二〇一四年十二月九日）"，摘自《论"三农"工作》，中央文献出版社，2022 年 6 月第 1 版。

③ 属于北大荒农垦集团的下属一级子公司。北大荒农垦集团有限公司总部位于黑龙江省哈尔滨市，经营区域土地总面积 5.54 万平方公里，分布在小兴安岭南麓、松嫩平原和三江平原地区，现有耕地 4681.9 万亩，是国家级生态示范区、国家现代化大农业示范区。下辖 9 个分公司、113 个农（牧）场、706 家国有及国有控股企业。总人口 139 万人，从业人员 48.2 万人。

④《北大荒简史》编纂委员会，《北大荒简史》，2021 年 10 月。

⑤ 向世华，"持续深化改革努力建成农业领域航母"，工作报告，2023 年 5 月 24 日。

万亩，增产粮食 2.2 万吨，增加收入 1.5 亿元。

农产品加工多项产业规模居全国前列。在"2022 中国企业 500 强"榜单中，北大荒集团位列第 156 位，较 2021 年提升 11 位。薯业集团马铃薯淀粉产销量、通航公司的综合运营能力均居国内同行业第 1 位，垦丰种业种子营业收入在国内同行业、阳光保险农险保费收入在全国专业公司均居第 2 位，九三集团的大豆加工量居国内同行业第 3 位，米业集团水稻加工量居国内同行业第 4 位，完达山乳业营业收入居全国同行业第 7 位。

（二）北大荒农垦示范带动地方农业现代化：找到土地流转的更优的替代方案

长期以来，通过农地产权的"三权"分置，不想种地，且不想保留土地经营权的农户将农地流转后，扩大农地经营规模。其合理性在于：地权稳定，便于持续投资，集成技术，培育核心示范区；经济发达地区，农村劳动力大规模非农化转移，农地流转收入占农户收入比重较低。但是，在目前农地流转价格较高、接转动力明显弱化的情况下，亟待探索农地规模经营的更优替代方案。

1. 全程托管：由双方对立转变为利益共同体的共营制

托管服务主要有全程托管、环节托管（订单农业）以及技术托管三种方式。对于不想种地，又想保留土地承包经营权的农户，一般实施全程托管。相应的，土地承包经营权委托给农服组织，并按照委托不丧失原则，农户仍拥有"决策权、监督权和收益权"，即农地所有权、承包权和经营权"三权"分置基础上，对经营权进行了第二次"三权"分置。

北大荒农服的基本做法是以托管为主。2020 年底，组建北大荒农服集团[①]，并在全国陆续建立了北安、佳木斯、冀鲁豫等 26 个区域农服中心，实施"农垦社会化服务 + 地方"。2022 年，北大荒农服集团实现服务农户约 350 万户，服务面积 5200 万亩次，约等于金丰公社、中化农业、隆平粮社、农飞客、丰信农业、思远农业等六家头部农业服务企业常年作业面积的总和[②]。根据 2023 年 2 月开展的北大荒农服问卷调查，全程托管后不同区域农服中心粮食平均亩产比当地提高 12.16%。

以北大荒北安分公司为例，在开展农业社会化服务过程中明确提出了托管但不流转的基本原则。土地托管的主体是农村集体经济组织，技术服务的主体是北安区域农服中心，技术服务的承接、实施和作业主体分别是所属赵光农场农业科技服务中心、管理区和作业编队。村集体组织农户联合成立集体农场或土地合作社，农村集体持有土地所有权、农户拥有承包权，区域农服中心接受村集体委托拥有经营权。农民保留了对农业耕、种、防、收等各作业环节的决策权、监督权和收益权，从而切实形成了利益均衡、目标一致的农地共营制。2022 年，北安区域农服中心将全程托管由核心示范区赵光村整村推进提升到赵光镇整镇推进。

---

① 属于北大荒农垦集团的下属一级子公司。

② 2019 年数据。农业农村部农村合作经济指导司编，《2019 年中国农村合作经济统计年报》，中国农业出版社，2020 年 8 月第 1 版。

对于还想种地的农户，通过单环节或多环节托管，附加订单农业等不同手段或方式，将农服机构的种植技术逐步植入到地方。

江荣吉（2008b）认为，委托经营方式是促使台湾小农经营现代化与企业化经营的最佳可行路径。根据实践经验，托管主要有以下四点优势：一是有利于保护地力，持续提高粮食单产，保障国家粮食安全。农户与农服组织拥有粮食增产的共同目标，具有持续提升土地产能的内在动力。而土地流转后农民缺乏监督的动力和手段，社会资本在较高的土地流转价格倒逼下，易引发非粮化、非农化现象。二是易于形成可持续的合作共同体。托管收获后的粮食产量属于农民，农服组织类似于装修工，获取的是每亩定额的服务费，双方具有权益公平性和目标一致性。而流转后农民收入与粮食产量不再挂钩，对流转价格诉求会持续递增，甚至出现偷粮、抢粮以及掠夺地力等行为，导致合作不可持续。三是保障经营者风险可控。托管是生产经营者收取服务费，属于轻资产运营，经营风险可控。而土地流转方式一般需要社会化服务组织先付土地流转费，承担全部市场风险。不同经营主体之间竞争拿地，又进一步抬高价格，投资失败后导致多年撂荒，甚至退地、跑路，不宜大范围推广。四是相对更好地保障了农机配套。与一般个体的流转主体相比，区域性农服组织建立农事综合服务中心，需要按照规范标准配套农机具设备。一般大户、公司或合作社流转土地，仍以种植为主。

同时，也要看到托管模式需要解决的若干问题：一是托管组织需要靠农村集体组织来解决土地碎片化问题，与农户之间进行土地整合交易成本较高。二是托管组织需要有强大的技术力量和生产组织能力，对最低产量要有保证，并就种植方案、作业环节、执行标准、验收标准等双方进行有效沟通并在实施过程中进行有效监督。三是要有产业链嫁接。作为一种为农户或村集体经济组织提供技术和作业服务的外包服务，主要聚焦一产环节。需要将农业投入集采、加工、销售等纳入进来，才能根本上打破小农经济的思维和格局，形成产业化大农业。

2. 合伙种田：固定地租转变为分成地租

为了规避过快上涨的土地流转价格，类似分成地租，社会化服务组织联合职业农民与村集体经济组织、农户双方形成风险分担机制。根据北大荒农服集团冀鲁豫区域农服中心在山东汶上县的合作种田模式，村集体引导农户将土地承包经营权入股组建村土地股份合作社，同时，社会化服务组织通过生产垫资方式以资金入股，依据实际亩均粮食产量（或折价），按照约定比例5:5进行分红。农服组织将垫资款扣除后的剩余部分分配给职业农民。村集体扣除5%的管理费后，剩余45%分配给小农户或部分大户。

同样，合伙种田也存在若干要解决的问题：一是确定分成比例是一个难点。当产量下降、土地流转价格发生变化或者农产品销售价格发生变化，容易对分成比例造成影响。二是出于"搭便车"心理往往没有意愿进行销售环节投入。由于以最终农产品销售收益作为分配基础，在农产品销售环节进行投入所得会被对方部分分得。

3. 全产业链运营：构建现代农业产业组织体系

全产业链运营主要是进行农业不同产业环节之间的纵向整合。一是产前环节，包括种植品类及种植计划的制订，种、药、肥等生资采购；二是产中环节，包括耕、种、防、收等；三是产后环节，包括储藏、运输、加工、销售等。由此，构成"龙头企业＋产业经营＋基地生产"一体化发展的现代农业产业组织体系，主要包括村集体经济组织和联营公司的农业土地资产管理组织、专业的第三方农业生产服务组织、农产品销售和加工组织，分别形成农业的土地资源整合的产权主体、农业生产经营主体与全产业链经营主体。

北大荒集团农服公司各区域农服中心发挥了统筹平台作用，北大荒集团为龙头企业，推进下属各产业公司、分公司资源整合实施产业经营，农村集体经济组织负责构建农业生产基地。

表 1　推进农地规模经营四种模式：以北大荒农服为例

基准模式	功能定位	产权关系	适用对象	组织体系与利益点	适用范围与条件	案 例
1. 土地流转	1. 市场经营 2. 试验示范	租赁：农户放弃土地经营权，持有承包权、固定收益权	1. 不想种地 2. 不想保留土地承包经营权	1. 乡村集体 2. 工商企业 3. 大户或家庭农场	1. 核心示范区 经济发达地区，农民非农收益为主	1. 七星农场小岗村 500 亩示范区 2. 北大荒无锡区域农服
2. 土地托管	2-1: 全程托管 1. 提升产量，保障农产品供给安全 2. 共营制，保障权益均衡	委托经营：农户拥有经营权、决策权、收益权、监督权	1. 不想种地的小农户、大户 2. 不想失去土地承包经营权	1. 农户＋集体＋农服＋产业链 2. 土地产量归农民 3. 村集体可获得利益分成	1. 村集体有能力整合土地资源 2. 托管组织具有较高的技术力量和生产组织能力	1. 赵光农场赵光村 2. 佳木斯市生德库村 3. 山东省汶县、惠民县
	2-2: 环节托管 1. 提升农户种地水平 2. 节约农户生产投入	1. 委托：农户拥有土地承包经营权 2. 按环节供给托管服务 3. 订单农业	想种地的小农户、大户（一般规模在 300 亩以上）	1. 区域农服中心＋村集体＋小大户 2. 通过规模化、标准化生产，特别是专一品种生产，在粮食销售端提高价格	1. 村集体尚未实现土地资源整合 2. 大户或家庭农场较多	滁州市小岗村
3. 合伙种田	规避农地流转高价格风险	分别以土地承包经营权和经营垫资成本入股	1. 不想种地农户 2. 风险规避型农服主体	1. 合股公司 2. 按股分红	1. 地价过高 2. 产量增长 3. 双方信任度高	山东梁好农服
4. 全产业链	1. 增加一产收益 2. 稳定性	1. 统供 2. 统销 3. 数字农服 4. 收益二次分配	一般农户	1. 前后端企业＋农服组织＋职业农民＋农村集体＋农户 2. 增值收益	1. 产品品牌 2. 产前端 3. 产后端	北安区域农服中心

（三）经验启示：垦区示范引领地方建设现代化大农业的组织体制

垦区示范引领地方建设农村地区现代化大农业，需要构建新型的组织体制。具有"龙头"带动下的包含了"龙爪""龙身""龙云"的"三位一体"组织体制的基本结构。如图 1 所示。

龙爪：大基

龙头：大企业

龙身：大产　　　　　　　　　　　龙云：大数据

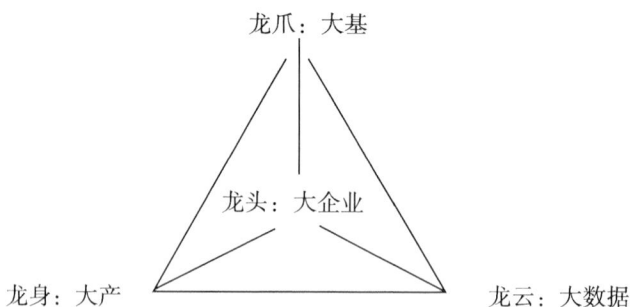

图1 "三位一体"的垦区示范带动地方现代化大农业建设示意图

1. "龙头"：发挥战略决策功能，实施资本（资产）经营

大型涉农国企作为党的领导和意志实施主体，可以发挥示范引领作用，形成大产业与大基地的全产业链整合，夯实国有经济对国家粮食安全的控制力、抗风险能力，是现代化大农业建设天然的"龙头"、主力军与核心力量。此外，如重庆市江津区民营性质的江小白酒业公司，下设分公司，分公司联结万亩高粱基地，也发挥了带动地方、发展现代化大农业的"龙头"作用。

以北大荒农垦集团为例，作为现代化大农业建设中"龙头"，具有若干突出优势。一是功能定位的战略优势。具有国家商品粮重要基地和向农村地区辐射扩散与引领示范农业现代化的两大基本功能。1952年，原农业部公布的《国营机械农场建场程序暂行办法》规定：国营机械农场是社会主义性质的农业企业，是由政府投资，在国有大面积的土地上，采取最进步的科学技术及新的经营方式，利用机械耕作，进行集体劳动，提高产量，降低成本，完成国家和人民交给的生产任务，并以此启发引导个体的小农经营，走向机械化、集体化的生产道路。二是技术集成的优势。北大荒农服兼有76年的种植技术集成①和高度的组织化程度两个优势，形成了快速成熟的先进集成技术推广应用转化机制。三是组织体系的优势。改革后形成了"农服集团总公司＋产业公司＋农场"的完整的"大三级"集团化组织体制，各层级之间功能定位清晰，整合优势明显。四是全产业链的优势。农地、农机、农资、种子等产业公司的专业力量，形成了一二三产业之间的有序、完整联动，产业间的组合竞争优势凸显。五是红色基因的优势。以"北大荒精神"为代表的红色基因，孕育了"利他"的新型农服理念，与一般的社会企业形成本质性的区别。

2. "龙身"：大产业纵向整合大基地，实施产业经营

自改革开放初期实施职工家庭农场承包制改革，国有农场致力于完善和强化自身"统筹"功能。2019年开始，陆续在北大荒分公司推广"双控一服务"，在坚持"分"的基础上更好发挥"统"的功能，把"统"的层级从农（牧）场层面提升到集团层面。农业投入品由集团统供，粮食从小商贩田间地头选择性收购为主变成农（牧）场统营为主，数字农

---

① 一般情况下，技术集成需要一定时间的熟化、配套化、本地化、实用化等，以某一先进技术为核心，集成的产业链上各个环节不同侧面的技术配套，针对产业链重点问题集成不同类别的技术。

服逐步普及。

一是大产业与大基地的一体化整合，有效保障了农业生产环节的产业价值链增值需求。农业生产的基本特征是"自然再生产过程与经济再生产过程的交织"，构成农业生产的动植物生命活动分布于广袤的土地上，具有强烈的季节性和地区性，单位面积的资源密度都很低，难以形成有效市场需求（钟甫宁，2023）。构建农业全产业链是适应农业生产特征、优化农业生产端与加工端利益共享机制的客观要求。

北安分公司通过控制前、后端的"统供"与"统销"以及中间环节的"耕、种、防、收"数字化农服，实现了加工产业端与生产基地端的有机融合。具体做法是在职工家庭农场承包经营和国有农场统筹经营基础上，以土地托管服务为核心，完善规模家庭农场委托代理机制，整合成立国有农场下属的农业科技服务中心，系统集成农业投入品统供、农产品统营和数字农服等现代农业综合服务功能，保障和提升农业生产经营效益的稳健性。

二是市场主体向生产主体的功能转型，有效规避了生产者的市场风险。"自然再生产过程与经济再生产过程的交织"，另外一层含义是经济投入获得的是动植物活动的自然产物，同样的经济投入获得的自然产出可能大不相同（钟甫宁，2023），农业生产者面临着巨大的市场风险。"双控一服务"运行机制，实现了主体间的专业化分工，其中，规模家庭农场由原先"全能型"的独立自主的市场主体转化为单纯的生产主体，作为成本中心风险大为降低。

自从工业革命爆发以来，世界市场体系逐渐形成，市场机制对微观资源配置日益发挥广泛的作用，农户家庭经营作为市场主体就一直面临着"多收了三五斗"的增产不增收式的尴尬境地，市场主体与生产主体的选择难题。进而，逐渐由完全的市场主体向专业的生产主体演变，并产生对社会化服务的刚性需求，如在纺织行业产生了家庭作坊只负责纺棉线或织布等生产环节的"包出制"（徐奇渊，东艳，等，2022）。不仅农户家庭，包括私人公司农场，国有、集体农场，均离不开代表现代农业生产要素的农业社会化服务体系（郭玮，1992）。各类农业生产主体与社会化服务体系之间存在相互促进、相互制约的"鱼水"关系。

3. "龙爪"：农村集体经济组织横向整合构建大基地，实施生产经营

建设大基地需要完成土地碎片化的整合与集约利用，实质是土地资源要素的横向整合，提升农业标准化水平，提高劳动和土地的生产效率。

北大荒区域农服中心在省内外开展"农垦社会化服务＋地方"过程中，一般与村集体经济组织对接，而不是直接与农户签合同。2023年7月，农业农村部印发《关于稳妥开展解决承包地细碎化试点工作的指导意见》，明确要求"充分发挥农村集体经济组织统筹协调、组织服务等功能作用，合理分配收益，妥善化解矛盾，防范经营风险"。主要原因在于建立在农村集体土地所有制基础上的农村集体经济组织，具有有效节约农地撮合交易成本的重要组织功能。

集体所有制作为公有制的一种重要实现形式，资产具有不可分割性以及天然的"村社合一"的社区性密切相关。1956年6月通过的《高级农业生产合作社示范章程》，确立了

农业生产合作社完全的社会主义性质。不同于合作制或公司制具有独立个体的加总性质，集体经济组织要排斥成员个体对资产份额的分割和所有[①]，合作经济的终点即是集体经济的起点[②]。"无论共同共有，还是按份共有，都是共有经济，而不是集体经济。而共有经济的本质是私有经济，这就需要法律规范来进行严格规定、明确区分开来。"[③]由于集体所有制的股权不能穿透，加之千百年来社区聚居形成的熟人社会条件下，集体经济组织成员具有"集体人"特征，彼此之间容易快速形成集体行动，更有利于市场交易成本的节约[④]。

考虑到黑龙江与一般省份的资源禀赋差异，在省内推行托管可以与村集体经济组织对接，在省外推行托管则需要进一步上升到乡镇一级。

4. "龙云"：大数据平台赋能

大企业、大产业与大基地生产经营之间整合完成后，形成了一个资本经营、产业经营到生产经营相互贯通的现代化大农业发展的经营模式。但是，随着横向整合的推进，不同环节、不同项目的参与主体不断增多，组织内部协同运行成本将会不断提升，信息不对称的问题会凸显出来。

北安区域农服中心正在持续推进数字农服的大数据平台建设，将农地撮合、生资供应、农机调拨、粮食销售、金融保险、专家问诊、数据挖掘等内容纳入平台运营。从而，可以将农业社会化服务的全国市场与地域性市场共同激发出来，保障农机、种、药、肥、销售等一系列农业社会化服务的稳定性获得及作业质量有效监控，形成农场（科技服务中心）、农户、村集体、合作社、作业机手等各类主体的黏性。

从长远来看，依托数字经济方式打造农业社会化服务产业的互联网平台，有利于北大荒农服集团输出模式、技术、标准、服务，培养农民，提升农民，整合不同地区的资源、要素，降低地方各类农服主体之间的相互整合、链接的成本。这意味着通过产业互联网形式，把北大荒农垦集团将逐步转型为一个平台企业，"让全国职业农民，去种全国的农地"，真正实现"善耕者有其田"。

四、目标模式："'大三级'套'小三级'"的现代化大农业经营体制

现代化大农业，即"产业化大农业"，需要有相应的新的经营体制支撑。《北大荒农业集团推广"双控一服务"模式创新农业经营管理体制实施方案》中，明确提出"以集团化经营农产品为目标，加快建立产业集团＋农（牧）场、大农场＋小农场等利益联结机制"。结合北大荒农垦集团开展农业社会化服务的实践经验，从大企业、大产业、大基地三个层面分别承担资本经营、产业经营、生产经营三类功能，需要架构"大三级"的经营体制。而在大基地层面，需要整合从农场辖区再划分若干生产单元，每个生产单元整合微观职工

① 戴威、陈小君：《论集体经济组织成员权利的实现——基于法律的视角》，《人民论坛》2012年第2期。
② 陈锡文：《集体经济、合作经济与股份合作经济》，《中国农村经济》，1992年第11期。
③ 陈锡文：谈"乡村振兴"：不能让"城市像欧洲，农村像非洲"，2018-08-17，http://www.sohu.com/a/248242789_275005。
④ 如在北京市疏解非首都功能过程中，仅一个大兴区推进土地改革试点的5年时间内，完成拆除腾退60平方公里。台湾地区完成1平方公里土地重划往往需要十几年时间。

或农户个体组织，从而形成了"'大三级'套'小三级'"的现代化大农业经营体制改革的目标模式。

（一）垦区

1. "大三级"：集团总公司、产业公司与国有农场

大企业：一般属于以北大荒农垦、中化为代表的涉农国有经济类型企业，功能是通过战略性资本（资产）经营，来保障国家调控力和主导力。供销社或大中型民营企业也可以探索发挥类似作用。

大产业：北大荒农服集团与各区域分公司合资成立区域农服中心，作为产业公司实施"双控一服务"的综合平台。区域农服中心上承北大荒集团总部组建的农业服务集团，下对各基层国有农场。功能是在承接农业社会化服务的过程中，通过产业经营，在农机、农化、种子等不同领域打造产业品牌，不断完善产业链条，实现大产业与大基地的一体化运营。

大基地：国有基层农场。功能是通过重新组合生产要素实现农地经营的规模化，生产过程的机械化、智能化和生产工艺的标准化，提高劳动生产率和土地产出率，实现产能和效益的最大化。扩大农地规模，实现生产环节的规模经营。

2. "小三级"：国有农场公司、管理区与规模家庭农场

国有农场公司，下设农业科技服务中心，为"双控一服务"落地载体、技术服务实施主体、土地托管承接主体。

管理区，作为农场派出机构，代表农场行使相应的土地统一发包、生产统一经营、新技术统一推广应用、技术规程监督和实施土地托管等具体工作，并受农业科技服务中心委派落地土地托管业务。

规模家庭农场。不再有意愿种地的职工将承包地委托给规模家庭农场，退出农业生产，但保留监督权、决策权和收益权。规模家庭农场代表家庭农场行驶生产的监管权、决策权和收益权，而将生产经营权交给农业科技服务中心和管理区。

（二）农村地区

本部分仍以北大荒为例，类似国有涉农企业、集体企业、民营企业均可以参照实施。重点是将农垦的技术、组织、产业链等在农村地区转化，联合多种经济成分构建起改变小农生产方式的合力。

1. "大三级"：农业龙头企业、产业公司和县联社

农业龙头企业：由北大荒农垦分（子）公司与北大荒农服集团合资成立区域农服中心，在农场农业科技服务中心支援下，构建综合性的农服功能。

产业公司：包括北大荒农垦集团下属的米业、油脂、乳业、金融等各类产业公司，或集团下属区域分（子）公司下属的各类公司。这些公司在区域农服中心的统筹下落实"双控一服务"。

县联社：统筹建设"大基地"。为满足农机配套、管理空间幅度等技术指标的基本要求，一般需要以县域为单元设置大基地。2021年，全国共有集体所有耕地17.7亿亩，3.6万个乡镇，镇均拥有耕地约5万亩。北安分公司经验数据显示，平均一个管理区业务人员可以管理 1 万亩耕地。为此，可以一个乡镇为单元设置一个管理区，约 5 个人，作为独立的生产单元。

2. "小三级"：县（区）联社、乡（镇）联社与村经济合作社

县（区）联社：以各乡镇联合社为团体股东成立县联社，联合涉农国企或行政事业单位性质的农服中心，下设县级农业科技服务中心，作为农服承接主体。在省市有关部门统筹规划下搭建县域大数据平台，并与全国性的农服平台相互打通。在未成立县联社情况下，也可以由县级涉农国企承担组建农业科技服务中心的任务。

乡（镇）联社：下设农服公司，具体负责组织作为独立生产单元的管理区。对于面积相对较小的乡镇，可以若干个乡镇联合成立单个生产作业单元。主要任务是在农场科技服务中心支援下，培育职业农民。

村经济合作社：负责组建村土地股份经济合作社，实现"小田变大田"，建立类似规模家庭农场职能的"集体农场"。有意愿种地的农户将承包经营权转化为股权，退出农业生产。村土地股份经济合作社实行"一人一票"的民主治理，代表农户家庭拥有生产的监管权、决策权和收益权，而将生产经营权交给乡联社的农服公司。

3. 搭建数字平台，形成组织主体之间的黏性

在完成基本模式和组织体制建设的同时，要同步搭建数字农服平台。种、药、肥的供应，粮食销售，农机作业以及专家问诊等所有服务内容、服务项目都纳入平台运营和管理。职业农民纳入平台管理后，身份转换为管理区职工，享受保险、收支等权利。如图 2 所示。

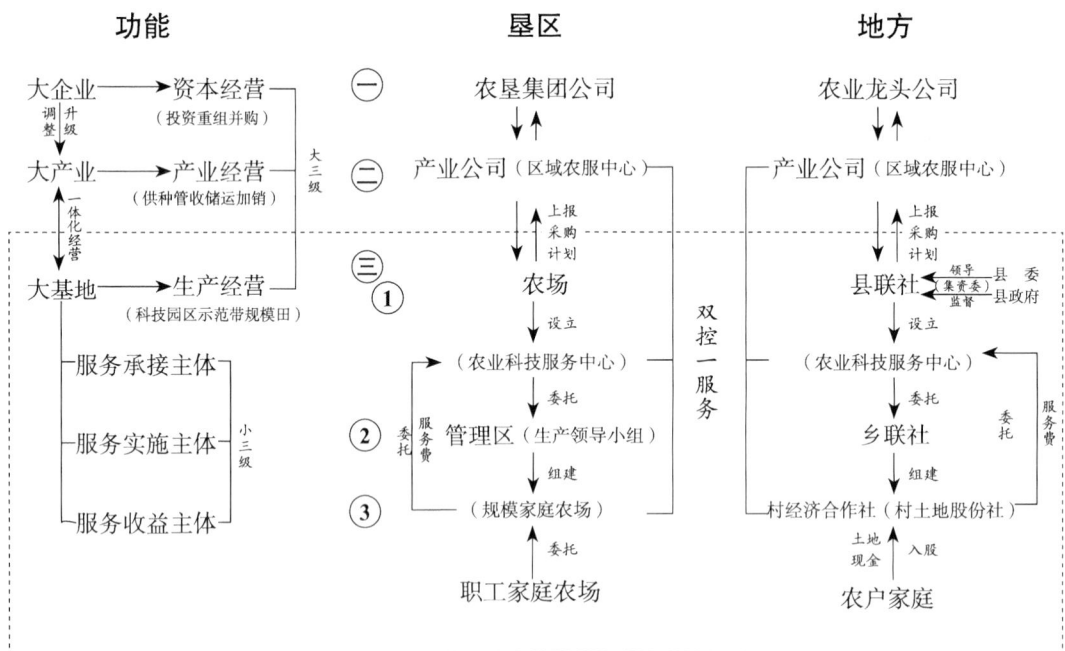

图 2 "大三级"套"小三级"：现代化大农业经营体制改革的目标模式

五、结论与建议

（一）几点结论

在当前农业发展进入国家粮食自给率下降、农村社会结构剧烈转型期趋于结束、"大国小农"资源禀赋趋于固化的历史新阶段，推进中国式现代化大农业建设，需要先后完成农业劳动力充分转移、土地资源碎片化整合和全产业链构建等三个基本环节。为此，需要构建起"大三级"套"小三级"的农业经营体制。

北大荒农垦集团在建成垦区现代化大农业的基础上，引领示范带动农村地区，有效提升了生产环节规模经营水平、扩大了产业经营规模、增强了国家调控和国有与集体主导力，对于农业强国建设具有重要的示范和引领意义。

区镇村三级集体经济系统的组织体制重构有利于发挥好大中型涉农龙头企业的现代化大农业优势，"统筹"带动小农户共同发展，将"小农"劣势向"大国"优势转化。

（二）培育京郊农业新质生产力的对策建议

1. 构建土地全程托管的农地共营制

一是激活集体经济组织所有权权能，通过土地资源交换整合创造全程托管的必要条件。明确集体经济组织的农地所有权载体地位，落实好对村域范围内农地利用的规划权、资产处置权、收益权等。鼓励通过托管或将承包经营权股份证券化，实现细碎化的地块与产权的归并整合。尽量避免依靠区财政、乡镇联营公司或村集体直接流转土地，导致财政压力或财务风险。二是建立健全农地共营制。按照"耕者有其田"不是均田制，而是让耕者能有田种的基本原则，探索健全利益均衡的最优农地利用制度。对农业社会化服务组织和职业农民要加大财政补贴力度。严禁出现哄抬农地流转价格，形成种地主体之间的恶性竞争。三是加强改革集成与政策配套。主要是规划、自然资源、财政、金融、税收等"条"与市、区县、乡镇等上下级之间"块"的整合。高标准农田建设与耕地复垦指标、规划建设用地指标挂钩，形成指标对价。引入农业保险与贷款联动机制，保险靠规模不亏损、金融靠保险无风险、农服靠金融能赚钱、农民靠农服种地更简单。

2. 构建区镇村三级集体经济体制

依托区级农服公司、乡（镇）联社与村经济合作社，拓展和夯实大基地。一是构建"区级联服公司①（区级农业科技服务中心）+乡镇联合社（联营公司）+村股份社"的区镇村三级集体经济组织体制，建立健全农业产业化经营的组织支撑体系。二是完善科技进步的推广机制，建立健全农业科技进步的空间支撑体系。重点建设农业科技园区与休闲农业园区、都市型现代农业示范带以及辐射带动推广基地。通过区镇层面的国土空间规划调整，实施全域国土综合整治。三是乡（镇）联社下设农服公司，具体负责组织作为独立生产单元的管理区。四是要同步搭建数字农服平台。职业农民纳入平台管理后，身份转换为管理区职工，享受保险、收支等权益。

---

① 可以通过乡联社相对控股实现集体化改造。

3.构建"涉农企业"引领下全产业链的现代农业产业组织体系

仅从农村地区内部由下到上地扩大农地规模，提高农民组织化程度，难以破除"小农"与"小农服"困境。需要引入农村外部高端资源要素，发挥好规模涉农企业的"龙头"引领作用，发挥技术、组织、产业链等综合优势，构建培育"涉农（龙头）企业＋产业链＋农业基地"的都市型现代化大农业组织体制。加快经营主体的纵向与横向集成整合，推进产业链供应链优化升级，发展直供直销、地产地销，构建更大范围、更高水平的"统分结合"，把农业建设成现代化大产业。

执笔人：陈雪原、赵邦宏、王哲、刘瑞乾

上海市农业农村现代化考察报告

2023 年 11 月 6—8 日，北京市委农工委、北京市农业农村局、北京市农研中心和北京市大兴区、顺义区农业农村局有关同志赴上海市考察农业农村现代化，重点围绕农业规模化经营、重要农产品稳产保供和乡村振兴示范创建等当前北京市"三农"重难点工作在上海市金山区枫泾镇、吕巷镇、朱泾镇进行了调研，现场考察了农文旅一体发展企业上海开太鱼文化发展有限公司、现代农业生产基地九丰现代智慧农业博览园、"三个百里"阵地、吕巷水果公园以及三个乡村振兴示范村，与上海市农业农村委蔬菜办公室、村镇建设处、农经指导处、计划财务处和经管站进行了专题座谈。考察情况如下：

一、上海市推进农业适度规模化经营的主要做法

截至 2022 年底，上海市 9 个涉农区农户家庭承包耕地面积 166.47 万亩，土地经营权流转面积 151.57 万亩，流转率 91.05%，位居全国第一。上海市在推进承包地流转和规模经营方面的主要路径如下：

第一，坚持农户委托村集体统一流转的基本模式。上海市农村承包地流转实践中一条很重要的经验就是通过农户将承包地委托给村集体，再由村集体统一将土地流转给农业企业、农民专业合作社、家庭农场、种植大户等实际经营者。这一基本模式也是在基层实践中自发形成的。目前，由农户委托村集体统一流转的承包地占流转承包地面积的 97.8%。这种模式的好处在于，一是符合实际经营者的预期，对经营者来说更愿意与村集体签订合同；二是有利于土地的规划利用和连片规模经营；三是有利于土地的科学化利用，避免农户自行流转，造成对承包地的掠夺性开发利用，或者造成对生态环境和土地资源的严重破坏。

第二，推进连片经营，提高规模化经营质量。一方面，村集体根据当地农业布局规划、土壤肥力、地理环境等因素，在尊重农户意愿的前提下，通过承包地互换等方式，将分散在已经流转土地中间的零星承包地调整，使得已经流转的土地相对连片经营，将拟流转的土地进行合理归并，形成集中连片规模后统一进入公开交易市场流转。另一方面，村集体引导承包农户退出低效的个体经营，促进土地流转。截至 2022 年底，流转后的承包地经营主体经营面积 30 亩以下的有 6.58 万亩，占 4.3%；经营面积 30—50 亩的有 5.56 万亩，占 3.67%；经营面积 50—100 亩的有 14.48 万亩，占 9.55%；经营面积 100—300 亩的

有 60.54 万亩，占 39.94%；经营面积 300—500 亩的有 15.91 万亩；占 10.49%，经营面积 500 亩以上的有 33.48 万亩，占 22.08%。

第三，规范农村土地经营权流转。一是建立农村土地经营权流转公开交易市场，依托上海市公共资源交易中心农业要素交易分中心，建成覆盖到乡镇的农村土地经营权流转公开交易市场。按照规定，土地经营权流转交易必须上平台，目前上海市对上平台交易的流转双方不收服务费。二是规范流转价格。为降低农地经营成本，上海市坚持市场发现价格与政府调控相结合，探索合理的流转价格形成机制，9 个郊区根据农地产出水平、农产品物价变动等综合因素，合理确定并及时发布全区土地流转指导价，并注重加强对承包地流转价格的跟踪、监测和分析，了解掌握各种流转用途的价格差异和变化情况，在维护承包方的权益的基础上，注重保护农业经营者的生产积极性。各涉农区每 3 年一次定期发布本地区农村土地经营权流转指导价。据统计，2022 年上海市农村承包土地流转均价为 1236 元 / 亩·年。三是合理确定流转期限。流转双方可结合合理利用土地、农作物生长特点等协商确定流转期限和流转价格，流转期限原则上不低于 3 年，不得超过承包期的剩余期限。流转期限届满后，在同等条件下，原受让方享有优先续约的权利。

第四，培养壮大新型农业经营主体。农村土地经营权主要流向以家庭农场、农民专业合作社、专业大户为主的新型农业经营主体，共流转承包地面积 130.26 万亩，占比 96.6%。其中，流向农民专业合作社 106.4 万亩，占流转面积 70.2%；流向种植专业大户 27.7 万亩，占流转面积 18.3；流向家庭农场 12.4 万亩，占流转面积 8.2%。上海市从财政补贴、人才培养、金融信贷等方面培养壮大规模化新型农业经营主体。目前，上海市共有各类家庭农场 3813 家，户均经营规模 154.99 亩；有一定规模经营的农民专业合作社 2538 家（国家级示范社 90 家），带动农户 13.31 万户；现有区级及以上农业龙头企业 190 家（国家级农业龙头企业 26 家），2021 年销售收入 858.88 亿元。

二、上海市蔬菜稳产保供的主要做法

上海市委市政府历来高度重视地产蔬菜生产工作，始终把"菜篮子"工程作为一项民生工程来抓，制定了一系列政策举措，上海蔬菜生产呈现出生产能力较强、质量水平较高、价格波动可控、产业化水平增强、风险保障有力的良好局面。围绕蔬菜保供，上海市的主要做法有：

第一，长谋划，三统筹，确保地产蔬菜的最低保有量。2008 年 12 月，上海市原农委就印发了《关于确保本市主要农产品最低保有量的工作意见》，明确规定了 2009—2012 年主要农产品的最低保有量目标。2013 年，上海市政府向 9 个涉农区下达了新一轮保有量指标。2018 年，以农业布局规划为依托，划定了 49.07 万亩蔬菜生产保护区，共 31 个蔬菜生产保护片、15 个蔬菜保护镇。近几年，上海市大力开展绿色生产示范行动，建成绿叶菜核心示范基地 5 万亩。截至目前，上海市菜田已经形成了基本菜田、一般菜田和季节性菜田的分类管理格局，基本菜田与一般菜田合称为常年菜田。其中，基本菜田为从 152.5 万亩基本农田中按 20% 的比例划定的保基本的菜田，严格用于蔬菜功能性生产，大约稳定在 35 万亩。基本菜田实施永久性保护，按照设施化、园区化、规模化要求开展设施菜田建设，占一补一。一般菜田为其他 48 万亩耕地保护任务中划定 10% 作为一般性蔬菜生产的菜田，按照动态平衡的原则保持相对稳定，大约稳定在 4.8 万亩。季节性菜田以轮作、间作为主，充分利用现有稻田、果园等农田，在换茬休耕等季节进行蔬菜生产，大约有 10 万亩。近几年，上海市耕地资源趋紧，菜田面积略有缩减，蔬菜自给率有所下降。截至 2023 年 10 月，上海市蔬菜播种面积稳定在 125 万亩次以上，菜田占地面积约 41 万亩（其中常年菜田 33.5 万亩），年总产量稳定在 250 万吨，蔬菜自给率约为 40%，其中绿叶菜自给率达到 80% 以上。

第二，创政策、重引导，不断优化财政支持体系。上海市久久为功，注重用政策引导保障地产蔬菜的生产能力、产业化水平和绿色发展。在农资补贴方面，2008 年开始实施农资综合补贴，从 2008 年的每亩 60 元提高到 2011 年的每亩 90 元，2011 年开始实施夏淡绿叶菜专项补贴，亩均补贴 80 元；2021 年实施新的绿色生产补贴政策，对淡季绿叶菜生产每亩次补贴 120 元，年最高补贴 5 个亩次，达到年每亩 600 元。在绿色生产方面，实施蔬菜标准园创建和园艺场废弃物综合利用项目，对验收达标的项目每个分别予以 50 万元和 40 万元一次性奖励。

第三，强科技，提装备，以科技力量助力解决谁来种菜问题。上海市也面临农业劳动力老龄化、用工难、用工贵，蔬菜生产成本不断攀升等超大城市的农业高成本地板和低价格天花板的问题，非常注重依靠科技创新和装备提升，提高蔬菜生产空间的利用率、单位面积的产出率和劳动生产率。一是加大设施菜田建设，以推进设施菜田向规模化、装备化、园区化发展，坚持绿色生态发展方向，形成若干个高水平的菜篮子绿色田园为主要原则，支持农田基础设施、生产设施和辅助设施建设。每年约投入 4 个亿资金用于设施菜田建设，"十一五"以来高标准设施菜田亩均财政投入 4 万—6 万元，"十三五"期间亩均支持力度达到 14 万元，最高可达 18 万元。其中对于高标准设施菜田的建设，要求新建片区高标准设施菜田集中连片面积原则上不低于 200 亩，在现有常年菜田新建或更新高标准设施菜田的，项目集中连片面积不低于 100 亩。特别强调宜机化，蔬菜机械含耕整地、播种、移栽、施肥、植保、收割等机械。二是大力实施蔬菜"机器换人"行动，全面全程提升蔬菜机械化水平，重点突破以青菜、生菜为代表的绿叶菜全程机械化技术，加大"机器换人"关键环节、重点装备的研究和攻关，建立配套标准体系，开展"机器换人"示范创建，目前已建成蔬菜"机器换人"示范基地 18 个。全市核心基地的综合机械化率达到 65%，青浦区 2020 年以来完成蔬菜大棚宜机化改造 847 亩，创建 4 家蔬菜生产"机器换人"示范基地，目前基地作业综合机械化率 68%。三是探索智慧蔬菜生产方式。积极引进世界先进装备和生产模式，加快消化吸收，建立适合上海市蔬菜智能化生产的解决方案，建设智慧蔬菜创新基地。

第四，重保险，防风险，持续创新农业保险品种。上海市注重运用保险等市场机制对冲自然风险和市场风险，稳定农业经营收益、保护菜农绿叶菜生产的积极性。一是推出政策性价格保险。2010 年上海在全国率先推出淡季绿叶菜价格保险，实现了农业保险由保自然风险向保市场风险的转变。二是退出商业性价格保险。上海政策性绿叶菜价格保险仅针对部分品种，有些品种保险期限也限定在固定的月份，不能满足部分生产经营主体防范市场风险的需求，为此进一步开发了商业性保险。如安信农保金山公司为全区蔬菜种植大户制定了商业性蔬菜批发价格保险方案，缓解了因菜价下跌而造成的损失，在保险期间内，当保险蔬菜的实际市场价格低于约定保险价格时，视为保险事故发生，保险公司对差价部分进行赔偿。三是推出订单保险。保险公司为订单农业大户制定了商业性蔬菜订单价格指数保险方案，弥补因菜价上涨造成的损失，签订蔬菜订单合同的蔬菜供货方按照蔬菜订单合同正常履约，保险期间蔬菜平均市场价格较同期保险价格上涨，且上涨幅度超过保险约定涨幅时，视为保险事故发生，保险人按保险合同的约定负责赔偿蔬菜订单供货方，订单保险在防范农业生产经营主体因价格波动而造成损失的同时，也降低了订单的违约风险。

三、上海市乡村振兴示范创建工作的经验与做法

上海市从2018年起先后开展了五批乡村振兴示范村创建工作（第一批9个，第二批28个，第三批32个，第四批19个，第五批亟待验收）。前四批覆盖村域面积309平方公里，7.5万户农户，建设项目1500多个，平均每个示范村各级政府投资5000万元（市级2000万、区级2000万、乡镇级1000万），带动社会资本后村均投资达到1个亿，在构筑工作机制、推进农民相对集中居住、乡村产业融合发展、乡村基层治理等方面涌现出不少新亮点，突出经验如下：

第一，注重顶层设计，健全工作体系。一是高位推动、明确各级责任。上海市委市政府主要领导亲自部署、亲自推动，分管领导对示范村逐一考察指导。各涉农区党政一把手亲自部署、谋划、推动示范村建设，在镇、村设立指挥部、工作组，抽调专人承担示范村项目的具体推进和落实工作，并建立"挂图作战"的工作机制，以目标倒逼责任，以时间倒逼进度，销项式完成建设任务。二是坚持"不策划不规划，不规划不设计，不设计不施工"原则，通常每个村示范创建工作的从策划、到规划、到形成设计方案、项目清单，大约要经历10个月时间。三是规划引领、部门联动。市级层面制定了村庄规划导则、乡村振兴规划土地政策、民宿指导意见等政策，加大了示范村建设制度供给力度，并建立每村2000万元的奖励资金，鼓励基层主动作为。区级层面充分整合优势资源，选派规划、建设等专业人员驻村现场指导，聚焦人力、物力、财力，统筹各条线资源，将相关项目资金打包整合，做到"多个渠道蓄水，一个龙头放水"。同时，市、区两级有关部门深入推进"放管服"改革，开辟绿色通道，采用勘察、设计、施工一体化的项目管理模式，创新可容缺审批方式，先受理后补缺，构建"并联式"项目审批机制，确保按照时间节点高质量完成建设任务。三是充分调动基层积极性。乡村振兴示范村"两委"班子强密度、高频次、持续性开展村民宣传发动工作，引导全体村民从"要我振兴"到"我要振兴"。

第二，注重突出重点，推进集中居住。坚持把农民相对集中居住作为示范创建的"牛

鼻子"工程。各示范村在充分尊重农民意愿的基础上,引导农户实现向规划保留居住点集中,或通过布局微矫正的方式实现原址翻建,探索形成了一整套可操作的政策、机制和路径,为全市农民相对集中居住的"平移"模式提供了样板。例如,奉贤区新叶村依托宅基地归并试点工作,截至2021年底,将41个破旧落后的自然村落陆续归并到4个集中化小区,实现全村876户农民集中安置,新增了866亩的耕地面积,形成了田成块、路成行、渠畅通,居住集中、耕地集中的乡村新面貌。同时,对有进城镇"上楼"集中居住意愿的农民,统筹区属大居房源安置进度,确实保障和改善农民居住条件。据统计,示范村所有需要集中居住的农户里,采取"平移"方式的占26%,采取"上楼"方式的占74%。总体上看,各示范村相对集中居住实践达到了三个集约效果:土地资源集约,各示范村节地率均达到了25%以上,预留了建设用地指标;资金使用集约,用足市、区两级基础设施配套补贴、节地补贴等多项补贴政策,减少镇级资金压力;配套设施集约,将有限的资金集中投入社区服务站、中心卫生室、村民大食堂等少量的设施,打造高品质乡村公共空间。

第三,注重环境打造,加强风貌治理。一是提升生态环境。通过贯通水系、增加水面积、开展微小水体清美行动,改善水底生态环境,对硬质岸坡实施柔化处理,劣V类水体全面消除,自然、生态、柔美的"水"景观呈现。实施片状公益林开放计划,织密彩化路、水、田绿带绿网,"见缝插绿"美化宅前屋后公共空间,乡村"绿"品质有效提升。通过调优种植结构、美化田边环境、增设指示标志、打造景观节点等方式,优化农田环境和形成大地景观,展现出"田"的美景。二是提升建筑风貌。加强乡村自然肌理保留与保护,坚持规划设计先行,注重田、水、路、林、房全要素风貌提升,积极推动重要节点设计向村庄整体设计转变,在突出整体环境协同、组团提升村容风貌、加强建筑细节刻画、加大乡村元素点缀、打造标志性空间节点等方面精准发力。例如,浦东新区以规划建设"大三园"("绿色田园""美丽家园""幸福乐园")为目标,做优做精做实"小三园"(小菜园、小果园、小花园),各示范村以"洁、齐、美"为标准实现宅田路水林统筹建设。

第四,注重机制创新,做好改革文章。一是盘活土地资源。让各产业用地发挥最大价值,筑牢产业之基。例如,嘉定区联一村在2019年引入地产集团实行市场化运作,在全市率先探索集体建设用地使用权作价入股,将全村域整建制集中归并节约出的150亩宅基地统一调整为集体经营性建设用地用于商业开发。二是用好社会资本。引进社会资本参与村庄发展,形成多方共赢的局面。例如,2019年,金山区待泾村围绕"花开海上"项目,搭建企业和村集体利益联结机制,确定园区门票收入的10%返还给村集体,生态停车位的全部收益归村集体,流转土地费用比同类土地费用高5%,园区招工优先招录本村人。三是激发人才活力。对内增加服务型就业岗位,鼓励村民创新创业,共同致富。例如,闵行区革新村为村民免费提供自产自销疏导点50个,引导村民制作传统特色小吃在古镇销售。奉贤区沈陆村以镇、村、社会资本合作的方式成立招商平台,统一流转农民的闲置宅基地房屋,打造符合企业需求的乡村人才公寓,促进形成了"一栋房屋一家企业、一栋房屋一群创客"的人才振兴局面。

四、对北京推进农业农村现代化的启示

上海市与北京市的发展阶段、经济体量、人口规模、要素市场都高度接近，其推进乡村全面振兴、实现农业农村现代化的路径、机制和做法措施对北京有很强的借鉴意义。

第一，进一步明确北京市农业农村发展定位，形成更加清晰的乡村振兴战略目标和实施路径。上海市乡村振兴的战略目标和路径非常清晰，有利于各部门形成合力，加强政策的稳定性和衔接性。根据《上海市乡村振兴战略规划（2018—2022 年）》和《上海市乡村振兴战略实施方案（2018—2022 年）》，上海市围绕农村、农业、农民发展，将实施"三园工程"确定为推进乡村振兴的重要抓手，即以全面提升农村环境面貌为核心，建设"美丽家园"工程；以全面实现农业提质增效为核心，建设"绿色田园"工程；以全面促进农民持续增收为核心，建设"幸福乐园"工程。在"三园工程"的引领下，上海市大力推进农民相对集中居住，加强集中居住区的公共设施和公共空间建设，推进农村全面进步；大力推进农业经营规模化，在此基础上实施绿色循环发展、科技装备提升、经营主体培育、特色品牌建设、产业融合增效等工程，不断提高农业生产经营收益，推进农业全面升级；充分发挥城镇化战略和乡村振兴战略对农民生活富裕带动作用，提振集体经济造血能力，深化农民综合帮扶，大力促进农民非农就业，不断提高农业保障水平，推进农民全面发展。相较于上海市，北京市围绕"三农"发展，推进具有首都特点乡村振兴的战略目标和路径还不是很清晰明确，破解当前"三农"发展要素瓶颈问题的办法还不够多，各部门政策存在冲突掣肘的现象，政策显得较为碎片化，部门合力仍不够，这些都需要进一步创新北京"三农"工作思维和方式，进一步明确北京市农业农村发展定位，形成更加清晰的符合首都特点的乡村振兴战略目标、实施路径和政策体系，并且一张蓝图绘到底，久久为功，持续推动发展。

第二，做好农业农村发展空间优化提升文章，加大制度供给，统筹整合资金，破除制约农业农村发展的头等问题。上海市受城市化、市场化的冲击，农业农村发展的空间也不断受到挤压，为此一直在做农业农村发展空间优化提升文章，通过推进土地流转，促进农地经营的适度规模化，提升农业经营效益；党的十九大之后，开始推进农民相对集中居住，坚持引导农民进城镇集中为主，平移集中、货币化退出等多种方式并存，推动农民相对集中居住工作与乡村产业兴旺相结合，通过农民相对集中居住腾出空间，带动乡村产业发展。2022 年 2 月 28 日，上海市人民政府办公厅印发了《关于实施全域土地综合整治的意见》，进一步加强空间统筹和行动协同，按照山水林田湖草沙系统治理理念，实施田水路林村厂综合整治，创新制度供给和机制保障，发挥资源整合优势，促进空间复合利用，积极破解自然资源瓶颈，优化乡村生产、生活、生态空间布局，全面提升新时代超大城市乡村发展能级和人居环境品质，助推乡村全面振兴，加快形成城乡融合发展新格局。当前，北京市乡村振兴最大的难题是土地问题、发展空间问题，表现在农地细碎化，农业经营收益低，难以吸附科技、资金、人才等现代要素资源，不利于农业换赛道；农村缺乏产业用地，三产融合发展受阻，农村人居环境缺乏美学特征，宅基地改革推进慢等，不利于

农村换新颜；农民老龄化严重、素质不高，财产性收入增加受阻，不利于农民新发展，这些发展的问题归根都与土地利用和发展空间有关，只有通过系统化的国土空间整治、配以综合配套政策，使得"三块地"相对集约使用，提高社会对乡村收益的预期，才能促进科技、资金、人才等现代要素进入乡村、带动乡村发展，系统破解农业农村发展问题，实现农业农村现代化。

第三，在乡村建设、乡村发展中充分发挥市场对资源配置的决定性作用。上海市在"三农"工作中，始终发挥政府引导作用，吸引多方参与乡村振兴，探索市场化运行机制。如在乡村振兴示范村创建中，注重发挥市场专业力量在产业策划、村庄规划、景观设计中的重要作用，成立镇、村、社会资本平台公司，开展产业运营。各示范村在利用财政资金保障公共服务和基础设施建设的基础上，积极探索村集体经济组织利用土地、房屋等资源作为资本，与社会资本共同参与产业运营，合作项目囊括了农民集中居住、生态环境建设、公共服务设施、现代都市农业、乡村新产业新业态、发展机制培育等多个领域，构建了村企利益共享机制和村民收益分享机制，变"输血"为"造血"，提升乡村经济发展的源动力。据统计，国企、民企等社会资本对示范村创建的投入，从第一批村均的 1373 万元增长到第三批村均的 3229 万元，提高了 2.35 倍。另外，上海市在推进美丽乡村示范村、乡村振兴示范村中充分调动基层的积极性，主要采取"先建后补"的方式，建成评估通过后再拨付财政资金。北京市在推进乡村建设和乡村发展，开展新一轮"百千工程"、推进农业保险等工作中，应不断强化市场经济意识，充分发挥市场对资源配置的决定性作用，建立健全吸引社会资本参与乡村振兴的体制机制，统筹多方力量共同推进乡村振兴。

执笔人：刘雯、王洪雨

"千万工程"在杭州市乡村产业发展中的实施成效与经验借鉴

——政策创新、产业振兴与对北京的借鉴启示

21世纪初期，为治理生态环境、建设美丽乡村，时任浙江省委书记的习近平同志经过系统的谋划与部署，于2003年启动了以整治乡村人居环境为重点的"千万工程"（以下简称为"千万工程"）。经过近20年的实践探索，浙江省杭州市在政策制定与落实、项目推进与落地、科技创新与应用等多个领域进行了积极尝试和创新探索，在乡村振兴方面积累了丰富的经验。该类举措不仅有效提升了乡村人居环境质量，也为乡村经济发展和社会进步注入了新的动力。在此背景下，北京以浙江省杭州市的发展实践为范例模本，对本地乡村产业发展进行探索与思考。下文将详细探讨北京从浙江省杭州市的"千万工程"实践中获取的智慧与经验。

一、基本情况

（一）杭州市乡村产业发展概况

一直以来，杭州忠实践行"八八战略"，把"千村示范、万村整治"工程（以下简称"千万工程"）作为高质量全面推进乡村振兴的有力抓手，加快建设以"六和六美"为主要标志的宜居宜业和美乡村，加速绘就"千村引领、万村振兴、全域共富、城乡和美"的现代版富春山居图。杭州市的产业发展聚焦于五个方面：一是农污治理"一体化"、农房建管"一件事"、绿道建设"一张网"、美镇发展"一张图"、城乡风貌"一幅画"[①]。

截至目前，杭州累计建成沿山、环湖、郊野等8种类型绿道约4700公里，打通区域间35个交界面，实现绿道网互联互通，基本形成"主城范围5分钟可达绿道网"。至2022年底，杭州市119个乡镇（街道）全部实现美丽城镇达标创建，创成省级样板55个、市级样板99个，形成美丽城镇集群15个，覆盖市域内7个区、县（市）54个城镇，以及

---

① 杭州人民政府网站：《打造系统集成全域大美杭州意象 绘就宜居宜业和美乡村共富图景》链接：https://www.hangzhou.gov.cn/art/2023/10/13/art_812262_59088232.html。

市域外 5 个区、县（市）8 个城镇，美丽城镇集群化发展的"杭州品牌"正逐步形成。浙江省首批共富风貌游线中杭州有 10 条游线上榜，总数位列全省第一，占比达到 21%。至 2025 年，杭州计划建设城乡风貌样板区试点 120 余个，建成风貌示范点 1000 个以上，基本形成全市域 1.68 万平方公里的"杭州意象"城乡风貌①。

（二）杭州市"千万工程"建设发展情况

近年来，浙江以"千万工程"为抓手统筹推动城乡融合发展，进一步推动共同富裕示范区建设和农业农村现代化先行，标志着"千万工程"进入了高质量发展的全新阶段。在杭州市，"千万工程"在乡村产业发展方面取得了显著进展。该工程重点着力于改善乡村基础设施和人居环境，推动农业现代化和产业多元化。深化"千万工程"杭州实践，把乡村产业发展作为最重要的着力点，杭州正完整、准确、全面贯彻新发展理念，做优做强高效生态农业，做新做大农文旅融合新业态②。

在"千万工程"引领下，浙江成为首个通过国家生态省验收的省份，农村人居环境测评持续位居全国第一。2022 年，浙江农民人均可支配收入达到 37565 元，连续 38 年居全国省区第一；浙江省城乡居民收入倍差降至 1.90，连续十年缩小③。

二、主要做法和经验

（一）深挖品牌价值，助推特色产业迭代

在浙江省杭州市乡村产业发展中，茶叶产业的升级充分体现了特色产业培育的成功实践。由于与原产地的天然联系，茶叶或茶品牌成为主产区的"金名片"，甚至成为产区代名词，西湖龙井茶就是典型例子④。2021 年，西湖龙井茶的种植面积 22374.7 亩，其中一级保护区（西湖风景名胜区）7369.7 亩，二级保护区（西湖区）15005 亩⑤。西湖龙井茶的产量和收益也连年增加，主要得益于科技种植技术的推广应用，以及引进先进的种植技术和管理模式，进而促进了茶产业链的迭代优化，实现产业收益的增长。

杭州市余杭区径山村深入实施"千万工程"，以"党建+"工作法为抓手，推进产村融合，重点发展以"茶"为载体的农文旅融合产业，做深做实茶生态、茶文化、茶科技三篇文章，以一片茶叶带富一方百姓，奋力打造"乡愁可寄，未来可期"的宜居宜业"和美

① 杭州市农业农村局：《千万工程实践行系列》。本处引证仅限记录"千万工程"系列链接。https://mp.weixin.qq.com/mp/appmsgalbum?__biz=MzA5ODc5MjEzMQ==&action=getalbum&album_id=3139687890653560839&scene=173&subscene=&sessionid=svr_401dd75afe2&enterid=1702472636&from_msgid=2650041241&from_itemidx=1&count=3&nolastread=1#wechat_redirect.

② 杭州日报：《持续推动"千万工程"走深走实——浙江省委常委、杭州市委书记 刘 捷》，链接：https://www.hangzhou.gov.cn/art/2023/7/27/art_812259_59085169.html.

③ 新华社：《瞭望·治国理政纪事 | "千万工程"塑造美丽乡村》2023-05-27，链接：https://baijiahao.baidu.com/s?id=1767024922480531765&wfr=spider&for=pc.

④ 农业农村部：《统筹做好"茶文章"（经济日报 9 月 25 日第 11 版）》，链接：http://www.moa.gov.cn/ztzl/ymksn/jjrbbd/202309/t20230925_6437151.htm.

⑤ 钱江晚报：《预计西湖龙井茶总产量比去年有所增加，自然品质整体优于上年》杭州市农业农村局党组成员、副局长屠国兴，链接：https://baijiahao.baidu.com/s?id=1693723639788006472&wfr=spider&for=pc.

乡村"。对全域 3000 余亩茶园全面推行绿色产品认证;对全村 300 余户老旧农户住房进行外立面整治、围墙改造、庭院提升,为茶产业带动乡村旅游奠定环境基础;组建由 170 余户茶农参与的径山茶专业合作社,成立村产业功能型党支部,设置禅村茶十二工坊,打造喫茶一条街,建立茶仙子直播电商共富工坊等①。

与此同时,杭州市政府投入了大量财政补贴和税收优惠,鼓励农户参与特色产业。据统计,2023 年杭州新型综合种养产业的产值将突破 5 亿元,可带动主体创业 442 家,带动农户增收 2.5 亿元以上②。

(二)数字经济先行,引领电商产业升级

从 2017 年到 2021 年,浙江省城乡地区互联网普及率的差异持续缩小,通过网络扶贫、智慧农业、数字乡村等数字化手段发展乡村,正在成为一个大的趋势,将以数字技术改造提升乡村产业,催生新产业、新业态、新模式,实现乡村的产业振兴和全面振兴③。

在杭州市萧山区,依托阿里巴巴打造"萧山特产馆"萧山特产馆是由区农业农村局与阿里巴巴萧山产业带联合打造的区级农产品电子商务平台。该平台集合了萧山萝卜干、湘湖龙井、进化青梅等特色农产品,帮助卖家降低成本,提升竞争力,帮助买家直达原产地优质货源。目前,平台已入驻企业 150 余家,年销售额超过 4000 万元④。

(三)着力科技创新,激发循环农业活力

依托优质科研资源和生态保障,杭州市不断推进现代农业的绿色化和有机化,在此基础上,建立了一批生态农业示范区,通过科技手段和管理措施,大力推广无农药、无化肥的生态农业模式。这些举措有效地提升了农产品的质量和安全性,增加了农产品的市场竞争力。例如,自 2022 年以来,杭州市钱塘区推广新型综合种养面积 8000 余亩,各模式综合亩均肥料使用成本可下降 30% 以上,农药使用成本可下降 50% 以上⑤。

杭州市建德市之江村过去存在众多养猪和养鸡场,导致畜禽粪便污染严重,损害生态环境。在"千万工程"推动下,之江村积极推进农村人居环境整治,实施"三改一拆"、"五水共治"、"畜禽退养"等措施。沿村道进行"三清三改",新建改造 6 座公共厕所,设垃圾管理人员,每日检查垃圾分类情况。拆除养殖场和乱搭大棚,进行农田整治,提升整体环境和景观。同时,建立符合地方特色的长效运行机制,将环境整治纳入村规民约,通

---

① 杭州农业农村局:《"千万工程"杭州实践 | 余杭区径山村:茶产业做深做强 带动共同富裕》,链接:https://mp.weixin.qq.com/s?__biz=MzA5ODc5MjIzMQ==&mid=2650041174&idx=1&sn=787d5156a85bc3250c9d8112a1eb0e4b&chksm=888ced1ebffb64086483d00313312bc5a67ded694045f2491ed231a3ae44e4ec3588668eea10&scene=27.

② 农民日报:《杭州市种养结合走出新"稻"路》,链接:https://baijiahao.baidu.com/s?id=1781511674861074492&wfr=spider&for=pc.

③ 浙江求是经济与管理科学研究院:《消费·产业·品牌"三位一体"推动浙江乡村振兴白皮书》。

④ 杭州市农业农村局:《乡村振兴典型百例 | 萧山涉农电商产业快速发展 助推农产品线上销售额再创新高》,链接:https://mp.weixin.qq.com/s?__biz=MzA5ODc5MjIzMQ==&mid=2649961671&idx=1&sn=7cf16612f777d3320ba59ef3dc3380ea&chksm=888bb28fbffc3b991b6eaa78649a70565cf9086f36275c654b7d606ea8ba2fd05b713ef37dd7&scene=27.

⑤ 杭州日报:《杭州钱塘:共富新"稻"路绘出乡村新"丰"景》,链接:http://zj.people.com.cn/n2/2023/1019/c186327-40609266.html.

过积分赋能、晾晒评比、志愿服务等方式，保持村庄环境整洁[①]。

（四）创新运作模式，辅助产业多元发展

社会治理和运作模式的创新对于杭州市乡村产业发展的具有双重推动作用。政府专项政策的支持和社区组织的积极参与共同也进一步促进了乡村产业与传统文化的有机融合，为产业振兴提供了丰富的内涵和多元发展的路径。

杭州市富阳区里山镇安顶村350亩高海拔云雾茶园、老茶客口中的"垅里茶"茶地在今年年初流转至村集体经营公司（杭州市里安茗茶文化有限公司），实践"集体公司＋农户＋市场"运作模式[②]。通过数字茶园建设、茶叶统培统育等工作方式，实现标准化生产、品牌化销售和产业化经营。

杭州市西湖区龙坞茶镇正积极打造"党建＋茶旅"平台，坚持党建引领、统战赋能，深化党员联系和服务群众，畅通群众利益诉求，助力乡村振兴。"党建＋茶旅"平台聚焦国际茶博会、茶文化IP和沉浸式茶生活体验场，通过一系列旅游吸引物、文化地标、节点景观、文化融入生活等手段，向外界展示茶文化传播体验所，近5年已实现旅游收入10.23亿元，带动农产品销售额5.63亿元[③]。

三、取得成效

（一）提振集体经济，营造乡村产业"新业态"

杭州深化乡村经营理念，推动农房变客房、产品变商品、劳作变体验，培育民宿（农家乐）、农村电商、乡村旅游、运动康养、文化创意等乡村新业态，打造禹上田园、富春山居、天目山宝、千岛农品、萧山本味等一批农业区域公用品牌，2022年休闲农业接待6248万人次，经营总收入65亿元，农村电商销售额188亿元，村集体经济发展目标全面实现，农村居民年人均可支配收入达45183元。

通过实施沼气生态示范村建设、生活污水纳管工程、河道清理工程、农房改造工程、畜禽养殖污染治理、垃圾分类固废处理，全力推进村庄美化、村道硬化、路灯亮化等一系列农村人居环境综合整治，使下姜村家家户户的"盆景"汇聚成全村的美丽风景。2018年4月，"千万工程"被联合国授予最高环境奖——"地球卫士奖"，下姜村书记姜丽娟作为乡村代表赴颁奖现场领奖，2020年下姜村携手周边村成功创建国家4A级旅游景

---

① 杭州市农业农村局：《"千万工程"杭州实践｜建德市之江村：镜头经济是怎么崛起的？》，链接：https://mp.weixin.qq.com/s?__biz=MzA5ODc5MjIzMQ==&mid=2650048542&idx=2&sn=ed573ae600217590bed11f5ca2c967b7&chksm=888c0e56bffb8740bdc930e450b9f7a99ed589cb2978ce658f80191737799e3ca217af1b41b8&cur_album_id=3139687890653560839&scene=190#rd.

② 富阳发布：《香飘千年！"小绿叶"承载富阳茶产业振兴"大梦想"》，链接：https://mp.weixin.qq.com/s?__biz=MzA5ODgzNTAzMg==&mid=2651615934&idx=3&sn=21fa5ead4e5109c603ce3d672b629c7e&chksm=8b735d89bc04d49f9b90e09dae09f011a196a7fa201499deb0e03e8fe8ecb8f74dc8996e408c&scene=27.

③ 人民网杭州：3月25日电《2023年杭州茶文化博览会暨西湖龙井开茶节开幕》，链接：https://travel.sohu.com/a/659145211_120578424.

区[①]。下姜村居民年人均可支配收入从 2002 年的 2755 元跃升为 2022 年的 48818 元，实现了从偏僻落后向全面小康、再到带动周边共同富裕的转变[②]。

（二）凸显科技驱动，引领智慧产业"走新路"

"千万工程"在杭州市推动了智慧农业的发展，为农业生产注入了新的活力和科技元素。临安区的智慧农业示范园区充分体现了这一趋势。通过引入无人机、物联网和大数据技术，有效监测了农田生长环境。临安坚持数字赋能、系统集成，构建了"天目云农"的总体框架，全面打通 14 个部门数据，归集涉农数据 4886 万条，对接数据接口 312 个，形成特色应用场景 32 个。农民通过手机等设备，田间地头的温度、湿度等一目了然，实现了"农田在乡下，大脑在手中"[③]。

（三）拓展产业交叉，推动区域互动"跨赛道"

凤联村通过拓展物流平台资源，招引多家企业入驻，打通本地农副产品的销售路径，促进村集体和村民双增收。畅通订单化供应渠道，发展"订单式"农产品产销模式。2021年，凤联村在桃产量同比减产 40% 的情况下，实现增收 33%，年收益突破 400 万元，"凤联高山桃"也成了高端水果品牌[④]。这种集中销售模式不仅提升了农产品的市场竞争力，还为农民提供了更多销售机会，使他们的产品更易于进入市场，从而稳定增加了农户收入。

随着"千万工程"的实施，杭州市建德市下涯镇之江村打通了"绿水青山就是金山银山"的转化通道。2022 年，之江村共接待游客 42.8 万人次，实现旅游收入 2073 万元，村集体经济总收入突破 200 万元，实现了"强村"和"富民"的同频共振[⑤]。

（四）实现生态转型，助力产业发展"自循环"

"千万工程"着眼于推动农业生产方式的转型，注重生态保护与可持续发展。在杭州市富阳区的实践中，设立了多个生态保护区，注重保护土壤、水资源和生态环境。例如，通过深入实施山水林田湖草系统保护修复，实施省级山水林田湖草系统保护修复试点工程9 大类 15 个项目，累计完成总投资 16.08 亿元[⑥]。数据表明，这些生态保护措施不仅提升了

[①] 杭州市农业农村局：《"千万工程"杭州实践 | 淳安县下姜村：播好"思想"种子 促发万象"耕"新》，链接：https://mp.weixin.qq.com/s?__biz=MzA5ODc5MjIzMQ==&mid=2650041241&idx=1&sn=88b8997af497408e837082f0dcab3351&chksm=888cedd1bffb64c732136f3a4af64e574f2f06103f5a4690c1b7968866a421f127943f8ce820&cur_album_id=3139687890653560839&scene=190#rd.

[②] 杭州日报：《持续推动"千万工程"走深走实——浙江省委常委、杭州市委书记 刘 捷》，链接：https://www.hangzhou.gov.cn/art/2023/7/27/art_812259_59085169.html.

[③] 杭州市临安区政府网站：《数字乡村建设！临安这样打造全国样板》，链接：https://www.linan.gov.cn/art/2021/5/13/art_1229601278_59061036.html.

[④] 公众号：金台资讯（人民网精选资讯官方账号【粉丝 70.6 万】）《杭州桐庐：特色产业为美丽经济注入"新动能"》2022-6-23.

[⑤] 杭州市农业农村局：《"千万工程"杭州实践 | 建德市之江村：镜头经济是怎么崛起的？》，链接：https://mp.weixin.qq.com/s?__biz=MzA5ODc5MjIzMQ==&mid=2650048542&idx=2&sn=ed573ae600217590bed11f5ca2c967b7&chksm=888c0e56bffb8740bdc930e450b9f7a99ed589cb2978ce658f80191737799e3ca217af1b41b8&cur_album_id=3139687890653560839&scene=190#rd.

[⑥] 杭州市富阳区人民政府网站：《2021 年度杭州市富阳区生态环境状况公报》，链接：https://www.fuyang.gov.cn/art/2022/7/11/art_1229004600_59278273.html.

土地的生态价值，也使农产品的质量和产量有所提高。

　　除此之外，临安作为省级生猪输出大县，2021年畜牧业年产值7.48亿元。近年来，临安高度重视畜牧业生态化建设，严守畜禽养殖污染底线，按照"生猪稳量提质、大力发展草食动物"的思路深化产业结构调整，规模化养殖比例达85%，草食动物产值达到2亿元①。

四、对北京的借鉴启示

（一）根植文化底蕴，提升乡旅产业"增值"

　　北京在乡村产业发展中可借鉴杭州的成功经验，特别是将本地文化与乡村旅游融合的实践。杭州市成功将历史古镇如乌镇等打造成具有独特魅力的文旅胜地，通过注重保护传统建筑、举办文化节庆等措施，深度融合水乡特色与文化底蕴。北京可以选择密云区等地的具有历史文化特色的乡村，通过修复保护传统建筑、举办文化节庆等方式，打造具有特色的乡村旅游目的地。同时，组织文化展览、特色手工艺品展销、传统文化表演等活动，吸引游客参观体验，促进乡村旅游与本地文化的深度融合，进而激发文旅产业新活力，释放文旅产业新动能。这样的落地实践不仅提升了乡村旅游的吸引力，也为北京本地丰厚的历史文化底蕴注入了新的活力，为乡村振兴增添了独特的魅力和发展动力。政府的支持与重视。

（二）融合科研优势，助推产业边际"增效"

　　北京在乡村产业发展中可结合本地特色和科技优势，推动智慧农业与现代农业发展的深度融合。杭州市在智慧农业示范区的建设中采用了物联网、大数据等先进技术，有效监测农田生长环境，提高农业生产效率和资源利用效率。北京可依托本地丰富的科研机构和技术优势，引入智慧农业技术，如无人机巡检、智能灌溉系统等，提升农业现代化水平，推动农业生产向着智能化、精准化方向发展。同时，可推动大数据技术在农业信息化管理中的应用，优化农产品供应链和市场运作，提升农业产值和农民收入。这种融合本地特色和科技优势的智慧农业发展模式，有助于提升北京乡村产业的现代化水平，促进农业可持续发展和乡村振兴的实现。

（三）打造生态京圈，哺育乡村产业"增绿"

　　北京在乡村产业发展中可以着力发展绿色生态农业，结合当地的自然资源和环境优势，推动生态保护与农业生产的有机融合。杭州市通过建设绿色农业示范区，推广有机种植和生态循环农业模式，成功保护土壤、水资源，提升农产品品质。北京可选择适宜区域，在农业发展中引入有机种植、林下经济等绿色农业模式，如在河北平原地区推广绿色蔬菜种植或在燕山山区发展生态养殖业。这些措施将有助于优化土地利用、改善农产品品质，同时推进生态保护，为乡村产业发展注入可持续发展的动力。

---

① 临安农林信息网：临安农林概况。链接：https://www.linan.gov.cn/art/2023/5/12/art_1367550_59100746.html.

（四）依托平台经济，促进产业互动"增速"

北京在乡村产业发展中可以借鉴杭州成功经验，加强农产品的市场营销与品牌建设，促进农产品的市场化和品牌化发展。杭州市建立农产品销售中心和平台，成功提升了农产品的知名度和市场竞争力。北京可以建立类似的销售中心，结合当地特色农产品，如延庆的有机水果或怀柔的山地蔬菜，通过市场化运作，推广北京乡村特色产品。此外，北京可利用电商平台拓展销售渠道，提升产品曝光度和销售量，同时注重品牌塑造，如开发独特的包装设计或品牌故事，增加产品附加值。这些举措将有助于提升农产品的市场竞争力，提高农民收入，促进北京乡村产业的可持续发展。

执笔人：季虹、赵雪婷、封启帆

城市化进程中的产业振兴策略：
上海市村居合并的实践与启示
——主要做法、成效评估与对北京的借鉴建议

在城市化进程中，上海市作为中国的经济中心，乡村产业发展和土地资源配置一直备受关注。村居合并作为一项重要的乡村改革举措，在上海市乡村振兴战略中具有重大意义。随着城市扩张和农村人口流动，传统分散的村庄面临着产业单一、资源浪费、公共服务不足等问题。因此，村居合并成为优化土地利用、提高资源利用效率、促进乡村产业发展的重要方式。通过整合村庄资源、优化基础设施、整合公共服务等措施，村居合并有望提升农村产业集聚效应、促进产业多元发展，同时优化土地利用结构，提高农民收入水平，为实现乡村振兴战略目标提供了重要路径和借鉴经验。在此背景下，北京以上海市的发展实践为范例模本，对本地乡村产业发展进行探索与思考。下文将详细探讨北京从上海市的"村居合并"实践中得到的借鉴。

一、基本情况

（一）上海市农业产业发展概况

上海市农业经济持续稳步增长，种植业逐渐成为其重要的发展组成部分。水稻、小麦、玉米、蔬菜等作物成为上海市的主要农作物，侧重于高品质农产品和环保型蔬菜的种植。此外，上海还设有多个种子繁殖基地，提供优质种子。近年来，上海不仅农作物种植迅速发展，还在畜牧业、渔业等方面取得成就。农业有机肥料、农业生物制品、农副产品加工等产业也持续蓬勃发展。

上海市拥有广阔的农产品消费市场和强大的消费能力。2022年，上海市地区生产总值达44652.80亿元，规模在全球城市中位居第四。全市常住人口为2489.43万人，人均可支配收入接近8万元，居全国首位；其中，城镇居民人均可支配收入达84034元，农村居民则为39729元[①]。

[①] 数据来源：国家统计局、农业农村部、上海市农业农村委员会。

目前，上海农业科技进步贡献率达 80.13%，奶牛、生猪良种率已全面覆盖，水稻和蔬菜良种覆盖率超过 95%。多年来的努力使得郊区农业初步探索出具有上海特色的都市现代农业绿色发展模式，其发展水平处于全国领先地位。

（二）上海市村居合并发展概况

一方面，2019 年上海市旧区改造完成 55.3 万平方米、2.9 万户中心城区成片二级旧里以下房屋改造，今年要完成 55 万平方米、2.8 万户中心城区成片二级旧里以下房屋改造；另一方面，2019 年全市建成 9 个乡村振兴示范村，推动 1.28 万户农民相对集中居住，今年要完成 28 个乡村振兴示范村建设，推进 1.27 万户农民相对集中居住①。

在上海市 2035 总规中，城乡体系由"主城区——新城——新市镇——乡村"构建而成，新城和新市镇便是"城"和"乡"之间的过渡带，今年的政府工作报告也提到要"推动郊区新城和新市镇发展"②。

二、主要做法和经验

（一）城乡融合：更新乡村产业重塑

上海市积极推进"城乡融合发展"与"乡村更新重塑"，着力在市郊地区建设高标准的"美丽家园"。重点包括全面推进农民相对集中居住、持续推进示范村建设以及实施农村人居环境优化工程。

2018 年，上海市推进超过 1.27 万户农民相对集中居住，并侧重于全程项目设计评估以提升乡村风貌实效，提高房屋建设水准。同时，将完成 32 个乡村振兴示范村建设，以打造典型乡村振兴区域。此外，将展开 500 公里农村公路提档升级改造项目，并改建 406 公里村内破损道路、309 座破损桥梁，同时启动 3.6 万户农户村庄改造工程。针对农村垃圾治理，目标是让 95% 以上的行政村达到生活垃圾分类标准，并在 2 万户农户进行农村生活污水处理设施建设，以提高农村生活污水处理率至 90% 以上。

此外，上海还计划打造 13 个绿色田园先行片区，启动 41 个生态循环农业示范基地建设，并着眼于打造松江、浦东、崇明等 3 个市级花卉产业集聚区。通过开展农产品绿色生产基地创建，目标是确保地产绿色农产品认证率达到 27%。以上措施全面展示了上海在城乡融合和乡村产业重塑方面的积极行动③。

（二）数字驱动：引导电商产业升级

上海在推动特色农产品"出圈"方面大显身手，以特色增加花样，颠覆传统模式，助力产品声量扩大。上海消费帮扶联盟通过"沪喀优品消费帮扶计划"，持续扩大"沪喀优品"品牌的集合声量。2022 年以来，"沪喀优品"在电商渠道的线上专区销售额持续增长，

---

① 上海市人民政府网站：《2020 年上海市政府工作报告》，链接：https://www.shanghai.gov.cn/nw12336/20200813/0001-12336_1423630.html.
② 国土空间规划网：《上海市城市总体规划（2017—2035 年）》，链接：http://gtkjgh.lwcj.com/yxtg/46.html.
③ 上海市人民政府网站：《中共上海市委、上海市人民政府关于全面推进乡村振兴 加快农业农村现代化的实施意见》，链接：https://www.shanghai.gov.cn/nw12344/20210407/4f1b781ab830496b87981a2e6a3f604b.html.

线上销售已占总销售额的 94.19%。

上海的平台经济企业在全国处于领先地位。拼多多作为全国最大的农产品上行平台，通过举办"多多农研科技大赛"，从种植端介入，为"新农人"提供支持，助力其成长。而美团买菜在"巴掌鲍"的打造方面，通过全链路指导和标准输出，为海鲜水产直采基地提供育种、喂养至出笼的全程指导，使得 80 克巴掌鲍能在 30 分钟内鲜活送达家门，同时牵头制定《前置仓模式活南美白对虾品质管控规范》的团体标准。当地农业合作社绿椰则利用"氧气包"技术，解决了短途配送的"最后一公里"难题，让居民能够享受水产产品"拎包"入户的便利，有效帮助周边水产养殖户解决鲈鱼滞销问题。[1]

（三）因地制宜：聚焦产业核链一体

上海市崇明区充分考虑各村镇的特色，致力于因地制宜地发展"家门口的产业"，以激发乡村振兴的内生动力，实现更多居民的共同富裕。其中，港沿镇园艺村拥有百年以上的花卉苗木种植历史，全村近 700 户农户专注于黄杨种植，打造出了引人注目的黄杨造型，极具当地特色，成为"中国瓜子黄杨之乡"的发源地，享誉业界。

崇明区尝试采取"村集体经济组织 + 农业龙头企业 + 农户"的模式，构建了集体经济组织、农户和现代农业产业之间的利益联结机制，推动农业逐步摆脱传统模式，实现更高产量和优质产品的生产。崇明区还启动了白山羊订单式养殖试点项目，通过统一供种、回购以及技术服务，鼓励农户养殖能繁母羊，为当地村民提供"家门口"的就业机会。这一举措为壮大集体经济、促进农民增收开辟了一条全新的路径[2]。

（四）治理迭代：提升民生产业福祉

上海市在实现治理的持续发展过程中，不断迭代创新，致力于提升民生产业福祉。以北管村为例，坚持"三聚焦"原则，即"产业兴盛、农民富裕、乡村美丽"，并加强基层治理效能，打造"四治一体"新格局，展现了上海乡村振兴战略的一部分。同时，市级示范睦邻点的新建，乡村教育医疗等基本公共服务水平的提升，都是上海市在治理迭代中持续致力于提高民生产业福祉的生动体现。

北管村通过坚持"三聚焦"(聚焦"产业怎么兴""农民怎么富""乡村怎么美")，加强基层治理效能，打造"四治一体"新格局，探索建立"四个百管"工作法，加快推进"四个百园"建设，推动乡村振兴战略落地见效，全力打造"以服务型产业发展为主导，以生态林业为基底"的近郊复合型村庄。上海还将进一步提升农村基本公共服务水平，包括实施第二轮城乡学校携手共进计划，扩大农村优质教育资源；增加郊区公益普惠学前教育资源供给；加强乡村医生队伍建设，继续开展农村订单定向医学生免费培养和助理全科医生规范化培训等。根据规划，全市将新建 650 家市级示范睦邻点，发展农村互助性养老[3]。

① 市商务委发布《2022 年度上海市"数商兴农"示范案例》，"数商兴农"上海方案有何特色？
② 农业农村部网站：《构建高质量乡村产业，拓宽家门口增收渠道，崇明这样擘画乡村宜居宜业新画卷》，网址：http://www.agri.cn/V20/ZX/qgxxlb_1/sh/202312/t20231214_8138907.htm.
③ 上海市人民政府网站：《中共上海市委、上海市人民政府关于全面推进乡村振兴 加快农业农村现代化的实施意见》，链接：https://www.shanghai.gov.cn/nw12344/20210407/4f1b781ab830496b87981a2e6a3f604b.html.

三、取得成效

（一）初步实现乡村面貌重塑及资源优化

上海市在乡村面貌重塑和资源优化方面展现了显著的进展。崇明区实施了一项重要的举措，即着手于2万户农户的农村生活污水处理设施建设计划。这个举措不仅在技术上推动了农村生活污水处理设施的现代化，更在生态环境保护和提升农村基础设施水平方面产生了深远影响。

通过这项计划，崇明区积极投入并实施了先进的污水处理设施，使农村生活污水处理率显著提升至90%以上。这意味着大量的生活污水得到高效、安全的处理，有效减少了对周围环境的负面影响，保护了当地水资源的清洁和可持续性利用。此举不仅改善了当地村庄的生态环境，也提升了居民的生活质量。

这项成效凸显了上海市对于环境保护和生态可持续性发展的高度重视。这一成功范例也为其他地区在乡村环境治理方面提供了宝贵经验，为全面推进乡村振兴战略、实现可持续发展目标树立了榜样。通过这样的实践，上海市正在为更清洁、更绿色、更宜居的乡村未来奠定坚实基础①。

（二）助力特色产业蓬勃发展与增收助农

崇明区的都市现代农业项目——"花田喜事绿色蔬果生产基地建设项目"投入运营。该项目基地位于崇明区陈家镇，占地面积约150亩，总投资约1600万元。项目建成后，有效提升了基地内番茄、茄子、水果黄瓜、草莓等农作物的种植茬数②。

都市现代农业项目被视为提升农业基础设施水平、加速农业产业布局以及延伸农业产业链的关键抓手。崇明区农业农村委致力于优化并强化现代都市农业，着力塑造崇明农业品牌，已累计投资近15亿元用于启动近30个都市现代农业项目。崇明区积极引导市场主体实现资源共享、抱团联手，形成蔬菜、白山羊、河蟹、米业、生猪等产业联合体，以实现优势互补、协作共赢。这种联合体的建立有助于打通农业产业链上下游的瓶颈，加强了农业产业链的协同发展。同时，近年来崇明大力推进农业标准化和信息化建设，积极推广绿色生产方式，使地产农产品能够实现全程可追溯。这一举措不仅使绿色食品面积认证率超过90%，产量认证率也达到了40%以上，而且崇明的农业绿色发展指数在全国名列前茅。这些措施和成就，为特色产业的蓬勃发展和农民增收提供了有力支持，同时也推动了当地农业产业链的优化与升级③。

---

① 上海市人民政府网站：《2020年上海市政府工作报告》，链接：https://www.shanghai.gov.cn/nw12336/20200813/0001-12336_1423630.html.

② 上海科普网：《崇明生态优势持续转化，东海瀛洲成"诗和远方"》https://www2.shkp.org.cn/content.html?type=lc&id=299167.

③ 农业农村部网站：《构建高质量乡村产业，拓宽家门口增收渠道，崇明这样擘画乡村宜居宜业新画卷》，网址：http://www.agri.cn/V20/ZX/qgxxlb_1/sh/202312/t20231214_8138907.htm.

（三）激发科技潜能盘活实体与新产赋能

上海市以其卓越的科技创新能力和发展环境，积极促进科技与产业的融合，从而推动了实体产业的转型升级和新兴产业的发展壮大。例如，崇明区已经规划形成"一核一带两区"总体布局。"一核"，即核心区，包括长三角农业硅谷总部园区、崇明农业种业创新中心、科技成果示范片区；"一带"，即沿陈海公路、生态大道，纵向打造一批创新要素集中、高端人才汇聚、新兴产业密集的崇明高科技农业发展带；"两区"，即崇明高端设施农业产业片区和现代畜禽养殖产业片区，集中建设连栋温室、育苗设备，发展工厂化、立体化新型养殖设施，推动人工智能、物联网技术与现代农业深度融合[①]。

（四）提高治理效能拉动产业与营商吸纳

通过提高治理效能，上海市成功地拉动了产业发展与营商吸纳，为经济的稳健增长注入了强劲动力。

市政府一直致力于提升治理效能，以促进产业的蓬勃发展。实施高效的政策引导和优化的管理机制，上海市鼓励企业创新发展、扩大投资，并为营商环境的改善创造了更多机遇。通过这些举措，上海市取得了显著的成效：产业结构日益优化，高科技产业、先进制造业不断壮大，服务业也呈现出更高的发展水平。同时，营商环境的优化吸引了更多国内外优质企业前来投资兴业，大大提升了产业的活力和竞争力。

治理效能的提升也有助于创新创业环境的改善，为初创企业和新兴产业提供更广阔的发展空间。上海市逐步建立起具有国际竞争力的创新生态系统，促进了科技成果转化和科技创新，进一步推动了产业结构的优化升级。

总体而言，通过提高治理效能，上海市成功拉动了产业的快速发展和营商吸纳。这一系列成效为上海市的经济稳步增长、产业结构优化升级提供了坚实支撑。

四、对北京的借鉴启示

（一）强化土地资源科学配置

在探讨上海市土地资源利用与乡村产业发展时，其采取的村居合并措施在推动乡村产业升级和土地资源高效利用方面具有重要意义，对北京市的借鉴值得深入思考。

首先，上海市的村居合并政策旨在整合分散的农村居住点，优化土地利用格局。通过村居合并，可避免零散分布的农村居住点带来的资源浪费和管理成本过高问题，实现土地的集约化利用，有助于提升农业生产的规模化和专业化水平。这种政策助推了上海乡村产业发展，为实现农村产业多元化、提高土地利用效率提供了有效支持。

对北京而言，借鉴上海的村居合并经验，可考虑在推动乡村产业发展的同时，通过科学合理的整合，优化土地利用布局。然而，北京作为一个高度城市化的地区，需面对乡村振兴和城乡一体化发展的复杂性。因此，在实施村居合并时，必须考虑当地的文化、历

---

① 上海市崇明区人民政府网站：《构建高质量乡村产业，拓宽家门口增收渠道，崇明这样擘画乡村宜居宜业新画卷》，https://shcm.gov.cn/xwzx/002001/20231214/89d5172c-596f-4f56-ac30-d1fd1b4846a9.html。

史、地理等特点，制定灵活的政策措施，确保合并后的乡村资源能够更加有效地支持乡村产业的多元发展，同时要综合考虑农民的利益和乡村社会的稳定。

此外，应对合并后的土地资源进行合理规划和科学管理，促进资源的可持续利用，并建立健全的监管机制，防止土地资源过度开发与浪费。这样的措施有助于激发北京乡村产业的活力，提高土地资源的利用效率，实现乡村经济的可持续发展。

（二）高效延展特色产业链条

上海市在乡村产业链条的发展中展现出了高效延展的特色，这为北京市乡村产业链的建设提供了有益的启示。上海市在乡村产业链的构建过程中，突出了产业链的协同、延伸与优化，呈现出一系列深入产业链各环节的发展特点，这些经验对北京市的乡村产业链的发展有着积极借鉴意义。

上海市致力于农业产业链的升级与优化。通过技术创新、种植模式的改良和现代化农业设施的应用，不仅提高了农产品的产量和质量，更加强了产业链条上游的种植环节，为乡村产业的升级打下了坚实基础。这种农业产业链的升级不仅使得农产品更具竞争力，也为北京市乡村产业链的发展提供了技术和管理经验的参考。

对于北京市，可借鉴上海市的经验，在乡村产业链的构建过程中，加强技术创新与产业升级，促进本地农产品质量和品牌化发展，同时引导农产品向深加工转变，提升产品附加值和市场竞争力。此外，应注重产业链上下游的协同发展，构建完整的乡村产业链条，推动乡村经济的持续发展。最关键的是根据北京的地域特点和资源优势，精准制定产业链发展策略，实现乡村产业链的可持续、高效发展。

（三）引领新产新业落户成长

上海市在乡村产业发展中展现了引领新产业新业态培育成长的能力，对北京乡村产业发展提供了深刻的借鉴启示。上海通过积极引导新产业新业态的涌现和发展，重点推进科技创新与传统产业融合，鼓励乡村企业与科研机构的合作，促进新技术在农业生产、农产品加工和乡村旅游等领域的广泛应用。例如，上海市积极推动数字农业发展，引入大数据、人工智能等新技术，提升农业生产效率和质量。

对北京市乡村产业发展，可借鉴上海的做法。首先，北京应重视科技与农业的深度融合，鼓励本地科研机构与农业企业合作开展创新项目，推动科技成果向农业生产力转化，提升农业智能化水平。其次，北京还可积极培育乡村新兴产业，鼓励创新创业，发展以农产品电商、农业科技服务、乡村旅游为代表的新业态，促进乡村经济多元化发展。

此外，政府应提供支持政策，包括财政扶持、创新创业激励等，鼓励乡村企业和农户参与新产业新业态的发展，推动乡村产业链的高质量发展。北京可依据地域特色和资源优势，制定差异化发展策略，推动乡村产业的差异化、特色化发展，为乡村振兴提供可持续动力。

（四）优化治理环境引商助产

上海市在乡村产业发展中，通过优化治理环境并吸引商业资源入驻，为乡村产业提供了更加广阔的发展空间，为北京市乡村产业发展提供了深刻的借鉴启示。上海在治理环境优化方面，强调政策扶持和体制机制创新，营造了良好的营商环境。政府加大力度推进乡村基础设施建设，提升通达性和服务水平，为商业发展提供了可靠的基础支撑。同时，引入商业资源，着重培育农村市场需求，推动农产品加工和乡村旅游等新兴产业发展，有力促进了乡村产业结构的多元化。

对北京而言，应当重视治理环境优化与商业资源引入的协同发展。首先，加强乡村规划管理，提高治理效能，构建透明高效的政府服务体系，为商业投资提供可预期的发展环境。其次，政府可以通过政策激励措施，引导商业资源向乡村倾斜，鼓励商业企业涉足农产品加工、乡村旅游等领域，积极推动乡村产业链的延伸和升级。此外，北京还应加强乡村基础设施建设，完善服务功能，提升治理水平，以吸引更多商业资源进入乡村。

在推动乡村产业发展方面，北京可以借鉴上海的经验，强化治理环境建设和商业资源引入的有效整合，构建政策与市场相结合的多元化支持体系，推动乡村产业的良性发展，实现产业链的优化和升级。这样的举措不仅能为乡村经济注入活力，还有助于实现乡村产业的可持续发展和社会经济的共同繁荣。

执笔人：季虹、赵雪婷、封启帆

城乡融合视角下成都市产业振兴实践解构

——经验与总结：北京市的借鉴、整合与发展

　　成都市作为国家城乡融合发展试验区的一部分，是重要的实践基地。在该试验区建设中，成都市承担了多项试验任务，涉及资源流动、土地利用、金融服务、产权保护等方面。这一试验区的建设旨在推动城乡融合发展，预计到2025年将实现城乡要素双向流动，建立统一的建设用地市场，完善农民持续增收机制，并缩小城乡发展差距。这种城乡融合试验区的建设对于成都市乃至整个城乡发展具有示范和推动作用，也为北京市提供了可借鉴的经验和机制。成都市在试验区建设中的实践经验将为城乡融合发展提供宝贵的参考和启示。

一、基本情况

（一）成都市乡村产业发展情况

　　成都市积极聚焦于五个关键领域来推动乡村产业的发展：产业、人才、生态、文化、组织。在产业振兴方面，重点着力于促进农业现代化发展，着眼于提高特色农产品品牌价值和农产品附加值，以此推动乡村经济的蓬勃发展。人才培育与引进是关键领域之一，通过强化培养当地乡村人才，并吸引外部优秀人才，为乡村发展注入新的生机与活力。生态环境保护和建设是至关重要的，力求创造宜居环境，促进可持续发展的生态农业。此外，文化传承也备受重视，通过挖掘和传承乡村文化，为农村增添更多精神内涵和发展动力。最后，组织机构和治理体系建设是确保乡村产业可持续发展的重要保障。这些重点方向构成了成都市乡村产业发展的战略支柱，为实现乡村产业的稳健发展提供了明晰的路径和坚实的基础[①]。

（三）成都市城乡融合发展简况

　　作为国家中心城市和超大城市、国家城乡融合发展试验区，四川省成都市的乡村振兴不是把农村变成"新城"或"城中村"，不是把农民"迁走"，而是城乡融合，建设具有地

[①] 市委常委会召开（扩大）会议：《高质量推进国家城乡融合试验区建设　一步一个脚印推动省委决策部署在成都落地见效》，链接：https://e.cdsb.com/html/2023-11/22/content_766526.htm.

域风格、历史文化底蕴的乡村。一方面保留"川西林盘"等生态本底和乡村文化；一方面推进乡村现代化、公共服务均等化。

城乡融合发展试验区建设肇始于 2019 年 12 月，国家发展改革委等 18 部门制定并印发了《国家城乡融合发展试验区改革方案》，成都西部片区等全国 11 个区域确定为国家城乡融合发展试验区，部署开展 11 项改革试验，其中赋予成都 5 项试验任务展开，省市县三级联动，从四川省、成都市以及成都西部片区的 8 个区（市）县进行实践探索。2021 年 2 月 6 日，国家发展和改革委员会正式批复《四川成都西部片区国家城乡融合发展试验区实施方案》，由此开始加快了成都市城乡融合试验区建设的步伐，标志着成都西部片区推进国家城乡融合发展试验区建设进入新的里程。按照预定目标，到 2025 年，试验区实现城乡生产要素双向自由流动的制度性通道基本打通，城乡有序流动的人口迁徙制度基本建立，城乡统一的建设用地市场全面形成，城乡普惠的金融服务体系基本建成，农村产权保护交易制度基本建立，农民持续增收体制机制更加完善，城乡发展差距和居民生活水平差距明显缩小。试验区的引领示范带动效应充分释放，形成一批可复制可推广的典型经验和体制机制改革措施[①]。

二、主要做法和经验

（一）一体化规划——城乡融合的产业衔接与互动

成都市在城乡融合发展中采取了一系列创新举措，以促进城乡产业的协同发展和互动。其中，西部片区规划了 23 个产业功能区，作为城乡产业协同发展的试验区域，旨在统筹城乡生产力布局，强调生物经济和农商文旅体融合发展。这一举措覆盖了试验区内产业功能区、特色镇和川西林盘等多种资源，旨在打破传统的行政区划，建立起"一心两翼·一环三廊"的产业融合发展空间格局。通过这种模式，成都市努力搭建了城乡要素高效配置的新路径，强调了城乡产业间相互依存、相互促进的关系。这种创新的做法不仅提升了城乡间的经济联系，更重要的是加速了产业升级与转型，为成都市乃至全国城乡融合发展提供了有益的经验和启示[②]。

（二）价值链延伸——推动产业上下游附加值提炼

在现代经济体系中，产业链条的延伸与附加值的提升至关重要。成都市温江区，作为科技创新和产业发展的先行者之一，展现了在农业科技领域的引人瞩目成果。依托四川农业大学、成都市农林科学院等多个科研机构，该区成功打造了一系列国家级科技平台，如国家农业科技园区和国家重点实验室。这些平台的建立和运作，不仅仅是为了加速农业科技的发展，更着眼于推动产业的上下游附加值提炼，进一步丰富产业链条并提高产业附加值[③]。

① 中国经济时报：《走好城乡融合发展之路 创造乡村振兴战略"成都版"》，链接：https://baijiahao.baidu.com/s?id=1703491065153529308&wfr=spider&for=pc.
② 成都发展改革《国家城乡融合发展试验区建设 成都如何答卷？》，链接：https://m.thepaper.cn/baijiahao_9323239.
③ 新浪财经：《成都温江区：传承发展农耕文明，探寻现代都市农业高质量发展新路径》，链接：https://finance.sina.com.cn/jjxw/2023-12-12/doc-imzxtxcs6288212.shtml.

（三）多元化兴农——拓展乡村经济空间探索路径

构建产业生态圈创新生态链，探索城乡产业协同发展新模式。主要任务是打破行政区划统筹产业布局、建立绿色低碳产业体系、探索产业功能区协同共建机制①。

近年来，蒲江县围绕成都西部片区国家城乡融合发展试验任务，以人才为重点，因地制宜，大胆探索，形成了城市人才向乡村汇聚带动乡村实现现代化的可行路径②。

（四）内生式发展——促进城乡产业资源深度互补

内生式发展在城乡产业资源的深度互补中扮演着关键角色。以成都市蒲江县为例，其借助蒲江乡村建设发展集团为核心，通过"管委会＋公司"运营模式，采用多种合作方式，成功引入合景悠活集团提供成佳片区运营咨询服务。这不仅提升了开发建设和管理效率，还激发了社会资本的多重效益。在拓展外部合作方面，浦江县积极赴北京、上海、深圳、苏州、杭州等城市进行招商推介，并与知名企业如华为、腾讯、科大讯飞等展开合作。

另一方面，内部协作也是关键所在。浦江县主动抓住中心城区非核心功能外溢的机遇，与高新区、天府新区等区域建立了协作机制。鼓励新引进项目在蒲江设立乡野办公空间、研学修养基地、企业团建阵地，探索跨区域共享路径，涉及招商、税收、资源、项目等方面。这种深度互补的发展模式有助于促进城乡间资源的充分利用和互通，同时也为区域经济发展带来了新的动能和活力③。

三、取得成效

（一）城乡融合更紧，产业衔接更密

城乡融合发展和产业衔接方面，五星村和郫都区的成功经验彰显了卓越的成效。五星村采用"五统一分"经营机制，鼓励村民将闲置房屋流转并由村集体统一管理，带来了显著成效。这一举措不仅使得五星村荣获全省级别的"农民夜校示范基地"和"乡村振兴特色现场教学基地"的殊荣，更为当地经济带来了可观的增长和发展④。

相似地，郫都区通过实施单村经营和多村联合经营模式，成功培育和壮大了新型农村集体经济。例如，石羊村依托农民众筹和灵活入股，建立了谦泰羊农旅有限公司并打造了金海棠湿地公园。这些努力使村集体资产由负债28万元转变为超过300万元，展现出了

① 四川省发改委：《〈四川成都西部片区国家城乡融合发展试验区实施方案〉通过省政府常务会议审议》链接：http://fgw.sc.gov.cn/sfgw/gzdt/2020/9/22/058bdabfa6e44ec58dda11329a990de0.shtml.

② 官微：绿色浦江：《从典型案例看成都蒲江城乡融合发展新实践》，链接：https://mp.weixin.qq.com/s?__biz=MzA3MzAxOTcwMw==&mid=2657233930&idx=1&sn=34357c5ec586aecd5669f20f2c080004&chksm=8483f452b3f47d44b408d4ac0114e89b30723af637fda4f5404783f5a5118b979e73e20cc1c5&scene=27.

③ 官微：绿色浦江：《从典型案例看成都蒲江城乡融合发展新实践》https://mp.weixin.qq.com/s?__biz=MzA3MzAxOTcwMw==&mid=2657233930&idx=1&sn=34357c5ec586aecd5669f20f2c080004&chksm=8483f452b3f47d44b408d4ac0114e89b30723af637fda4f5404783f5a5118b979e73e20cc1c5&scene=27.

④ 东方城乡报：《四川成都：厚植文化底蕴 赋能振兴乡村 推动城乡融合发展 打通"两山"转化通道》，链接：http://www.qyjjw.net.cn/2023/xinwen_0629/17952.html.

显著的经济效益和可持续发展的潜力①。

上述成功经验表明，通过整合资源、激发内生动力，并与城市经济进行深度互动，可以在促进城乡融合和实现产业衔接方面取得显著的成效。这不仅为当地乡村振兴树立了榜样，也为其他地区提供了可借鉴的发展路径。

（二）治理一体化深，效能附加值多

成都市在党建引领系统治理方面取得了显著进展。以党建为引领、自治为基础、法治为保障、德治为支撑，坚实推动了涉及"两项改革"的重要举措。114 个乡镇（街道）和1327 个村（社区）的调减，为乡村治理效能的整体提升奠定了坚实基础。

城乡一体融合发展机制也迈出了关键步伐，西控区域整体纳入国家城乡融合发展试验区，成果包括农村土地制度、集体产权制度改革等 8 项得到国家部委推广。此外，100 项基本公共服务清单已实现城乡一体化覆盖，为治理的纵向一体化深化和横向附加值的多元增长提供了有力支持。

这一系列举措的成功实施，不仅在纵向整合上取得了实质性进展，更在横向增值上展现了多方位的发展潜力。城乡一体化发展的新格局正在加速形成，为成都市乃至整个地区的综合发展注入了新的活力和动力②。

（三）经济空间更宽，产业赋能更强

推进城乡融合发展，重点在县域、难点在乡村。今年以来，青白江区扎实做好两项改革"后半篇"文章，立足"一港引领、双核共兴、四片协同"空间发展格局，大力构建以工促农、以城带乡、城乡融合、协调发展、共同繁荣的新型工农城乡关系，加快建设宜居宜业和美乡村，获评 2022 年度四川省乡村振兴成效显著县（市、区）。

截至目前，该区累计完成拆危治违 37 万平方米、改造提升农房院落 1858 户，全区20 户以上农民集中居住区生活污水处理设施、农村生活垃圾收转运处置体系覆盖率和无害化处理率达 100%。同时，该区大力涵养乡村生态本底，近三年实现增绿增景 1.24 万亩，森林覆盖率提升至 49.3%③。

（四）资源互动更频，物料流动更快

农业产业功能区在资源互动更频繁、物料流动更迅速的框架下展现出新的发展模式。成都市建立了 7 个市级现代农业产业功能区和 60 个现代农业园区，这一举措为产业生态圈的初步构建奠定了基础。这种布局不仅促进了资源之间更紧密的互动，也助力物料在区域间更快速地流动。

这些举措使得都市现代农业发展的综合水平在全国 33 个大中城市中排名第 3 位。这

---

① 人民网：《成都郫都区坚持科技和改革双轮驱动 激发城乡融合发展动力》http://sc.people.com.cn/n2/2023/1107/c345167-40631564.html.

② 中国经济时报：《走好城乡融合发展之路 创造乡村振兴战略"成都版"》，链接：https://baijiahao.baidu.com/s?id=1703491065153529308&wfr=spider&for=pc.

③ 四川省人民政府网站：《成都市青白江区：推进城乡融合发展 加快建设宜居宜业和美乡村》，链接：https://www.sc.gov.cn/10462/10778/10876/2023/12/12/eee8ce796a5740618d5faf0574ef74a3.shtml.

一成就的背后，是农业产业功能区内部资源的高效互动和物料的快速流动。这种模式的形成不仅为农业产业注入了新的活力，也为整个区域的经济发展带来了新的增长点。城市与现代农业之间的紧密联系，进一步促进了资源互动和物料流动的高效运转[①]。

四、对北京的借鉴启示

（一）城乡融合新模式的积极探索

成都市在城乡融合方面的积极探索为北京提供了宝贵的借鉴和启发。成都市通过以党建为引领、自治为基础、法治为保障、德治为支撑的城乡融合模式，成功推动了城乡融合的新典范。这一模式的成就在于其多元化的考量，不仅涉及乡村治理的优化提升，还深入介入产业发展整合和农村土地、集体产权制度改革。这些全面举措紧密契合城市与乡村的需求和资源，实现了城乡经济社会的协同发展，为北京在城乡融合领域提供了深刻启示。

特别是成都市在建立现代农业产业功能区、现代农业园区等方面的成功经验，为北京提供了重要的参考。北京可借鉴成都在规划、管理和运营模式上的成功实践。这不仅有助于提升农业产业的现代化水平，还为城市周边地区开辟了新的经济增长领域。

此外，成都市城乡融合所构建的城乡一体化发展新模式，也为北京提供了全面发展的路径指南。北京可从成都推动城乡融合的理念和方式中受益，通过重点政策引导和产业布局，加速城乡一体化发展。通过资源、产业、人才等多方面深度融合，北京也能够实现城市与乡村间更紧密的互动，促进全方位的经济社会发展。

因此，成都市在城乡融合领域的实践为北京提供了高度可借鉴的经验，北京可从成都成功的模式中汲取精华，为本身城乡融合进程提供更为清晰和有力的路径指引。

（二）产业构建新业态的谋划构建

当城市面对产业构建新业态的挑战时，成都市的经验为北京提供了珍贵的启发与借鉴。成都以其全面的产业规划和新兴产业发展为特色，彰显了对未来产业的前瞻性思考，这为北京市未来的产业构建提供了重要参考。

成都市在产业布局方面的精准规划为其他城市提供了可借鉴的范例，特别是在新兴产业的培育方面。通过优化资源配置、促进创新发展，成都成功地培育了一系列新业态。以科技创新为引领，注重数字经济、人工智能、生物医药等高科技产业的发展，成都为北京提供了可供借鉴的战略路径。

成都市在构建新业态的策划过程中，强调了产业协同与创新发展。这种战略性思维和产业协同对于北京市探索新业态发展的道路具有深远的启发作用。成都鼓励不同产业的融合与交互，积极打造创新生态系统，为新兴业态提供了多元化的支持和保障，为北京市构建新的产业格局提供了有益的参考。

综上所述，成都市在产业构建新业态方面的经验为北京市提供了宝贵的借鉴和启示。

---

① 中国经济时报：《走好城乡融合发展之路 创造乡村振兴战略"成都版"》，链接：https://baijiahao.baidu.com/s?id=1703491065153529308&wfr=spider&for=pc.

其精准的规划、科技创新引领和产业协同发展的模式，为北京市未来产业布局和发展提供了有益的经验和思路。

（三）经济拓展新空间的路径探索

当城市探索经济拓展新空间的路径时，成都市的经验为北京提供了宝贵的参考。成都以其全面的产业规划和新兴产业发展为特色，展现了对未来经济发展的前瞻性思考，这为北京市未来经济构建提供了重要参考。

成都市在经济发展方面的全面规划为其他城市提供了有益的借鉴。特别是在拓展新经济空间方面，成都通过优化资源配置、加强科技创新等策略，成功开拓了多元化的经济发展模式。这种探索聚焦于未来趋势，注重数字经济、文化创意产业、绿色环保等领域的发展，为北京市寻找新的经济增长点提供了宝贵经验。

成都市在经济拓展新空间的过程中，强调了产业结构优化和创新发展。这种战略性思考和产业协同对于北京市探索新的经济增长空间具有深远的影响。成都鼓励产业的融合协同，并积极推动创新创业生态系统的建设，为新兴经济领域的发展提供了有力支持。

综上所述，成都市在经济拓展新空间方面的经验为北京市提供了宝贵的参考。其全面规划、科技创新引领和产业协同发展的模式，为北京在寻找和拓展新经济空间的过程中提供了有益的经验和思路。

（四）治理整合新机制的互动强化

成都在治理整合方面展现了卓越的探索精神和创新思维，为北京构建新的治理机制提供了有益的范例。成都市在治理整合方面的全面实践为北京市提供了宝贵的参考。特别是在构建新机制方面，成都通过强化各级治理协同配合、推进多元利益主体的参与等措施，成功建立了更为高效的治理体系。这种做法强调协同互动，突出了问题导向和多方参与，为北京构建更加高效的治理模式提供了深刻的经验。

成都市在治理整合新机制的过程中，注重了制度创新和资源整合。这种战略性思考和治理体系构建对于北京市强化治理机制的互动具有重要的启发作用。成都倡导多方参与治理，并努力整合资源形成合力，为解决城市治理中的难题提供了可资借鉴的经验。

综上所述，成都市在治理整合新机制方面的实践为北京市提供了重要的启发和借鉴。其全面实践、协同互动和制度创新的模式，为北京市构建更加高效的治理机制提供了有益的经验和思路。

执笔人：季虹、赵雪婷、封启帆

筑巢引凤，为乡村产业发展留出用地空间

——浙江省湖州市农业"标准地"考察报告

2023 年 5 月 22—25 日，北京市农研中心与北京农村产权交易所考察组一行 7 人赴浙江省湖州市，深入了解湖州市农业"标准地"的经验做法，以及破解农村集体经营性建设用地瓶颈的创新措施。考察组与湖州市农业农村局进行了座谈交流，并实地走访了浙江德清加州农业股份有限公司、浙江水木九天现代农业科技股份有限公司，形成此考察报告。

一、基本情况

（一）农业"标准地"的内涵

2019 年，湖州市人民政府办公室印发的《关于保障农业产业融合项目建设"标准地"促进乡村产业振兴的通知》，首次提出农业"标准地"的概念，指以农业特色优势产业为基础的休闲农业、农业科技服务、农产品营销服务等一二三产业融合发展项目建设用地。2021 年，中共湖州市委办公室、湖州市人民政府办公室印发《关于规范农业"标准地"管理 促进乡村产业振兴的实施意见》，进一步明确和丰富了农业"标准地"的内涵，指以农业产业为依托，拓展延伸农产品生产、加工、流通、消费等环节的产业链需求，用于农产品初加工、农业科技以及电子商务营销服务、农业休闲观光旅游等一二三产业融合发展的建设用地。土地用途可以为工业用地、商业用地、物流仓储用地等，不得用于商品住宅、别墅、高档酒店、公寓等房地产开发。

（二）农业"标准地"改革成效

农业"标准地"改革实质上是为破解乡村产业振兴用地难问题、促进乡村产业融合发展而专门创设的一种农村土地利用制度。这项制度创新既留出乡村产业发展的建设用地指标，对产业的投入产出作出详细要求，又明确了社会资本和集体经济的利益联结机制。湖州市通过农业"标准地"改革，撬动乡村产业跨界融合，保障休闲农业、创意农业、数字农业发展建设用地，为发展乡村产业、壮大集体经济提供有力保障，为活化农村要素资源、加速推动共同富裕提供强大引擎。据调研，截至 2023 年 4 月，全市已累计认定农业"标准地"项目 146 个，核准建设用地 593 亩，累计带动农户 2 万多户、吸纳劳动力就业 8000 人次。

位于德清县莫干山镇的浙江德清加州农业股份有限公司是农业"标准地"成功经验的

一个缩影，是通过政策创新实现产业落地和发展的具体实例。该企业主要经营花卉生产、批发、零售，农业技术开发推广，技术咨询与培训服务等业务，坚持以科技兴农为主旨，已成为集国际合作、技术应用开发等于一体的景观绿化苗木容器栽培示范基地，并着手推进生态休闲、乡村旅游等项目。该企业以农业"标准地"改革为突破口，实现了集花卉、观光、乡村旅游、研学于一体的产业融合，在园区内投资 7500 万元建设了专家楼、教育培训楼和民宿酒店，实现了"农文旅"一体的融合发展。

二、创新做法

（一）从规划上给农业"标准地"预留出指标空间

农业"标准地"改革政策能不能真正落地，关键在于协调好城乡之间的关系，关键在于有没有可落地的规划指标和空间，关键在于平衡好国土空间规划中高价格收益的城市建设用地指标和相对低价格收益的农村集体建设用地指标的分配。一是预留出指标空间。结合新一轮国土空间规划编制，在乡镇国土空间规划和村庄规划中预留不超过 5% 的建设用地机动指标，用于乡村产业发展。二是把村庄规划编制作为工作的切入点。加快编制"多规合一"村庄规划，把村庄规划编制作为城乡融合发展的重要切入点，因地制宜合理安排农业空间中一二三产业的用地规模、结构和布局，统筹考虑农村公共服务基础设施等配套，有效保障农业产业融合发展项目的建设用地需求。在符合国土空间规划前提下，鼓励对依法登记的农村存量建设用地进行复合利用，发展乡村民宿、农产品初加工、电子商务等乡村产业。三是科学统筹"标准地"整体布局。积极引导乡村产业在区县范围内统筹布局，工业化程度高、具有一定规模的农产品深加工项目向城镇开发边界内的工业园区集聚。依托农村本地农业资源开展农产品初加工、发展休闲观光旅游、农业科技研发以及营销服务等必需的配套设施建设，在不占用永久基本农田、自然保护区和生态红线等约束条件下，以不破坏生态环境和乡村风貌为前提，可在城镇（村庄）开发边界外安排少量的新增建设用地。

（二）以比例和面积双控农业"标准地"用地规模

原则上，农业"标准地"实行用地比例和面积双控，用地额度一般不高于项目土地流转总面积的 2%，单个项目总体不超过 5 亩，允许按不同功能分区的需求分地块布局，但不得超过 3 个地块。实际中，对于特殊标准的项目特事特办。对用地在 2 亩以上，允许根据实际情况分期申请用地。对于科技含量高、带动力强且投资超过 5000 万元的项目，可按照"一事一议"确定用地额度。另外，提前预防土地用途管制失控风险，对建设用地以外的土地严格管制。对建设用地以外的土地坚持农地农用的原则，严格规定不得破坏耕作层以及硬化场地、修建永久性配套设施等"非农"建设行为。农业生产中直接用于作物种植和畜禽水产养殖的设施用地，可作为设施农业用地，不纳入农业"标准地"管理。

（三）明确农业"标准地"操作体系和准入标准

项目实施主体须认定为区县级以上的示范性农民专业合作社、家庭农场、重点农业龙头企业或农业"大好高"项目业主。要求种植业土地流转面积达到 150 亩以上、养殖业土地流转面积达到 100 亩以上，且流转时间达到 5 年以上。对发展农业科技、电子商务等新兴的乡村产业项目，鼓励优先利用农村存量建设用地，可不受流转土地的限制。农业"标准地"亩均投资要达到 150 万元以上、产值达到 100 万元以上。使用农业"标准地"的项目要求吸纳当地劳动力就业 15 人以上，带动周边农户 10 户以上（农民专业合作社和家庭农场除外）。

（四）建立利益联结机制与规范经办流程

利益联结机制是创新工作成败的关键，发展乡村产业不能以牺牲农民和集体的利益为代价。农业"标准地"的所有权仍归村集体经济组织，相关土地规费除上缴省以上部分外，其余部分由市、县区奖补给村集体经济组织。项目实施主体一次性向村集体经济组织支付土地出让费，并签订项目投资建设合同，对项目亩均投资、亩均产值、吸纳当地劳动力就业、带动周边农户等标准进行约定，明确违约责任。明确申报和投资主体，规范经办流程，是政策落地的基础。对符合条件的农业"标准地"项目，由所在村集体经济组织申报，经区县农业农村部门组织评审通过后报同级人民政府备案，并报市农业农村部门审核认定，纳入年度乡村振兴考核。

（五）多部门联动强化农业"标准地"监督管理

项目所在地乡镇政府（街道办事处）要实行属地管理，对农业"标准地"的供地、建设、使用以及相关农业生产行为等环节实行全过程监管。各级农业农村、自然资源和规划等部门定期组织项目规范化管理专项检查，严厉查处违法违规行为。市政府督查室对《实施意见》落实情况和项目后续推进情况不定期进行监督。农业"标准地"项目竣工运营后，区县农业农村部门牵头组织相关部门对项目承诺标准进行复核。对未按投资协议建设或未实现投资强度、亩均产出等主要指标的项目，责令限期整改；整改后仍不能达到约定条件的，按合同约定追究相关违约责任或依法收回土地使用权，并取消各项优惠政策。

（六）金融服务与农业"标准地"改革紧密衔接

2021 年，湖州市人民政府金融工作办公室等七部门联合出台《湖州市农业"标准地"使用权和农业生产设施产权抵押贷款试点实施方案》，由试点合作银行业金融机构向符合条件的农业经营主体发放贷款，并对价值评估机制、风险控制措施、抵押物处置方式等做了明确规定。湖州市从产业发展实际需求出发，在农业"标准地"改革政策措施出台的同时，切实做好农业农村金融改革创新工作，由金融、农业农村等多部门协同，在全市范围内开展农业"标准地"使用权和农业生产设施产权抵押贷款试点工作，健全农业"标准地"的配套措施，有效畅通农村资产抵押质押融资链条，为逐步实现农村资源资产化、资产资本化、资本资金化和资金市场化提供有力支撑。例如，位于德清县阜溪街道龙胜村的浙江水木九天现代农业科技股份有限公司，建设 3 万平方米的蔬菜工厂和现代农业科创中心，采用大数据和人工智能技术无土栽培"空中番茄"，是全年度连续生产番茄的工厂化农业企业。该企业以蔬菜大棚作抵押，获得农业银行 1800 万元的授信额度。浙江德清加州农业股份有限公司以"标准地"的使用权作为担保物，再加上在建工程，获得农业银行

2500 万元的综合授信额度。

三、经验启示

北京市拥有 2189 万常住人口，其中城区 1775 万人，远超过 "1000 万常住人口" 的超大城市规模标准，城区人口密度每平方公里超过 2 万人，是全国首个实行减量发展的超大城市。北京市要严格落实城市总体规划，主动谋划承接中心城区功能和人口疏解，充分发挥大京郊的空间优势和战略腹地作用，协同推进城市减量发展和乡村适度增量发展。同时，强化农村土地用途管制和发展空间管控，避免出现城乡接合部地区管理失控等问题。湖州市农业 "标准地" 改革为如何加强农村土地利用制度创新，保障乡村产业用地提供了有益借鉴。

（一）突出顶层设计，健全领导机制，压实工作责任

北京市要系统谋划改革大局，突出顶层设计，建立完善的农村集体建设用地改革体系，推动改革走深走实。纵向上，市级层面要出台农村集体建设用地的指导性意见，区级层面出台具体实施方案，以 "1+N" 政策体系规范化推动农村集体建设用地改革形成完整闭环。横向上，形成部门联动的支持配套政策。坚持市、区、乡（镇）、村四级联动，形成整体的推进合力。切实压实工作责任，把压力和责任传导到每个层级。

（二）以集体和农民的利益为立足点创新用地政策

以是否充分保护集体和农民的利益为衡量一切改革成效的出发点和落脚点。农业 "标准地" 的制度创设，其实质是积极统筹建设用地指标，来保障农业产业融合项目开发。将建设用地指标用于农业项目，对于基层政府而言，尤其是在城市建设用地指标还极为紧缺、地价城大于乡的情况下，本质上是一种利益的让渡。在减量发展背景下的北京市建设用地指标更为稀缺，建议北京市聚焦 "供地难、用地贵" 痛点，完善建设用地政策以及政策落地机制，真正为乡村产业发展提供用地空间。

（三）充分发挥农村产权交易平台在农村集体建设用地改革中的作用

北京市农村产权交易平台建设起步较早，北京农村产权交易所是全国首个省级农村产权交易平台。13 年来，在挂牌成交的 2400 多宗项目中，通过完善材料、合同把关等措施，累计帮助集体经济组织化解经济损失风险超 10 亿元。通过引入竞价机制，累计为集体增收 2.97 亿元。北京农村产权交易市场相对健全，能够为农村集体建设用地的进场交易、产权评估、使用监管、抵质押登记和处置发挥基础性作用，在改革的实践中应当充分发挥北京农村产权交易平台的作用。

考察组组长：张光连
考察组成员：张英洪、林子果、陈艺曦、高银法、陈哲、姚琪
执笔人：张光连、林子果

推动新型农业经营主体高质量发展
激发乡村振兴新动能

——湖北省十堰市新型农业经营主体培育考察报告

2023 年 8 月 14 日至 18 日，北京市农研中心考察组一行 5 人由党组成员、副主任吴志强带队赴湖北省十堰市对新型农业经营主体发展培育及其在推动产业提质增效、农民增收致富中发挥作用情况进行专题考察和交流学习。其间，考察组先后走访了十堰市茅箭区、郧西县、房县、丹江口市，对茅箭区润强大鲵特种养殖、郧西县七夕美人茶、郧西县恒达扫帚、房县亳源中药材种植、丹江口圣和茶等 8 家合作社及家庭农场进行实地调研，了解各农业经营主体在集聚土地、资金、技术、人才等要素，依托当地文化和资源优势，将中药材、山菌、茶叶、豆腐、扫帚等"土特产"打造成"大产业"，辐射周边村镇，带动农民致富增收的经验做法。现将相关考察情况报告如下。

一、基本情况

十堰地处秦巴山区东部、汉江中上游，拥有武当山、丹江水、汽车城三张世界级名片。全市辖四县（郧西、竹山、竹溪、房县）、一市（丹江口）、五区（茅箭、张湾、郧阳和国家级十堰经济技术开发区、武当山旅游经济特区），面积 2.36 万平方公里，常住人口 320.9 万，其中乡村人口 244.5 万。2022 年，全市农村常住居民人均可支配收入 14190 元，同比增长 8.2%，高于全省增速 0.3 个百分点。经过多年发展，十堰市基本形成以饮料、食用菌、茶叶、中药材、水果、生态渔业等产业为主的绿色食品饮料优势产业，综合产值 660 亿元，其中生产产值 233 亿元、加工产值 427 亿元。

近年来，十堰市通过规范与发展并举，提质与创新并重，深化服务指导等方式，不断增强合作社、家庭农场等新型农业经营主体的经济实力、发展活力和带动能力，为全面推进乡村振兴、加快农业农村现代化提供了有力支撑。截至 2022 年底，全市累计注册登记农民合作社 10852 家，村平均拥有农民合作社 6 家，累计吸纳成员 36.95 万户，占全市农户总数的 51.9%。依规将种养大户、专业大户录入家庭农场名录系统 5227 家，其中注册家庭农场 1827 家。全市累计创建国家级、省级、市级以上示范农民专业合作社分别达到

37家、68家、191家，省级、市级以上示范家庭农场分别达到80家、123家。

全市农民专业合作社业务范围实现农业生产经营领域全覆盖。竹溪县成为全国农民合作社规范提升整县推进试点。2022年，全市农民专业合作社统一组织销售农产品21.16亿元，统一组织购买生产资料4.94亿元，实现可分配盈余1.9亿元，实现经营盈余3.46亿元，其中有1141家农民合作社按交易量返还成员1.8亿元，成员年户均增收4642.6元，带动成员收入普遍高于非成员收入25%以上。

二、主要做法

十堰市在助推全市新型农业经营主体高质量发展中，坚持以加快构建现代农业经营体系为主线，以内提素质、外强能力为重点，多措并举，突出抓好新型经营主体发展，引导各经营主体实现由数量增长向量质并举转变。

（一）完善扶持机制，提升经营主体保障力

领导重视和扶持机制的有力保障是十堰市新型经营主体发展的重要基础。一是建立联络协调机制。十堰市委、市政府高度重视新型农业经营主体的培育发展，每年主要领导和分管领导都会深入农民专业合作社、家庭农场等现场调研指导工作。此外，十堰市根据新修订的《农民专业合作社法》相关规定，建立了由市委农办牵头，市农业农村局、市财政局等10部门组成的十堰市新型农业经营主体发展局际联席会议制度，逐步形成全市上下齐抓共管的工作格局。二是建立目标考核机制。十堰市历年1号文件，都将农民专业合作社的培育发展工作纳入市委、市政府目标考核范围，并适时调整量化目标。自2020年开始，根据规范提升行动需要，将原来每年"新发展农民专业合作社200家"的数量考核目标，调整为每年"新增市级以上示范社20家"的质量指标，逐步引导全市农民专业合作社由量的扩充向质的提升转变。三是完善奖励机制。为了重点打造一批可复制、可推广的标杆型重点示范新型农业经营主体，十堰市将市级示范新型农业经营主体创建工作由原来的一步走调整为两步走，将原来每年评选20家市级示范社和10家市级示范家庭农场，每年各奖补5万元和3万元，调整为每年评选30家市级示范社和20家市级示范家庭农场，只授牌不奖补，另外从既有示范社和示范家庭农场中评选20家重点示范社及10家重点示范家庭农场，每年奖补各5万元和3万元，助力重点示范主体培育后备力量。

（二）坚持市场导向，激发经营主体生命力

一是开展品牌建设。为提升农产品附加值，增强农民专业合作社农产品市场竞争力，十堰市相关部门引导农民专业合作社牢固树立品牌意识，鼓励注册农产品商标，打造特色产品，不断提升品牌知名度。截至2022年底，全市拥有注册或授权使用商标的合作社817家，省级名牌产品24个、省级著名商标21枚。通过"绿色食品"认证41个、"有机农产品"认证77个、地理标志保护产品19个，形成了神农蜂语、神农本草、武当山茶等几十种自有或授权使用省级名牌产品及商标，有力助推了全市农产品质量、知名度、市场竞争力的进一步增强。二是创新经营模式。十堰市积极鼓励和引导农民合作社之间，农民合作社与龙头企业、家庭农场、社会化服务等不同主体之间，采取自愿整合、联合与合作

等方式创新经营模式，促进各类主体多业融合、抱团发展，提升市场竞争力。比如，郧西县启动茶产业五年行动，成立茶业集团，吸引片区内的27个经营主体加入集团，在生产标准、加工工艺、品牌打造、推介宣传、市场销售五个方面建立标准化体系，通过统一管理、联合发展，促进产业升级。三是促进产业融合发展。在农民专业合作社培育过程中，十堰市紧紧围绕茶叶、食用菌、生猪、水果、黄酒、木本油料等六大产业链，探索产销合作社模式，深入推进"农社对接""农校对接"等市场对接工作，引导合作社积极融入电商平台，探索农旅融合，开展休闲观光，不断拓展农业新功能新业态，实现了产业链的延伸及价值链的有效提升。丹江口市圣和茶叶专业合作社以周边武当峡谷漂流和清末饶氏庄园为依托，结合茶叶产业和田园风光，探索融合发展路径，通过开发茶艺表演、茶叶采制体验、水上漂流等休闲旅游项目，年均接待游客50余万人次，实现旅游收入6000余万元，带动周边茶农发展农家乐，实现了三产融合发展。2022年，273户合作社社员人均可支配收入达19600元，高于当地其他农户可支配收入30%以上。合作社还多途径拓展销售渠道，连续5年出口红茶共685.9吨，创汇4065万美元。

（三）聚焦科技强农，提高经营主体竞争力

科技创新和产品研发是新型农业经营主体的核心竞争力。目前，十堰市农民专业合作社等新型农业经营主体已逐步成为农业科技成果转化的新型载体，部分农民专业合作社、家庭农场主动与大专院校、科研单位对接，组织技术交流和专家指导，引进新品种、新技术、新材料，使很多农业科技成果通过农民专业合作社、家庭农场平台转化为现实生产力。郧西县涧池大泥河生态农业专业合作社与省、市农科院等机构联姻，从事精品瓜果蔬菜种植及珍禽、水产品养殖、销售及相关新品种、新技术服务。培植5种精品设施葡萄30余亩、5种精品黄桃40余亩、精细蔬菜70余亩；建立高密度生态养鱼场500余立方米，2021年实现经营收入153.74万元。

（四）促进土地流转，凝聚规模经营推动力

十堰市农民专业合作社、家庭农场等新型农业经营主体通过土地入股、租赁经营等方式，有序推进农村家庭承包土地流转，有效地解决了千家万户分散生产的问题。房县亳源中药材种植专业合作社拥有成员106户，采取"公司＋合作社＋基地＋农户"的运营模式，在红塔、军店等9个乡镇的19个村发展药材基地1万亩，其中流转4000亩，每亩每年流转费300—500元，年支付流转费140余万元，带动农户4000余户从事天麻、黄精、苍术、白及等10余类中药材种植，并建有白及、苍术等塑料大棚育苗基地200亩（60个大棚）。2021年，合作社实现盈余返还121万元，分红80.8万元；成员年均所得收入21360元，高出当地非成员收入35%。

（五）实施政策引导，蓄足经营主体内驱力

一是出台政策文件，持续规范新型农业经营主体建设。十堰市先后修订、制定《十堰市农民专业合作社示范社评定及监测办法》《十堰市市级示范家庭农场评定及监测办法》《农民专业合作社内部管理制度及职责》《十堰市市级重点示范新型农业经营主体奖补资金使用管理暂行办法》等办法，为全市市级示范社和示范家庭农场的持续规范及市级奖补资金发挥效益提供标准和保障。二是优化发展环境。2020年以来，为助推全市农民合作社规范提质发展，十堰市经管系统每年联合市打击和处置非法集资工作领导小组办公室组织开展农民合作社涉嫌非法集资风险专项排查处置工作，进一步优化融资环境。三是破解重点难题。为破解农民合作社资金压力，十堰市通过项目争取、落实主办行制度、惠农直通车政策等多项举措，积极帮助农民专业合作社缓解资金压力。2020年以来，全市共为204家农民专业合作社争取市级以上项目扶持资金1498.4万元；先后协调农行、农商行、邮储行等3家金融机构为农民合作社累计发放贷款5.188亿元，其中通过新农直报线上平台发放贷款1.24亿元；先后为104家农民专业合作社争取并落实贷款贴息198.2万元。

（六）完善利益联结，提升经营主体带动力

农业经营主体作用大不大，关键看农民收入涨不涨。十堰市鼓励和支持家庭农场、种植养殖大户、农产品流通大户、农村科技带头人积极创办农民专业合作社，鼓励各类新型农业经营主体带动普通农户实现连片种植、规模饲养，提供代耕代种、代管代收、全程托管等农业社会化服务，发展新产业新业态，完善和推广订单收购、保底分红、二次返利、股份合作、土地流转、吸纳就业等新型农业经营主体与农户的利益联结机制，实现了合作发展，农民增收。比如，茅箭区润强大鲵特种养殖专业合作社从养殖逐步延伸产业链，形成"合作社＋公司＋家庭农场＋基地＋农户＋科研"模式，通过土地流转、务工就业、认购代养、技术服务等方式，带动小农户与现代农业有效衔接。比如，郧西县恒达扫帚专业合作社通过"企业＋合作社＋基地＋脱困户"模式打造扫帚扶贫产业链，辐射带动全县15个乡镇、41个村、10104户（其中建档立卡贫困户3546户）以订单种植的模式发展扫帚产业，2021年社员平均增收2350元。再比如，丹江口市圣和茶叶专业合作社通过"合作社＋公司＋农户"的服务模式，组建社会化服务工作队，采取统一修剪管理、统一病虫害防治、统一购销等生产服务环节的托管服务，实现了所服务茶农农资成本、人工成本、投入品减量10%以上，农产品产量、品质、售价、销售渠道明显增加的"三减四增"目标，有效降低茶园管理成本，并带动200余名农户务工增收。

三、经验启示

新型农业经营主体与小农户相比，是集约化、规模化、专业化、市场化程度更高的经营主体。近年来，北京市在全面推进乡村振兴和城乡一体化发展过程中，涌现出了大量新型农业经营主体，并持续活跃在乡村产业一线。2023年以来，北京市提出开展新型农业经营主体提升行动，扶持一批示范合作社、家庭农场、农业龙头企业，带动小农户合作经营、共同增收。目前来看，北京市在新型经营主体培育中仍然存在可持续发展能力弱、扶持政策欠精准、利益联结不紧密等问题。通过考察学习十堰市的先进经验和做法，对北京市开展新型农业经营主体培育具有有益借鉴。

（一）健全部门统筹机制，形成发展合力

十堰市通过建立新型农业经营主体发展局际联席会议制度，从体制机制层面逐步形成了由市委农办牵头，各相关市级部门共商共议、齐抓共管、高效配合的良好态势，使发展

新型农业经营主体的工作在市级层面得以统筹，其经验值得学习。北京市新型农业经营主体的登记注册、监督管理、规范化建设等工作也往往涉及多个部门，部门间在政策、资金、项目等方面的统筹仍有待进一步加强，建议进一步健全完善部门间信息共享和信息通报工作机制，确保在登记注册、资金管理、项目实施等方面的规范管理、信息互通，从而形成领导统筹协调、部门分工协作的良好工作格局，形成工作合力。

（二）强化政策精准落实，优化发展环境

十堰市通过实施政策引导，精准破解新型农业经营主体在"人、地、钱"等方面的重点难题，不断优化发展环境，使经营主体的发展活力得到了有效激发。近年来，北京市各级也出台了产业帮扶、贷款贴息、资金奖补等诸多扶持政策，发挥了积极作用，但具体到微观层面，政策扶持还存在欠精准的问题。在财政扶持上，进一步加大对新型农业经营主体在创新能力培育、数字化建设、绿色产品开发、品牌培育、市场营销等方面的资金支持力度。健全完善对新型农业经营主体的科学评价机制和奖励体系，除了考虑规模效应外，更应注重运行的时效性、是否达到互助合作、促进农民增收等指标要求，对那些有规模、善经营、带动力强的主体应择优扶持，确保财政、信贷、保险、税费优惠等各项举措落实落地。在用地保障上，对有一定规模、有前景、辐射带动能力强的新型农业经营主体在申请建造农产品加工、仓储保鲜冷藏等配套设施用地时，建议优先给予支持和保障，并在审批流程上尽量简化，使项目申报审批可操作易落地，提升新型经营主体的发展意愿。在人才政策上，鼓励和支持有农业情怀、有文化储备、有经营能力的人才返乡下乡，通过多种形式创办领办农民专业合作社等新型经营主体；着重培育新型农业经营主体骨干、现代青年农场主、农村实用人才带头人、农业职业经理人等高素质农民，增强经营主体发展后劲；充分发挥新型农业经营主体辅导员作用，从机关、高校、企业、群团组织等层面多渠道拓宽辅导员选聘范围，丰富工作手段及服务模式，以指导新型农业经营主体规范发展和质量提升。

（三）加强发展能力建设，提升市场竞争力

十堰市在新型农业经营主体培育中始终坚持以市场为导向，通过品牌培育、科技支撑、组织模式融合创新等，不断激发经营主体持续发展生命力。在品牌建设上，北京市应进一步鼓励和支持各类新型农业经营主体发展绿色生态高效农业，申报绿色、有机农产品，打造具有北京特点的农产品品牌，提升产品知名度和影响力；同时，围绕产前、产中、产后关键环节，实行全过程质量安全控制，完善产品质量追溯制度，保障农产品质量。在科技创新上，更加突出应用导向，紧紧依托新型农业经营主体对新技术、新品种、新理念接受度相对较高的优势，加快推动先进适用技术和机械设备的应用推广，不断提升土地产出率、劳动生产率。注重新型农业经营主体之间的联合与合作，有序推动家庭农场组建农民合作社；支持具有一定规模的合作社社员通过工商登记注册为家庭农场；引导合作社组建联合社、行业协会或产业联盟；鼓励各类组织在联合与合作中，发展适度规模经营，并以土地、资金、技术等为纽带建立更加紧密的利益联结机制，实现功能互补、联合互助、抱团发展。

（四）扩大带动面，激发发展活力

十堰市通过组织新型农业经营主体与小农户建立生产联动、利益共享的联农带农机制，逐步探索解决"小生产"难以适应"大市场"的瓶颈制约，切实增加了农民增收的机会。让小农户在农业现代化道路上提升组织化程度，拓宽增收渠道，尽快实现共同富裕，要注重新型农业经营主体带动作用的发挥。建立健全以新型农业经营主体为重要组成部分，公益性服务和经营性服务相结合、专业性服务和综合性服务相协调的服务机制，总结和推广订单式、合作式、托管式等服务模式，鼓励经营主体为农民提供生产资料供应、技术服务、产品销售等产前、产中、产后全链条服务。以设定最低保底价、二次返利、吸纳就业等方式，充分保护农民利益，构建农户和经营主体之间紧密的利益联结机制。此外，应加大对运行规范、辐射带动能力强、真正使农民受益的新型农业经营主体的宣传力度，打造示范典型，及时总结其在联农带农中可复制、可推广的典型经验和示范模式，通过表彰奖励等手段发挥示范带动和引领作用。

考察组组长：吴志强
考察组成员：杜力军、彭彤、陈雯卿、余君军
执笔人：陈雯卿

上海市政策性农业保险创新做法及借鉴

　　为进一步完善政策性农业保险制度，优化政策性农业保险工作运行机制，推进北京市政策性农业保险高质量发展，2023 年 9 月下旬，北京市农业农村局计划财务处会同北京市农村经济研究中心金融处赴上海市学习调研当地农业保险工作情况，形成如下报告。

一、上海市农业保险的主要特点

　　近年来，上海市立足都市农业发展，不断完善农业保险政策体系，逐步形成"政府政策扶持、市场化运作、专业化运营、以险养险"的发展模式，政策性险种以保成本为主，已形成种植业类、养殖业类、种源类、涉农财产类、价格指数类 5 大类 22 个险种，基本覆盖主要农业生产领域。2022 年，上海地区农业保险保费收入 10.27 亿元（含林木），其中政策性农业保险保费收入 6.46 亿元，保障金额达到 227.38 亿元，接近上海市农业总产值，全年简单赔付率 70%。农业保险深度接近 10%，农业保险密度超过 3000 元 / 人。相较于北京市，上海市政策性农业保险具备以下特点。

（一）保险与产业实现联动，促进产业发展

　　为推进蔬菜产业向组织化、规模化、集约化方向发展，促进绿叶菜的均衡生产和均衡供应，上海市发展绿叶菜成本价格指数保险，对 8 个当地地产主要绿叶菜品种提供保险服务。农业农村主管部门按照"均衡种植、均衡投保、均衡上市"原则，制定并落实绿叶菜播种和投保计划；保险公司简化优化理赔程序，见菜承保、据实承保、上市理赔，做到承保理赔各环节公正公开；主管部门和保险公司加强政策宣传力度，提高种植户对政策的知晓度。通过开展绿叶菜成本价格保险，为种植户提供了风险保障，带动了绿叶菜生产积极性，促进了蔬菜产业发展。

（二）保险业务集中，太安农险深耕上海市场

　　2004 年 9 月，上海市委市政府推动成立了国内首家专业性的农业保险公司——安信农业保险股份有限公司。2014 年 11 月，按照"做大做强、做优做精"的上海金融国资国企改革的整体布局，安信农业保险股份有限公司并入中国太平洋保险（集团）股份有限公司。2021 年 1 月，更名为太平洋安信农业保险股份有限公司（以下简称为太安农险）。2004 年至 2021 年，上海市政策性农业保险一直由太安农险独家经营。2022 年，政策性农业保险承保机构通过遴选增至 5 家，太安农险市场占有率仍超过 90%。上海市农业保险由

太安农险主导经营，一方面有利于健全基层服务体系，为深入开展农业保险提供保障，太安农险在 9 个涉农区设立 1514 个"三农"保险服务站，建立了"管理到区、机构到镇、网络到村、服务到户"的基层服务体系；另一方面有助于加大投入，构建多元化农业保险产品体系，太安农险同上海市各级政府和相关部门保持良好的合作关系，根据区级实际和农业经营主体需求创新推广个性化的商业性农业保险，形成政策性、商业性农业保险协调发展、互为支撑的保险体系，为农业生产提供更高水平的风险保障。

（三）农业生产规模化，农业保险投保比例高

据了解，上海市政策性农业保险涵盖了水稻、蔬菜、生猪、奶牛、经济果林、大棚设施、西甜瓜和淡水养殖等当地主要农产品。投保主体绝大多数为家庭农场、专业大户、农业合作社、农业产业化龙头企业等从事规模化、集约化、商品化生产经营的新型农业经营主体，农业保险整体投保比例较高，以蔬菜为例，上海市蔬菜种植面积 25 万亩，其中投保面积 20 万亩，投保率达 80%。这与上海市农业生产特点相关，上海市 90% 以上的土地已经流转，农业生产以规模化、集约化为主，当地小农户约 2 万人，经营规模约 2 万—4 万亩，占上海市农用地（202 万亩）不足 2%。

二、上海市农业保险的特色险种

（一）绿叶菜成本价格指数保险

该险种保险标的为 8 个当地地产主要绿叶菜品种：青菜、杭白菜、生菜、米苋、鸡毛菜、芹菜、菠菜、蕹菜。保险金额根据各品种每亩次保险产量（即亩均产量）及亩均生产成本测算。保险期间，若市场平均零售价低于保单约定价，则按其跌幅同比例进行相应赔付；高于保单约定价，则不发生赔付。保单约定价为考虑前两年及当年蔬菜消费价格指数和当年绿叶菜综合成本指数因素后，投保前三年实际价格的平均值。

（二）露地种植绿叶菜气象指数保险

该险种以"夏淡"期间生产的青菜、鸡毛菜、米苋、生菜、杭白菜为保险标的。保险金额根据各品种每亩单产和综合成本之积测算。以高温指数和降雨量指数为保险责任，保险期间内，实际日平均温度高于约定的日平均温度（保险日平均温度）时，或累计降雨量高于约定的降雨量（保险累计降雨量）时，均视为保险事故发生，保险公司负责赔偿。

（三）水生作物（茭白）收入保险

上海市采取"以奖代补"方式，在青浦区试点水生作物（茭白）收入保险。该险种以茭白为标的。保险金额根据不同品种茭白近 10 年平均亩产（目标产量）和近 3—5 年田头收购价格（目标价格）之积的 80% 测算。保险责任包括产量和价格两个因素，在保险期间，因遭受自然灾害、意外事故、病虫害发生等情况茭白产量减少，或者因茭白市场价格下跌，最终导致农户实际收入下降的，保险公司负责赔偿，减少被保险人生产经营过程中的损失。

（四）优质稻米收入保险

该险种为太安农险开发的商业性险种，以上海市 5 个优质稻谷品种为标的，保险模式

为保险公司与农户、粮企签订三方协议，农户按规定用种、技术种植，粮企以 2.15 元/斤价格收购符合标准的优质稻谷并加工销售，保险公司保障生产经营风险。保险期间，因遭受自然灾害导致品质不达标，粮企拒收，保险公司按 0.8 元/斤标准赔偿；对品质达标的稻谷，在全部收购的基础上，当销售价格达到 3.5 元/斤以上时，农户可获得二次利益分享。该保险模式是落地"保险公司 + 农户 + 粮企"模式的创新举措，有利于实现优质稻米生产、收购、仓储、加工和销售"五优联动"产业链闭合运行，促进农户放心种好粮，优粮享优价，提高种粮收益。

三、推动北京市政策性农业保险进一步发展的建议

农业保险作为分散农业生产经营风险的重要手段，对推进现代农业发展、促进乡村产业振兴、改进农村社会治理、保障农民收益等具有重要作用。北京市政策性农业保险制度 2007 年建立，政策性险种达 55 个，基本涵盖小麦、玉米、蔬菜、果品、畜禽等主要农产品，业务覆盖 13 个涉农区和首农食品集团，在减少农业生产受灾损失、帮助农业生产经营主体恢复生产方面发挥了重要作用。然而，我们也发现北京市农业保险在产业发展协同、险种创新能力、保险机构管理等方面存在不足。通过总结学习上海市先进做法，就推动北京市政策性农业保险进一步发展提出以下意见建议。

（一）发挥保险政策协同作用，促进农业产业发展

一方面，借鉴绿叶菜成本价格指数保险、优质稻米收入保险模式，围绕小麦、玉米、蔬菜等重要农产品，开发完全成本保险和种植收入保险，通过提供理赔机制简便、保障程度高的险种，带动农户种粮、种菜积极性，促进农业产业发展。另一方面，拓展农业保险功能，发展"保险 + 农户 + 企业"模式，引导有实力、懂经营、精技术的农业产业化龙头企业参与，从生产到销售给予各环节支持，推动农业生产发展、助力农民增收。此外，加强农业保险数据信息共享，支持银行、担保公司等金融机构开发专属金融产品，推进农业保险与信贷、担保等金融工具联动，为农业生产经营主体提供融资便利。

（二）丰富农业保险保费补贴机制，构建多元化保险产品体系

相比上海，北京农业生产小农户分散经营占比较高。全市承包农户 86 万户，未经营耕地的 38.1 万户，44.6 万户经营规模在 10 亩以下，占比达 51.9%。受山区占比大、土地流转费高等因素影响，北京小农户分散经营与新型经营主体规模经营长期并存将客观存在。农业经营规模不同导致对风险保障的需求各异，即使现行政策性农业保险已推出 55 个险种，依然难以满足农业生产经营主体风险保障需求。鉴于此，需突破单一的保费补贴机制，探索构建涵盖保费补贴、以奖代补等多样的支持方式，引导和支持保险机构因地制宜开发特色保险，大力发展商业性农业保险，满足不同区、不同层次、不同群体的风险保障需求。

（三）加强评估考核，优化保险运行工作机制

坚持适当竞争、规范有序、总体稳定原则，完善保险机构遴选工作机制，既保障良性的市场竞争氛围，又保持保险机构经营稳定性，不断激发保险机构完善基层服务体系、积

极展业的动力，切实提升农业保险服务水平。保险机构服务期内，每年开展农业保险审计工作，确保农业保险工作规范合规，保障财政资金使用安全；同时加强农业保险绩效评价，将承保比例、理赔时效、创新能力等纳入评价指标体系，将绩效评价结果与机构遴选相挂钩，培育保险机构绩效意识，督促保险机构提高服务质量，形成运行规范、竞争有序、保障有力的市场机制。

（四）加大宣传力度，扩大保险覆盖面

上海市利用太安农险平台，加大农业保险宣传，取得了明显效果。北京市需进一步加大农业保险宣传力度，一方面，市区主管部门应利用网络、报纸等媒体，通过组织宣传、典型事例、示范引导等方式，强化农业保险政策宣传；另一方面，保险机构应充分运用自身服务网络，在加强农业保险政策宣传的同时，深入基层向农户宣传并解释保险条款，加深农业生产经营主体对农业保险的了解和熟悉，帮助农业生产经营主体了解农业保险政策，培育农业生产经营主体现代风险防范意识，提高参保的主动性、积极性和连续性，不断扩大农业保险覆盖面。

执笔人：侯福强、陈骥、林子果、杜成静

创新金融顾问制度精准服务实体经济

——浙江省金融顾问制度考察报告

2023 年 5 月 22 日至 26 日，北京市农研中心与北京市农村产权交易所考察组一行 7 人赴浙江省深入了解金融顾问制度的产生由来、发展定位、制度体系、运作方式以及经验做法，形成此考察报告。

一、基本情况

（一）金融顾问制度产生的背景

一是助力产业发展的需要。浙江省作为民营企业的大省，融资难、融资贵是困扰企业发展的客观问题。为此，浙江省大力实施"融资畅通"工程，2017 年以来，先后推出了凤凰行动的 1.0 和 2.0 版本，直接推动浙江省成为培育战略性新兴产业、未来产业的重要策源地，成为上市公司高质量发展的重要试验区。二是化解金融风险、提升金融综合服务能力的需要。2018 年以后，金融风险不断涌现，P2P 民间借贷事件不断爆雷，股权质押融资爆仓等，导致了民营企业资金链断裂，直接影响其正常发展。为控制风险、提升服务，浙江省开展了"服务企业、服务群众、服务基层"三服务活动。金融顾问的服务也是防控和化解金融风险的重要举措。三是深化金融供给侧改革的需要。2015 年中央财经领导小组第十一次会议提出推进供给侧结构性改革，并将之作为经济工作的主线，2019 年中央政治局会议首次提到金融供给侧结构性改革，强调要加大金融对实体经济特别是民营小微企业的支持力度。金融顾问制度的产生及其发展就是深化金融供给侧改革、提升金融供给的质量与效率的一项重要举措。

（二）金融顾问制度的发展历程

浙江省金融顾问制度始于 2018 年，时任浙江省委副书记、省长袁家军在调研企业时指出，金融机构在做好自身金融风险防范的同时，要充分发挥金融专业人士作用，帮助广大企业识别、防范、化解金融风险。通过充分调研，2018 年在浙江省地方金融监管局指导下，成立浙商总会金融服务委员会（以下简称"金服会"），包括银行、证券、保险、中介机构等 80 余家成员单位，并正式印发《建立企业金融顾问制度试点工作方案》，正式推出金融顾问制度。2019 年 4 月，时任浙江省委书记车俊在调研时，明确指出要在全省推广金融顾问工作。2020 年浙江省再开全国之先河，将"探索建立企业金融顾问制度"写入《浙江省地方金融条例》，金融顾问制度进入法制化的发展阶段，2021 年将"完善金融顾问制度"再次写入《浙江省金融业发展"十四五"规划》中，并印发《关于在全省实施金融顾问制度的指导意见（试行）》，同时，国家人力资源和社会保障部将金融顾问编入 2021 年的一项新职业。

经过不断地探索与实践，浙江省已实现 11 个地市金融顾问全覆盖，形成了各方参与、多方共建的良好生态，打造了近 1800 名省、市、县三级金融顾问服务队伍，组建了 45 个工作组（室），累计对接服务企业 5.17 万家，落实融资额 4147 亿元。

二、主要做法

（一）明确六大工作内容

一是政策咨询。为企业解读国家金融法律、法规和政策，帮助企业了解金融市场动态，为企业提供金融等知识培训。二是投融资服务。帮助企业制订投资计划，拓宽融资渠道，合理运用金融工具。协助企业优化融资结构，落实融资方案，降低融资成本。指导企业股改，优化股权结构，对接资本市场。指导企业围绕产业链开展境内外并购重组。三是风险防范。帮助企业完善法人治理，提升经营管理。帮助企业建立健全内控制度，加强流动性管理。指导企业化解"两链"、股权质押等存量风险，防范增量风险。四是综合服务。发挥各自的专业能力和资源优势，为企业提供专业方案、推荐服务机构、寻找投资标的以及协调其他金融资源等。五是参谋助手。协助地方政府加强金融管理，完善金融发展规划和政策措施，推进金融改革创新，搭建政融协作机制，防范和处置区域金融风险。帮助政府部门开展专业培训，提高金融管理水平。六是信息反馈。通过对相关企业的服务，总结提炼企业实际面临的阶段性困难和难关，向地方政府、监管当局反馈各类信息，助力地方政府部门出台相应的帮扶政策及化困方案。

（二）构建三大服务机制

三大服务机制分别是筛选培训机制、组队服务机制和激励引导机制。筛选培训机制是在选聘金融顾问时坚持专家型原则，制定严格的准入标准，附加推荐制，通过筛选、培训才能加入金融顾问队伍。组队服务机制是通过"1+N"的模式组队为企业提供金融顾问服务。积极发挥"1"背后的机构资源和支撑作用，通过金融顾问这个"1"，积极探索金融人才与地方政府、当地企业和居民的服务关系，建立与地方政府、当地企业和居民的深入沟通对接机制。通过每个金融顾问背靠机构的"N"种力量，形成"1＋N"的链式综合金融服务能力，助力地方政府打通服务实体企业的渠道。激励引导机制是通过设立浙江金渠榜，每年度在顾问队伍或成员单位中评选金牌顾问及先锋机构，颁发荣誉，树立榜样的力量，并积极倡导金融向善。

（三）明确四大载体职责

四大载体分别是金服会、金服会秘书处、金融顾问工作室以及金融顾问队伍。金服会主要承担组织领导职能，把握方向重大事项的决策。金服会秘书处主要承担金融顾问的日常管理、制度机制的设置、外部宣传等工作。金融顾问工作室是金融服务工作落地的触手。金融顾问队伍目前已经形成省级 300 多人、市级 400 多人、县级 1000 多人的规模。金融顾问企业微信和管理系统服务于省、市、县三级金融顾问日常管理，赋能金融顾问履职展业，实现金融顾问制度可视化、金融顾问数字化管理，助力金融顾问高效履职展业、做好金融顾问"学、考、聘、评"全流程管理。例如，2022年4月，建立金服宝·小微平台连接企业与金融顾问，为杭州临平区中小微企业提供多样化的财税、人力、法务、融资等服务，助力中小微企业数字化转型，提升企业获贷时效，提升审批通过率，降低企业融资成本。

三、经验启示

浙江省金融顾问制度，在省政府的大力支持下，通过出台诸多正式文件，直至"入法"，为进一步推进金融顾问制度发展奠定了坚实的法律基础，走出了一条可复制、可推广的金融供给侧结构性改革之路，走出了一条金融向上向善、服务实体的功能性回归之路。北京市可借鉴浙江省金融顾问工作经验，探索适合本市农村实际的金融顾问制度，真正缓解农村融资难、融资贵问题，形成一套具有首都特色的金融服务乡村振兴的制度体系。

（一）政府主导是保持金融顾问服务公益性的前提

浙江省金融顾问服务以公益性为出发点，不断改善当地的金融环境，政府在其中起到了无可替代的作用。从金融部门出台的大量文件到"入法"，再到激励评价中的加分制度，给予金融顾问工作巨大支持，是金融顾问工作持续运行的根本保障。北京市农村金融服务顾问工作同样建立在公益性的基础上，建议政府相关部门能够出台金融顾问专门扶持政策，或以专项资金保障农村金融服务顾问体系的持续运行。

（二）金融机构主动参与是深化金融顾问服务的关键

作为金融服务顾问主体来源的金融机构，需要正确认识自身定位，具备"三农"情怀，发挥服务"三农"先锋作用。要有开阔视野和大局观，勇于承担相应的社会责任，真正成为政府的"金融子弟兵"、涉农经营主体的"金融家庭医生"，而不只是囿于指标考核和本位主义。金融顾问要主动服务、前置服务，针对涉农经营主体的需求提供精准化服务，结合农业农村特点创新金融产品，并推动落地见效。

（三）构建数字化服务平台是管理与服务的有效支撑

建设金融顾问信息化平台，支持乡村数字普惠金融发展，以数字化赋能北京市农村金融，使之成为政府实现政策传递、人员管理、绩效评价的工具，成为涉农经营主体获取农村金融顾问服务的便捷途径以及了解金融政策、金融产品的有效工具，成为金融顾问提升自身专业能力，为涉农经营主体提供服务的有效连接器。通过数字化服务平台提升金融服务落地能力，打通金融服务"最后一公里"，辅助地方政府完善农村金融发展政策，推进农村金融改革创新，构建防范化解区域金融风险长效机制。

考察组组长：张光连
考察组成员：张英洪、林子果、陈艺曦、高银法、陈哲、姚琪
执笔人：陈艺曦、林子果

金融"贷"动规模种植，筑牢粮食安全"压舱石"

——黑龙江省兰西联社金融服务案例分析

2023 年 8 月 7—11 日，北京市农研中心考察组一行 5 人赴黑龙江省调研农村信用体系建设工作，并赴绥化市兰西县榆林镇实地考察。现将考察情况报告如下。

一、基本情况

缺信用、缺信息一直是制约农村普惠金融服务的瓶颈问题。为了充分发挥金融支农的作用，黑龙江省开展了近十年的农村信用体系探索与建设，主要分为三个阶段：第一个阶段是探索阶段（2014—2017 年），初步搭建了黑龙江省农村信用体系框架，明确了农村信用体系建设的方向与重点；第二个阶段是成熟阶段（2017—2021 年），探索在农村信用体系框架下开展金融服务实践，代表模式是"整村授信"；第三个阶段是深化阶段（2021 年至今），以农村实际金融需求为导向，深度思考在农村生产经营模式转变背景下，金融如何更好地服务"三农"，以省农信社为代表开始探索由"整村授信"农村金融服务向规模种植户服务的深化与转变。

绥化市兰西县农村信用合作联社（以下简称"兰西联社"）成立于 2000 年 5 月，下辖 26 个营业网点，分布在全县城区及 15 个乡镇，员工 301 人。2021 年，兰西联社按照黑龙江省农村信用合作联社（以下简称"省联社"）和绥化市农村信用合作联社（以下简称"市联社"）关于实施整村授信支持乡村振兴的工作要求，围绕满足农户生产生活资金需求，通过整村授信优化金融服务，提高信用贷款占比，加大金融供给。截至 2023 年 8 月，对符合条件农户授信 16179 户，金额 10.79 亿元；发放贷款 8600 户，用信率 53.16%，评出信用村 16 个、信用户 1200 户。

整村授信是在全村范围内剔除信用有瑕疵的农户后，为全体农户按照单一农户家庭各项收入情况进行综合测算授信的授信模式，贷款用途可用于生产经营或生活消费等。随着黑龙江省农村生产经营模式发生重大改变，由传统农户散户种植逐渐转变为规模种植户种植大部分耕地，整村授信单一农户家庭的授信额度无法满足规模种植户的需求。因此，在省、市联社的指导下，兰西联社于 2023 年 2 月正式启动规模种植户评级授信工作。截至 2023 年 8 月，完成全部 105 个行政村规模种植户评级授信工作，对 4322 户符合准入条件种植户评级授信，授信金额 4.47 亿元，用信户数 3696 户、用信金额 2.74 亿元，用信率 61.3%，实现摸底率、采集率、评级率、授信率 100%。

表 1　黑龙江省农村信用体系探索与建设时间线

阶段	时间	备注
探索阶段	2014 年	人民银行哈尔滨中心支行以推动国家级农村改革试验区建设为契机，探索黑龙江省农村信用体系克山试验区建设
	2014 年 11 月	黑龙江省政府出台《黑龙江省农村信用体系建设方案》，提出要借鉴克山县农村信用体系试验区建设经验，用三年左右时间，探索建立以信用档案和信用评价为基础、以信用对接和信用增级为核心、以信用文化为保障的符合当地实际的农村信用体系
	2017 年	黑龙江省出台《关于加快推进我省农村信用体系建设的指导意见》，强调要将"三信"（信用户、信用村、信用乡）评定和支持新型农业经营主体发展作为黑龙江省农村信用体系建设的重点
成熟阶段	2019 年	人民银行齐齐哈尔市中支应用"三信"评定结果，在辖区推出"整村授信"支农信贷模式
	2021 年初	省联社在全省范围开展了整村授信工作
深化阶段	2023 年	省联社指导和组织各级行社紧跟黑龙江土地规模化经营形势，深化服务以规模种植户为代表的新型农业经营主体发展

二、兰西联社农村金融服务的特色做法

（一）注重主业重塑，做到"两个转变"

2023 年，黑龙江省联社提出"全面实施主业重塑工程"，通过金融服务支持农业强省战略。黑龙江省农村呈现出两个突出特征，以兰西县榆林镇为例，一是村庄"空心化"情况突出。榆林镇所辖 8 个行政村 51 个自然屯，户籍人口数 26115 人，8689 户，常住人口数 14937 人，年平均外出务工人数 8647 人，占总人口数的 33%。二是土地规模化经营的形势突出。榆林镇耕地总面积 19.52 万亩，规模种植户 995 户，种植面积 8.82 万亩，新型经营主体 12 户，种植面积 1.64 万亩，单一农户多将土地流转他人，农村土地种植模式逐渐呈现规模化、集约化，约 11.6% 的户数种植了 53.6% 的耕地。基于此，兰西联社实现了"两个转变"：一是在整村授信全面覆盖兰西县的基础上，叠加更符合本地生产规律的金融服务，由过去全面支持传统种植农户改变为重点支持规模种植户，统筹一体服务广大农户，做到抓重点带一般；二是由综合资金需求授信改变为按规模种植户农业生产资金需求授信，改变了过去综合资金授信过高或过低的问题，实现授信更加精准、更加契合规模种植户需求。

（二）用农民听得懂的语言，融入农村熟人社会

我国乡村普遍存在熟人社会模式，因土地不可移动的特性使人们长久依附于此，从而形成了稳定的居住群体——村落。这种长久的比邻而居，使人们的往来密切、相互依赖，逐渐形成一套熟人社会的交往互助及行为规则。农民生活圈子窄，彼此熟悉，借贷依附熟人关系，民间借贷需求旺盛，正规金融机构很难获得农户根本上的信任与认可。兰西联社

不仅采用与其他正规金融机构相似的方式做贷前的宣传与推广，更突出的做法便是用农民听得懂的语言，精准抓住农民的需求痛点，打破正规商业信贷的"神秘感"，减轻农民对正规金融机构的自愿金融排斥①，拉近与农民的距离。例如，兰西联社在整村授信和规模种植户的推广过程中提到"贷款"一词，让农民普遍很敏感和抗拒，因此在与农户的沟通过程中兰西联社的基层服务人员将贷款和预授信表达为向农民提供"家庭备用金"和"生产备用金"，农户对陌生事物的排斥感减少了，能够直观理解到金融机构提供的是什么样的服务，在授信过程中的配合度也就提高了。并且，兰西联社也充分把握生产周期，在春耕生产资金需求紧迫时及时满足规模种植户的资金需求，提供雪中送炭的金融服务，进一步获得了农户的认可与支持。

（三）构建信用评价体系，动态调整授信额度

根据《中国人口普查年鉴2020》测算，低龄老人中，从事农林牧渔业的人最多，占比高达62.44%，相当于有3000余万的低龄老人仍从事农林牧渔业，主要就是种植业。据调研发现，兰西县的规模种植户中低龄老人众多，为了打破农村普遍存在的缺乏正规金融机构认可的抵质押物，以及正规金融机构对借款人员的年龄限制，兰西联社利用"三本台账"和一套简单的评价体系，快速确定规模种植户的授信额度、担保方式和授信期限。兰西联社在授信前收集生产者补贴明细台账、土地流转明细台账和落实实际种地人的土地确权台账的"三本台账"，按照（流转土地成本＋种植成本）×70%核定规模种植户授信额度，（流转土地成本＋种植成本＋多种经营成本）×70%核定规模种植户从事多种经营的授信额度；并以"5221"评价体系（"5"指信用状况占50分，"2"指金融关系占20分，"2"指管理经验占20分，"1"指发展前景占10分，总分100分）核定规模种植户的信用等级，评分在81分的规模种植户可通过纯信用的方式获得贷款，其他准入农户则可以通过成年子女保证方式获得贷款，不需要提供抵质押物，且贷款期限均为3年，每年通过贷后管理为规模种植户的授信额度进行调整，与种植规模充分匹配。

三、经验借鉴及政策建议

（一）建立符合北京市农村特点的信用评价体系

通过与多家金融机构座谈了解到，北京市的金融机构对于农村地区的信用评价体系与城市差别不大，一方面是关注农户家庭的资产状况，另一方面是关注农户是否拥有金融机构认可的抵质押物。然而，农村与城市的个人信用衡量标准不尽相同，农村拥有独特的熟人社会诚信和乡村特有的道德规范，北京市金融机构应利用好农村熟人社会的运行逻辑，充分挖掘农村地区的人缘、地缘，积极用朴实的、农民听得懂的语言进行沟通和服务。同时，金融机构的基层服务人员也应提高农业专业素养，将农户的管理经验和农业的发展前景纳入农村特色信用评价体系中，转变由抵质押物和强担保做信贷风险分散手段的农村金

---

① 自愿金融排斥：来源于《农村普惠金融研究》，是指部分人口或企业选择不利用金融服务这样一种状况，原因或是对金融没有需要或是文化、宗教等因素。

融服务思维。

（二）加大对规模种植户的金融扶持力度

随着农业生产经营集约化、规模化水平的提高，农业生产呈现出投资规模相对较大、回报周期较长等特点，而种植大户缺乏详细的融资规划和现金流预测，较难依靠简单信用贷款方式获得金融机构充分资金支持，可以通过与政策性担保公司合作、农户成年子女担保等多种方式为自身合理增信。北京银保监局、中国人民银行营业管理部、北京市农业农村局《关于做好新型经营主体信用建档评级有关工作的通知》（京银保监发〔2023〕263号）提出，"新型经营主体信用建档评级工作将作为金融机构服务乡村振兴考核评估有关指标的重要参考"，因此北京市金融机构应收集新型经营主体的信用信息，结合其信用评定结果以及农业产业实际，开发信贷期限、额度与农业生产周期相匹配的专属金融产品。

（三）精准对接农户需求优化信用贷款设计

根据各区资源禀赋、产业优势，以及农户生产需求，引导金融机构满足农业产业的特色化、定制化贷款需求，特别是重点支持农业主导产业发展，确保贷款用途更加精准，并为农户匹配合适的贷款额度。在贷款利率上，应根据信用户贷款使用情况及还款情况，给予不同程度的优惠；在贷款期限上，信用户应适当延长，提高获得中长期贷款可能性；在贷款抵押方式上，也应更加灵活，提升纯信用贷款比例；在贷款额度上，在充分考虑信用户还款来源和偿债能力的前提下，就其道德人品等软信息也可以适当放宽。同时加强对农村金融基层服务人员的标准化培训，提供贷款全周期的陪伴式服务。

考察组成员：张光连、林子果、鲁红云、张为山、刘冉

执笔人：张光连、林子果、刘冉

富民兴边惠乡村

——云南省富滇银行支持乡村振兴考察报告

2023 年 9 月 13—16 日，北京市农研中心考察组一行 5 人赴云南省富滇银行调研金融服务乡村振兴工作，并赴红河哈尼族彝族自治州（以下简称"红河州"）蒙自市、河口县实地考察。

一、基本情况

富滇银行是云南省目前唯一的省属城市商业银行，为云南地方经济发展做出了重要贡献，与招商银行、交通银行、中国银行一道成为中国四个具有百年历史的老字号银行品牌。2007 年 12 月，在云南省委、省政府支持下，经原中国银监会批准，在昆明市商业银行基础上恢复成立富滇银行，国有股东持股比例占 72.17%。富滇银行前三大股东依次为云南省投资控股集团有限公司（占比 15.12%）、中国大唐集团财务有限公司（占比 13.47%）、昆明发展投资集团有限公司（占比 8.49%）。富滇银行网点覆盖云南各州市，设立 180 个网点、494 个普惠金融服务站，填补该行在农村地区金融服务空白。富滇银行在云南省内先后发起设立 4 家村镇银行，省外设立重庆分行，辐射支持国家"长江经济带"区域发展战略，在老挝设立控股的老中银行。富滇银行是全国第一家也是我国唯一一家在国外设立独立法人的城市商业银行。截至 2023 年一季度末，富滇银行资产规模 3473 亿元，贷款规模 2013 亿元，存款规模 2367 亿元，存贷比为 85%。富滇银行将金融资源优先配置到云南省乡村振兴重点领域和薄弱环节。截至 2023 年 6 月末，富滇银行涉农贷款余额 546.98 亿元，较年初增加 53.22 亿元，增速 10.78%，高于全行贷款平均增速 6.07 个百分点，完全符合中国人民银行对普惠类贷款投放增速高于全行口径平均增速的信贷结构投放要求。

富滇银行作为地方银行，一直以促进地方经济繁荣为己任，主动服务和融入国家"一带一路"倡议，深入推动云南省沿边金融综合改革建设，推动口岸地区经济发展，更好地服务云南省各口岸地区同周边国家间的经贸往来活动。在边民互市贸易方面取得了明显成效。边民互市贸易是指边境地区边民在我国陆路边境 20 公里以内，经政府批准的开放点或指定的集市上、在不超过规定金额或数量范围内进行的商品交换活动，是边境地区特殊的贸易形态，也是我国推动边境地区发展的战略举措。在云南省，边境地区涉及沿边 25

县市。以我们实地走访的红河州河口县为例，截至 2023 年 9 月，该县已办理边民备案登记 1.3 万人，通过边民互市贸易带动边民每人每年增收 2250 元，帮助 44 名贫困人员脱贫致富。近五年来，边民互市进出口累计完成交易额 233 亿元，参与交易 290 余万人次，累计为边民增收 8700 万元以上。富滇银行红河分行创新开发"边民贷"普惠金融产品，助力河口口岸边民互市贸易高质量发展，截至 2023 年 9 月，富滇银行红河分行已为 88 户边民完成授信，授信金额 180.8 万元，贷款余额 33.6 万元。

二、主要做法

（一）制订"三千计划"，助力市场主体倍增

2022 年，富滇银行推出金融助力优化营商环境促进市场主体倍增"三千计划"行动，明确"3 个 3000"目标，力争三年对中小微市场主体累计投放不低于 3000 亿元，每年对中小微市场主体减费让利不低于 3000 万元，每年对中小微市场主体新增授信不低于 3000 户，为新设小微企业、新办贷款小微企业、新开立账户小微企业提供不超过 3.99% 的优惠利率贷款，为全省稳定经济大盘，促进市场主体倍增注入金融活力。"三千计划"自 2022 年 6 月启动以来，当年即完成首年目标，截至 2023 年 9 月末，2023 年当年累计向中小微市场主体投放贷款 1438.92 亿元，新增中小微企业授信主体 2033 户，对中小微市场主体减费让利 1.74 亿元。

（二）创新金融产品，服务现代产业发展

重点围绕"一县一业""一村一品"，推出乡村振兴系列惠农产品——"云农贷"。富滇银行自 2013 年—2023 年 8 月末累计发放此类贷款 100.57 亿元，服务农户农企 7.7 万户，贷款余额 41.86 亿元，在云南省 15 个州市 60 个县域实现落地。在大理地区试点"金旅贷"产品，为大理州从事客栈、民宿、酒店经营的个体工商户、小微企业、小微企业主提供纯信用信贷资金支持，深度挖掘云南省旅游行业在"后疫情"时代的发展潜力。自 2023 年 3—6 月，此类产品累计投放 48 笔，金额 3650 万元。紧跟云南省"千亿肉牛产业项目"布局，以生物资产确权、评估、登记试点为依托，创新推出"云牛贷"。自 2022 年 1 月至 2023 年 6 月，通过肉牛活体抵押的方式成功为保山市 1224 户肉牛养殖户发放此类贷款 1.93 亿元。2013 年富滇银行联合宾川县政府联手打造高原特色农业金融信贷产品——"金果贷"，成为全国首推以水果权为抵押物的金融产品。在宾川县试点基础上，富滇银行进一步将"金果贷"扩大至云南地州县区及昆明周边县区等地，重点围绕云果、云菜、云药、云花、食用菌种植及牛羊畜牧产品养殖，形成特色农业金融产品在省内遍地开花的局面。以我们实地走访的蒙自市"云农贷"种植大户李某和嘉莲果蔬产销专业合作社为例，2023 年 3 月富滇银行红河蒙自支行为从事枇杷、番茄种植大户李某提供了 40 万元贷款，可循环授信三年，年利率 3.99%，全力支持其物资供给保障及生产经营发展；2021 年至 2023 年 10 月，富滇银行红河分行累计为开展石榴收购、加工、销售的嘉莲果蔬产销专业合作社 70 余户社员办理了约 1200 万元贷款，大力支持社员及合作社发展。

（三）研发"跨境通"系统，提供跨境金融服务

云南省与越南、老挝、缅甸三个国家接壤，很多沿边地区的金融机构和跨境金融服务

不能完全覆盖，一部分业务由于没有系统支持，柜面手工处理效率不高，业务合规发展受限。针对沿边口岸地区跨境金融服务缺失和系统支持不足问题，富滇银行自主开发"跨境通"系统。该系统通过数字化技术，自动批量处理边境口岸贸易、非贸易跨境本外币结算，整个流程与多方机构的数据平台进行数据交互比对，将合规审查嵌入结算流程，重点解决以边民互市、跨境电商为代表的大批量、小金额跨境贸易结算困难。该系统可以协助边民在国内市场销售互市产品后获取合法电子税票，为当地带来税收收入，将边民互市与国内流通市场相连，盘活整个边贸产业，为边民获取后续金融机构融资产品提供依据，切实为当地边民带来经济效益。富滇银行的边民互市电子结算以可区分运用数据来源、系统批量处理交易和自动报送监管数据等方式为特点，实现了边民互市电子化批量清算和数据报送反馈，这一创新模式走到了全国前列，为规范边民互市跨境结算提供了更加安全、便捷的渠道。例如，富滇银行红河分行持续做大边民互市资金结算规模，截至 2023 年 6 月末，边民互市电子化一级市场结算业务 12.2 万笔，金额 9.5 亿元；二级市场 10.5 万笔，金额 8.3 亿元。

（四）开发"边民贷"产品，支持口岸经济发展

在办理边民互市的交易结算过程中，富滇银行发现较多边民进行互市交易时面临着资金不足的困境，迫切需要贷款支持。根据河口县边民贸易的实际情况，借助本行跨境通系统以及线上金融科技优势，富滇银行在河口县创新推出"边民贷"金融产品。该产品为纯信用普惠贷款，每位边民最高可申请 2.4 万元授信额度，授信期限 1 年，随借随还，通过手机线上申请支用，手续简便，1—3 个工作日即可完成放款，进一步规范了边民互市的交易方式，真正做到了"真边民、真交易、真结算"，有效提升了河口县边民互市贸易的交易量，以及边民的金融服务体验，助力口岸经济发展。

（五）拓展增信方式，着力解决涉农信贷担保问题

一是畅通涉农贷款风险缓释渠道。2023 年云南省新增入围融资担保公司两家，全力推进云南省农担公司批量担保合作，目前纳入批量担保业务规模 10 亿元，已达担保总额度上限。富滇银行加强与省农担公司合作，根据担保额度及时发放贷款。富滇银行与云南省再担公司新签订批量担保及次要责任担保合作协议，着力解决批量担保额度不足的问题，提供更加丰富的融资担保手段。二是加大"云南省中小企业融资综合信用服务平台"运用。以数据驱动、信息共享，实现市场主体精准识别，提升服务效能。截至 2023 年 6 月末，富滇银行通过"云南省中小企业融资综合信用服务平台"累计放款 513 笔，金额 20.74 亿元。三是提升科技赋能研发水平，提高授信和服务能力。积极创新金融产品与服务，推出"聚业快贷""银税通""扫码贷""线上供应链"等一系列数字化、免抵押、纯信用的金融产品，以"大数据"挖掘"小信用"，全方位满足新型农业主体融资需求。

三、几点启示

作为城市商业银行，富滇银行立足本地，服务地方，打造出全方位的金融服务云南省乡村振兴格局，为北京市金融支持乡村振兴提供了重要启示和有益借鉴。

（一）结合当地实际和特点，创新金融产品

富滇银行重点围绕"一县一业""一村一品"，推出了乡村振兴系列金融惠农产品，如"云农贷""云牛贷""金果贷""金旅贷"，针对边民融资难问题开发了"边民贷"专属金融产品，为云南省乡村经济发展注入了强劲金融活水。北京市在推进金融支持乡村振兴中，要立足首都城市战略定位，努力做好科技金融、绿色金融、普惠金融、养老金融、数字金融大文章，着力支持都市型现代农业发展，尤其针对大兴西瓜、平谷大桃、密云蜂蜜、怀柔板栗、昌平草莓、通州樱桃、门头沟京白梨、延庆有机农业等特色产业，要进一步创新和深化专属特色农产品贷款，助力做强乡村特色产业、发展"一村一品"示范村。通过拓宽金融服务内容，提供综合金融服务，为首都乡村特色产品融入城市市场实现产销对接，为特色产业提供市场营销、品牌推广等方面的金融支持。

（二）健全多层次服务机制，强化金融供给

富滇银行虽然不是金融支农的主力军，但却结合国家实施乡村振兴战略，主动作为，积极创新，为云南省金融支持乡村振兴做出了重要贡献。有关金融机构要根据国家对金融支持乡村振兴的政策要求，大力创新金融支农产品，找到支持服务乡村的切入点，实现服务乡村的金融价值。开发性银行、政策性银行要加大对粮食和重要农产品稳产保供、农村基础设施等重点领域中长期信贷力度，为建设农业强国的北京方案提供金融支持。大型商业银行要发挥资源比较丰富、机制比较健全的优势，通过产品创新、模式创新、管理创新，不断增加对乡村振兴领域信贷投入，为首都率先基本实现农业农村现代化作出金融贡献。中小型银行机构要找准细分市场定位，立足本土、支农支小，加强信贷资源配置，打造专业化、特色化竞争优势，为走出一条首都特点的乡村振兴之路彰显金融价值。

（三）挖掘乡村资源价值，丰富融资渠道

富滇银行通过采用担保、权利抵押、农户联保、信用等方式，创新、拓宽涉农贷款抵质押物范围，有效提升农业农村经营主体的融资获得感，为云南省乡村振兴提供了更加充分的金融支持。北京市有关金融机构可以采取多种增信方式，多维度创新、拓宽涉农贷款抵质押物范围。应当结合实际，充分挖掘农村更多资源资产的价值，允许农业农村经营主体以更多资源资产作为抵押物进行贷款申请，突破传统房产抵押的局限性，增加农村经营主体的融资渠道。通过大力推进信用户、信用村、信用乡镇建设，扩大整村授信范围，大力拓展信用贷款。同时，要简化贷款申请和审批流程，通过智能化、数字化的贷款申请系统，为农业农村经营主体提供快速、便捷的贷款申请渠道，利用大数据和人工智能技术评估和核实贷款申请人的信用状况，加快贷款审批流程，提高获贷的灵活性和便捷度，促进乡村数字金融发展。

考察组组长：张英洪

考察组成员：张英洪、李明、林子果、王洪雨、富裕

执笔人：张英洪、林子果

信用"贷"动乡村振兴农村金融大有可为

——广东省江门农商行推行整村授信工作考察报告

2023 年 4 月 10—14 日，北京市农研中心考察组一行 5 人赴广东省江门市调研江门农商银行开展的整村授信工作，并到蓬江区荷塘镇霞村进行了实地考察。现将考察情况报告如下。

一、基本情况

（一）开展整村授信工作的背景

江门农商银行是经中国银保监会批准，由原江门新会农村商业银行股份有限公司与原江门融和农村商业银行股份有限公司合并组建成立，是广东省首家由城区农商行合并组建的银行机构。整村授信指金融机构以信用村为单位进行批量授信，结合村内农户、新型农业经营主体等信用等级、融资需求、劳动能力、劳动意愿、偿债能力、偿债意愿等综合因素，给予信用村一定的授信额度，在核定的额度和期限内对有贷款需求的相关涉农主体发放贷款。江门农商银行推行整村授信工作主要有两方面原因：一是作为农村金融服务的主力军，江门农商银行必须积极响应国家乡村振兴战略，为乡村振兴注入金融活水。二是由于国有商业银行和股份制商业银行将业务市场中的一部分由城市逐渐转移到农村，利用低利率、高额度等措施快速抢占了农村优质客户，加大了农村商业银行的发展压力。因此，推行整村授信、下沉金融服务既是出于国家战略导向，又是农村商业银行错位竞争、市场倒逼的选择。

（二）霞村整村授信工作取得的成效

霞村是江门农商银行推行整村授信的一个典型村。该村户籍人口 3112 人，920 户，鱼塘养殖是村里的传统产业，目前全村有养殖户约 120 户，鱼塘 200 多个，占地达 1200 多亩，主打高档桂花鱼、加州鲈、南美白对虾、四大家鱼等品牌。鱼塘养殖业需要大量资金投入，村民在养殖过程中需要购买鱼苗、饲料、药品等必要物资，潜在金融需求旺盛。2021 年，江门农商银行与荷塘镇人民政府、江门市蓬江区荷塘镇霞村股份合作经济联合社签署结对共建协议，正式开启整村授信项目。为了推动整村授信工作落到实处，江门农商银行提出了包括"建档、授信、用信"全流程的"985"总目标。其中，"9"是指在信用村实现为 90% 的村民建档的目标，"8" 是指在信用村实现为 80% 的建档村民授予贷款额度的目标，"5" 是指在信用村让 50% 的授信村民能够使用贷款的目标。

江门农商银行开展整村授信，为霞村带来了两方面的优化：一是改善了霞村的金融环境。江门农商银行通过了解当地的经济发展状况、农民的生产经营情况和金融需求等信息，切实当好"农村金融架桥人"，有效解决农民群众和主导产业的融资难题。据统计，霞村实际参与整村授信的群众年龄在 18—62 岁，其中 30—40 岁区间占比 65%，获得的贷款类型主要是消费贷款，消费贷款的综合用信率约为 35.19%，其中用信人数最多的金额区间为 5 万—10 万元，用信率最高的额度区间为 15 万—20 万元。二是提升了霞村村民生活幸福感。江门农商银行采取多种方式提供便民服务，通过在霞村设立 2 台超级柜员机的政银通办服务，主动邀请村里老年人前来体验功能，并通过政银通办功能，每月为当地村民提供如养老年审、打印社保证明、粤康码等政务服务。同时，为了提高村民整体的金融素质，由金融特派员充当"金融知识宣讲人"，组织金融知识宣讲达 37 场。

表 1　消费类贷款分布情况

金额区间	授信人数	用信人数	用信率 （用信人数 / 授信人数）	平均用信额度 （万元）
0—5 万元（不包含）	135	66	48.89%	1.5
5 万—10 万元（不包含）	491	145	29.53%	3.1
10 万—15 万元（不包含）	313	95	30.35%	5.5
15 万—20 万元（不包含）	50	42	84.00%	9.6
20 万元以上（包含）	0	0	—	—
汇总	989	348	35.19%	—

二、主要做法

（一）配套金融产品

整村授信是以村域为单位，在剔除信用有瑕疵、不宜贷款的群体后，为村民（18—65 岁）和经济组织提供一揽子金融服务的概念，在操作层面既需要配套专属金融产品，也要配合具体的执行细则，才能实现对整个村庄授信的目标。江门农商银行在霞村开展的整村授信工作中配套了适用于消费的"市民贷"（用于大宗消费商品购买、房屋装修、改造、购车等）和适用于生产经营的"惠农贷"两类产品。以上都是纯信用贷款，且农户可以同时获得。其中，适用于生产经营的"惠农贷"需求由江门农商银行陌拜挨户调查；适用于个人消费的"市民贷"需求则是整村授信的基础和需求量最大的部分，它是以批量获取村镇客户基本情况为基础，结合江门农商银行内外部评议等情况，借助省联社个人网络消费贷款大数据风控平台，批量给予白名单内农户一定授信额度，在核定的额度和期限内向霞村客户发放的信用贷款。例如，针对鱼塘养殖业资金紧缺情况，江门农商银行仅用三天时间为海大饲料荷塘片区经销商提供了 200 万元贷款，并为其下游的 21 名鱼塘养殖户及时提供了惠农贷款。

（二）搭建授信体系

无感授信指农户无需主动申请、无需提供任何材料、无需办理任何手续，便能直接获得普惠的基础额度。主要由村民所在村庄的整体发展水平、信用程度以及村民平均受教育程度等因素综合评定。江门农商银行对村民的基础额度原则上不高于 3 万元，正式共产党员额外增加 1 万元。有感增信指根据农户的需求，采取叠加评议和线下走访等方式"个性化"增加额度。评议增信额度由分红增额、村民积分增额及行内资产增额叠加形成，其直接体现了村民所在村庄的整体经济实力以及村民个人的还款能力。线下走访增信额度是通过村民的资产作为财产佐证，交叉验证后增加村民授信额度，包括住房额度和车辆额度，其中值得一提的是住房额度中不仅可以通过商品房增额，也可通过宅基地和自建房增额。户籍人口额度的组成方式具体见下图。

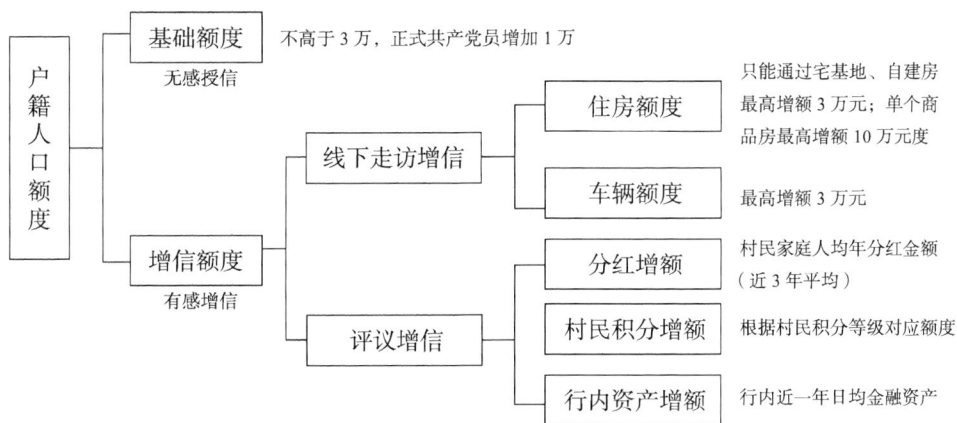

图 1 江门农商银行户籍人口额度组成示意图

（三）积极推介培训

一是通过"一对多"方式推介。江门农商银行加强对荷塘镇政府、村两委成员的金融知识宣导，使其充分认识到整村授信工作对于金融教育和完善农村金融服务体系的重要性，共同构建"政府搭台、村银共建、百姓受益"格局。二是通过"一对一"方式推介。江门农商银行向霞村股份合作经济联合社派驻 1 名乡村金融特派员，由金融特派员充当"金融知识宣讲人"，走进村居、沿街商铺等人流密集点位进行推介，向广大群众发放推介折页，细致讲解金融知识。金融特派员每周至少到霞村坐班一天，为村民提供时时"待命式"的服务，并深入村民家中，将家庭中学历高、年纪轻、信用意识强的成员作为服务对象，培育青年群体的金融意识，挖掘金融需求。三是通过各部门进行全方位现场培训。江门农商银行各个业务部门轮流开展现场培训辅导，通过对每名金融特派员进行整村授信的全方位培训，让其熟知操作要点和工作细节。

（四）实施授信流程

一是获取村民信息。通过村两委、金融特派员等多种渠道获取村民信息。二是筛选准入村民。通过大数据筛查，剔除"十不良"人员，包括赌博、吸毒、涉黄、涉黑、涉恶、高利贷、违法犯罪等。三是进入评议阶段。通过打造一支评议队伍实现外部评议，选择具有威望、办事热情、了解村情民意、为人公正的不同年龄段村民、村委干部，组成评议队伍进行"背靠背"评议，"原汁原味"地反映村民真实情况，采用"三一制"（村内退休干部、村主任、德高望重村民三类人，每类人评议一轮）的外部评议模式，经过三轮严格审议和复议后，筛选出符合准入条件的初始白名单。四是确定授信名单。借助评议结果以及授信模型确定客户授信白名单。五是授信用款和调整。已完成授信的村民可在授信额度内用款，如遇额度不足的问题可申请动态调整授信额度。具体操作流程见下图。

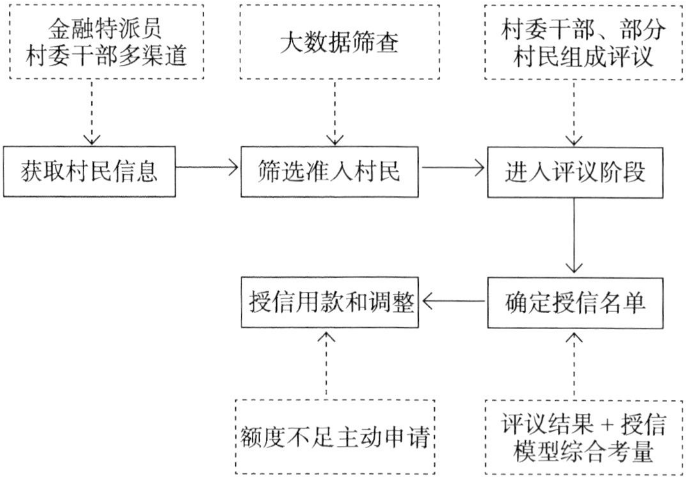

图2 江门农商银行授信流程图

三、经验借鉴

2023年6月16日，中国人民银行、国家金融监督管理总局、证监会、财政部、农业农村部《关于金融支持全面推进乡村振兴加快建设农业强国的指导意见》（银发〔2023〕97号）提出，"持续开展'信用户''信用村''信用乡（镇）'创建；开展整村授信、整村担保"。中国邮政储蓄银行北京分行于2023年6月在顺义区北小营镇东乌鸡村落地全市首个信用村整村授信，实现信用户50户全部授信、全村户数20%（12户）的额度激活目标。建议北京市在深化"三信工程"的基础上，扩大整村授信范围，改善农村信用环境。

（一）将整村授信作为农村金融服务的一种方式

中国人民银行广州分行专门制定了省内信用村整村授信实施指引，并配套提供整村授信认定表、统计表，建立工作联络群，不仅为全省范围内金融机构开展整村授信工作提供了政策指引，还建立了多方参与的工作机制，形成了动态跟踪工作进展和成效的反馈机制。为提升北京市农村金融服务下沉的深度和广度，促进乡村产业振兴和乡村治理现代化，建议北京市相关金融监管部门将整村授信作为农村金融服务的一种方式加以规范和引导。加强对金融机构探索开展整村授信工作的规范化和标准化建设，出台相应的政策指导文件和工作流程，规范整村授信工作的具体实施流程。同时，建立相应的数据分析和监测机制，及时发现问题并加以调整。

（二）选择有产业基础的村扩大整村授信范围

以有效需求为出发点，北京市可在部分产业形态发展较好、金融需求较为集中的村域扩大整村授信范围，探索具有首都特色的"信用+产业"整村授信服务模式，助推农村经济发展和农民收入增加。具体而言，可优先选择在农村基层网点和服务人员多的银行机构参与试点工作，并为银行机构做好镇政府和村两委的推广与对接，帮助银行机构协调农户的个人信息采集，激发农户参与整村授信工作的意愿。据调研，北京市的农户在金融知识基础和对金融机构的接纳程度上较弱，很多农户不知道自己能够贷款，对金融机构的信任程度较低。因此，应加强对村民金融知识的普及，帮助其树立金融思维，减少对金融机构的排斥心理，更好地了解农村金融服务和建立个人信用的重要意义。同时鼓励村两委充分利用金融资源，组织金融机构和金融专家为村民开展金融知识教育。

江门农商银行在霞村开展整村授信不仅渗透到村民的日常生活中，也为主导产业提供了"雪中送炭"的支持，搭建了完整的授信链条。建议北京市在探索整村授信中加强金融机构与农村主导产业的联系，将金融服务链条拓宽到农村主导产业的上下游，为产业链中的各个环节提供更加精准的金融服务。同时，加强农村的信用体系建设，对村域范围内的农民和各类经营主体做好建档立卡和预授信工作，使资金可以快速流动到农村主导产业的上下游，提高服务的速度和覆盖面。

考察组组长：张光连
考察组成员：张英洪、葛继新、林子果、刘冉
执笔人：张英洪、林子果、刘冉

多维构建金融服务体系　精准发挥金融活水作用

——广东省金融服务乡村振兴考察报告

金融是全面推进乡村振兴的重要支撑力量。广东省不断完善金融服务网络体系、加大金融基础设施建设投入、创新金融支农惠农方式。2023年4月10—14日，北京市农研中心考察组一行5人深入广东省学习金融服务乡村振兴工作的做法与经验，与广东省农业农村厅、省地方金融监管局、广东银保监局和人民银行广州分行相关负责人座谈交流，走访了广东股权交易中心、江门农商银行等金融机构以及清远市广东天农食品公司、江门市新宝堂陈皮有限公司等农业企业。现将考察情况报告如下。

一、广东省金融服务乡村振兴的主要做法

广东省高位谋划、多措并举，强化政策创设，逐步提高金融服务乡村振兴的科学性、整体性和协同性，提升金融服务的深度与广度，为乡村振兴贡献出重要的金融力量。

（一）集聚合力，构建金融服务乡村振兴圈层

广东省为提升金融服务乡村振兴的能力和水平，不断完善"地方政府引导、金融部门推动、多方共同参与"的金融服务乡村振兴联动机制，形成了"政府＋平台＋金融机构"的农村金融服务体系。总体来看，广东省通过打造"三个圈层"破除金融服务供给侧"条与块"分割的痼疾。横向通过打造"政府圈"和"金融机构圈"提高机构之间工作协同、职能互补与信息互通；纵向以"平台圈"为抓手，打通"政府圈"与"金融机构圈"的政策执行与信息反馈。"政府圈"方面，广东省农业农村厅、广东省地方金融监管局、广东银保监局、人民银行广州分行等机构负责高位推动与部署，通过建立日常联络与信息共享机制，共同推进各项乡村振兴重大规划举措落地落实。具体工作职责体现在强化政策创设，从顶层设计加快推进金融服务乡村振兴工作。各机构结合自身职能，联合印发多项指导意见和制定政策文件，统筹推进金融服务乡村振兴的"五个全覆盖"。2021年12月4日，广东省人民政府办公厅印发《关于金融支持全面推进乡村振兴的实施意见》（粤府办〔2021〕46号）中提出，到2025年底，政策性农业融资担保业务在各地级以上市和主要农业大县全覆盖、基本实现省内主要优势特色农产品保险全覆盖、有信贷需求的农户信用建档全覆盖、新型农业经营主体信用体系全覆盖、基层移动支付应用乡镇全覆盖。"平

台圈"方面，通过加强平台支撑，聚集社会资本和乡村产业资源。各机构配合广东省农业农村厅推动搭建省金融支农促进会、省乡村产业投资联盟、省农业供给侧结构性改革基金和广东乡村振兴板等，围绕"搭平台、聚合力、谋发展、兴乡村"宗旨，通过资本助力，驱动乡村产业发展，解决产融对接的难题。"金融机构圈"方面，通过健全农村金融服务组织体系，提升金融机构支持乡村振兴效能。秉持"专业的事交给专业的机构去做"的原则，指导全省金融机构在农村地区派驻金融特派员，全省农商行成为金融服务乡村振兴主力军；推动涉农保险扩面提质，搭建全省层面"12+8+3+N"险种体系（包括 12 个中央财政补贴型险种、8 大类省级财政补贴型险种、3 个涉农险种、N 个地方特色报备险种），基本覆盖农业生产主要品种；搭建多层次资本市场专业板块，拓宽金融支持乡村振兴直接融资渠道；发挥小贷公司服务乡村振兴的有益补充作用，不断完善全省农业信贷担保体系建设。

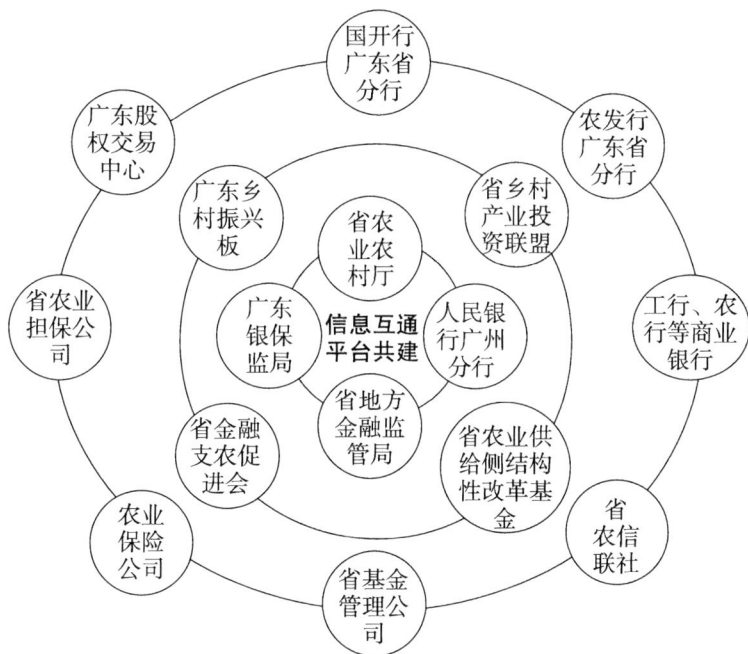

图 1　广东省金融服务乡村振兴体系

（二）主动作为，引导有效投资与改善信用环境

1. 推进农业保险增品扩面提标。农业保险是完善农业支持保护制度的重要组成部分，是分散农业生产经营风险、提升农民种粮积极性的重要手段。2022 年，广东省大宗农产品保额走在全国前列，"米袋子""菜篮子""果盘子"等民生险种的风险保障水平大幅上升，水稻保额提高至 1000 元 / 亩，能繁母猪保额提高至 1500 元 / 头。积极推进农业保险险种创新，基本实现"政策引导 + 需求调研 + 产品设计 + 保险备案 + 保险推广"的全流程险种创新机制，创新的产品有全国首创鲍鱼苗养殖台风灾害 + 价格指数综合保险，全国首创政策性菠萝产值保险、白蕉海鲈水产风力指数保险、金柚价格指数保险等。如中国太保产险广东分公司结合乡村振兴多元化保障需求，探索指数型农业保险产品，推动农业保险实现从保补偿到保收入、从保损失到保收成、从保生产到保品质的转变。

2. 完善农村金融风险分担机制。农业是天然弱质性产业，需要通过政策支持和风险分担来引导金融资本流入农业发展的关键领域与薄弱环节。广东省建立了多种风险分担机制，一是设立风险补偿资金，《广东省 2022 年乡村振兴融资风险补偿资金试点工作方案》中提出，省财政统筹安排 3 亿元，用于设立乡村振兴融资风险补偿资金。发挥财政资金的撬动激励作用，推出由"政府＋银行"参与风险分担的专项信贷产品。二是银担持续深化合作，广东银保监局联合广东省财政厅等部门推进农业信贷担保体系建设，通过成立指导委员会，下发政策文件，召开座谈会、对接会促成多种"政银担"有效合作模式。2022 年末，广东省农户及新型农业经营主体担保贷款余额 110.45 亿元，同比增幅达 105%；银行机构与广东省农业融资担保有限责任公司合作发放贷款余额达 51 亿元。三是拓宽农村产权抵质押物范围，如在国家城乡融合发展试验区，广东广清结合片区共推出 32 款农村产权抵押贷款产品，涵盖农村承包地、集体经营性建设用地、林权、宅基地等。截至 2022 年 12 月末，广东省农商行农村承包土地的经营权抵押和农民住房财产权抵押贷款余额 5.98 亿元，户数 140 户，不良贷款余额为 521.87 万元，不良率为 0.87%。四是探索形成畜禽活体抵押"广东经验"，例如肇庆推出畜禽活体抵押系列贷款产品，抵押物品种包括生猪、活鸽、种鹅、肉牛、种鸡、石山羊、活鸭共 7 种。广东省联社运用区块链溯源技术，创新"政府支持＋银行信贷＋生猪活体＋数码身份"模式的"真猪贷"，惠及全省 238 户养殖主体。

3. 健全"三机制"农村信用体系建设。农村信用体系是乡村治理体系的一部分，完善的农村信用体系有助于提升乡村治理能力。然而，农村地区普遍面临涉农经营主体的信息壁垒问题，如农民的社保、工资流水等信息缺失，以及城市地区的信用体系评价指标无法充分衡量农村地区的信用情况。针对以上问题，广东省制定了"信息采集、信用评定、信用培育"三个机制。信息采集方面，人民银行广州分行与广东省农业农村厅建立信息长效共享机制，搭建"农融通"农户信息采集平台，推动收集和共享当地新型农业经营主体信用信息。着重引导涉农银行机构依托自身网点优势、科技优势以及派驻"金融顾问""金融村官""金融助理"等制度优势，联动当地驻镇帮扶工作队、乡镇村党组织协同网格化开展涉农主体信息采集、建档、更新等工作。信用评定方面，鼓励金融机构结合实际，丰富信用村的创建内容，进一步凸显信用的示范引领作用。信用培育方面，促进涉农经营主体信用能力提升，推动金融机构以信用状况较好且有融资需求的涉农经营主体为重点培育对象，主动开展财务辅导、信用评定等工作。截至 2023 年 3 月末，"农融通"平台累计采集农户信用信息 766 万户，新型农业经营主体信用信息 12.1 万家，推动评定信用户 488 万户，信用村 1.6 万个。银行机构累计对 1.13 万个信用村实施"整村授信"，金额 2029 亿元，实际用信 42.96 万笔，用信金额 679 亿元，惠及涉农主体 49.3 万个。

（三）积极创新，打造融资平台与服务模式

1. 设立"广东乡村振兴板"。直接融资与间接融资相结合是创新农村地区融资的重要手段。广东省打造了广东股权交易中心，作为地方金融基础设施平台。2020 年挂牌"广东省农业高质量发展板"，2021 年更名为"广东乡村振兴板"。"广东乡村振兴板"是广东省农业企业专属的资本平台，主要职能是拓宽融资渠道，引流资本下乡，通过股份制改造、股权激励、引进各类战略投资者等方式辅助农业龙头企业规范发展，通过股权、债券等直接融资方式缓解企业融资难问题。在"广东乡村振兴板"建成初期，为了落地运作，广东股权交易中心联合各地市农业农村局、广东省金融支农促进会成员单位、乡村振兴板咨询委员会、券商、基金、会员机构等组成调研组，对全省超 60 家上板企业及 30 家后备企业进行调研走访，了解企业经营生产经营情况和需求，介绍乡村振兴板政策及"基础培训＋融资对接＋金融路演＋政策匹配＋股改规范"的全链条综合金融服务，实施"一企一策一规"。截至 2023 年 3 月，广东乡村振兴板累计展示挂牌企业 258 家。其中，有 70 家企业获 6 家银行超 23 亿元融资授信，39 家企业实现银行融资超 5.5 亿元，10 家企业获得股权融资超 18.51 亿元，并推动 7 家企业开展股份制改造，帮助企业建立现代企业制度。

2. 设立广东省农业供给侧结构性改革基金。2017 年，广东省创新财政金融支持方式，安排省级财政资金 100 亿元，设立全国首支农业供给侧结构性改革基金，也是省政府出资政策性产业引导基金之一，组成"引导基金＋若干平行子基金＋股权项目"架构，遵循"市场化、法治化、专业化"原则运作。基金以参股组建子基金为主、直接股权投资为辅，引导社会资本投资广东省"三农"重要领域，包括：参与实施"百县千镇万村"工程，引入多元资本推动广东省县域经济发展；助力广东省预制菜产业高质量发展，设立全国首支省级预制菜产业发展引导基金；支持广东省生猪稳产保供，在受非洲猪瘟疫情影响期间，组建有投资生猪产业链领域的子基金 10 支，带动社会募资近 110 亿元，投资支持 19 家生猪企业；支持"粤强种芯"工程部署，出资组建 20.01 亿元规模的广东省种业振兴基金，并投资支持种业产业链企业；支持"菜篮子""果盘子""米袋子"等农产品保供，为广东省特色产业扩大市场影响力，支持相关企业上市和产业升级。

3. 构建"党建共建＋派驻乡村金融特派员"模式。农商行是党和国家联系农户的金融纽带，为了对省内农商行管理、指导、协调，2005 年由广东省内农商行自愿入股成立了广东省农村信用社联合社（以下简称"广东省农信联社"）。广东省农信联社目前已是省规模最大、服务范围最广、支持"三农"最深的银行业金融机构，有"广东地方金融长子"的称号。2021 年，广东省农信联社以实行党建共建为抓手，实施"万名乡村金融特派员人才下乡进村"工程，精选一批基层干部员工作为金融特派员，负责"党建共建、乡村政务服务、农村金融'户户通'工程、信用村创建升级、农业产业发展、普及金融知识和便民服务"等"六大职责"。通过对金融特派员采取"1+N"模式（1 名行内特派员＋N 名外聘特派员）和名单制管理、建立服务考勤和考核激励机制、制定配套管理办法等，提高了农村金融服务覆盖的广度与深度。截至 2023 年 3 月末，省内农商行共与 1.79 万个镇街党（工）委、行政村党支部开展结对共建工作，镇村覆盖率 98.81%；派驻 2.23 万名"乡村金融特派员"进入 1.7 万个行政村（居），村（居）覆盖率达 97.74%。

二、对北京市创新金融服务乡村振兴的启示

2022 年，广东省涉农贷款余额 2.1 万亿元，占全省各项贷款余额 24.3 万亿元的 8.6%；

2022 年北京市涉农贷款余额 4401 亿元，占全市各项贷款余额 9.5 万亿元的 4.6%，对比来看，北京市金融资本在投入"三农"领域亟须加大力度。广东省通过加强顶层设计、完善组织保障、强化平台支撑和创新应用模式等举措，打造出全方位的金融服务乡村振兴格局，为北京市健全农村金融服务体系提供了有益借鉴。

（一）统筹金融机构资源，形成工作合力

广东省制定多项指导意见和政策文件，并积极发挥政府部门的推动作用，与金融机构建立了日常联络机制，打开了政策执行与信息反馈的通道，为在全省统筹调配金融资源、推进金融服务乡村振兴工作奠定了良好基础。建议北京市加强政府端、金融机构端的供给侧组织体系建设，发挥金融机构在资金、技术和人才等方面的优势，并完善定期沟通工作机制。金融机构要强化"一把手"负总责制度建设，对金融服务乡村振兴工作进行全面统筹、协调和推动。借鉴广东省乡村金融特派员的服务模式，建议北京市继续深化农村金融服务顾问体系建设试点工作，加强农村金融顾问标准化管理，搭建农村金融顾问服务平台，加大试点示范宣传推广力度。

（二）强化财政金融联动，用活金融工具

广东省运用"政银担保基企"六位一体的联动驱动机制凝聚"金融活水"，为推进全省乡村产业发展提供了有力的金融资本支撑。建议北京市立足首都城市战略定位，进一步加强政府部门与金融机构的协同联动，促使金融资本助力乡村产业发展，提高金融服务乡村振兴的效率和质量。建议设立乡村振兴基金，通过政府引导和市场化发展相结合的方式，撬动社会资本投向乡村的重点领域；探索建立农业企业专属的资本平台，拓宽融资渠道，引流资本下乡，缓解农业企业融资难问题，并提供全链条综合金融服务，推进农业企业规范发展；针对高附加值农产品，开发设计专属的保险产品，以满足经营主体的高保障需求。

（三）健全信息共享机制，完善风险分担

广东省积极推动政府部门与金融机构之间的信息共享机制，建立乡村振兴融资风险补偿资金试点，共同分担风险，鼓励金融机构放贷，增加农民获贷机会。建议北京市加强政府、金融机构、乡村企业之间的信息共享和协同合作，提高信用评定的准确性和客观性，促进农村金融服务的精准化和科学化；通过财务辅导、信用评定等手段，加强乡村企业信用培育，提高其信用意识和信用水平，为农村金融服务提供更加可靠的信用支撑；鼓励金融机构充分考虑农村经济特点和实际情况，提高信用评级的针对性和实效性，推动信用评级在乡村治理中的示范引领作用。

考察组组长：张光连
考察组成员：张英洪、葛继新、林子果、刘冉
执笔人：张光连、林子果、刘冉

整村授信助力乡村振兴　点燃普惠金融新引擎

——浙江省安吉农商银行整村授信考察报告

2023 年 5 月 22—26 日，北京市农研中心与北京农村产权交易所考察组一行 7 人，赴浙江省湖州市安吉县调研浙江安吉农村商业银行股份有限公司（以下简称安吉农商银行）在农村信用体系建设和"整村授信"模式上的先进经验和做法，并到刘家塘村和孝源村进行了实地考察。

一、基本情况

（一）开展整村授信工作的背景

安吉农商银行于 2008 年统一一级法人，2013 年改制为农商银行，是安吉县内存贷规模最大、网点数量最多、服务惠及面最广的银行业金融机构。作为地方性金融机构，安吉农商银行坚守"姓农、姓小、姓土"的核心定位，大力发展以人为核心的全方位普惠金融，成为当地农村金融供给的主要力量。

从国家政策要求看，服务乡村振兴战略与农业强国建设是新时代农村金融机构的核心使命，改善农村信用环境是金融服务实体经济、推动地方经济发展的有效途径。良好的农村信用生态圈可以增强农村金融机构放贷的信心，减轻农村金融机构经营的潜在风险。因此需要农村金融机构通过深化政银企合作、俯下身子为农民服务、创新特色信贷产品，不断强化普惠金融服务实体经济；从自身发展定位看，整村授信作为发展普惠金融的重要举措，是解决农民贷款难和银行放款难的创新之举。整村授信具有零售业务批发且追求区域市场精耕细作的特点，安吉农商银行可以利用农村网点多、农民认可度高的优势，发挥支农支小主力军和联系农村纽带作用，破解零售业务的农户贷款风险高、效率低、成本高痛点。

（二）整村授信工作取得的成效

整村授信以一个行政村为基本单位来实施，对行政村内的农户、新型农业经营主体进行走访调查和信息采集，在此基础上评定信用状况，并根据评定结果测算出客户的授信额度，对于解决金融供需双方信息不对称难题发挥重要作用。在供给端，将农户集中评定的批量业务可以降低银行的营销成本，减少传统授信方式中的材料审核环节，提高贷款发放的效率和便捷性；在需求端，通过农民自身信用评定来获取银行信用额度，减少对抵质押物的依赖，降低农民贷款的门槛，让农民获得更多信贷支持。截至2023年5月底，安吉农商银行建档农户家庭15万户，覆盖面100%，农户贷款授信面和用信面分别达到100%（剔除负面清单）和45%，发放农户信用贷款余额超98亿元，占全部农户贷款比例超六成。

安吉县刘家塘村和孝源村是安吉农商银行开展整村授信工作的成功典范。刘家塘村现有农户610户2131人，主要发展农旅产业，农业经营主体需要投入大量资金，用于固定资产投入、土地承租、引进农产品优质品种、扩大种植规模等，且投资回报周期较长，因此有着广泛的融资需求。截至2023年6月底，全村授信户数503户，授信比例82.5%，授信总额约17800万元。签约户数374户，签约率61.3%，合同金额13750万元。用信户数227户，用信率37.2%，用信余额9000万元；孝源村现有农户874户3158人，发展以白茶产业为主、毛竹与板栗为辅的特色产业，茶农需要投入大量的资金，用于采茶人工成本、再加工以及茶旅项目建设等，因此存在旺盛的融资需求。截至2023年6月底，全村授信户数686户，授信比例78.5%，授信总额29700万元。签约户数509户，签约率58.2%，合同金额23750万元。用信户数276户，用信率31.6%，用信余额13350万元。

二、主要做法

（一）深耕乡土，持续推进农村信用工程建设

为进一步优化农村信用环境，化解农户贷款难问题，2001年以来，安吉农商银行推出以深化农村信用工程、延伸农村金融服务为主要内容的"诚信彩虹"信用工程。该工程是以诚信为纽带，搭建起联系政府、农户、金融机构的彩虹，让诚信成为农民享有信用贷款的资本。历经20年时间，安吉农商银行先后推出了"诚信彩虹"信用工程4个版本，通过不断调整完善，实现了从客户经理授信到交给村级信用小组授信，从部分信用授信到全部信用授信，信用额度授信从5万元提升至100万元，放款方式从线下渠道转换为线上自主方式，大大提高了农户贷款授信覆盖面和满足度。一是农户贷款证（2001年萌芽开始的1.0版本）。客户经理在基本信用信息调查的基础上为农户发放贷款证，最高信用贷款额度不超过5万元，农户贷款证发放的目的是建立贷款准入门槛。通过潜移默化的影响，让信用创造价值的意识扎根在当地农户的意识里。二是彩虹卡（2008年优化提升的2.0版本）。成立由村里指定的村级信用小组，信息采集主体由原来的客户经理调整为村级信用小组。建立围绕农户的信息数据电子化系统，用于录入农户基本信息。为农户发放"彩虹卡"替换农户贷款证，将农户信用信息数据库的数据纳入"彩虹卡"系统中，通过系统测算为农户提供授信额度。三是丰收彩虹贷（2014年创新升级的3.0版本）。将农户最高信用贷款授信额度提升至100万元。村级信用小组的产生由村民代表大会投票选举产生。根据村级信用小组调查采集的客户信息由数据模型给出预授信额度，经村级信用小组评议后进行调整，形成最终授信额度。在与浙江省联社系统对接的基

础上，客户经理到村里或农户家中进行集中签约并通过系统发放贷款，客户在网上银行、柜台或村级服务点都可实现取款用款。四是彩虹 E 贷（2019 数字转型的 4.0 版本）。在合同签约环节升级为线上签约，农户无须前往银行网点、无须提交身份资料，可以通过手机银行丰收互联 APP 完成线上签约，极大简化了办理贷款手续。

（二）打造"无感授信、有感反馈、按需用信"体系建设

无感授信指农户无须提供材料、无须填各类表格、无须参与，就能方便快捷获得 2 万元以上的基础授信额度。对不良社会行为负面清单人员，取消授信。有感反馈指在顺利完成无感授信的基础上，以支行为单位，成立由客户经理、村民组长组成的宣传小分队，采取多种形式，让更多的农户了解、知悉贷款政策，享受政策红利。一是入户宣传。通过普惠大走访，向农民发放贷款授信证，详细介绍贷款政策、授信额度、用信方式等信息。二是微信宣传。安吉农商银行微信公众号定期推送宣传文案，介绍产品特征、申贷渠道等信息，推送相关工作动态。三是外媒宣传。通过电视台、广播等媒体投放宣传广告，不断扩大宣传覆盖面。四是户外宣传。利用村委、丰收驿站等作为宣传载体，通过宣传横幅、易拉宝、LED 显示屏等媒介，发挥农村宣传主阵地作用。按需用信指农户根据生产和生活需要随时线上放款。例如，丰收彩虹贷主要针对安吉县户籍内符合信用户评定条件且年龄不超过 65 周岁的城乡农户、农村居民发放，用于借款人及其家庭的正常生产经营和消费等的贷款。该产品的特点为纯信用循环类贷款，最高额度 100 万元，可实现一次授信，随用随借，随借随还。

（三）制定实施步骤，规范整村授信工作流程

安吉农商银行开展整村授信工作流程主要概括为六个环节：一是农户基本信息调查采集。通过数字银行管理平台建立了一支由 15 人的镇（街道）金融指导员、187 人的村（社区）金融服务员、3224 人的村民小组金融联络员构成的村级信用小组队伍。由村级信用小组负责采集、调查、更新、调整信息。小组长和银行客户经理结合安吉农商银行多年来的客户存量数据进行逐户分析，确认小组内所有农户信息是否有遗漏、价值是否有变化、是否存在不良。农户基本信息包含但不限于更全面的户籍信息、正面评价信息和负面清单信息。二是农户信用评级及授信额度测试。将农户信息数据和信用评价数据等内容录入安吉农商银行自建的授信系统，从 23 个维度对农户进行授信测算。过去授信额度主要取决于资产负债情况，无法体现信用价值。现在在传统定量指标的基础上，增加了邻里关系、个人绿色信用、社会贡献等定性指标的"综合评价调整系数"。同时，加大对社会治理正面典型的激励和负面典型的惩戒，通过嵌入定性和定量因子，从定性因子赋予见义勇为、美丽家庭等群体增信额度，从定量因子赋予绿色信用积分高、贷款履约记录好等群体增信额度，进一步弘扬社会正能量，巩固社会治理成效。例如，安吉县天荒坪镇余村引入生态绿币积分机制，主要是鼓励村民和商户积极参与美丽家园、绿色消费、垃圾分类等工作。通过对行为进行记录，赋值为生态绿币。绿币发放以户为单位，不同家庭成员的绿色行为均奖励到共同账户，实现共享。1 枚绿币等同于 0.1 元人民币的价值，村民可以用绿币进行主动增信，获取一定银行贷款额度。三是村级信用小组对授信额度进行公议。根据系统测算结果，由村级信用小组进行集体讨论，对测算额度进行适当修正，最终形成公议农户授信额度。四是进行合同签约发卡。对完成公议授信的行政村，可采取线上签约或者线下签约。线上签约是针对授信额度50万元以内且年龄50岁以下的农户，可以通过手机银行丰收互联APP实现线上签约和用信，极大简化了办贷手续。线下签约是针对不能在线签约的客户，通过移动终端上门服务，现场采集核实客户身份信息资料，并完成合同签约，发放农户小额贷款卡。五是线上用信。安吉农商银行开通线上自助放款渠道，一次签约最长5年循环使用，方便客户居家即可完成放款需求，节省客户奔波银行网点的时间，提高客户用信体验感。六是贷后管理。安吉农商行客户经理对已授信的农户信用状况进行跟踪检查，对发现不符合用信条件的及时进行授信调整；对已用信农户的贷款资金使用情况进行贷后检查，一旦发现不良苗头及时采取措施提前催收或限制使用。

三、经验启示

（一）挖掘产业优势是推进整村授信工作的前提

产业兴旺是乡村振兴的重要基础，是解决农村一切问题的前提。安吉农商银行推行的整村授信能够落地见效，离不开当地特色产业的发展，培育乡村产业是开展整村授信工作的关键。北京乡村产业发展仍面临特色资源挖掘不够、产业链延伸不足的问题，虽然北京在传统农业发展方面缺乏竞争优势，但北京是一个近2200万人口的超大城市，具备强大的消费空间，结合北京"科技强、人才多、信息广"的特性，应当依托乡村特色资源，因地制宜选准产业突破口，紧扣北京消费者需求来挖掘培育特色精品农业产业，激发金融需求，整村授信工作推广才有意义。

（二）深化政银合作是推进整村授信工作的关键

推进整村授信工作离不开政府的主导与支持，一方面积极构建政银合作平台，并推动镇、村干部积极参与其中，发挥村集体人头熟、情况明的优势，助力农民信用信息采集；另一方面融资成本是制约农民用信的问题，建议政府通过贴息等机制，降低农民融资成本，破解农民融资贵难题，并确保贷款放得出、收得回、有效益，开拓金融服务乡村振兴"责任田"。

（三）健全农村信用体系是推进整村授信工作的保障

搭建信用体系模型是推进整村授信工作的重要前提，一方面，通过采集、整合、分析、更新农民的不同信息数据，为每一个农民建立数据画像模型，以此来为不同农民提供更精准的金融服务，构建良好的农村金融生态；另一方面，深入推进农村信用体系建设，可以全面评估农村信用贷款的质量，减少不良贷款的发生，提高农村信用贷款的可靠性和安全性。

（四）加快数字化转型是推进整村授信工作的抓手

中央网信办、农业农村部、国家发展改革委、工业和信息化部、国家乡村振兴局联合印发的《2022年数字乡村发展工作要点》提出，"乡村数字化治理体系要不断完善，信息惠民服务持续深化，农民数字素养与技能有效提升"。以数字科技推动基层治理与整村授信相结合，将采集的数据依托金融机构的数据管理系统进行留存与更新，探索全面采集农民数据信息，分层搭建信用数据系统。围绕基层治理与农村信用体系建设系统化呈现，对以往触达难、服务难的农村客户进行批量精准授信，真正能让金融服务深入到基层，实现用金融科技手段协同乡村治理的新思路。

考察组组长：张光连

考察组成员：张英洪、林子果、陈艺曦、高银法、陈哲、姚琪

执笔人：林子果、陈艺曦